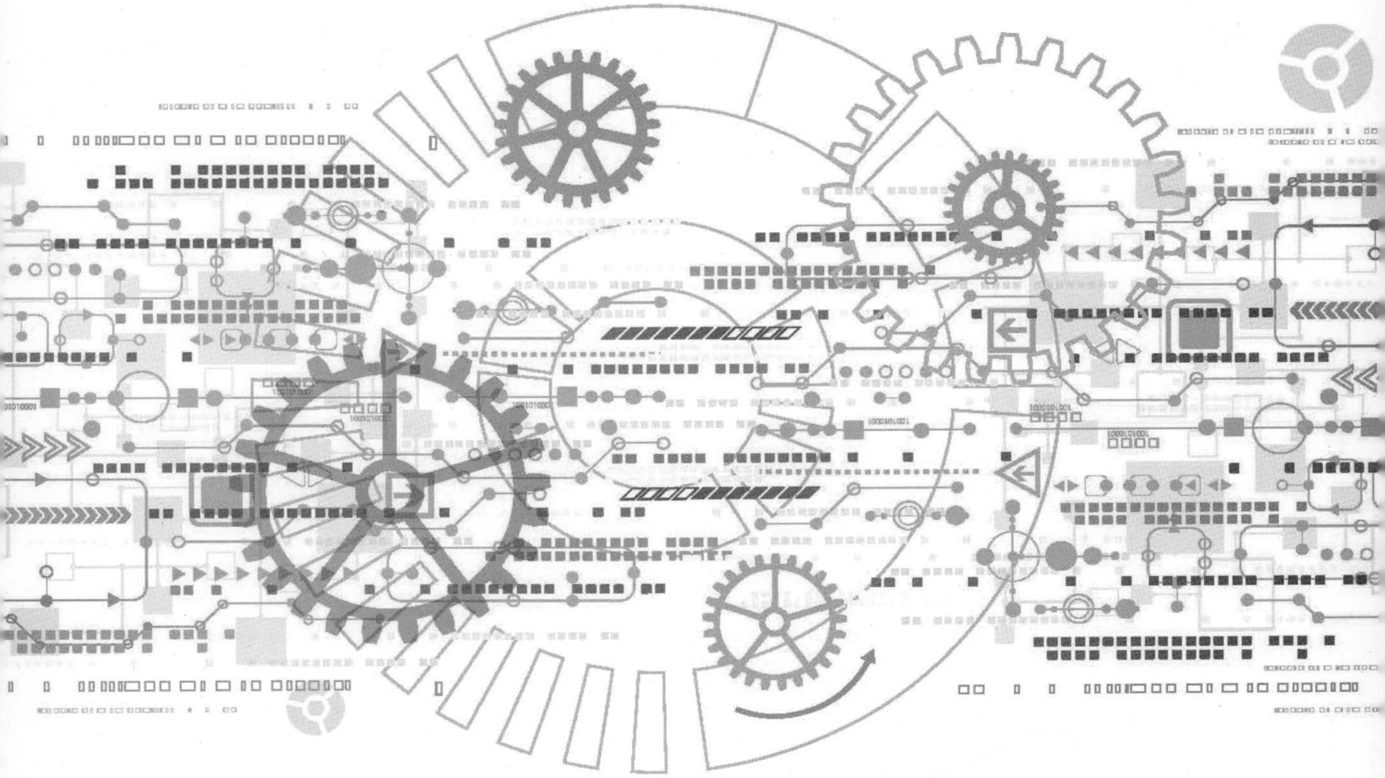

[illegible]건섭 저

알기쉬운 운영체제론

Operating Systems

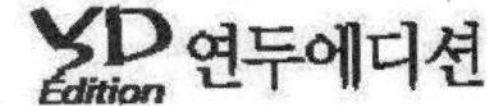

연두에디션

최 현 섭 (Choi Hyun Sub)
광운대학교 컴퓨터공학과 공학석사, 공학박사
㈜한국지식웨어 부사장
안양대학교 컴퓨터공학과 겸임교수
계원조형예술대학 정보통신과 겸임 교수
목포대학교, 조선대학교 외래교수
㈜에스엠소프트웨어 연구소장
㈜나눔 플러스 대표이사

알기쉬운 운영체제론(Operating Systems)

발행일 2019년 12월 20일 초판 1쇄
지은이 최현섭
펴낸이 심규남
기 획 심규남 · 이정선
펴낸곳 연두에디션
주 소 경기도 고양시 일산동구 동국로 32 동국대학교 산학협력관 608호
등 록 2015년 12월 15일 (제2015-000242호)
전 화 031-932-9896
팩 스 070-8220-5528
ISBN 979-11-88831-31-9
정 가 24,000원

이 책에 대한 의견이나 잘못된 내용에 대한 수정정보는 연두에디션 홈페이지나 이메일로 알려주십시오.
독자님의 의견을 충분히 반영하도록 늘 노력하겠습니다.
홈페이지 www.yundu.co.kr

※ 잘못된 도서는 구입처에서 바꾸어 드립니다.

이책의 답안은 제공되지 않습니다.

머리말

1950년대 일괄처리 운영체제 시초인 상주 모니터가 출현된 이후 현재 범용 운영체제(windows 계열, UNIX, LINUX, Mac.)를 비롯하여 실시간 운영체제(RTOS)에서부터 임베디드(Embedded) 운영체제까지 운영체제 형태와 구현 기술은 비약적인 발전을 하고 있습니다. 최근 임베디드 운영체제, 플랫폼, 응용 시장을 놓고 VxWorks, Win CE, 임베디드 리눅스, SUN의 Java, 일본의 xTron, 유럽의 ePOC이 가세하여 진영 간에 불꽃 튀는 경쟁을 하고 있습니다.

아무리 시간이 지나고 기술이 발전해도 운영체제의 이론과 운영체제 원리는 변하지 않습니다. 시중에는 운영체제 관련 훌륭하고 우수한 교재들이 많이 나와 있습니다. 강의하시는 교수님들께서는 쉽고 편하게 강의할 수 있는 운영체제 도서를 선택하실 것이고, 공부하는 대학생들은 이론과 원리를 알기 쉽게 설명해 놓은 운영체제 도서를 선호할 것입니다. 한편으로는 자격검정을 위해 독학하시는 분들은 체계적이고 심도 있게 내용 다룬 운영체제 도서를 선호할 것입니다.

운영체제는 기본 핵심 이론과 원리가 난해한 부분이 많은 과목입니다. 운영체제의 방대한 이론과 원리를 한 학기에 강의 가능한 분량으로 압축한다는 것은 현실적으로 불가능합니다. 따라서 강의하시는 교수님들께서는 한 학기 강의 일정에 맞추어 중요한 핵심 이론과 원리 부분만을 선별하시거나, 중요한 장만 선택하여 강의하실 것입니다. 더불어 학습자들은 방대한 내용을 이해하느라 힘들어 하실 것입니다.

본서는 대학에서 컴퓨터를 전공하는 학생들과 IT 및 정보통신 관련 산업 전문가와 개발자들이 OS의 핵심이론과 원리를 이해할 수 있는 컴퓨터 운영체제 교재입니다. 본서는 저자가 수십 년 전에 편저한 운영체제론을 근간으로 그동안 수차례에 걸쳐 내용을 수정하고 삭제하고 새로운 내용을 추가하면서 대학에서 강의한 경험을 토대로 재 집필하였습니다. 본서는 운영체제의 이론과 원리는 시중에 출간되었던 다른 도서들과 다를 바가 없겠지만, 좀 더 이해하기 쉽도록 체계적인 구성과 예제를 제시하고자 노력하였습니다.

또한 학습자는 과거에서부터 최근 운영체제 까지 이해할 수 있도록 진보된 임베디드 시스템과 모바일 운영체제를 추가하였습니다. 그리고 다양한 문제를 수록하여 자격검정을 준비하는 학습자들에게 자신이 습득했던 주요 이론과 원리를 확인할 수 있는 기회를 확대하였습니다. 그러나 실시간 시스템이나 멀티미디어 시스템은 본서 분량 상 추가하지 않았습니다. 9장의 시스템 보호와 보안, 10장 임베디드 시스템, 12장 분산처리 시스템은 그 자체가 한 과목으로 배워야할 내용들입니다.

본서를 통해 공부하시는 많은 분들이 방대한 분량과 난이도 때문에 힘드시겠지만 운영체제의 핵심 이론과 원리를 체계적으로 이해하는데 조금이나마 도움이 되시기를 바랍니다.

끝으로 본서가 출판될 수 있도록 수고하고 협조해주신 연두 에디션 심규남 사장님과 관계자 여러분께 깊은 감사를 드립니다.

2019년 12월

저자 올림

차례

차례

Chapter 11 다중처리 시스템

Chapter 12 분산처리 시스템

운영체제 개관
Operating System Overview

CHAPTER
01

1 CHAPTER

[학습목표]

- 컴퓨터 시스템의 기본 구성 요소를 이해한다.
- 컴퓨터 시스템의 구성을 이해한다.
- 운영체제의 목적과 역할을 이해한다.
- 운영체제의 발달과정을 이해한다.
- 운영체제의 기능과 운영체제가 제공하는 서비스를 이해한다.
- 초창기 운영체제부터 최근 운영체제까지의 그 종류를 이해한다.

[주요 내용]

1. 컴퓨터 시스템 구성
2. 운영체제의 개념
3. 운영체제 서비스
4. 운영체제의 종류

[요약]

[연습문제]

1
컴퓨터 시스템 구성

컴퓨터 시스템은 크게 다음과 같은 **최종 사용자**(end user), **응용 프로그램 또는 응용 소프트웨어**(application software), **시스템 프로그램 또는 시스템 소프트웨어**(system software), **하드웨어 자원**(hardware resource)의 다섯 가지 구성 요소로 나눌 수 있다. [그림 1-1]은 컴퓨터 시스템의 구성 요소를 나타내고 있다.

1-1 최종 사용자(End User)

최종 사용자 층은 일반 사용자, 응용 프로그래머, 시스템 프로그래머, 운영자, 기계 또는 다른 컴퓨터를 모두 포함한다. 사용자와 컴퓨터간 인터페이스를 HCI(Human Com-puter Interaction)라고 한다. 운영체제가 최종 사용자에게 제공하는 인터페이스는 키보드를 사용하는 수준에서 벗어나 현재는 Windows 환경에서 기본적으로 제공하는 그래픽, 아이콘, 마우스를 사용하는 구이(GUI: Graphic User Interface)서부터 최근에는 사용자의 얼굴(face), 홍채(iris), 음성(voice), 지문(fingerprint), 신체 동작(gesture), 글씨나 펜(pen) 등을 인식(recognition)하는 기술을 적용하는 멀티모달 인터페이스(MMI: MultiModal Interface)까지 발전하고 있다.

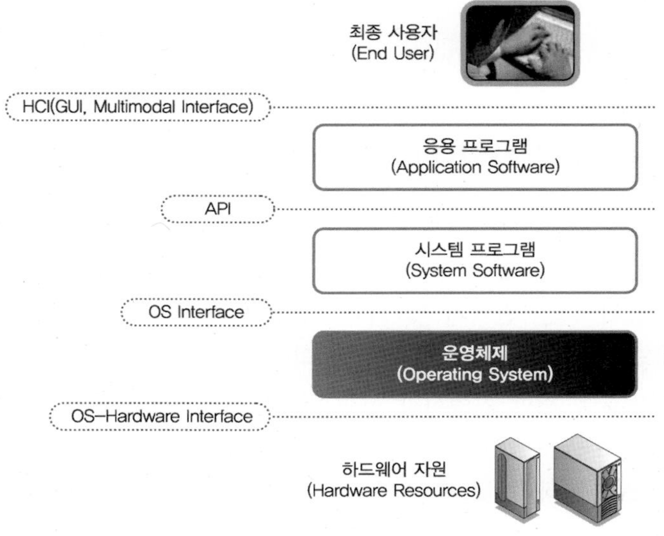

[그림 1-1] 컴퓨터 시스템 구성 요소

1-2 소프트웨어(Software)

소프트웨어는 사람이 컴퓨터에게 원하는 일을 시키는 수단이다. 즉, 정보들을 이동하는 방향과 정보 처리의 종류를 지정해주고, 그러한 동작들을 지정해주는 명령(command)들의 집합으로 시스템 프로그래머가 개발하는 시스템 소프트웨어(system software)와 응용 프로그래머가 개발하는 응용 소프트웨어(application software)가 있다.

1) 응용 소프트웨어(Application Software)

특정 문제를 풀거나, 최종 사용자들에게 일반적인 도구를 제공하는 프로그램을 포함하여 인사관리, 재고관리 등 상업용 패키지 프로그램, MS Office, 문서 편집기, 각종 게임 프로그램, 유틸리티 프로그램들이다.

응용 프로그래머는 HCI나 원하는 응용들을 개발하려면, 응용 프로그래밍 인터페이스(API: Application Programming Interface) 함수를 사용하며, 가장 흔한 세 가지 API는 윈도우 시스템 호출을 위한 Win32 API, POSIX 기반(모든 버전의 UNIX, Linux, Mac OS X) 시스템 호출을 위한 POSIX API, 자바 가상기계에서 수행될 수 있는 프로그램을 위한 Java API가 있다.

모든 운영체제는 각각 고유한 시스템 호출 이름(system call name)을 가지고 있다. 응용 프로그래머가 API를 구성하는 함수들을 호출하면 응용 프로그래머 대신에 실제 시스템 호출이 발생한다. 예를 들어, 새로운 프로세스를 생성하는 Win32 함수 Create Process()는 실제 Wndows 커널의 NTCreateProcess() 시스템 호출을 부른다. 모든 추상화된 시스템 소프트웨어는 API를 통해 접근(access) 할 수 있다.

2) 시스템 소프트웨어(System Software)

사용자에게 컴퓨터를 쉽게 사용할 수 있도록 도와주고, 프로그래머들이 고객의 요구에 맞는 특정 응용 프로그램을 만들 수 있게 프로그래밍 환경을 제공하는 프로그램이다. 컴파일러, 어셈블러 등과 같은 번역기 및 커널, 명령어 해석기, 시스템 검사, 로더, 링커 등 운영체제(OS)에 포함된 모든 소프트웨어를 의미한다.

프로그래밍 언어들을 위한 실행시간 지원 라이브러리(고급언어 컴파일러에 포함된 라이브러리에 내장된 함수들의 집합)는 운영체제가 제공하는 시스템 호출에 대한 열결로서 동작하는 시스템 호출 인터페이스를 제공한다. 이 시스템 호출 인터페이스(System Call Interface)는 응용 API 함수의 호출을 가로채어 실제 운영체제 시스템 호출을 부른다. 보통 각 시스템 호출에는 일련번호가 할당되고 시스템 호출 인터페이스는 이 번호를 가지고 색인 테이블(index table을 유지한다. 시스템 호출 인터페이스는 의도하는 시스템 호출을 부르고 시스템 호출의 상태와 반환 값을 돌려준다. 운영체제 인터페이스(OS Interface)에 대한 대부분의 자세한 내용은 API에 의해 프로그래머로부터 숨겨지고 실행시간 지원 라이브러리에 의해 관리된다. 따라서, 시스템 호출 프로그래머는 실제 시스템 호출이 어떻게 구현되는지, 실행 중 무슨 작업이 일어나는지 알 필요가 없다. API를 준수하고 시스템 호출의 결과로 운영체제 커널(kernel)이 무엇을 해 줄 것인지만 알면 된다.

1-3 운영체제(Operating System)

컴퓨터의 하드웨어와 사용자 응용 프로그램 사이에 위치하여 응용 프로그램과 하드웨어를 쉽게 사용할 수 있게 해주고, 전체적인 시스템의 효율을 극대화하기 위해 하드웨어와 소프트웨어 자원을 총괄하여 관리하는 시스템 프로그램 중의 하나다. 운영체제-하드웨어 인터페이스(OS-Hardware Interface)는 운영체제와 하드웨어 사이에 저수준 장치 인터페이스를 제공하며, 운영체제 커널은 독립적인 여러 하드웨어 장치 제어기 및 장치 드라이버들을 제어한다.

1-4 하드웨어 자원(Hardware Resource)

하드웨어(hardware)는 컴퓨터 정보들의 전송 통로를 제공해 주고, 그 정보에 대한 처리가 실제 일어나게 해주는 물리적인 장비들이다. 최종 사용자 및 응용 프로그램이 사용하는 컴퓨터의 하드웨어 구성 자원(resource)인 중앙처리장치, 기억 장치, 입출력 장치, 각종 주변장치들을 포함하고 있으며, 운영체제가 관리하는 자원중의 하나다.

1-5 컴퓨터 하드웨어 구성

1) 중앙 처리 장치(Central Processing Unit: CPU)

CPU 또는 프로세서(processor)는 '프로그램 실행'과 '데이터 처리'라는 중추적인 기능의 수행을 담당하는 요소이다. 운영체제와 가장 밀접한 하드웨어로 각 부분의 동작 제어 및 연산을 수행한다. CPU는 레지스터, 산술 논리 연산장치, 제어장치 등으로 구성된다. 다음 [그림 1-2]는 일반적인 현대의 컴퓨터 시스템 구성을 보이고 있다.

마이크로프로세서(Microprocessor)는 CPU의 여러 형태중 하나로 컴퓨터의 중앙처리장치를 단일의 IC칩에 집적한 반도체 소자(Semiconductor Device)로서 1971년 인텔에 의해 세계최초로 개발되었으며, MPU(Micro Processing Unit)라 지칭되기도 한다.

마이크로프로세서는 CPU의 한 종류로 1개의 소자로 만들어진 종류를 의미하므로 모든 마이크로 프로세서는 CPU라 말할 수 있지만 모든 CPU가 곧 마이크로프로세서는 아닌 것이다. 마이크로프로세서의 별칭인 MPU는 이것 또한 역시 마이크로프로세서로 지칭된다. 이것은 1개의 IC 디바이스 내에 커머셜 PC의 중앙처리 장치에서 주기억장치 즉 RAM을 제외한 연산장치, 제어장치 및 각종 레지스터들을 집적(Integrated)한 것을 말한다.

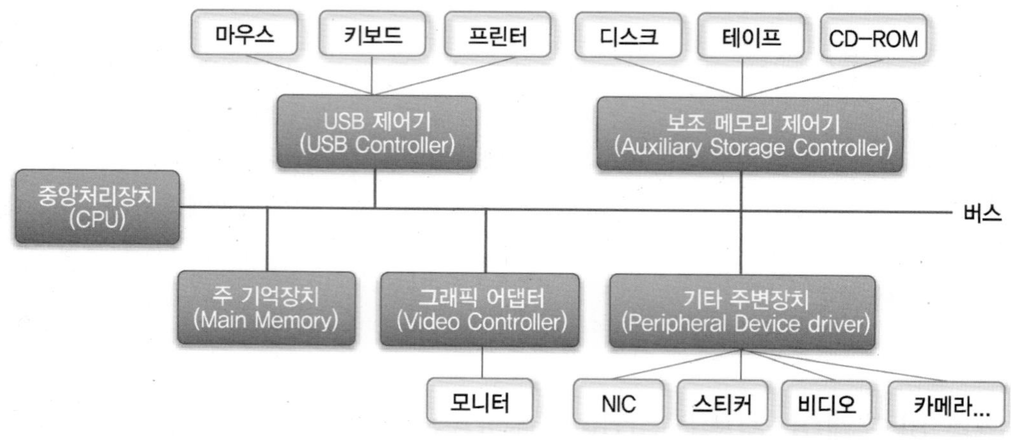

[그림 1-2] 일반적인 현대의 컴퓨터 시스템

마이크로 컨트롤러(Micro Controller)는 마이크로프로세서 중에 1개의 칩 내에 CPU 기능은 물론이고 일정한 용량의 메모리(ROM, RAM 등)와 입출력 제어 인터페이스 회로까지를 내장한 것 이다. 1970년대 중반부터 나타난 형태로서 범용의 목적보다는 기기 제어용에 주로 사용되므로 붙여진 이름이며, 이는 1개의 소자만으로 완전한 하나의 컴퓨터 기능을 갖추고 있으므로 "단일 칩 마이크로컴퓨터(one-chip 또는 single-chip microcomputer)"라고도 부른다.

2) 기억장치(Memory)

(1) 주기억 장치(Main memory)

주기억 장치는 운영체제 과목에서는 실 기억장치(real memory)라고도 불린다. CPU 가까이 위치하며 반도체 기억장치 칩들로 구성된다. 1차 기억장치로서 고속 액세스가 가능하고, 가격이 비싸고 면적을 많이 차지하며, 영구 저장 능력이 없기 때문에 프로그램 실행 중에 일시적으로만 사용한다. 주기억장치는 컴퓨터 부팅이 끝나면 기본 메모리 상주 프로그램들, 시스템 프로그램들, 운영체제를 포함하여 실행중인 프로그램들이 적재된다.

주기억장치는 임의 접근 기억장치(RAM : random access memory)로 주소에 의해 직접 기억장소를 찾아 접근하며, 어떤 기억 장소든 접근하는 시간이 동일하다. 제조기술에 따른 기억장치의 종류는 2가지가 있다.

- DRAM(Dynamic RAM) : 동적 램은 캐패시터(capacitor)에 전하(charge)를 충전하는 방식으로 데이터를 저장하는 기억 소자들(memory cells)로 구성된다. 시간이 지나면 방전하므로 데이터의 저장 상태를 유지하기 위하여 주기적인 재충전(refresh)이 필요하다. 저장 밀도가 더 높으며, 같은 용량의 SRAM 보다 가격이 더 싸다. 보통 용량이 큰 주기억장치로 사용한다.
- SRAM(Static RAM) : 정적 램은 기억 소자로서 플립-플롭(flip-flop)을 이용한다. 전원이 공급되는 동안에는 재충전 없이도 데이터를 계속 유지 가능하며, DRAM보다 다소 더 빠르다. 보통 높은 속도가 필요한 캐쉬로 사용한다.

(2) 보조기억장치(Auxiliary storage device)

2차 기억장치(secondary memory)라고 하며, 운영체제 과목에서는 가상 기억장치(virtual memory)로 불린다. 기계적인 장치가 포함되기 때문에 접근(access) 속도가 느리며, 저장 밀도가 높고, 비트 당 비용이 저가이다. 영구 저장 능력을 가진 저장장치로 자기 디스크, 자기 테이프(magnetic tape) 등을 사용한다.

보조 기억장치는 접근 방법에 따라 2가지 종류가 있다.

- 순차적 접근(sequential access) : 기억장치는 저장된 정보를 처음부터 순서대로 접근하는 방식(예 자기 테이프)이다.
- 직접 접근(direct access) : 기억장치는 접근할 위치 근처로 직접 이동한 다음에, 순차적 검색을 통하여 최종 위치에 도달하는 방식(예 디스크, CD-ROM)이다.

(3) 계층적 기억장치 시스템(Hierarchical memory system)

기억장치 설계에 있어서 가장 중요한 요소들은 용량, 속도, 가격이다. 기억장치 특성들 간의 관계를 살펴보면, 접근 속도가 높아질수록, 비트 당 가격은 높아지며, 용량이 커질수록, 비트 당 가격은 낮아지고, 접근 시간은 길어진다.

계층적 기억장치의 구성 방법은 1단계 계층 기억장치는 속도가 빠르나, 가격이 높은 기억장치 사용하고, 2단계 계층 기억장치는 속도는 느리지만, 가격이 낮은 기억장치 사용하는 것이다. 상위 계층으로 갈수록 비트 당 가격이 높아지고, 용량이 감소하며, 액세스 시간은 짧아지고, CPU에 의한 액세스 빈도는 높아진다.

기억장치 계층은 다음 [그림 1-3]과 같이 내부 기억장치와 외부 기억장치로 구분한다.

- 내부 기억장치(Internal memory) : CPU가 직접 액세스할 수 있는 기억장치들
  예 CPU 레지스터, 캐시, 주기억 장치, 디스크 캐시 등
- 외부 기억장치(External memory) : CPU가 직접 액세스할 수 없고, 장치 제어기(device controller)를 통해서만 액세스할 수 있는 기억장치들
  예 디스크, 자기 테이프, 등

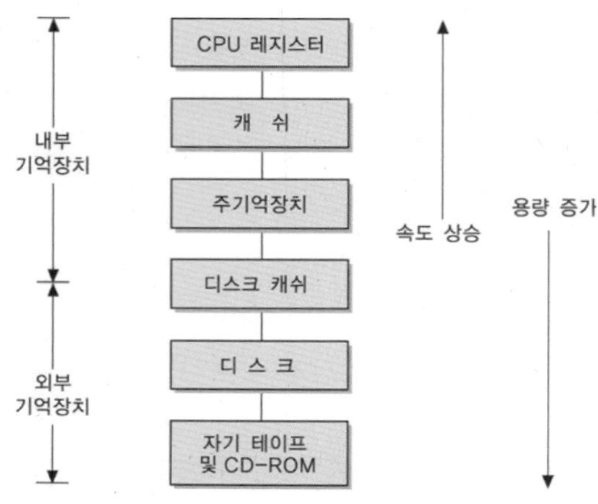

[그림 1-3] 기억장치 계층구조

주기억 장치의 접근 속도가 CPU에 비하여 현저히 느리다. 그에 따른 성능 저하를 줄이기 위하여 캐시는 CPU와 주기억장치 사이에 설치하는 고속의 반도체 기억장치이다. 디스크 캐시는 디스크와 주기억 장치의 접근 속도 차이를 줄이기 위하여 그 사이에 설치하는 반도체 기억장치이다.

3) 주변장치(Peripheral Device)

입출력 장치(I/O device)는 마우스, 키보드, 모니터, 프린터와 같은 장치들이며, 사용자와 컴퓨터간의 대화를 위한 도구이다. 기타 주변장치는 네트워크 인터페이스 카드(NIC), 스피커, 비디오, 카메라, 모뎀 등 컴퓨터 본체와 연결 가능한 모든 장치를 통칭한다.

2
운영체제(Operating System) 개념

운영체제(OS)는 사용자 대신에 컴퓨터 시스템의 각종 자원을 효율적으로 관리하고 운영함으로써, 사용자가 컴퓨터 시스템을 최대한 편리하게 이용하고, 컴퓨터 하드웨어를 효율적으로 사용할 수 있도록 컴퓨터 하드웨어와 사용자 간의 인터페이스(interface)를 담당하는 시스템 프로그램(System Program)으로 정의할 수 있다. 따라서 운영체제는 사용자 인터페이스의 제공과 자원 관리자로서 중앙처리 장치, 기억 장치, 입출력 장치, 각종 주변 장치, 공유된 코드 및 데이터 구조 등을 관리한다.

2-1 운영체제의 목적

1) 편리성 제공

- 운영체제는 사용자로 하여금 컴퓨터 하드웨어와 소프트웨어를 편리하게 사용할 수 있는 환경을 제공한다,
- 운영체제는 사용자가 효율적인 프로그램 개발과 시스템 점검이 가능하고, 제공되는 서비스를 방해하지 않으며, 새로운 기능을 도입할 수 있도록 설계되어야 한다.

2) 효율성 제공

- 처리 능력(Throughput)의 향상 : 어떤 단위 시간 내에 처리할 수 있는 일의 양으로서 수치가 높을수록 좋다.
- 응답 시간(Response time) 또는 반환 시간(Turn−around time)의 최소화 : 컴퓨터 시스템을 이용하여 하나의 작업을 시작한 시간에서부터 결과를 얻을 때까지 걸리는 시간을 의미하며 수치가 낮을수록 좋다.
- 사용 가능도(Availability)의 향상 : 가동율이라고도 하며, 사용자가 시스템을 이용하려 할 때 일정시간 동안 실제로 컴퓨터를 사용한 시간을 나타낸다. 고장과 오류가 발생하더라도 영향을 받지 않고 시스템이 중단되지 않고 운영하는 결함 허용도(fault tolerance)를 의미한다.
- 신뢰도(Reliability)의 향상 : 시스템이 실패 없이 주어진 문제를 얼마나 정확하게 해결할 수 있는지를 나타낸다.

2-2 운영체제의 역할

운영체제는 사용자와 컴퓨터 하드웨어간의 인터페이스를 담당하는데, 운영체제가 접촉하는 인터페이스의 대상은 다양하다. 운영체제와 다른 프로그램 간의 관계를 그림으로 표현하면 [그림 1-4]와 같다. 운영체제는 다른 시스템 소프트웨어나 응용 소프트웨어를 사용하는 인터페이스를 제공하기 위해 하드웨어와 직접 상호작용하며, 이들 하드웨어 자원과 상호작용을 결정하기 위해 자원 추상화 기능을 제공한다. 또한, 운영체제는 서로 다른 응용 프로그램들이 자원관리 방법을 통하여 하드웨어 자원을 공유하게 한다.

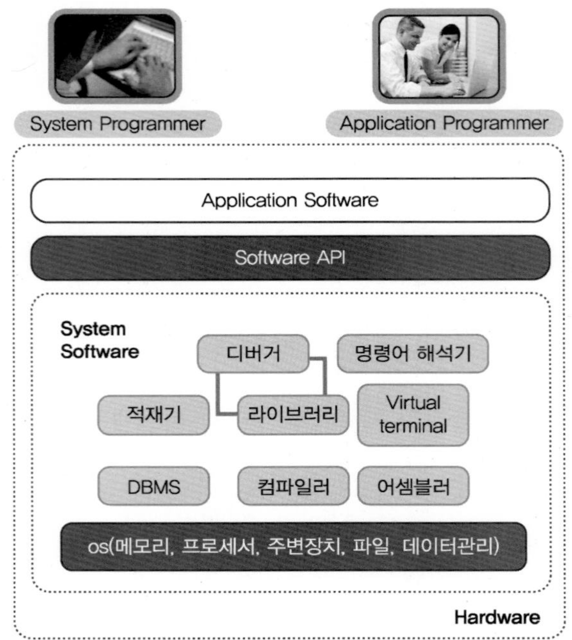

[그림 1-4] 운영체제와 다른 프로그램 간의 관계

운영체제의 역할은 다음과 같다.

1) 조정자

- 운영체제는 컴퓨터 시스템을 운영하여 여러 운영 자원(하드웨어, 프로그램, 데이터)를 적절하게 사용할 수 있도록 제어한다.
- 여러 다른 프로그램이 수행할 수 있는 환경과 서비스를 제공하는 조정자 역할을 한다.

2) 자원 할당자 또는 관리자

- 컴퓨터 시스템이 문제를 해결하는 데 필요한 자원(프로세서 시간, 메모리 공간, 파일 저장 공간, 입출력장치 등)을 할당하는 역할을 한다.
- 컴퓨터 시스템을 공정하고 효율적으로 운영하기 위해 자원을 어떻게 할당할 지를 결정하는 관리자 역할도 수행한다.

3) 입출력장치와 사용자 프로그램 제어

- 컴퓨터 시스템의 부적절한 사용이나 오류를 방지하기 위해 사용자 프로그램의 실행을 제어하는 역할을 한다.
- 입출력장치를 비롯하여 주변장치들을 동작시키고 통제하는 역할을 한다.

2-3 운영체제의 발달 과정

운영체제는 실행되는 컴퓨터의 구조와 계층적으로 매우 밀접하게 연관되어 있으므로, 컴퓨터의 발전하는 세대를 살펴보는 것과 비슷하다. 1940년대부터 현재까지 운영체제는 발전을 계속해 오고 있으며 이러한 운영체제의 발달 과정을 다음과 같이 제1세대부터 제5세대까지 분류할 수 있다.

1) 제1세대(1945 ~ 1955)

- 진공관(tube)을 사용하였다.
- 기계어(machine language)를 직접 사용하였다.
- 운영체제가 없었다.
- 2진수(binary digit) 즉 기계어로 프로그램을 작성하였다.

2) 제2세대(1955 ~ 1965)

- 작업 제어 언어(JCL: Job Control Language)가 등장하였다.
- 초기 일괄 처리(batch processing)시스템의 효시가 되었다.
- 한 작업으로부터 다른 작업으로의 전환을 자동적으로 처리하였다.
- 입출력 제어 시스템(IOCS: Input Output Control System)이 제공되었다.

- 기계어나 어셈블리 언어를 사용하였다.
- 2세대 컴퓨터 예는 IBM 7094/1401 시스템을 들 수 있다.

3) 제3세대(1965 ~ 1980)

- 트랜지스터, IC(집적 회로), 디스크를 사용하였다.
- 공유 시스템(shared system), 가상기억 장치(virtual memory), 다중 프로그래밍(multi programming), 다중 처리(multiprocessing) 시스템 등이 개발되었다.
- 장치 독립성 제공 : 입출력 장치의 형태적 특성에 관계없이 입출력 동작을 요청할 수 있는 능력을 말한다.
- 다중 모드 시스템(multi mode system) 등장 : 일괄 처리, 시분할 처리, 실시간 처리, 다중 처리 등을 제공하였다.
- 유닉스(UNIX) 운영체제가 출현하였다.
- JCL 기능이 더욱 복잡해졌다.
- 소프트웨어 계층 구조 개념과 소프트웨어 공학(software engineering)이 등장하였다.
- 여러 사용자들의 프로그램을 동시에 주기억 장치에 공존시키며, CPU를 작업들 간에 수시로 번갈아 할당하였다.
- 시스템의 처리 능력을 증진시키려고 한 컴퓨터 시스템에 여러 개의 프로세스(process)들이 사용되었다.
- 사용자들과 컴퓨터가 대화식으로 운영되어 사용자의 요구 사항을 가능한 한 빨리 처리하여 터미널로 응답하는 시분할 시스템(MULTICS, UNIX)이 등장하였다.

4) 제4세대(1980 ~ 1990)

- LSI, VLSI를 사용하였다.
- 컴퓨터 네트워크와 온라인(on line) 처리 기법 사용, 마이크로프로세서 등장으로 PC 개발이 촉진되었다.
- 가상 기계(virtual machine) 등장 : 여러 개의 운영체제를 탑재하여 하나의 기계를 여러 개의 기계처럼 보이게 한다.
- 데이터베이스 시스템(database system) 등장 : 정보를 가질 수 있는 사용자 간에 정보를 공유하였다.
- 분산 데이터 처리(distribute data processing) 개념 확립 : 데이터를 컴퓨터 시스템 전체에 분산하여 각 데이터 항목은 그 데이터가 가장 자주 쓰이는 곳에 위치하며 다른 곳의 사용자는 네트워크를 통하여 접근하였다.

- 사용자에게 친근한 시스템(user friendly system)들이 개발되었다.
- 운영체제로 유닉스, VMS, DOS를 사용하였다.
- PC 운영체제인 윈도우(window)가 개발되었다.
- 워크스테이션(workstation), 다중 프로세서(multiprocessor)가 일반화되었다.

5) 제5세대(1990 ~ 현재)

- VLSI, 조셉슨 소자, 칼륨-비소 소자, 광 소자를 사용하였다.
- 분산 계산(distribute computing) 시스템이 실용화되었다.
- 지식 기반(knowledge base) 시스템이 등장하였다.
- 인공 지능(artificial intelligence)이 실현되었다.
- 논리, 추론 등 유추 기능이 강화된다.
- 자연어 인터페이스를 사용하여 인간과 기계의 대화(human computer interaction) 기능이 실현된다.
- 인문. 사회. 자연과학 특히, 산업공학, 환경공학, 생물공학, 전기전자공학 등 분야와 정보기술(IT: Information Technology)의 융합이 실현된다.

2-4 운영체제의 기능

1) 자원 관리자의 관점 기능

운영체제는 컴퓨터 시스템을 구성하는 각종 컴퓨터 자원의 관리자로 생각할 수 있다. 이러한 자원에는 프로세서, 기억 장치, 각종 주변 장치, 프로그램이나 데이터와 같은 정보 등이 있다. [그림 1-5]는 운영체제의 구성요소와 자원의 상관관계를 보이고 있다. **자원 관리자의 관점이란 운영체제를 하드웨어의 자원을 관리하고 운영하는 관리자로 보는 것을 말한다.** 각 자원을 관리하는 수행 과정은 아래와 같다.

- 시스템 내 자원의 상태를 추적, 기억시킨다.
- 프로세서에게 언제 어떤 자원을 얼마나 할당할 것인가를 결정하는 정책을 수립한다.
- 요구된 자원을 할당한다.
- 사용이 끝난 자원을 회수한다.

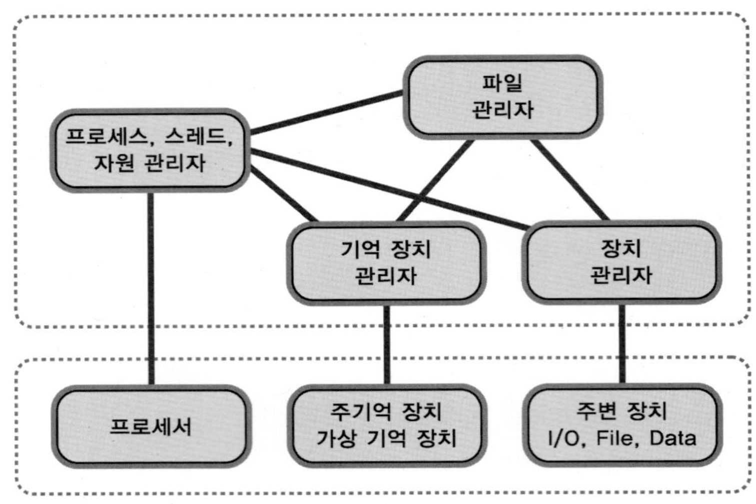

[그림 1-5] 운영체제 구성요소와 자원의 상관관계

(1) 프로세스(process) 관리 기능

- 현재 수행중인 프로그램을 프로세스라고하며, 각 프로세스의 상태를 추적, 기억한다. 각 프로세스나 스레드가 동등한 시간비율로 수행되게 프로세서를 스케줄링 한다.
- 어떤 프로세스에게 프로세서를 사용하게 할 것인지를 결정한다. 작업 스케줄러(job scheduler)는 제출된 모든 작업 중에서 실행할 작업을 선정하여 그 작업이 요구하는 자원들을 할당하여 프로세스화 한다. 만약 다중 프로그래밍 시스템이라면 어떤 프로세스가 언제 얼마나 프로세서를 차지할 것인가를 결정해야 하는데 이를 프로세스 스케줄러(process scheduler)로 결정한다.

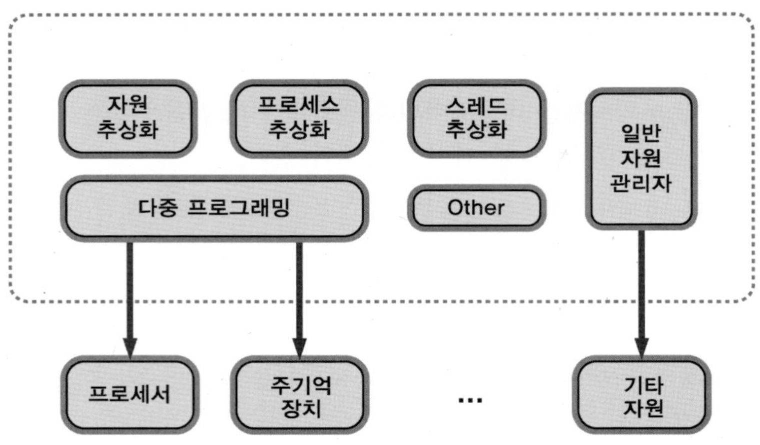

[그림 1-6] 프로세스 관리자

- 프로세스가 수행을 마치거나, 어떤 이유로 사용이 양도되거나 또는 허용된 시간을 초과하였을 때 프로세서를 회수한다.
- 프로세스 관리자는 프로세스, 스레드 관리를 포함하여 프로세서, 여러 추상화된 자원들의 관리를 책임지며 기억 장치 관리자와 협력한다.

(2) 기억 장치 관리 기능

- 기억 장치의 상태를 추적 · 기억한다. 기억 장치의 어떤 부분이 사용되고 있으며 어떤 부분이 사용되고 있지 않은가를 추적하고 만일, 사용된다면 어느 프로세스로 사용되는가를 추적하고 기억한다.
- 어느 프로세스에게 언제 얼마나 기억 장치를 할당할 것인지를 결정한다.
- 프로세스가 기억 장치를 요구하면 앞에서 결정한 내용에 따라 기억 장치를 할당한다.
- 프로세스가 더 이상 기억 장치를 요구하지 않으면 기억 장치를 프로세스로부터 회수한다.
- [그림 1-7]처럼 기억 장치 관리자는 주기억 장치를 관리하기 위해 프로세스 관리자와 협력하며, 가상기억 장치 및 페이징 장치를 관리하기 위해 장치 관리자나 파일 관리자와 협력한다.

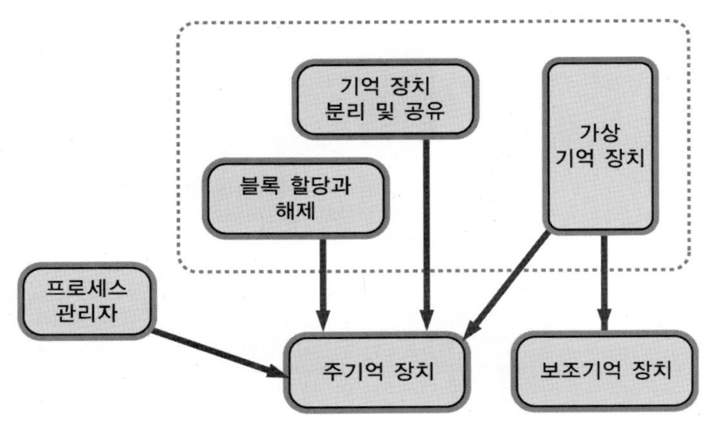

[그림 1-7] 기억 장치 관리자

(3) 장치 관리 기능

- 입출력 장치, 주변장치 등 각종 장치의 상태를 추적, 기억시킨다.
- 장치를 할당하는 데 어떤 방법이 효율적인지를 결정하며 만약 이때 장치가 공유되는 것이라면 어떤 프로세스가 이 자원을 얼마나 사용할 것인지를 결정한다.

- 장치 관리자는 [그림 1-8]과 같이 파일 관리자와 응용 프로세스에게 서비스를 제공하며 하나의 장치 독립적인 부분과 각 주변장치마다 하나씩 장치 의존적인 부분으로 구성된다. 장치 의존 부분이 장치 독립부분에 서비스를 전송하면 장치 독립 부분은 모든 장치에 단일화된 인터페이스를 제공한다.
- 각 주변장치 구동기(드라이버, driver)는 고유한 장치 제어기를 사용할 수 있게 하며 응용 프로그램에서 해당 장치 제어기의 연산(공통의 함수 집합)을 사용할 수 있게 추상화하는 기능을 제공한다.

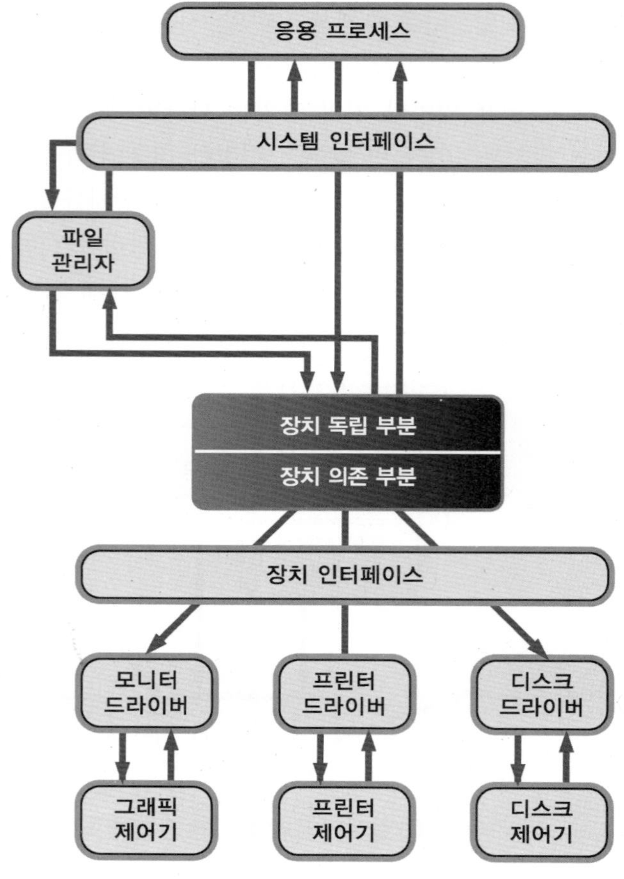

[그림 1-8] 장치 관리자

(4) 데이터 관리 기능

- 데이터의 위치, 사용 여부와 상태 등을 추적, 관리한다. 이러한 총체적인 기능을 파일 시스템(file system)이라 한다.

• 어떤 프로그램에게 데이터 자원을 사용하게 할 것인지를 결정한다. 또한, 정보 보호 기법과 보호 정책을 수립하고 접근 범위를 제시한다.

2) 프로세스 관점의 기능

프로세스 관점은 운영체제를 하나의 작업(job)이 컴퓨터 시스템에 입력되어 실행이 완료될 때까지 프로세스의 상태를 변화시키는 프로그램으로 보는 것을 말한다. 다중 프로그래밍 환경에서 동시에 여러 개의 프로세스가 주기억장치 내에 존재할 수 있으며 각각의 프로세스들은 실행을 완료할 때 까지 여러 가지의 상태 전이를 일으키며 실행된다. 프로세서가 처리할 수 있는 프로세스는 어느 한 시점에서 볼 때 오직 하나의 프로세스뿐이다.

[그림 1-9]는 프로세스의 상태 모형을 나타내고 있다. 타원형은 프로세스의 상태를 나타내고 화살표는 프로세스의 상태 전이를 나타낸다. 만약 실행 중의 프로세스가 입출력이 완료되기를 기다려야 한다면 그 프로세스는 입출력 완료 시점까지 대기 상태의 프로세스로 전환되어야 한다.

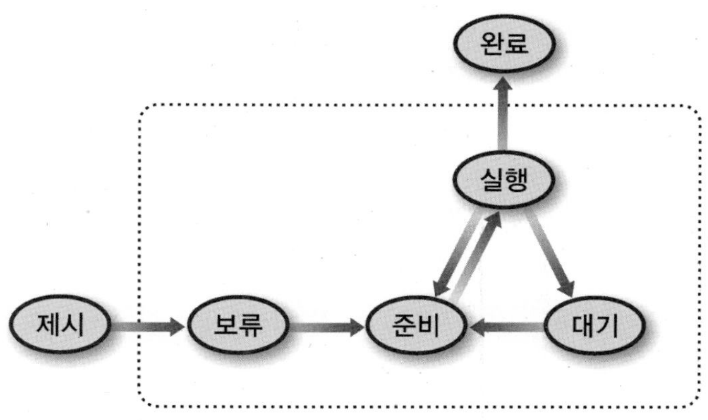

[그림 1-9] 프로세스의 상태 모형

3) 계층 구조 관점의 기능

과거에 존재했던 대부분의 운영체제는 하나의 큰 프로그램 단위로 구성되었으나, 현재는 시스템이 커지고 복잡해짐에 따라 운영체제가 여러 모듈 단위로 구성되었다. **계층 구조 관점은 운영체제를 계층적인 상호관계를 가지는 프로그램 모듈들의 집합으로 보는 것을 말한다.** [그림 1-10]은 계층 구조 관점에서의 운영체제 구조를 보인다. 작업들은 작업 스케줄러로 관리되어 프로세스 화 되며 점선은 작업 스케줄러로 스케줄 됨을 나타내고 실선은 운영체제의 커널 계층에 접근하는 대상을 나타낸다.

(1) 운영체제의 커널(kernel 또는 nucleus) 기능

운영체제 모듈의 중심에 위치하고, 운영체제의 가장 중요한 기능을 담당한다. 시스템에서 어떤 작업이든 커널의 동작에 의해 제어가 이루어진다. 인터럽트(interrupt) 처리, 프로세스 관리, 메모리 관리, 파일 시스템 관리, 프로그래밍 인터페이스 제공 등 운영체제에서 기본적인 기능을 제공하는 핵심 모듈이다.

(2) 계층적 운영체제 설계의 장점과 단점

■ 계층적 운영체제 설계 방식의 장점

계층적 설계 방식의 장점은 구현과, 오류 검증 및 수정(디버깅 : debugging) 작업을 쉽게 할 수 있다. 각 계층들은 단지 자신의 하위계층들의 서비스와 기능(연산)만을 사용할 수 있다. 하위 계층으로의 시스템 호출(system call)만 허용한다.

첫 번째 계층은 하드웨어만을 사용하여 이 계층의 기능을 구현하기 때문에 나머지 시스템에 아무 신경을 쓰지 않고 디버깅할 수 있다. 첫 번째 계층의 디버깅이 끝나면, 두 번째 계층을 디버깅하는 동안에도 나머지 계층을 신경쓰지 않고 현 계층이 정확하게 동작하는지에만 관심을 가지며, 이러한 과정이 반복된다. 만일 어느 계층의 디버깅 중 오류가 발견되면 그 하위의 계층은 이미 디버깅이 되었기 때문에 오류는 반드시 그 계층에 있다. 따라서 운영체제를 계층으로 나누면, 설계와 구현과 디버깅이 간단해진다.

각 계층은 자신보다 저수준의 계층에 의해 제공된 연산들만 사용해 구현한다. 한계층은 이러한 연산들이 구현되는지 알 필요가 없고, 다만 이러한 연산들이 무엇을 하는지만 알면 된다. 그러므로 각 계층은 특정 자료구조, 연산, 그리고 하드웨어의 존재를 상위 계층에 숨기게 된다.

■ 계층적 운영체제 설계 방식의 단점

첫째, 각 계층들은 자신들의 하위 계층에 있는 기능들만 사용할 수 있기 때문에 여러 계층 간의 기능들을 정의할 때 기능들 간의 상하 종속관계를 적절하고 명확하게 해야 한다.

두 번째 단점은 다른 유형의 구현방법보다 효율성이 다소 떨어진다는 점이다. 예를 들어, 상위계층에서 시스템 호출이 발생하면 하위계층으로 시스템 호출이 이어지므로 각 계층은 시스템 호출에 오버헤드를 추가하므로, 계층구조가 아닌 시스템보다 시스템 호출의 수행시간이 더 오래 걸리는 결과를 초래한다.

최근에는 이러한 제한을 최소화하기 위해, 모듈화 코드가 갖는 대부분의 장점을 수용하면서, 반면에 계층간 기능 정의나 상호작용의 어려운 문제점들을 피할 수 있도록 계층의 수가 적고 보다 많은 기능을 갖는 설계방법들이 사용되고 있다.

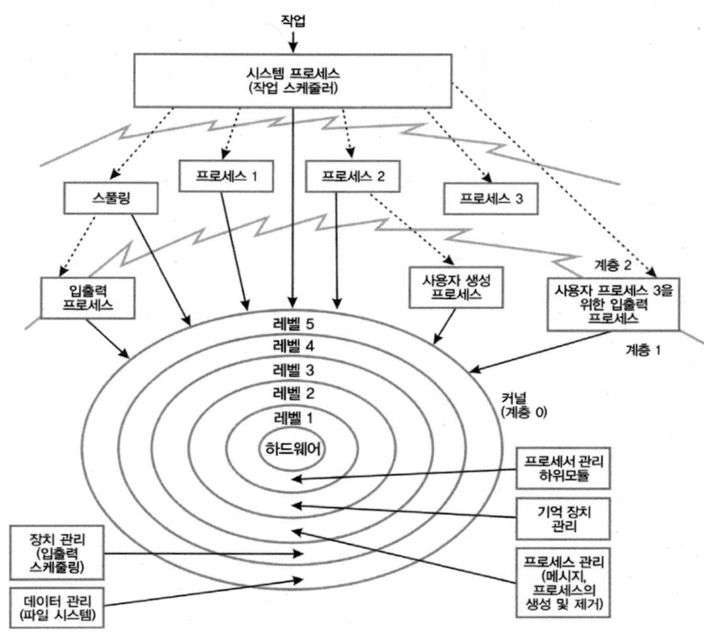

[그림 1-10] 계층 구조 관점에서의 운영체제

■ 레벨 1 : 프로세서 관리

동질 혹은 이질의 프로세서들 간에 또는 프로세스들 간에 동기화와 통신, 프로세서의 스케줄링을 위한 프로세서 관리를 담당한다.

■ 레벨 2 : 기억 장치 관리

기억공간의 할당과 회수 기능을 실행하는 기억 장치 관리를 담당한다.

■ 레벨 3 : 프로세스 관리

프로세스의 생성, 제거, 프로세스 간의 메시지 전달, 프로세스의 시작과 정지 등의 일을 담당한다.

■ 레벨 4 : 장치 관리

주변 장치의 상태를 파악하여 관리하는 일, 입출력 장치의 스케줄링을 하고 입출력의 전반적인 사항을 지시한다.

■ 레벨 5 : 파일과 데이터 관리

다양한 파일 연산, 파일의 유지와 관리 등을 담당한다.

3 운영체제 서비스

운영체제는 프로그램을 실행하기 위한 환경을 제공해 주고, 프로그램과 사용자들에게 정해진 서비스를 제공해 준다. 물론 운영체제마다 제공되는 서비스가 다른 때도 있지만 다음과 같은 서비스를 제공한다.

- 부팅(Booting) 서비스
- 사용자 서비스
- 시스템 서비스

3-1 부팅 서비스

부팅이란 용어는 부트스트랩(bootstrap)의 약어로서 **컴퓨터 시스템을 시동하거나 재시동 하는 작업이다.** 부팅은 컴퓨터의 전원을 켜거나 Reset을 누르거나 소프트웨어적인 명령을 내림으로써 수행되며 일반적으로 각종 초기화 작업을 하고 **운영체제를 디스크로부터 컴퓨터의 주기억 장치로 적재시키는 과정**을 말한다. 이때 이미 컴퓨터가 켜진 상태에서 다시 부팅 하는 것을 웜(warm) 부팅이라 하고, 꺼진 상태에서 새로 켜면서 부팅 하는 것을 콜드(cold) 부팅이라고 한다.

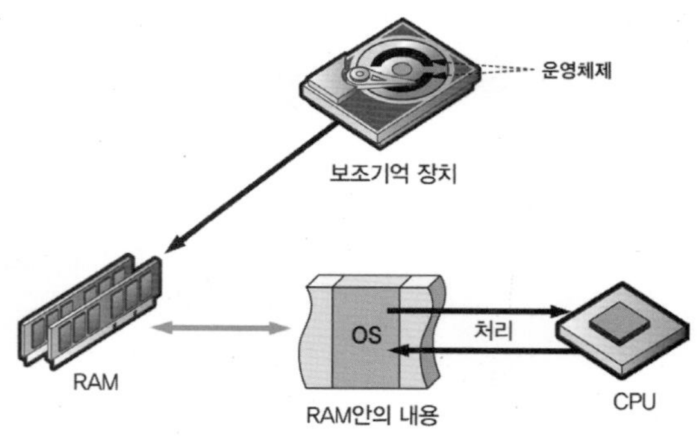

[그림 1-11] 부팅 작업 처리 과정

DOS를 사용하는 개인용 컴퓨터에서는 전원을 켜면 CPU는 초기화된 후 ROM BIOS라 부르는 ROM에 저장된 프로그램인 부트스트랩 로더(Bootstrap loader)를 수행시킨다. 이 프로그램은 디스크의 루트 디렉토리에 있고 첫 번째로 위치한 파일인 IO.SYS를 읽고 이 프로그램을 실행시킨다. 이 프로그램은 하드웨어를 초기화시키고 DOS를 적재한다. DOS는 CONFIG.SYS를 읽어 들이는데 이 파일의 내부에 DOS 테이블, 디바이스 드라이버(device drivers)가 있으므로 이를 적재하고 초기화시킨다. 명령어 해석기인 COMMAND.COM이 명령을 해독하여 수행할 수 있게 되며 AUTOEXEC.BAT 파일에 있는 명령어들이 자동으로 수행한다.

이 과정을 통해서 컴퓨터는 사용자가 컴퓨터를 정상적으로 사용할 수 있는가를 검사하고, 하드웨어에 필요한 여러 프로그램들을 주기억 장치인 RAM에 적재(load)한다. RAM에 적재된 프로그램은 CPU가 실행한다.

3-2 사용자 서비스

1) 사용자 인터페이스 제공

사용자 인터페이스는 운영체제의 사용자가 제어할 수 있는 부분으로 이를 통해 운영체제와 통신 또는 대화를 할 수 있다. 사용자 인터페이스에는 명령어, 메뉴 아이콘, 윈도우 등과 같은 GUI(Graphic User Interface)가 있다. 명령어 인터페이스는 명령어를 키보드로 입력하는 방법으로써 이러한 명령어의 예로는 다음 그림과 같이 DOS 명령어가 있다. 최근에는 생체 인증(사용자의 홍채, 음성, 지문), 글씨나 펜, 신체 동작 등을 인식하는 기술을 적용하는 멀티모달 인터페이스까지 발전하고 있다.

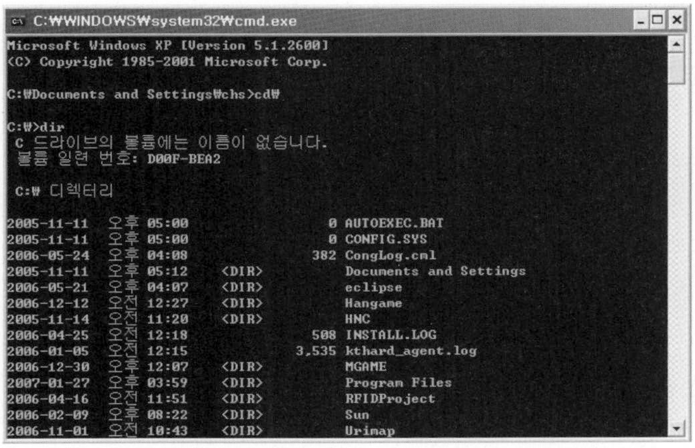

```
C:₩WINDOWS₩system32₩cmd.exe
Microsoft Windows XP [Version 5.1.2600]
(C) Copyright 1985-2001 Microsoft Corp.

C:₩Documents and Settings₩chs>cd₩

C:₩>dir
 C 드라이브의 볼륨에는 이름이 없습니다.
 볼륨 일련 번호: D00F-BEA2

 C:₩ 디렉터리

2005-11-11  오후 05:00                 0 AUTOEXEC.BAT
2005-11-11  오후 05:00                 0 CONFIG.SYS
2006-05-24  오후 04:08               382 CongLog.cml
2005-11-11  오후 05:12    <DIR>          Documents and Settings
2006-05-21  오후 04:07    <DIR>          eclipse
2006-12-12  오전 12:27    <DIR>          Hangame
2005-11-14  오전 11:20    <DIR>          HNC
2006-04-25  오전 12:18               508 INSTALL.LOG
2006-01-05  오전 12:15             3,535 kthard_agent.log
2006-12-30  오후 12:07    <DIR>          MGAME
2007-01-27  오후 03:59    <DIR>          Program Files
2006-04-16  오전 11:51    <DIR>          RFIDProject
2006-02-09  오후 08:22    <DIR>          Sun
2006-11-01  오전 10:43    <DIR>          Urimap
```

[그림 1-12] DOS 사용의 예

메뉴 인터페이스는 다음 그림과 같이 마우스를 이용하거나 커서를 움직이는 키(cursor movement key)를 이용하여 메뉴로부터 명령어를 선택하게 한다.

PC 운영체제 대부분은 GUI의 기능을 가지고 있다. GUI의 특징은 윈도우를 이용한다. 한 윈도우 상에서 편집 중인 문서 또는 스프레드시트 등으로 이동하거나 또 다른 윈도우를 전환할 수 있다.

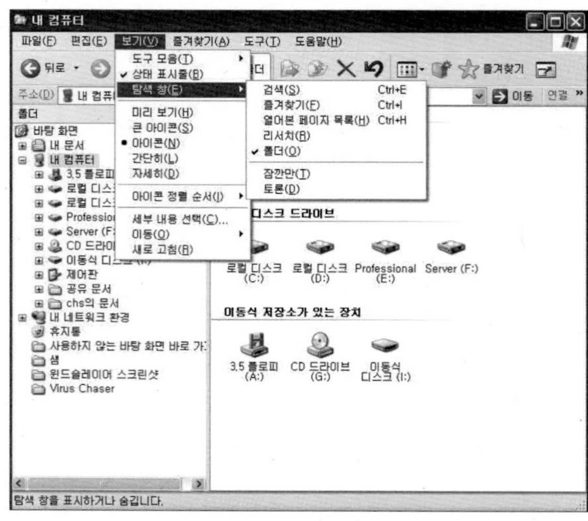

[그림 1-13] 메뉴 사용의 예

2) 프로그램 수행(Program execution)

운영체제는 프로그램을 주기억 장치에 적재하여 실행할 수 있어야 하고 운영체제는 프로그램들이 정상적 혹은 비정상적으로 실행을 끝낼 수 있는 방법을 제공해야 한다.

3) 입출력 동작(I/O operation)

수행 중인 프로그램은 도중에 입출력을 요구할 수 있는데 이러한 입출력은 파일 혹은 입출력 장치가 지정될 수 있다. 특정 장치들에는 특수한 기능(테이프 되감기, CRT 화면 지움 등)이 요구될 수 있는데 사용자 프로그램은 직접적으로 입출력을 수행할 수 없어서 운영체제가 입출력 동작을 하려는 방법을 제공해야 한다.

4) 파일 시스템 조작(File system manipulation)

파일 시스템은 특히 관심을 가져야 하는 분야로, 프로그램은 각종 주변장치로부터 파일을 읽고 기록해야 하며 또한 이름으로 파일을 생성하고 삭제할 수 있어야 한다. 데이터 및 프로그램 파일은 하드디스크와 다른 보조기억 장치의 여러 곳에 위치한다. 운영체제는 앞에서 설명한 FAT 등을 이용하여 찾을 수 있게 한다.

5) 통신(Communication)

한 프로세스가 다른 프로세스와 정보를 교환하려는 통신 방법에는 두 가지가 있다. 첫 번째는 같은 컴퓨터에서 수행되는 프로세스(Process)들 사이에서 일어나고, 두 번째는 컴퓨터 네트워크로 함께 묶여 있는 다중 컴퓨터 시스템 상에서 수행되는 프로세스들 사이에서 일어난다.

6) 오류 발견(Error detection)

운영체제는 모든 가능한 오류들을 언제든지 발견할 수 있어야 한다. 오류는 CPU, 기억장치 하드웨어(기억 장치 메모리 오류, 정전), 입출력 장치(테이프에서 패리티 오류, 프린터의 종이 부족이나, 종이 체증), 또는 사용자 프로그램(연산 상의 오버플로, 부적당한 기억 장소의 접근, CPU 시간 초과 사용) 등에서 발생할 수 있다. 운영체제는 올바르고 일관성 있는 연산을 보장하려고 오류의 각 종류에 대해 인터럽트(interrupt) 처리방식을 도입하여 적당한 조치를 취한다.

3-3 시스템 서비스

1) 컴퓨터 자원의 관리

컴퓨터는 응용 프로그램이 사용하는 다양한 종류의 하드웨어 구성요소(자원 : resource)로 구성된다. 자원의 관리는 운영체제의 중심 요소인 슈퍼바이저(supervisor) 또는 커널이 수행한다. CPU를 제어하는 슈퍼바이저는 컴퓨터가 켜져 있는 동안 주기억 장치에 상주(resident in)하면서 각종 응용 프로그램을 관리한다.

운영체제는 이러한 자원 추상화(resource abstraction)와 자원 공유(resource sharing) 기법을 통해 사용자가 효율적으로 응용 프로그램을 작성하고 컴퓨터를 사용할 수 있게 도와준다.

자원 추상화란 예를 들어, [그림 1-14]와 같이 응용 프로그래머가 디스크 입출력 프로그램을 작성할 때 간단히 입출력 API 함수만을 사용하여 디스크 입출력 프로그램을 작성할 수 있게 하는 것이다. 디스크 입출력에 관한 저수준의 세부 사항은 시스템 프로그래머가 시스템 소프트웨어 안에 라이브러리 형태로 구현한다. 마치 우리가 자동차 엔진 구조를 모르더라도 운전방법만 알면 차를 운전할 수 있는 것과 같다.

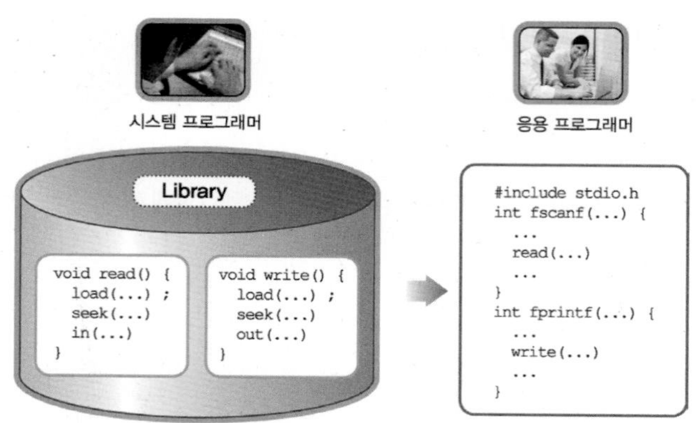

[그림 1-14] 자원 추상화

2) 자원 할당(Resource allocation)

다수의 사용자나 다수의 작업이 동시에 실행될 때 자원들은 각각 이들 사용자나 작업들에게 할당되어야 한다. 여러 가지 자원들은 모두 운영체제로 관리된다. 예를 들어, CPU 사이클, 주기억 장치, 디스크 파일 기억 장소 같은 것들은 특수한 할당 코드(allocation code)를 가질 수 있는 반면, 입출력 장치 같은 것들은 더 일반적인 요청과 해제 코드를 가질 수 있다.

3) 보호(Protection)

다중 사용자 시스템 내에 저장된 정보의 소유자는 다른 사람에게 자신의 정보사용을 제한하고자 할 것이다. 또한, 관련 없는 여러 가지 작업이 동시에 수행될 때, 한 작업이 다른 작업이나 운영체제를 방해하지 못하게 해야 한다. 보호는 시스템 호출을 위해 전달된 모든 매개변수의 타당성을 위한 검사와 시스템 자원에 대한 모든 접근을 제어하게 보장하는 일을 포함하고 있다.

외부로부터의 시스템 보안 또한 중요하다. 이러한 보안은 사용자들에게 자원들의 접근을 허용하려는 모든 접속을 기록하는 것까지 방어하게 확장되고 있다.

4) 계정(Accounting)

시스템 관리자는 어떤 사용자가 어떤 종류의 컴퓨터 자원을 얼마나 많이 사용하고 있는지 알고 싶을 때가 있을 수 있다. 이와 같은 기록 보관은 시스템 사용료 청구나 단순한 시스템 사용 통계를 수집하는 데 필요할 수 있다. 시스템 사용 통계는 서비스 개선을 위하여 시스템을 재구성하려는 여러 설계자들에게 귀중한 자료가 된다.

4 운영체제의 종류

4-1 일괄 처리 시스템(batch processing system)

초창기의 컴퓨터는 운영체제가 없어서 개발자가 직접 천공카드나 종이테이프에 수록된 프로그램을 각종 장치의 프론트 패널(front panel) 스위치를 이용하여 수작업으로 기억장치에 적재하고 스위치 버튼을 눌러 시작주소를 지정하고 프로그램 실행하는 과정을 콘솔을 통해 조작하고 디버깅하는 수준이었다.

시간이 지나면서 카드 판독기, 라인프린터, 자기테이프 등 하드웨어와 어셈블러, 로더, 링커 같은 소프트웨어와 FORTRAN, COBOL같은 고급 프로그래밍 언어가 개발되었다. 그럼에도 여러 프로그램을 실행하기 위해서는 개발된 언어에 필요한 컴파일러 테이프를 적재하여 동작하고 다시 분리하는 과정, 번역된 목적 프로그램의 적재와 실행 등 부가적인 중간 작업이 많이 소요된다. 이를 작업 준비 시간(setup time)이라고 하며, 이 작업 준비 시간 동안 CPU는 유휴 상태(idle state)로 작업을 기다리게 되어 컴퓨터 이용 효율이 떨어지게 된다.

이와 같은 조작자의 작업 준비 시간과 CPU 유휴 상태를 줄이기 위해서, 작업들 간에 순서를 자동화시켜주는 작업 제어 카드(job control card)개념을 도입하여 해결하였다. 이 초창기 운영체제를 **상주 모니터(resident monitor)**라고 하며 초창기 일괄 처리(batch process) 시스템의 효시가 된다.

상주 모니터에 의한 일괄처리 시스템은 다음 [그림1-15]와 같이 작업을 수행한다.

- 프로그래머는 자동 작업 순서를 작업 제어 카드에 기록한다.
- 상주 모니터는 작업 제어 카드에서 지시한 대로 자동 작업 순서를 제공 받는다. 이때, 상주 모니터는 제어 카드 해석기를 통해 작업 제어 카드 내용을 해석한다.
- 상주 모니터는 해당 사용자 프로그램을 기억장치에 적재하고 제어를 사용자 모드로 넘겨 프로그램을 수행하게 한다.
- 프로그램 수행이 끝나면 제어는 상주 모니터 모드로 복귀된다.
- 상주 모니터는 다음 제어카드를 읽고 수행될 다음 프로그램을 적재하고 제어를 사용자 모드로 넘겨 프로그램을 수행하는 일을 반복한다.

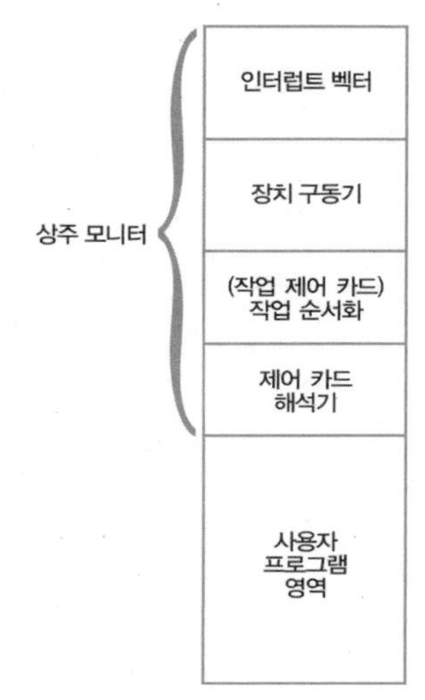

[그림 1-15] 상주 모니터

초반까지 일괄 처리 시스템은 작업을 카드 판독기로부터 읽어서 CPU가 처리하고 라인 프린터나 카드 펀치기로 출력하는 시스템들이 대부분이었다. 이러한 저속의 입출력장치 속도와 전자적인 CPU 속도차이로 CPU 유휴 시간(idle time)을 크게 줄일 수 없었다.

일반적인 개념의 일괄 처리 시스템은 요구 사항이 비슷한 여러 개의 작업을 모아서 한꺼번에 처리하는 것을 말한다. 자료나 정보 단위들이 발생할 때마다 즉각적으로 처리하는 것이 아니라 입력되는 자료를 일정 기간 또는 일정량을 모아서 한꺼번에 처리하는 방식이다.

다음 [그림 1-16]은 일반적인 일괄 처리 시스템의 예이다. 미리 정의된 작업 제어 명세(job control specification)에 따라 일괄 처리된다. 입력 스풀러(input spooler)는 작업들을 일괄 스풀에 모으고 컴퓨터로 보낸다. 컴퓨터가 작업을 마치면 각 작업을 출력 스풀로 보내고 출력 스풀러(output spooler)로 인쇄되어 작업의 결과가 최종사용자에게 보내진다. 여기서 입출력 스풀은 자기 테이프나 자기 디스크를 사용한다.

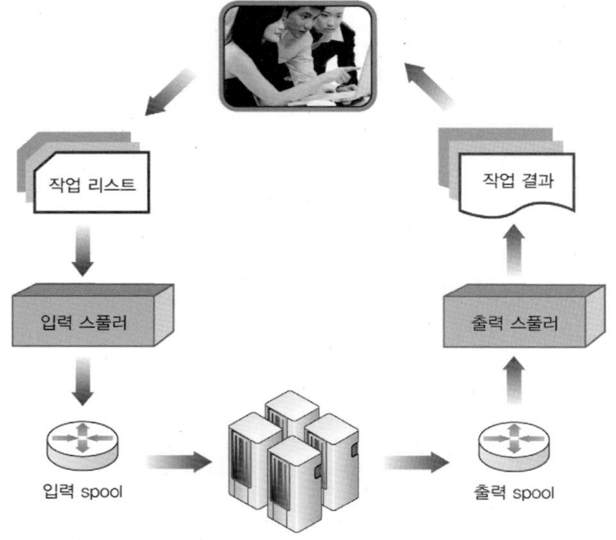

[그림 1-16] 일괄처리 시스템

일괄 처리의 단점은 다음과 같다.

- 컴퓨터 시스템을 효율적으로 사용할 수 있다.
- 작업이 실행되는 동안 사용자와 작업 간의 대화 부족으로 일정 시간 경과 후에 결과가 출력되며 작업 입력에서 작업 완료 사이의 반환시간(turn around time)이 늦다는 것이다.
- 작업수행 도중 작업과 대화할 수 없어서 처리 중간에 발생할 수 있는 모든 상황에 적절하게 대처할 수 있는 관리기능을 제공해야 한다.
- 프로그램 오류 수정을 하려면 당시의 상태를 그대로 출력하여 정적으로 수행해야 한다는 점이다.
- 일단 하나의 작업이 수행되면 그 작업이 시스템의 모든 자원을 독점해서 특히 CPU의 이용률이 떨어지게 된다. 원인은 CPU와 입출력 장치의 속도 차이로 입출력이 완료되는 동안 CPU는 유휴 상태로 있기 때문이다.

4-2 온라인 시스템(online system) vs 오프라인 시스템(offline system)

온라인 혹은 대화식 시스템(interactive system)은 CPU와 주변 장치가 온라인으로 연결되어 작동하고 사용자와 컴퓨터 시스템 간에 온라인 통신을 제공하여 사용자가 운영체제나 프로그램에 직접 명령을 주고 즉시 응답을 받을 수 있는 시스템이다. [그림 1-18]은 온라인(on-line)과 오프라인의 개념을 보이고 있다.

초창기 온라인 시스템에서 키보드는 입력을 위해, 프린터나 CRT 화면은 출력을 위해 사용된다. 운영체제가 한 명령의 실행을 마치면 다음 제어 카드들은 카드 판독기를 조사하는 것이 아니라 사용자의 키보드를 조사한다. 사용자는 키보드로부터 한 명령을 준 다음 그 응답을 기다리고 앞 명령의 결과에 따라 다음 명령을 결정한다.

요즈음의 온라인 시스템은 과거의 온라인 형태에 비해 기능과 속도, 효율 면에서 매우 발전된 형태로 시스템이 구성되어 있다. 온라인 시스템의 장 · 단점은 다음과 같다.

- 사용자는 프로그램을 쉽게 실험할 수 있다.
- 실행 결과를 곧바로 받아 볼 수 있어 응답 시간이 짧다.
- 바로 실행 결과가 출력되므로 프로그래머에게 프로그램 검사와 개발에 상당한 유효성을 제공해 준다.
- 이러한 기능들로 때문에 CPU는 프로그래머나 조작원이 취할 동작을 기다리는데 상당한 유휴 시간이 생긴다.

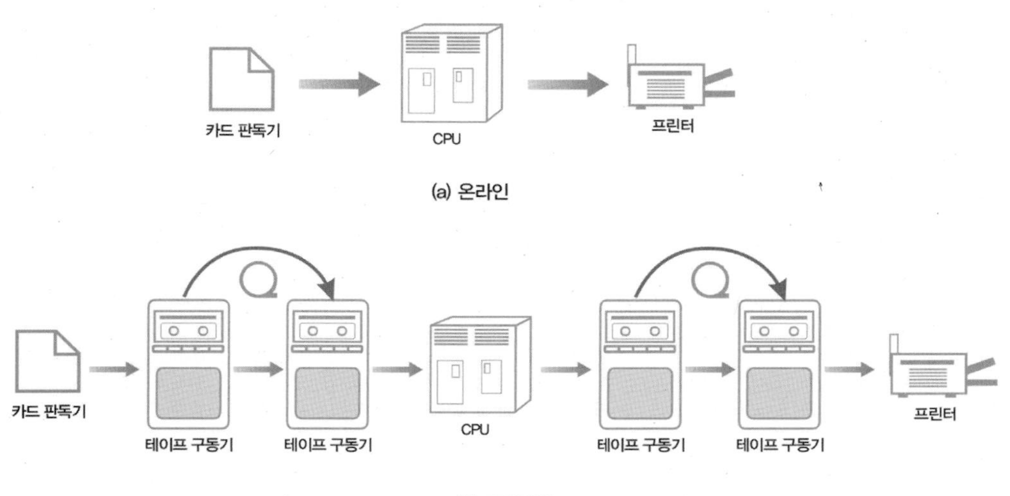

[그림 1-17] 온라인 시스템 vs 오프라인 시스템

오프라인(offline) 시스템은 초기의 온라인 시스템이 비싼 컴퓨터 가격대비 낮은 CPU 이용률 측면이 있었으므로 이용률을 높여보자는 방안으로 개발되었다. 이 해결 방법은 느린 카드 판독기와 라인 프린터와 CPU 중간사이에 자기 테이프나 자기 디스크로 대체하는 것이다.

자료나 프로그램을 입력할 때에는 CPU가 직접 카드를 읽어 들이지 않는다. 카드에 있는 내용을 먼저 자기 테이프에 복사하여 테이프가 차게 되면, 자기 테이프를 컴퓨터로 옮겨 프로그램이 자기 테이프로부터 내용을 읽어 들인다. 마찬가지로 출력할 때도 자기 테이프상에 먼저 기록한 후 나중에 테이프의 내용을 출력한다. 이 과정을 key-to-tape 이라고 하며, 자기 테이프 대신 자기 디스크를 사용한다면 key-to-disk 라고 한다. 카드 판독기와 라인 프린터는 주 컴퓨터와 연결되어 운영되는 것이 아니라 오프라인(off-line)으로 수행된다. 오프라인 시스템의 주요 장점은 다음과 같다.

- CPU가 카드 판독기와 라인 프린터의 속도에 더 이상 영향을 받지 않고, 훨씬 빠른 자기 테이프의 속도에 영향을 받는다.
- 온라인 시스템에서의 응용 프로그램이 오프라인 입출력 동작으로 전환하는데 어떠한 수정도 필요하지 않다. 카드로부터 입력이 필요할 때 프로그램은 이전과 마찬가지로 같은 카드 판독기 장치 구동기(드라이버)를 호출한다. 시스템 루틴은 카드 판독기 장치 구동기가 아닌 자기 테이프 장치 구동기를 호출해 준다. 마찬가지로, 프린터로 출력이 필요할 때도 프로그램은 프린터 구동기를 호출하지만 시스템 루틴은 자기테이프 장치 구동기를 호출해 준다.
- 하나의 프로그램이 다른 입출력 장치와 함께 실행될 수 있는 장치 독립성이 보장된다. 장치 독립성은 프로그램이 입출력을 요구했을 때 운영체제가 물리적으로 사용하는 장치를 결정하는 기능을 갖는다. 따라서 프로그램은 논리적인 입출력 장치를 사용하게 작성하면 되고, 운영체제는 논리적인 장치들에 맞는 물리적인 장치들을 결정한다.
- 하나의 CPU에 대해 여러 대의 카드 판독기와 라인 프린터 및 자기 테이프를 사용할 수 있다. 만약 CPU의 속도가 카드 판독기의 두 배의 입력을 처리할 수 있는 속도라면, 이때 동시에 수행하는 두 개의 카드 판독기는 CPU가 바쁘게 사용되게 테이프를 만들 수 있다.

4-3 다중 프로그래밍 시스템(multiprogramming system)

다중 프로그래밍은 CPU가 항상 이용되게 주기억 장치에 여러 개의 프로그램을 적재함으로써 CPU의 이용률을 극대화하고자 한 방안이다. 다중 프로그래밍은 주기억 장치에 여러 개의 프로그램을 적재하여 처리할 때, 한 프로그램이 입출력 작업을 하는 동안, 다른 프로그램은 CPU를 이용하여 연산처리 작업을 수행하는 과정을 반복하는 시스템이다.

[그림 1-18]에서 점선으로 표시된 사각형 안을 살펴보면 세 개 프로그램1, 2, 3이 같은 시간축 상에 중첩되어 있다. 프로그램1은 CPU 연산 후 출력을 하고 있고, 프로그램2는 데이터를 입력하고 있고, 프로그램3은 데이터 입력 후 CPU 연산을 수행하고 있다. 프로그램3은 CPU 연산 후 출력이 발생하게 되어 CPU가 필요하지 않게 되면 운영체제는 그 시간에 프로그램2가 CPU 연산을 수행하게 한다. 결국 3개 프로그램 간에 CPU 연산과 입출력이 병행 수행하게 되므로, 동시에 수행되는 것처럼 처리하는 방식이다. 그림에서는 하나의 CPU와 주기억장치에 3개 프로그램이 적재되어 수행되므로 이를 3 다중 프로그래밍이라 한다.

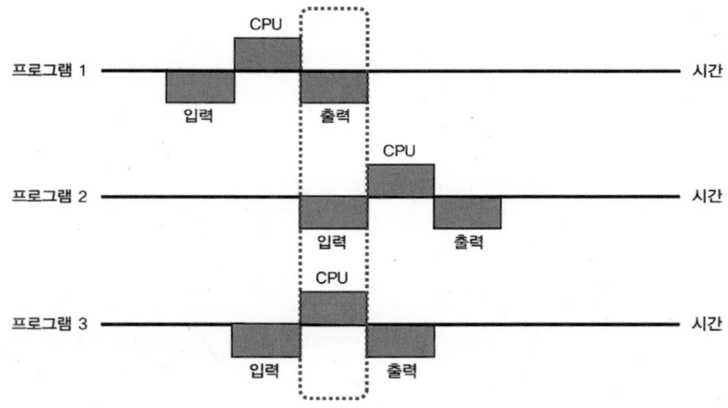

[그림 1-18] 다중 프로그래밍에서의 프로그램과 시간 관계

한 프로그램이 CPU를 할당받아서 프로그램을 수행하다가 입출력이 발생하여 CPU가 필요 없게 되면 다른 프로그램이 CPU를 할당받게 되는데 이를 **문맥 교환**(context switching)이라고 하며, 운영체제가 언제 어느 프로그램에게 CPU를 할당할지를 결정하는 것을 **CPU 스케줄링 또는 프로세스 스케줄링**이라고 한다.

다중 프로그래밍 시스템을 시간과 공간 다중화 관점에서 살펴보면 작업은 [그림 1-19]와 같이 진행된다. N개의 서로 다른 추상 머신(abstract machine) Pi들에는 각각 실행할 사용자 프로그램이 있다. 운영체제는 주기억 장치(physical memory, 실기억 장치, 물리 메모리)를 N개의 서로 다른 블록(block)으로 나누고 각 추상 머신에게 한 블록을 할당한다.

임의의 Pi의 프로그램이 할당된 주기억 장소 블록에 적재되면 공간 다중화(space multiplexing) 공유를 이용하여 주기억 장소를 공유하고, 시간 다중화(time multiplexing) 공유를 이용하여 물리 프로세서(physical processor)를 공유한다. 각 Pi는 하나의 시간단위 동안만 프로세서를 사용하지만 전체시간 동안 주기억 장소 블록을 점유한다. 운영체제가 이 공유 작업들을 조정한다.

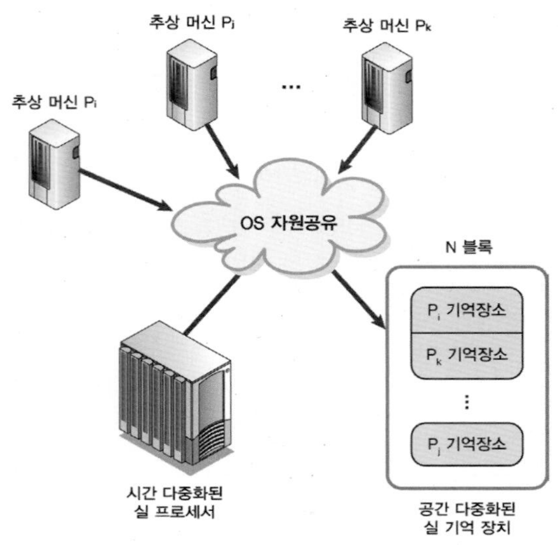

[그림 1-19] 다중 프로그래밍 시스템

➜ 추상 머신(abstract machine)이란?

실제 컴퓨터의 "시뮬레이션"을 말한다. 각 프로그래머에게는 각각 프로그램을 실행하려는 자신의 고유한 컴퓨터(추상 기계)를 갖는 것처럼 보인다. 즉 컴퓨터의 프로세서, 기억 장치, 다른 추상 자원들이 실행 프로그램 간에 공유되게 운영체제를 설계하고 프로그래머에 기계자체의 추상화를 제공함으로써 달성된다. 운영체제는 근간이 되는 컴퓨터 하드웨어를 응용 프로그래머에게 보이지 않는 방법으로 공유한다.

다중 프로그래밍의 장·단점은 다음과 같다.

- CPU 1개, 주기억 장소에 여러 개의 프로그램이 존재하여 다중 작업(multi-job)을 구현한다.
- 여러 개의 프로그램을 동시에 기억 장치에 적재시켜 수행함으로써 CPU의 유휴 시간을 줄이고 CPU 처리량을 극대화 한다.
- 준비상태에 있는 여러 개의 프로그램(프로세스) 중 실행할 한 프로그램 선정하려면 기억 장치관리 기법이나 CPU 스케줄링 기법이 필요하다.

- 스케줄링, 교착 상태, 병행 제어와 보호 문제 등이 신중히 고려되어야 한다.
- 다중 프로그래밍은 어떤 하나의 프로세스의 성능을 향상시키지는 못하지만 전반적인 시스템 성능을 향상시킬 수 있다.

4-4 시분할 시스템(TSS : Time Sharing System)

시분할 시스템은 다중 프로그래밍의 변형된 형태로서, 각 사용자들에게 CPU의 할당 시간(time slice) 동안 터미널을 통하여 직접 컴퓨터와 접촉하여 대화 형식으로 프로그램을 수행할 수 있게 개발된 시스템이다. 시분할 시스템의 목적은 응답시간을 최소화하고, 각 사용자로 하여금 자신만이 컴퓨터 시스템을 독점하여 사용하고 있는 듯한 환상이나 착각을 가지도록 만드는 것이다.

시분할 운영체제는 동시에 많은 사용자들이 컴퓨터 자원을 공유(sharing)하도록 한다. 즉 짧은 CPU 사용 시간을 각 사용자에게 할당함으로서 사용자 간에 수시로 시스템을 전환시킴으로써 각각의 사용자가 자신만이 컴퓨터를 소유한 것처럼 느껴지게 한다. 시분할 시스템의 개념은 1960년대 초에 나왔지만 설계하기 어렵고 값이 비싸서 1970년대 초까지도 보편화하지 못하다가 70년대 후반에 대중화하기 시작했다. [그림 1-20]은 시분할 시스템을 보이고 있다.

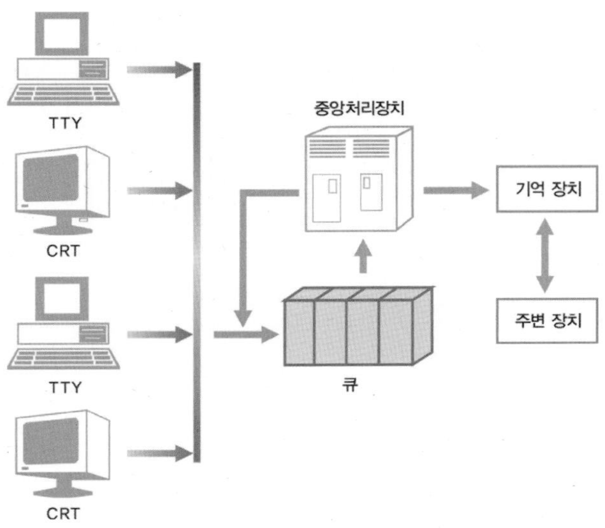

[그림 1-20] 시분할 시스템

시분할 운영체제의 장·단점은 다음과 같다.

- 여러 사람이 공동으로 CPU를 사용할 수 있다.
- 운영체제에게 자원 제어에 대한 책임을 전가시킴으로써 운영체제를 복잡하게 한다.
- 운영체제는 기억 장치에 복수 개의 프로그램을 동시에 유지하는 문제나 프로그램을 위한 주기억 장치나 보조기억 장치를 관리하고 제어하는 책임을 져야 한다(기억 장치 관리기법, 디스크 스케줄링 정책 필요).
- 여러 사용자에게 공정한 자원 공유를 보장하기 위해, 정의된 CPU 할당시간만큼 사용하도록 스케줄링 해야 한다(CPU 스케줄링 정책 필요).
- 실행 중인 프로세스 간의 통신 및 입출력 장치의 사용에 대한 제어와 관리 능력을 가져야 하며, 운영체제 설계 시 세심한 고려가 필요하다.
- 시분할 운영체제는 병행 수행 기법을 제공한다.

4-5 다중처리 시스템(multiprocessing system)

현재에는 컴퓨터 시스템을 여러 개의 프로세서(processor)로 구성하는 다중처리 기법이 많이 사용되고 있다. 다중처리 시스템은 값이 싸고 크기가 소형인 여러 개의 마이크로프로세서를 채용할 수 있으므로 CPU가 다수 존재(multi cpu)하여 다중 작업(multi job)을 구현한다. 다중처리를 사용하는 목적은 신뢰성과 컴퓨터의 능력을 증대시키는데 있다.

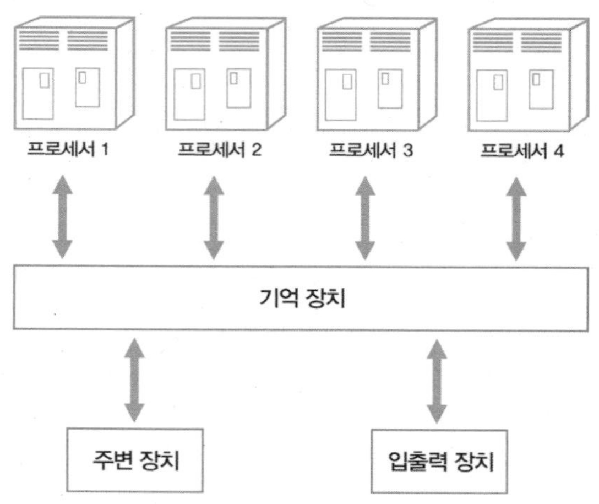

[그림 1-21] 다중처리 시스템

다음 [그림 1-21]의 다중처리 시스템은 여러 개의 프로세서가 공유 기억 장치를 통하여 메모리를 공유하며 다중처리기의 단일 운영체제하의 제어를 할 수 있는 시스템의 한 예이다. 다중처리 시스템의 운영환경은 크게 두 가지로 구분한다.

- 밀착된 결합(tightly coupled) 다중처리 시스템 : 프로세서들이 해당 작업을 처리함에 있어 매우 밀접하게 동기화(synchronization)해야 하는 시스템을 말한다.
- 느슨한 결합(loosely coupled) 다중처리 시스템 : 프로세서 간의 동기화 문제가 그다지 엄격하지 않고 다만 2개 또는 그 이상의 프로세서들의 결합으로써 높은 작업의 처리율(throughput)을 제공하는데 그 목적을 두는 시스템을 말한다.

다중처리의 장·단점은 다음과 같다.

- 프로세서를 여러 개 사용하여 작업 속도와 신뢰성을 높일 수 있다.
- 운영체제는 여러 CPU간의 기억 장치 공유를 어떻게 지원할 것이며, 여러 프로세서의 사용을 어떻게 스케줄링 할 것인가를 결정해야 한다.
- 신뢰성 확보와 병렬 계산, 최적의 연결 기법, 같은 자원을 요구하는 프로세서들 간의 경쟁을 제어하는 문제들을 고려해야 한다.

4-6 실시간 시스템(real time system)

실시간 시스템은 단말기나 제어 대상으로부터 처리를 요구하는 자료가 발생할 때마다 즉시 처리하여 그 결과를 출력하거나 요구에 대하여 응답하는 시스템이다. 실시간 시스템은 마이크로컴퓨터와 고속의 디지털 입출력 장치의 발전과 더불어 개발되고 실용화된 시스템으로써 대부분 특수목적의 응용분야의 제어장치로 사용된다.

실시간 시스템을 위한 운영체제는 현실에서 실제 발생 가능한 가상 적의 공중 공격에 대비한 감시 제어 장치나 한계 온도치를 초과하는 센서 데이터 신호 제어장치에 사용되고 있다.

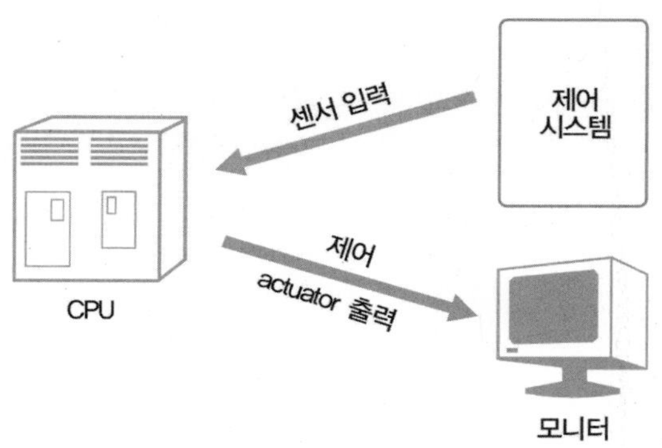

[그림 1-22] 실시간 시스템

다음 [그림 1-22]은 실시간 시스템의 한 사례를 보여주고 있다. 실시간 처리는 요구가 발생하자마자 즉각적으로 처리된다. 즉 제어시스템의 센서 데이터나 이벤트 신호가 들어오면 프로세서에서 실시간 처리 후 정해진 제어 신호를 제어장치와 구동기 출력에 보내고 실시간으로 모니터링하게 된다.

실시간 시스템의 장·단점은 다음과 같다.

- 자료가 발생한 지점에서 단말기를 통하여 직접 입출력되므로 사용자의 노력이 절감된다.
- 처리 시간이 단축된다.
- 처리 비용이 절감된다.
- 자료가 무작위하게 도착하므로 입출력 자료의 일시 저장과 대기가 필요하다.
- 시스템에 장애가 발생할 때 단순한 재실행을 할 수 없다.

➜ 최근의 실시간 시스템

현재는 하드웨어 기술 발달 및 기능 다양화로 시스템이 고성능화되었으며, 최근의 실시간 시스템에는 2가지로 구분한다.

1) 경성 실시간 시스템(Hard real-time system)

중요한 작업(task)을 정해진 시간내에 완료할 수 있도록 해주는 강한 형태의 실시간 시스템이다. 경성 실시간 시스템은 운영체제가 저장된 자료 검색에서부터 발생된 모든 요청을 완료할 때까지 시스템내의 모든 응답이 엄격한 시간 제한을 두는 기한부(deadline) 스케줄링을 적용한다.

경성 실시간 시스템은 응답시간 이후의 결과가 잘못되었을 경우 치명적인 시스템에 적당하므로 산업용 제어, 로봇공학, 미사일 제어 장치, 비행기 항법 장치 같은 프로젝트 분야에 유용한 시스템이다.

2) 연성 실시간 시스템(Soft real-time system)

연성 실시간 시스템은 시간적 제약이 다소 약한 형태의 실시간 시스템이다. 중요한 실시간 작업이 다른 작업보다 높은 우선순위를 가지고 있고 작업이 완료될 때까지 이 우선순위를 계속 유지한다. 운영체제는 경성 실시간 시스템처럼 시스템에서 반응이 올 때까지 시간이 다소 제한될 필요는 있으나 기한부 프로세스 스케줄링을 지원하지 않는다. 연성 실시간 시스템은 다른 시스템과 혼용할 수 있도록 하는 것이 목표이다.

연성 실시간시스템은 응답시간에 만족하지 않더라도 치명적인 결함을 가져오지는 않는 시스템에 적당하므로, bank transfer, 정보화 기기, 정보가전, 가상현실, 해저탐사, 행성탐사 등 더욱 진보된 과학 프로젝트 분야에 유용한 시스템이다.

4-7 분산 처리 시스템(distributed processing system)

분산 처리 시스템은 하나의 대형 컴퓨터에서 수행하던 기능을 물리적으로 분산된 여러 개의 프로세서에 기능을 분담시키고, 컴퓨터 통신망을 통하여 연결하고 상호 간에 교신·처리하는 시스템이다. 다음 [그림 1-23]은 분산 처리 시스템의 한 예를 보이고 있다.

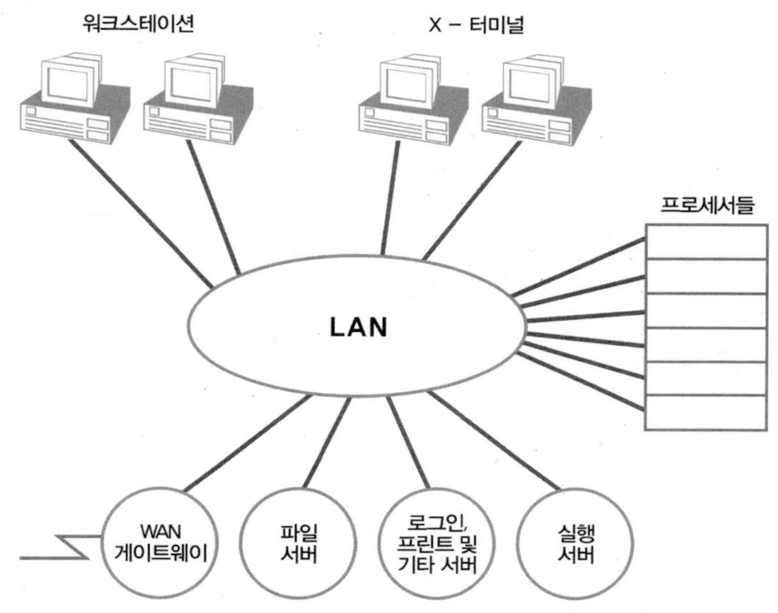

[그림 1-23] 분산 처리 시스템

분산처리 시스템은 통신 네트워크를 통하여 느슨히 결합된 프로세서들의 집합이며, 분산 처리 시스템의 어느 특정 프로세서 관점에서 볼 때, 그 프로세서가 가지고 있는 자원을 지역(local)이라고 한다면, 나머지 모든 프로세서들에 속해 있는 자원을 원격(remote)이라고 한다. 분산 처리 시스템내의 프로세서들은 그 크기와 기능이 서로 다르며 마이크로프로세서, 워크스테이션, 미니컴퓨터, 중.대형 범용 컴퓨터들이 포함될 수 있다.

분산 시스템 환경에 따라서 프로세서들은 사이트(site), 노드(node), 컴퓨터(computer), 기계(machine)등으로 불리기도 한다. 기계들의 위치를 나타내기 위해서 보통 사이트라는 용어를 사용하고, 사이트에 있는 특정 시스템을 나타내기 위해서 호스트(host)라는 용어를 주로 사용한다. 그리고 자원을 가지고 있는 사이트는 서버(server)가 되고, 나머지 사이트들은 클라이언트(client)가 되어 서버의 자원을 공유하고 접근하여 사용한다.

분산 처리 시스템을 설계하는 네 가지 이유는 다음과 같다.

■ 자원 공유

다수의 노드가 네트워크를 통해 상호 연결되어 있으면 한 노드에 있는 사용자는 다른 노드의 자원을 사용할 수 있게 한다. 일반적으로 분산 시스템에서의 자원 공유는 다른 노드에 있는 파일의 공유, 분산 데이터베이스 접근, 파일 인쇄, 특정 하드웨어의 사용, 다른 동작을 수행하는 방법 등을 제공한다.

■ 연산속도 증가

특정 연산이 병행적으로 수행될 수 있는 다수의 부연산 단위로 분할될 수 있으면, 병행 수행을 통해 여러 노드에 연산을 분담시킨다. 또한, 특정 노드에 작업의 부하가 심하면 부하가 적은 다른 노드로 연산을 이동하여 부하를 공유할 수 있다.

■ 신뢰성 향상

분산 시스템에서 한 노드의 고장이 나머지 노드에 영향을 주지 않고 계속 동작할 수 있다. 이를 위해서는 하드웨어와 자료를 적절하게 중복시킴으로써 한 노드의 고장이 전체 시스템에 영향을 미치지 않게 한다.

■ 통신 기능

다수의 노드가 네트워크로 상호 연결되어 있으면 각각의 프로세서 간에 정보를 교환할 수 있다. 따라서 사용자들은 파일 전송이나 전자 우편들을 통해 상호 간에 데이터를 주고 받을 수 있으며, 이를 위해서는 통신 프로토콜을 사용하여 상호 간에 데이터를 접근하고 공유한다.

4-8 멀티미디어 시스템(multimedia system)

멀티미디어 시스템은 텍스트를 포함하여 이미지, 그래픽, 사운드, 애니매이션, 비디오, 오디오등 다양한 미디어를 사용하여 멀티미디어 콘텐츠(contents)를 제작하기위해 필요한 하드웨어와 소프트웨어로 구성된다. 따라서, 사용자가 관련 하드웨어를 설치하고 관리할 수 있는 저작도구(authoring tool)간의 인터페이스를 제공하는 기능과 여러미디어 정보를 표현하고, 동시에 재생하여 정보전달과 체험 효과를 극대화 할 수 있는 기능이 지원되어야한다.

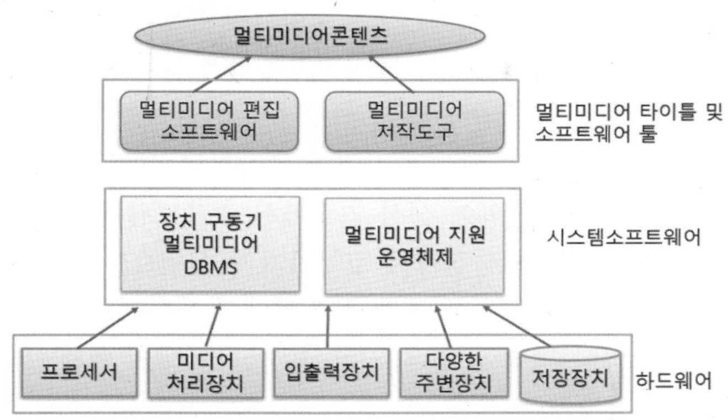

[그림 1-24] 멀티미디어 시스템 구성요소

멀티미디어 시스템 구성요소는 다음 [그림 1-24]와 같다. 하드웨어는 프로세서, 저장장치, 미디어 처리장치, 입출력장치 포함 다양한 주변장치가 포함되고, 이를 멀티미디어 PC 또는 멀티미디어 워크스테이션이라고 한다. 멀티미디어 소프트웨어는 시스템 소프트웨어와 응용 소프트웨어로 나눈다. 시스템 소프트웨어는 자원을 관리하는 운영체제, 하드웨어 장치들의 입출력을 처리하는 장치 구동기(device driver), 멀티미디어 데이터를 저장 관리하는 DBMS(data base management system)을 포함한다. 응용 소프트웨어는 멀티미디어 타이틀이나 콘텐츠를 제작하기 위해 각종 미디어를 생성, 편집, 가공하는 멀티미디어 편집 소프트웨어, 멀티미디어를 통합하여 콘텐츠로 제작하기 위한 저작도구가 포함된다.

멀티미어 시스템은 목적에 따라 저작 시스템과 재생 시스템으로 나뉜다. 저작 시스템(authoring system)은 멀티미디어 데이터를 생성, 편집, 가공, 재구성하여 멀티미디어 콘텐츠를 제작하기 위한 스캐너, 디지털 카메라, 캠코더 같은 하드웨어 주변장치와 저장장치, 그리고 다양한 미디어 편집 소프트웨어와 저작도구가 갖추어진 멀티미디어 시스템을 말한다. 재생 시스템(playing system)은 멀티미디어 콘텐츠를 재생하기 위한 음성출력, 영상출력, CD-ROM, DVD등을 재생할 수 있는 최소한의 하드웨어와 소프트웨어를 갖추고 있다. 멀티미디어 콘텐츠를 제작하고 재생하는 하드웨어와 소프트웨어 환경을 합쳐서 멀티미디어 플랫폼(multimedia platform)이라고도 부른다.

4-9 임베디드 시스템(embedded system)

임베디드 시스템은 일반적인 컴퓨터가 아닌 각종 전자제품과 정보기기 등에 설치된 마이크로프로세서에 미리 정해진 특정한 기능을 수행하는 소프트웨어를 내장시킨 것으로 특징은 SoC(System-on-Chip)이다. 임베디드 시스템은 기존의 PC처럼 하드 디스크를 가지고 있지 않으며 단지 RAM과 ROM에 기존 소형화된 운영체제(Windows CE, 임베디드 리눅스, pSOS 등)를 인식시켜 구동되는 방식이기에 소형화와 세부적인 기기에 적용될 수 있다.

최근의 IT 기술은 마이크로프로세서의 가격이 낮아지고 소형화와 고성능화가 진행됨에 따라 제품 경쟁력의 핵심이 하드웨어 생산 기술에서 소프트웨어 최적화 기술로 이동함에 따라, 임베디드 소프트웨어가 기술집약적 고부가가치 산업으로 발전하고 있다.

초창기 임베디드 시스템은 간단한 제어 프로그램만으로 산업용 기기를 제어하는데 그쳤으나, 최근에는 멀티미디어 처리와 같은 점차 복잡한 기능을 위해 멀티태스크와 실시간 처리 능력이 강화되고 유무선 통신과 네트워크 기능을 제공하는 임베디드 운영체제를 이용하고 있다.

임베디드 시스템의 소프트웨어 주요 적용분야로는 디지털 TV, 세탁기, 냉장고, 전자레인지, 전기밥솥, 진공청소기, 에어컨 등 본래 기능 외에 다양한 정보처리 기능을 갖추게 될 정보 가전제품, 핸드폰과 PDA 단말기 분야, 그리고 하드웨어만으로 확장성, 유연성, 안정성 등을 확보하기 어려운 공장 자동화와 자동제어 분야, 그리고 항공, 우주, 국방, 의료, 멀티미디어 통신, 에너지 개발 등 정밀한 반응과 처리능력이 필요한 첨단 특수 분야 등을 들 수 있다.

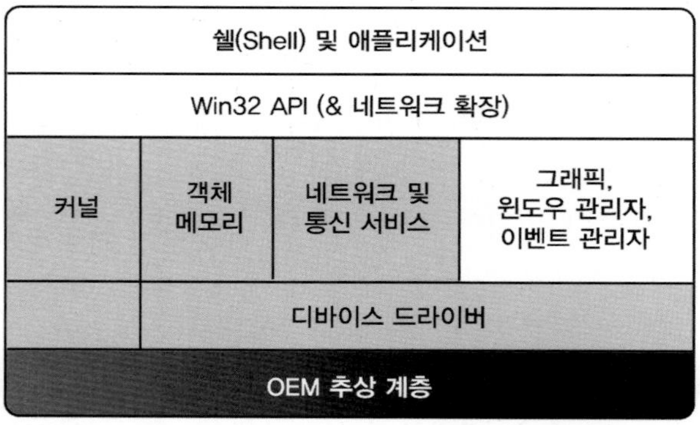

쉘(Shell) 및 애플리케이션
Win32 API (& 네트워크 확장)
커널
객체 메모리
네트워크 및 통신 서비스
그래픽, 윈도우 관리자, 이벤트 관리자
디바이스 드라이버
OEM 추상 계층

[그림 1-25] Windows CE 구조

임베디드(Embeded) 시스템에 사용되는 내장형 운영체제로 RealTime 운영체제, Windows CE, 팜 운영체제 등을 대표적으로 들 수 있다. [그림 1-25]는 Winows CE의 구조를 보이고 있다. Windows CE 운영체제는 커널, 디바이스 드라이버, 객체 메모리(저장소), 네트워크와 통신서비스로 구성된다. 그래픽, 윈도우 관리자, 이벤트 관리자는 논리적으로 나머지 부분과 구분되지만 Winows CE의 일부로 간주된다.

■ 컴퓨터 시스템 구성

컴퓨터는 하나 이상의 프로세서와 메모리, 다양한 입출력 장치와 주변장치로 구성되며 이런 구성 요소는 컴퓨터의 주 기능인 프로그램의 실행을 위해 버스로 상호 연결됨

■ 프로세서

프로세서(CPU,중앙처리장치)는 컴퓨터 하드웨어 구성요소 중 운영체제와 가장 밀접한 부분으로 컴퓨터 각 부분의 동작을 제어하고 연산을 수행. 일반적으로 제어장치와 연산장치, 레지스터로 구성

■ 마이크로프로세서(Microprocessor)

CPU(Central Processing Unit)의 여러 형태중 하나로 컴퓨터의 중앙처리장치를 단일의 IC칩에 집적한 반도체 소자(Semiconductor Device)로서 1971년 인텔에 의해 세계최초로 개발되었으며 다르게 MPU(Micro Processing Unit)이라 지칭

■마이크로 컨트롤러(Micro Controller)

마이크로프로세서 중에 1개의 칩 내에 CPU 기능은 물론이고 일정한 용량의 메모리(ROM, RAM 등)와 입출력 제어 인터페이스 회로까지를 내장한 것. 1개의 소자만으로 완전한 하나의 컴퓨터 기능을 갖추고 있으므로 "단일 칩 마이크로컴퓨터(one-chip 또는 single-chip microcomputer)"라고도 부름

■ 주기억 장치

1차 기억장치라고 하며, 프로그램이 수행되는 동안 프로그램과 데이터는 메모리에 적재되며, 명령어의 수행 속도 즉, 컴퓨터의 성능은 메모리와 밀접함

사용자와 제조사는 일반적으로 크고 빠르며 비용이 저렴한 메모리를 요구하지만 빠른 장치는 가격이 비싸면서 저장 용량이 작은 단점이 있음

■ 보조 기억장치

2차 기억장치라고 하며, 주기억 장치 용량보다 큰 저장 용량의 주소를 지정하여 프로그램을 부분 적재하여 실행

■ 운영체제의 목적

- 처리 능력(Throughput)의 향상 : 어떤 일정한 단위 시간내에 처리할 수 있는 일의 양
- 반환 시간(Turn-around time)의 최소화 : 작업이 컴퓨터 시스템에 제출된 시간에서부터 결과를 얻을 때까지 소요 시간
- 사용 가능도(Availability) : 어떤 기간 동안의 총 시간에 그 기간 동안 시스템이 정확히 동작한 시간의 비율
- 신뢰도(Reliability) 향상 : 시스템, 또는 하드웨어 장치가 실패 없이 주어진 기능을 수행할 수 있는 능력

■ 운영체제의 역할

운영체제는 조정자, 자원 할당자 또는 관리자, 다양한 입출력 장치와 사용자 프로그램을 제어하는 역할

■ 운영체제 기능

자원 관리자 관점, 프로세스 관점, 계층구조 관점에서 다양한 기능을 수행

■ 일괄처리 시스템

상주 모니터를 이용, 자동 작업 순서를 실현하여 컴퓨터 이용률을 전반적으로 높였으나 입출력장치의 느린 속도로 프로세서 이용률이 낮음. 이를 위해 버퍼링, 스풀링 기법이 제안됨

■ 다중 프로그래밍 시스템

다중 프로그래밍은 시스템 전체의 성능을 향상시키기 위해 프로세서(CPU)하나가 둘 이상의 프로그램을 처리하는 방식

■ 시분할 시스템

프로세서 스케줄링과 다중 프로그래밍을 사용, 각 사용자에게 컴퓨터를 시간적으로 분할하여 제공하며, 다수의 사용자가 컴퓨터를 대화형으로 사용할 수 있음

■ 실시간 시스템

단말기나 제어 대상으로부터 처리를 요구하는 자료가 발생할 때마다 즉시 처리하여 그 결과를 출력하거나 요구에 대하여 응답하는 방식

■ 다중 처리 시스템

둘 이상의 프로세서(처리기)가 여러 프로그램을 동시에 처리하는 것으로 신뢰성과 가용성, 컴퓨터 능력 향상 등의 목적을 달성

- 밀착된 결합(tightly coupled) 다중처리 시스템 : 프로세서들이 해당 작업을 처리함에 있어 매우 밀접하게 동기화(synchronization)해야 하는 시스템
- 느슨한 결합(loosely coupled) 다중처리 시스템 : 프로세서 간의 동기화 문제가 그다지 엄격하지 않고 다만 2개 또는 그 이상의 프로세서들의 결합으로써 높은 작업의 처리율(throughput)을 제공하는데 그 목적을 두는 시스템

■ 분산 처리 시스템

하나의 대형 컴퓨터에서 수행하던 기능을 지역적으로 분산된 여러 개의 미니컴퓨터에 분담시킨 후 통신망을 통하여 상호 간에 교신·처리하는 시스템

■ 멀티미디어 시스템

하드웨어, 시스템 소프트웨어와 응용 소프트웨어로 구성된다. 하드웨어는 프로세서, 저장장치, 미디어 처리장치, 입출력장치 포함 다양한 주변장치가 포함되고, 시스템 소프트웨어는 운영체제, 장치 구동기(device driver), 멀티미디어 DBMS(data base management system)을 포함하고, 응용 소프트웨어는 멀티미디어 편집 소프트웨어, 저작도구가 포함

■ 임베디드 시스템

일반적인 컴퓨터가 아닌 각종 전자제품과 정보기기 등에 설치된 마이크로프로세서에 미리 정해진 특정한 기능을 수행하는 소프트웨어를 내장시킨 것으로 특징은 SoC(System-on-Chip)이다. 임베디드 시스템은 기존의 PC처럼 하드 디스크를 가지고 있지 않으며 단지 RAM과 ROM 에 기존 소형화된 운영체제(Windows CE, 임베디드 리눅스, pSOS 등)를 인식시켜 구동되는 방식이기에 소형화와 세부적인 기기에 적용될 수 있음

[객관식 연습문제]

1 저장되는 정보의 종류에 따라 데이터, 주소, 상태정보를 저장하는 프로세서에 위치하는 고속 메모리는 무엇인가?

가. 버퍼 나. 캐시
다. 메인 메모리 라. 레지스터

2 운영체제의 설명으로 옳지 않은 것은?

가. 다중 사용자와 다중 응용 프로그램 환경 하에서 자원의 현재 상태를 파악하고 자원을 분배하려는 스케줄링을 담당한다.
나. CPU, 메모리 공간, 기억 장치, 입/출력 장치 등의 자원을 관리한다.
다. 운영체제의 종류로는 매크로 프로세서, 어셈블러, 컴파일러 등이 있다.
라. 입/출력 장치와 사용자 프로그램을 제어한다.

해설 어셈블러, 컴파일러는 운영체제의 서비스 프로그램에 해당된다.

3 운영체제의 설명으로 옳지 않은 것은?

가. 운영체제는 컴퓨터 사용자와 컴퓨터 하드웨어 간의 인터페이스로서 동작하는 일종의 하드웨어 장치다.
나. 운영체제는 컴퓨터를 편리하게 사용하고 컴퓨터 하드웨어를 효율적으로 사용할 수 있게 한다.
다. 운영체제는 스스로 어떤 유용한 기능도 수행하지 않고 다른 응용 프로그램이 유용한 작업을 할 수 있게 환경을 마련하여 준다.
라. 운영체제는 중앙처리장치의 시간, 메모리 공간, 파일 기억 장치 등의 자원을 관리한다.

해설 운영체제는 컴퓨터 하드웨어와 사용자 응용 프로그램 사이에 위치하여 전체적인 시스템의 효율을 극대화시키고자 하드웨어 및 소프트웨어 자원(resource)을 관리하는 프로그램들의 집합이다.

4 시스템 소프트웨어 중에서 프로그램을 실행하려고 프로그램을 보조기억 장치로부터 컴퓨터의 주기억 장치에 올려놓는 기능을 하는 것은?

가. Preprocessor　나. Linker　다. Loader　라. Emulator

해설 로더는 다음 기능을 수행한다.
① 할당(allocation) : 프로그램이 들어갈 주기억 장소를 배정한다.
② 링킹(linking) : 외부 모듈 간을 연결시킨다.
③ 재배치(relocation) : 실기억 장소에 대응되게 프로그램 주소를 조정한다.
④ 로딩(loading) : 프로그램과 데이터를 실기억 장소에 적재한다.

5 컴퓨터 시스템을 계층적으로 묘사할 때 운영체제의 위치는 다음 그림의 어느 부분에 해당되는가?

가. 사용자와 응용 프로그램 사이
나. 응용 프로그램과 유틸리티 사이
다. 유틸리티와 하드웨어 사이
라. 하드웨어 아래

해설 운영체제는 하드웨어 자원을 사용자가 사용할 수 있게 지원한다.

6 운영체제의 설명으로 옳지 않은 것은?

가. 다중 사용자, 다중 응용 프로그램 간의 하드웨어 사용을 제어하고 조정한다.
나. CPU, 메모리 공간, 파일 기억 장치, 입출력 장치 등의 자원을 관리한다.
다. 컴파일러, 데이터베이스 시스템은 운영체제의 일부분이다.
라. 입, 출력 장치와 사용자 프로그램을 제어한다.

해설 데이터베이스 시스템은 파일 처리를 효율적으로 하려고 상업적으로 판매되며 운영체제에 포함되지는 않는다.

7 운영체제의 기능에 해당하지 않는 것은?

가. 사용자와 컴퓨터 사이의 인터페이스를 제공한다.
나. 효율적인 자원관리를 한다.
다. 시스템의 오류를 처리한다.
라. 두 개 이상의 목적 프로그램을 합쳐서 실행할 수 있는 프로그램으로 만든다.

8 다음 중 시스템 소프트웨어의 역할이 아닌 것은?

가. 프로그램을 메모리에 올린다.　나. 인터럽트를 관리한다.
다. 복잡한 수학계산을 처리한다.　라. 기억 장치를 관리한다.

9 운영체제의 목적으로 틀린 것은?

가. 프로그램 크기 나. 신뢰도 향상
다. 처리능력 향상 라. 반환시간 최소화

해설 운영체제의 목적은 다음과 같다.
- 처리 능력(Throughput) 의 향상 : 어떤 일정한 단위 시간 내에 처리할 수 있는 일의 양
- 반환 시간(Turn-around time)의 최소화 : 작업이 컴퓨터 시스템에 제출된 시간에서부터 결과를 얻을 때까지 소요 시간
- 사용 가능도(Availability) : 어떤 기간 동안의 총 시간에 그 기간 동안 시스템이 정확히 동작한 시간의 비율
- 신뢰도(Reliability) 향상 : 시스템, 또는 하드웨어 장치가 실패 없이 주어진 기능을 수행할 수 있는 능력

10 다음의 시스템 소프트웨어 중 나머지 셋과 성격이 다른 것은?

가. 로더 나. 인터프리터
다. 어셈블러 라. 컴파일러

해설 로더는 실행가능 목적 프로그램을 주기억장치에 적재하는 역할이다. 인터프리터, 어셈블러, 컴파일러는 언어 번역기 역할이다

11 운영체제의 발달과정 순서를 옳게 나열한 것은?

㉮ 일괄 처리 시스템	㉯ 분산 처리 시스템
㉰ 다중 모드(mode) 시스템	㉱ 시분할 시스템

가. ㉮ ㉱ ㉰ ㉯ 나. ㉰ ㉯ ㉱ ㉮
다. ㉮ ㉰ ㉱ ㉯ 라. ㉰ ㉱ ㉯ ㉮

해설 운영체제는 일괄처리, 시분할 처리, 다중 모드, 분산 처리 순으로 발전되었다.

12 사용자는 단말 장치를 이용하여 운영체제와 상호 작용하며, 시스템은 일정 시간 단위로 cpu를 한 사용자에서 다음 사용자로 신속하게 전환함으로써, 각각의 사용자들은 실제로 자신만이 컴퓨터를 사용하고 있는 것처럼 사용할 수 있는 처리 방식은?

가. Batch Processing System
나. Time-Sharing Processing System
다. Off-Line Processing System
라. Real Time Processing System

해설 시분할 처리 시스템은 중앙에 주컴퓨터를 설치하고 주위에 원격 터미널을 설치하여, 주 컴퓨터는 각 원격 터미널에 일정한 처리 시간을 순서적으로 할당하며, 원격 터미널은 할당된 시간 안에 주 컴퓨터를 이용하여 데이터를 처리하는 방식이다.

13 시분할 시스템의 설명으로 거리가 먼 것은?

가. 같은 기억 장소를 둘 이상의 CPU들이 공유하는 시스템이다.
나. 라운드 로빈(round robin) 방식이라고도 한다.
다. 하나의 CPU를 여러 개의 작업들이 정해진 시간 동안 번갈아 사용한다.
라. 다중 프로그래밍 방식과 결합하여 모든 작업이 동시에 진행되는 것처럼 대화식 처리를 할 수 있다.

해설 강결합 다중처리시스템은 같은 기억 장소를 둘 이상의 CPU들이 공유하는 시스템이다.5

14 우주왕복선이나 레이더 추적기 등은 정해진 시간에 반드시 수행되어야 하는 작업들이 다수 존재한다. 이러한 때에 가장 적합한 처리방식은?

가. 실시간처리
나. 다중프로그래밍에 의한 처리
다. 시분할 처리
라. 일괄 처리(batch)

해설 실시간 처리 시스템(real-time process system)이란 단말기나 제어 대상으로부터 처리를 요구하는 자료가 발생할 때마다 즉시 처리하여 그 결과를 출력하거나 요구에 대하여 응답하는 방식으로, 은행이나 화학 공장, 각종 조회와 예약 처리 등 특수 목적만을 위한 응용분야에 주로 사용된다.

15 다중처리(multi processor)의 일반적인 특징이 아닌 것은?

가. 각 프로세서는 자체 계산 능력을 가지고 있다.
나. 각 프로세서들이 여러 개의 기억장소나 전용기억 장소를 가진다.
다. 각 프로세스들은 프로세서나 주변장치 등을 공동 사용한다.
라. 여러 개의 처리기를 사용하여 신속한 처리를 할 수 있다.

해설 다중 처리기는 공유된 주기억 장치를 두고 둘 이상의 CPU를 이용하는 컴퓨터 시스템이다.

16 여러 명의 사용자가 사용하는 시스템에서 컴퓨터가 사용자들의 프로그램을 번갈아가며 처리해 줌으로써 각 사용자가 각자 독립된 컴퓨터를 사용하는 느낌을 주는 시스템은?

가. On-line system
나. Batch file system
다. Dual system
라. Time sharing system

17 다음 운영체제 형태 중 시대적으로 가장 먼저 생겨난 형태는?

가. 다중처리 시스템
나. 시분할 시스템
다. 일괄처리 시스템
라. 분산처리 시스템

18 다중 프로그래밍 시스템과 시분할 처리 시스템은 모두 다수의 사용자에게 서비스를 제공한다. 이에 대한 설명으로 가장 적절한 것은?

가. 다중 프로그래밍은 실행시간이 짧은 작업에 유리하고 시분할 처리는 실행시간이 긴 작업에 유리하다.

나. 다중 프로그래밍과 시분할 처리는 모두 일정하게 나누어진 시간만큼을 작업들에게 할당한다.

다. 다중 프로그래밍과 시분할 처리 모두 실행시간이 긴 작업에 유리하다.

라. 다중 프로그래밍은 CPU 이용율과 처리량의 극대화를 꾀하고 시분할 처리는 응답시간의 최소화를 꾀한다.

해설 다중 프로그래밍은 하나의 컴퓨터에서 기억 장치 내에 두 개 이상의 프로그램을 올려서 그들을 동시에 수행하는 방법으로써 어느 시점까지는 CPU 이용률이 증대된다.

[주관식 연습문제]

1 컴퓨터 시스템의 구성요소를 나열하고 그림과 함께 설명하시오.

2 현대의 컴퓨터 시스템 구성도를 그리고 설명하시오.

3 현재 개인용 컴퓨터(PC)에서 사용되는 레지스터의 종류를 조사하여 설명하시오.

4 운영체제의 몇 가지 주요 목적을 설명하시오.

5 운영체제의 역할에 대하여 설명하시오.

6 운영체제와 접촉해야 하는 여러 가지 대상들을 나열하고, 이들의 특성을 간단히 설명하시오.

7 HCI, API, OS Interface, OS-HW Interface를 구분하여 그 의미를 설명하시오.

8 운영체제의 기능을 자원관리자 관점과 프로세스 관리자 관점에서 설명하시오.

9 운영체제를 계층 구조로 설계할 때 각 계층은 구체적으로 무엇을 관리하기 위함인지 프로세스 관리 측면에서 기술하시오.

10 우리가 사용하고 있는 윈도우 시리즈 발전사를 조사하여 설명하시오.

11 다음 유형의 운영체제의 장단점을 비교하시오.

a. 일괄 처리	c. 온라인	d. 시분할	e. 다중 프로그래밍
f. 다중처리	g. 실시간	h. 분산 처리	g. 임베디드 시스템

12 시분할 시스템의 동기는 무엇인지 설명하시오.

13 다중 프로그램의 동기는 무엇인지 설명하시오.

14 다중 프로그래밍과 다중 처리 시스템의 차이점을 설명하시오.

15 멀티미디어 시스템의 구성요소를 설명하시오.

16 임베디드 시스템의 특징을 설명하시오.

프로세스 관리와 스레드

Process management and thread

CHAPTER
02

2 CHAPTER

[학습목표]

- 프로세스를 정의하고 프로세스의 종류, 프로세스의 상태전이를 이해한다.
- 디스패치와 문맥교환 과정을 이해한다.
- 프로세스 스케줄링 알고리즘을 이해한다.
- 스레드의 종류와 스레드 구현 방법을 이해한다.

[주요 내용]

1. 프로세스 개념
2. 프로세스 스케줄링
3. 스레드

[요약]

[연습문제]

1 프로세스의 개념

컴퓨터가 실행된다는 의미는 **여러 사용자 응용 프로그램과 시스템 프로그램들이 유기적으로 맞물려 수행**된다는 뜻이다. 프로세서(이하 CPU)는 사용자 프로그램을 수행시키는 목적 외에도 다른 시스템 동작을 지원해야 한다.

'**프로세스(process)**'란 CPU가 현재 수행하고 있는 사용자 응용 프로그램과 시스템 프로그램으로, 시스템의 작업 단위가 된다. 따라서, **컴퓨터 시스템은 운영체제 프로세스와 사용자 프로세스들의 집합체로 구성되며, 운영체제 프로세스들은 시스템 코드를 실행하고 사용자 프로세스들은 사용자 코드를 실행**한다. 이러한 모든 프로세스들은 병행 수행을 할 수 있고, CPU는 수시로 이들 프로세스들 사이를 멀티플렉싱하여 전환된다.

고전적 프로세스(classic process)모델은 폰 노이만 컴퓨터상에서 실행 중인 프로그램의 개념을 나타낸다. 1990년대 이전에 발전했던 운영체제 개념(다중 프로그래밍, 동기화, 교착상태)은 고전적 프로세스 모델 하에서 개발되었다. 오늘날 또한 예전 개념을 현대적 프로세스와 스레드에 적용할 수 있게 일반화했다. 그리고 Mach와 Windows 같은 몇몇 운영체제는 처음부터 현대적 프로세스와 스레드를 지원하도록 설계되었다. 본서에서는 "프로세스"라는 용어를 사용할 때 고전적 프로세스나 하나의 기본 스레드를 갖는 현대적 프로세스를 모두 의미한다.

1-1 프로세스 정의와 프로세스 문맥

1) 프로세스 정의

프로세스는 60년대 중반의 운영체제인 MULTICS에서 처음 사용되었고, IBM 운영체제에서는 태스크(task)라 부른다. 그 동안 프로세스의 정의는 다음과 같이 다양하다.

- 현재 실행(executing, running)중인 프로그램
- 프로세스 제어 블록(PCB: Process Control Block, 또는 프로세스 문맥, 또는 프로세스 디스크립터)를 가진 프로그램
- 프로그램 카운터(PC: Program Counter)값과 관련 자원을 가진 프로그램
- 프로세서에 할당되어 실행되는 능동적인 개체(entity)로서 디스패치를 할 수 있는 단위

하나의 프로그램은 단순히 디스크 상에 저장된 파일(.exe 실행파일)로서 수동적인 (passive) 단위를 의미하지만, 반면에 하나의 프로세스는 다음에 실행할 명령어 주소를 지정하는 PC와 관련된 자원들을 가진 능동적(active)인 개체를 의미한다. 프로세스의 예를 들면, 일괄 처리 작업, 시분할 사용자 프로그램, 스풀링 같은 시스템 태스크(task)도 하나의 프로세스가 된다.

2) 프로세스 문맥(process context)

모든 프로그램은 실행되기 전에 주기억 장치에 적재되어야 하고, 하나의 프로그램이 2개의 프로세스로 구성되어 실행된다고 할 때, 이들 프로세스는 2개의 분리된 실행 순서를 갖는다. 하나의 프로그램이 수행될 때 여러 프로세스들이 생성되는 것이 보통이다.

프로세스 문맥(process context)은 하나의 프로세스가 포함하고 있는 내용들로 실행에서 종료될 때까지 운영체제가 유지하고 관리한다. 주기억장치상의 프로세스 는 다음과 같은 내용을 포함하고 있다.

- 프로세서 문맥(processor context) : 상태 워드나 레지스터들
- 기억 장치 문맥(memory context) : 2진화된 프로그램 자체를 저장하는 **코드(code) 영역**, 전역 변수나 정적 변수를 저장하는 **데이터(data) 영역**, 실행 중에 동적으로 할당되는 메모리인 **힙(heap) 영역**, 함수의 매개변수, 복귀 주소와 지역변수 같은 임시적인 자료를 가지는 **스택(stack) 영역** 등

1-2 프로세스 종류

1) 순차 프로세스

하나의 프로세스가 수행되려면 CPU 시간, 기억 장치, 파일, 입출력 장치를 포함한 여러 가지 자원(resource)들을 필요로 한다. 이러한 자원들은 프로세스가 생성될 때 할당될 수도 있고 프로세스가 실행되는 도중에 할당될 수도 있다. 한 프로세스의 수행은 순차적인 방법으로 수행되는데 어느 한 순간에 많아야 하나의 명령어만 프로세스를 대표하여 수행하게 된다.

따라서 순차 프로세스란 현재 실행 중인 하나의 프로세스를 의미한다. 프로세스의 실행은 순차적인 방식으로 진행되어야 하며, 이는 어떤 시점이든지 하나의 명령어만이 프로세스를 위하여 실행된다는 의미이다.

2) 독립 프로세스와 협동 프로세스

다음과 같이 2개의 프로그램 p와 q를 가정해 보자. 이 두 프로그램은 각각 기억 장치에 코드 영역과 데이터 영역이 있다. 2개의 프로그램 p와 q가 각각 프로세서에 의해 실행될 때 프로세스라고 한다. 두 프로세스 쌍(p, q)의 실행은 시간 축으로 볼 때 [그림 2-1]과 같이 세 가지 형태로 실행될 수 있다.

여러 프로세스가 수행될 때, **독립 프로세스**는 다른 프로세스에 영향을 주지도 않고, 영향을 받지도 않으며, 데이터를 공유하지도 않는다. **협동 프로세스**는 다른 프로세스에 영향을 주거나, 영향을 받으며, 데이터를 공유하는 프로세스다. 프로세스들이 협동해야하는 경우, 상호간에 통신 수단과 동기화 기능이 필요하다.

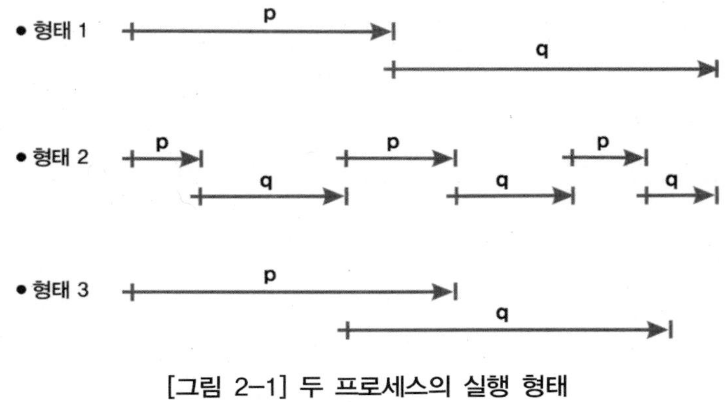

[그림 2-1] 두 프로세스의 실행 형태

두 프로세스 p, q의 실행은 다음과 같이 3가지 형태로 특징지을 수 있다.

- 형태 1 : 먼저 프로세스 p의 명령어 스트림이 완전히 수행되고 나서, 다음에 프로세스 q의 명령어 스트림이 완전히 수행된다.
- 형태 2 : 두 프로세스가 종료될 때까지 프로세스 p와 프로세스 q가 교대로 수행된다. 즉 프로세스 p 명령어 스트림과 프로세스 q 명령어 스트림이 교대로 반복되어 수행된다.
- 형태 3 : 프로세스 p의 명령어 스트림과 프로세스 q의 명령어 스트림이 시간 축에서 중첩되어 동시에 수행된다. 이는 2개의 분리된 프로세서가 필요하다.

3) 시스템 프로세스

프로세스 실행순서를 제어하고, 특정 프로세스가 사용자 영역이나 운영체제 영역을 침범하지 않도록 감시하는 프로세스이다. 또한, 사용자 프로세스나 입출력 프로세스를 생성하거나 시스템 운영에 필요한 작업을 수행하는 프로세스로 '커널 프로세스', '운영체제 프로세스'라고도 한다.

4) 사용자 프로세스

사용자 응용 프로그램을 수행하는 프로세스이다.

1-3 프로세스 상태

하나의 프로세스가 시스템 내에 존재하는 동안 그 프로세스는 계속해서 여러 가지 사건(event)들 인해서 서로 구분되는 상태 변화를 거치게 되며, 이러한 상태는 다음과 같다.

- **보류(pending) 상태** : 프로세스가 잠시 실행이 중단된 상태.
- **준비 완료(ready) 상태** : CPU를 할당받을 수 있는 상태로서 CPU가 프로세스 자신을 처리해 주기를 기다리고 있는 상태
- **실행(running) 상태** : 프로세스가 CPU를 점유하고 있는 상태로서, 프로세스가 실행하고 있는 상태. 이때 프로세스에 할당된 CPU는 스케줄링 정책에 따라 실행되는 도중에 선점되거나, 완료 시까지 비선점 될 수 있음
- **대기(blocked, waiting) 상태** : 프로세스가 실행되다가 입출력 처리와 같은 사건이 발생하게 되어, 대기 큐에서 대기하는 상태. 따라서 대기 중인 프로세스는 입출력의 완료 등 외부 신호를 기다리고 있게 됨
- **교착(deadlock) 상태** : 프로세스가 결코 일어날 수 없는 사건의 발생을 기다리는 상태
- **완료(terminated) 상태** : 프로세스가 CPU를 할당받아 주어진 시간 내에 완전히 수행을 종료한 상태. 종료된 프로세스는 시스템에서 제거되고 그 프로세스와 관련된 프로세스 문맥(또는 PCB라 함)도 같이 삭제됨

다음 [그림 2-2]는 시스템에 존재하는 프로세스의 각 상태를 보여주는 프로세스 상태 전이도를 나타내고 있다. 단일 프로세서 시스템, 다중 프로그래밍 방식의 운영체제일 때, 어느 한 순간이든 단지 1개의 프로세스만이 실행 상태에 있고, 준비와 대기 상태에 있는 프로세스는 여러 개가 존재한다. 따라서 운영체제는 준비 상태와 대기 상태에 있는 프로세스들에 각각 준비 큐와 대기 큐를 만들어 이들을 관리한다.

준비 큐의 첫 번째에 있는 프로세스가 다음기회에 CPU를 할당받을 수 있게 하며, 각각 우선순위를 부여하여 가장 높은 우선순위를 갖는 프로세스가 다음기회에 CPU를 할당받을

수 있게도 할 수 있다. 그러나 대기 큐에는 우선순위가 없다. 왜냐하면 프로세스가 대기 상태를 벗어나는 것은 미리 정해진 순서로 이루어지는 것이 아니라, 이들 프로세스가 기다리는 어떤 조건이 만족되는 순서로 준비 상태로 전환되기 때문이다. 만약, 여러 개의 프로세스가 같은 사건을 기다리며 대기하는 때에는 일반적으로 가장 오랫동안 대기 중인 프로세스에게 우선순위를 주게 된다.

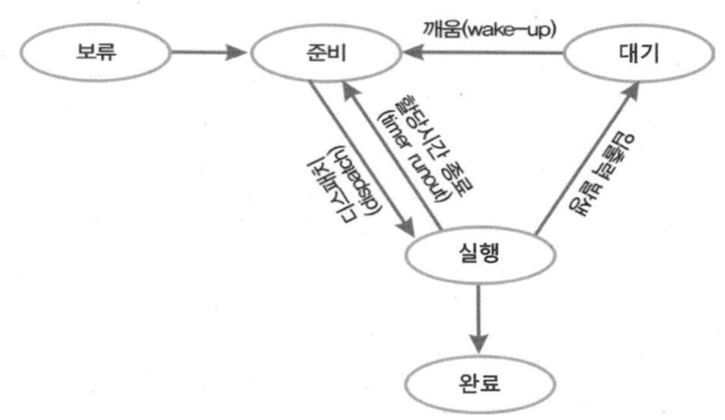

[그림 2-2] 프로세스의 상태 전이도(process state diagram)

[그림 2-3]은 큐잉도표로써 각 사각형은 준비완료 큐와 입출력장치 큐를 나타낸다. 많은 프로세스들은 현재 입출력 장치가 사용 중이면 대기해야한다. 특정 입출력장치를 대기하는 프로세스들의 리스트를 입출력장치 큐(I/O queue)라고 한다. 원은 큐를 서비스하는 자원이고, 화살표는 시스템에서 프로세스들의 흐름을 의미한다. 새로 생성되는 프로세스는 처음에 준비완료 큐에 놓인다. 프로세스는 실행을 위해 CPU를 할당받을 때까지 준비완료 큐에서 대기한다.

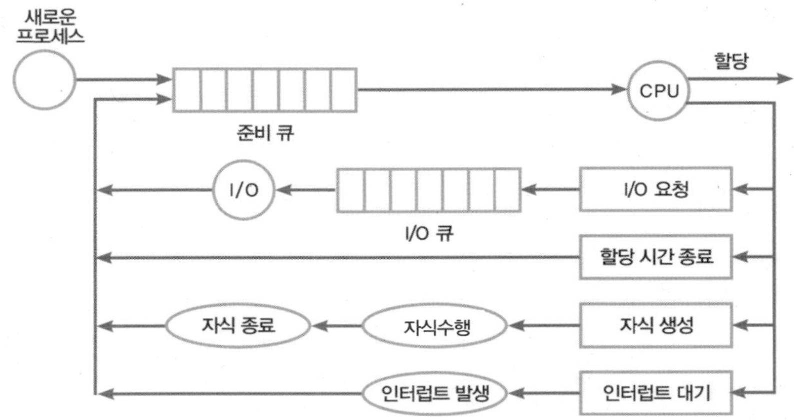

[그림 2-3] 프로세스의 큐잉 도표

일단 프로세스에게 CPU가 할당되면 실행중인 프로세스는 다음과 같은 사건들 중 하나가 발생하여 CPU를 빼앗긴다(이를 '선점 당한다'라고 한다). 모든 프로세스는 종료될 때까지 이 주기를 반복하며, 종료되면 모든 큐에서 삭제되고 자신의 PCB와 CPU를 포함하여 할당받은 모든 자원을 반납한다.

(1) 정상적인 실행 종료
(2) 지정된 CPU 할당 시간(time slice) 초과
(3) 입출력 요청
(4) 자식 프로세스(sub process)를 생성(fork)
(5) 인터럽트 당함

다음은 각 프로세스의 현재 상태에서 다음 상태로 전이되는 시기와 이유를 나타낸다. 프로세스 자신이 스스로 프로세스 전환을 일으키게 하는 것은 대기(block) 상태뿐이고, 나머지는 모두 프로세스 자의가 아닌 외적 조건으로 발생한다.

(1) 디스패치(dispatch) : 준비 상태 → 실행 상태

- 프로세스 스케줄링 정책에 의하여, 준비 상태의 프로세스들 중에서 한 프로세스를 선정하여 CPU를 할당함으로써 실행 상태로 전이됨. 이때 CPU의 할당 시간(보통 10~100ms 정도)을 지정해 줌. **한 프로세스에서 다른 프로세스로 CPU가 할당되는 과정을 문맥 교환**(context switching)이라고 함.

(2) 할당 시간 초과(timer run out) : 실행 상태 → 준비 상태

- CPU의 지정된 할당 시간을 모두 사용한 프로세스는 다른 프로세스를 위해 다시 준비완료 상태로 되돌아감
- 이 프로세스는 인터럽트 당한 즉시, 이 프로세스는 준비완료 상태로 전이되고, 준비완료 큐에 들어감

(3) 대기(block, wait) : 실행 상태 → 대기 상태

- 실행 중인 프로세스가 입출력이 발생하면 대기 상태로 전환. 원하는 입출력장치가 바쁘면 해당 입출력 장치 큐에서 대기함
- 실행중인 프로세스가 자식 프로세스(sub process)를 생성(fork)하고, 대기 상태로 전이함

(4) 깨움(wake up) : 대기 상태 → 준비 상태

- 입출력 완료를 기다리다가 입출력 완료 신호가 들어오면 대기 중인 프로세스는 준비완료 상태로 전환
- 자식 프로세스가 종료되면 준비완료 상태로 전이되고, 준비완료 큐에 들어감

다음 [그림 2-4]에서 보는 바와 같이 **프로세스 A, C, D, E는 준비 상태**이고, 오로지 **프로세스 B만 실행 상태**이며, **프로세스 F, G는 대기 상태**이다. 따라서 운영체제는 준비 상태와 실행 상태의 프로세스 간에 CPU와 자원을 번갈아가면서 할당하게 된다.

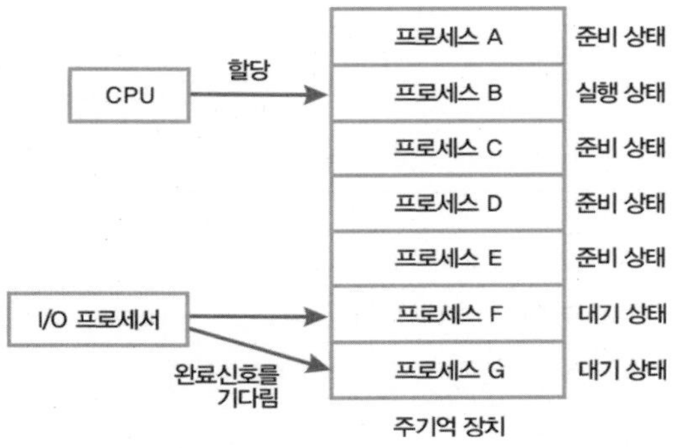

[그림 2-4] 프로세스의 상태 예

1-4 프로세스 제어 블록(PCB: Process Control Block)

프로세스는 프로그램 자체와 PCB **또는 프로세스 디스크립터**(process descriptor)로 이루어져 있는데 PCB는 운영체제가 그 프로세스를 관리하는데 필요한 모드 정보를 유지하는 자료구조 테이블이다. 운영체제는 기억 장치에 PCB를 유지하며, 운영체제가 CPU를 다른 프로세스에 넘겨주고자 할 때, 프로세스의 모든 정보를 PCB에 저장시키고, 다시 실행하고자 할 때에는 PCB에 보관된 정보를 재사용한다.

1) PCB의 정보

한 프로세스의 모든 정보를 담은 PCB의 내용들은 시스템에 따라 다르다. [표 2-1]는 고전적 PCB에 도입된 여러 필드를 설명하고 있으며 *표시된 필드는 스레드 실행과 관련 있지만 고전적 PCB의 일부이다.

[표 2-1] PCB

필 드	설 명
프로세스 이름	운영체제 코드에서 사용되는 정수나 테이블 인덱스 같은 프로세스의 내부적 이름
*상태	기본 스레드의 현재 상태
소유자	프로세스 소유자
실행시간 통계	누적시간, 시작시간 등 정보
스레드	프로세스와 연관된 스레드의 리스트
관련 프로세스 리스트	프로세스의 부모/자식/형제 프로세스 리스트
자식 프로세스 리스트	프로세스의 자식 프로세스 리스트
주소 공간	주소 공간과 바인딩의 디스크립터
자원	프로세스가 보유한 자원의 리스트, 각 자원 유형은 자원의 개수와 식별자를 기술한다.
*스택	주기억 장치 내의 기본 스레드의 스택 위치

2) PCB 관리

PCB는 프로세스가 생성할 때 만들어지며, 모든 프로세스는 각각 고유한 PCB를 가지게 된다. 그리고 수행이 완료된 프로세스는 해당 PCB도 함께 삭제된다. PCB의 내용은 프로세스의 상태 변화가 일어났을 때 프로세스 관리자가 그 내용을 변경한다.

PCB들은 서로 링크되어 있을 때가 대부분이다. 같은 상태의 프로세스들이 존재하는 준비 완료 리스트나 대기 리스트는 FIFO, 큐, 스택, 우선순위 큐, 트리 구조, 단순한 연결 리스트들로서 PCB들을 연결한다.

2 프로세스 스케줄링

프로세스들이 작업을 수행하려면 프로세스 스케줄러(process scheduler)에 의해 CPU를 할당받아야 한다. 이러한 할당 작업은 운영체제로 구현되며, CPU들이 언제, 어느 프로세스에게 배당되는지 결정하는 작업을 **프로세스 스케줄링(scheduling) 또는 CPU 스케줄링**이라고 한다. 다음 [표 2-2]은 본 장에서 설명할 프로세스 스케줄링의 유형을 나타낸다.

[표 2-2] 프로세스 스케줄링 분류

프로세스 스케줄링	기능별 분류	작업 스케줄러(장기 스케줄러)
		프로세스 스케줄러(단기 스케줄러)
		중기 스케줄러
	방법별 분류	선점 스케줄링
		비선점 스케줄링
	알고리즘별 분류	우선순위 스케줄링
		기한부 스케줄링
		FIFO 스케줄링
		Round Robin 스케줄링
		SJF(shortest job first) 스케줄링
		SRT(shortest remaining time) 스케줄링
		HRN(highest response ratio next) 스케줄링
		MLQ(multi level queue) 스케줄링
		MFQ(multilevel feedback queue) 스케줄링

2-1 프로세스 스케줄링의 목적

운영체제의 목적에 따라 프로세스 스케줄링 정책을 다르게 선택할 수 있다. 프로세스의 스케줄링은 다음과 같은 여러 가지 목적을 고려해서 스케줄 되어야 한다.

- 공정한 스케줄링 : 스케줄링 할 때 모든 프로세스들은 공평하게 취급되어야 하며, 어느 프로세스도 무한정 스케줄이 지연되는 일이 없어야 한다.
- 처리량 극대화 : 스케줄링 할 때 프로세스들의 가능한 한 단위 시간당 처리량(through put)을 최대화한다.

- 응답 시간 최소화 : 대화형 시스템에서는 가능한 최대한 응답 시간(response time)을 빠르게 한다.
- 반환 시간 예측 가능 : 시스템의 부하에 관계없이 일정한 작업은 같은 시간 내에 같은 비용으로 실행, 완료되어 반환시간(turn around time)를 예측할 수 있어야 한다.
- 균형 있는 자원 사용 : 스케줄링 할 때 시스템내의 자원들이 유휴상태로 놓이지 않게 할당하며, 유휴 상태의 자원을 사용하는 프로세스에게 더 나은 서비스를 제공한다.
- 응답 시간과 자원 이용간의 조화 : 응답 시간을 빠르게 하려면, 필요한 자원을 충분한 확보하면 되고, 균형 있는 자원 활용을 하다보면, 응답 시간이 늦어질 수도 있다. 빠른 응답 시간과 자원의 활용도를 고려하여 응용에 따라 적절하게 조화시킨다.
- 실행의 무한 연기 배제 : 특정 프로세스의 실행이 무한 연기되지 않게 노화 기법(aging)을 사용하여 무한정 자원을 기다리게 하지 않고 언젠가는 실행할 수 있게 한다.
- 우선 순위제 실시 : 프로세스들에게 우선순위를 부여하여 우선순위가 높은 프로세스가 먼저 실행되게 한다. 또한, 중요한 자원을 차지하고 있는 프로세스에게 우선권을 준다.
- 바람직한 동작을 보이는 프로세스에게 더 좋은 서비스를 제공 : 페이지 부재를 적게 발생시키는 프로세스에게 더 좋은 서비스를 해준다.

2-2 스케줄러 종류

운영체제의 스케줄러는 어떤 방식으로든 효율적인 스케줄링 목적을 위해 반드시 프로세스들을 스케줄링 큐에서 선택해야 한다.

1) 프로세스 스케줄러(단기 스케줄러)

프로세스 스케줄러(process scheduler) 또는 단기 스케줄러는 실행 준비가 완료되어 있는 준비완료 상태 프로세스들 중에서 하나의 프로세스를 선택하여 CPU를 할당한다. 따라서 CPU 효율을 위해 자주 새로운 프로세스들을 반드시 선택해서 할당해야 한다.

프로세스는 입출력 요청을 위해 대기하기 전까지 겨우 수 밀리초(ms) 동안 실행될 수도 있다. 보통 프로세스 스케줄러는 매번 100ms마다 한번 씩 수행된다. 실행 간격이 짧으므로 프로세스 스케줄러는 스케줄링하는 속도가 반드시 매우 빨라야 한다는 뜻이다. 만약 하나의 프로세스 실행시간이 100ms 이고, 프로세스 스케줄링에 10ms를 소모한다면, 10/(100+10) = 9%의 CPU 시간이 단지 프로세스 스케줄링 작업에 사용(낭비)하게 된다.

2) 작업 스케줄러(장기 스케줄러)

일괄처리 시스템에서는 당장 실행될 수 있는 프로세스보다 더 많은 프로세스들이 시스템에 제출된다. 이들 프로세스들은 대용량 디스크에 저장되었다가 나중에 한꺼번에 실행된다. 작업 스케줄러(job scheduler) 또는 장기 스케줄러는 이 디스크 풀에서 실행할 프로세스들을 선택하여 기억장치에 적재한다. 작업 스케줄러는 실행빈도수가 적다. 시스템에서 새로운 프로세스를 생성하는 간격은 몇 분이 될 수 도 있다.

작업 스케줄러는 기억장치에 저장된 프로세스들의 수(이를 '다중프로그래밍의 정도'라고 함)를 조절할 수 있다. 다중프로그래밍의 정도가 안정적이라는 의미는 시스템에 들어오는 평균 프로세스 생성률이 시스템을 떠나는 평균 프로세스 이탈률과 동일하다는 뜻이다.

입출력 중심(I/O bound) 프로세스는 연산보다 입출력 수행에 더 많은 시간을 소모하는 프로세스를 말한다. CPU 중심(CPU bound) 프로세스는 입출력보다는 연산에 더 많은 시간을 소모하는 프로세스이다. 작업 스케줄러는 입출력 중심 프로세스와 CPU 중심 프로세스를 적절하게 혼합하여 스케줄링하는 것이 중요하다. 만일 모든 프로세스들이 입출력 중심 프로세스라면 준비완료 큐는 항상 비게 되고, 프로세스 스케줄러는 할 일이 없게 된다. 반대로 모든 프로세스들이 CPU 중심 프로세스라면 입출력 대기 큐는 항상 비어 있는 상태가 되고, 입출력 및 주변장치들이 사용되지 않게 되어 시스템 자원 사용이 균형을 잃게 될 것이다. 최상의 성능을 가진 시스템은 CPU 중심과 입출력 중심 프로세스들이 적절하게 혼합된 시스템이다.

3) 중기 스케줄러(medium-term scheduler)

어떤 시스템에서는 장기 스케줄러가 없거나 있더라도 기능이 매우적다. UNIX나 Windows 같은 시분할 시스템들은 장기 스케줄러가 없으며, 단기 스케줄러를 사용하여 프로세스들을 주기억장치에 적재한다. 따라서 이 시스템의 안정성은 물리적인 제한(예를 들면 가용 단말기의 수를 줄임)을 하거나, 사용자들의 자체 조정 본능에 의존한다. 어떤 사용자들은 성능이 극도로 저하되면 단순히 시스템 사용을 그만 둘 것이다.

따라서, 시분할 시스템과 같은 일부 운영체제들은 추가로 중간 수준의 중기 스케줄러를 도입하게 되었다. 핵심적인 아이디어는 바로 시스템 성능이 저하되면 다중프로그래밍의 정도를 어느 정도 완화시키자는 것이다. [그림 2-5]은 중기 스케줄러가 도입된 혼합형 스케줄러를 보이고 있다. CPU를 할당받기위해 주기억장치에서 치열하게 경쟁하는 프로세스들만을 골라서 잠시 보류(pending)시키는 것이다. 실행이 보류(중단)된 프로세스들은 디스크 풀로 내보내 저장했다가(swap out), 나중에 중단되었던 프로세스를 주기억장치로 불러와서(swap in) 실행을 재개 시킨다. 이 기법이 바로 스와핑(swapping)이며, 주기억 장치 관리에서 자세하게 설명한다.

중기 스케줄러는 프로세스들의 혼합 상태를 조정하거나, 가용 메모리보다 더 많은 메모리 사용 요구가 있을 때 메모리를 자유화(free)시킬 때 필요하다.

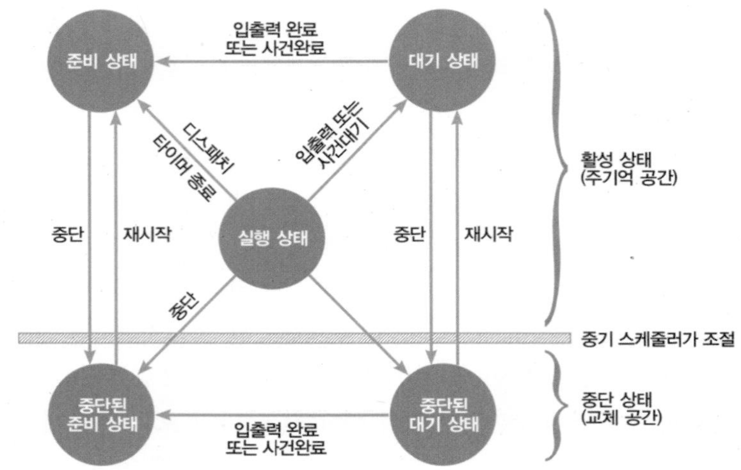

[그림 2-5] 중기 스케줄러가 도입된 혼합형 스케줄러

2-3 프로세스 스케줄러 구조와 문맥 교환

1) 프로세스 스케줄러 구조

운영체제마다 조금씩 다르지만, 다음 [그림 2-6]는 일반적인 프로세스 스케줄러 구조를 보여주고 있다. 스케줄러는 준비 상태 프로세스를 실행 상태로, 실행 상태 프로세스를 준비 상태로 바꾼다. 스케줄러는 프로세스를 준비 리스트 큐에 놓으려는 **순서기**(sequencer)와 프로세스에게 CPU를 할당하는 **디스패처**(dispatcher), 그리고 하나의 프로세스를 CPU로부터 제거하고 다른 프로세스에게 할당하는 **문맥 교환기**(context switcher)를 사용한다.

순서기(sequencer)는 CPU를 기다리는 프로세스들의 준비 리스트 큐로 PCB의 포인터를 위치시킨다. 순서기는 프로세스가 준비 리스트 큐로 들어갈 때 우선순위를 계산할 것이다. 또한, 우선순위는 프로세스가 준비 리스트 큐로부터 제거될 때도 계산될 것이다. 프로세스가 준비상태로 바뀔 때마다 PCB는 상태를 반영하여 갱신된다.

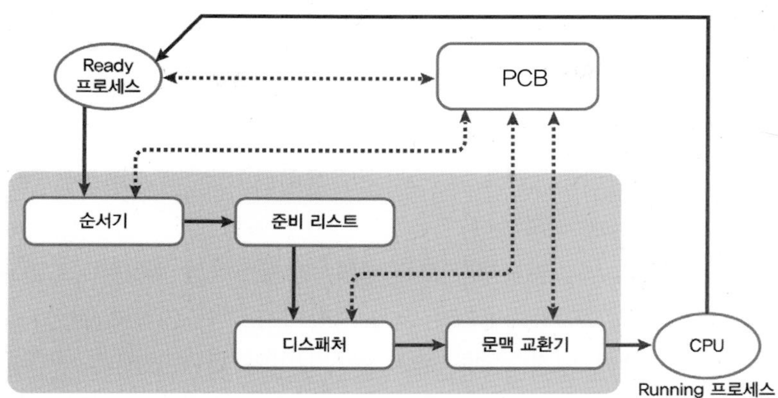

[그림 2-6] 프로세스 스케줄러

문맥 교환기(context switcher)는 프로세스 스케줄러가 현재 실행 중인 프로세스에서 다른 프로세스에게 CPU를 할당할 때 동작한다. CPU를 선점당한(빼앗긴) 프로세스를 위하여 CPU 레지스터에 있는 모든 내용을 PCB에 저장한다. PCB에는 프로세스 상태, CPU 스케줄링 정보, 메모리 관리 정보, 입출력상태 정보, 각종 회계(accounting)정보와 CPU 레지스터를 포함하고 있다. 컴퓨터에 따라 CPU 레지스터들은 명령 레지스터(IR), 누산기(ACC), 색인(index) 레지스터, 스택(stack) 레지스터, 범용(general purpose) 레지스터, 상태(status) 레지스터, 프로그램 카운터(PC) 등 그 종류와 개수가 다양하다.

디스패처(dispatcher)는 프로세스가 CPU를 선점당한 이후에 활성화된다. 디스패처는 프로세스 스케줄러가 선택한 그 프로세스에게 CPU를 할당하는 모듈이며 다음과 같은 일을 한다.

- 문맥교환 하는 일
- 사용자 모드로 전환하는 일
- 프로그램을 다시 시작하기 위해 사용자 프로그램의 적절한 위치로 이동(jump)하는 일

디스패처는 모든 프로세스의 문맥교환 시 호출되므로, 가능한 한 빨리 수행되어야한다. 디스패처가 하나의 프로세스를 정지시키고 다른 프로세스의 수행을 시작하는데 까지 소요되는 시간을 디스패치 지연 시간(dispatch delay time)이라 한다.

2) 문맥 교환

다음 [그림 2-7]에서 보듯이 문맥 교환은 CPU 레지스터에 저장된 한 프로세스의 상태 정보를 저장하고, 다른 프로세스를 위한 새로운 상태 정보를 레지스터로 읽어 들이는 연산이다. 프로세스 디스크립터(PCB)는 프로세스가 실행되지 않는 동안 기존의 CPU 레지스터의 복사본을 저장하는데 사용된다.

한 프로세스의 실행이 멈추었을 때, 모든 CPU 레지스터의 내용은 그 프로세스 디스크립터에 저장되어야 하고, 그 프로세스가 다시 시작되기 전에 이전에 저장되었던 레지스터의 내용들이 물리적 CPU 레지스터로 다시 복사되어야 한다.

현대의 컴퓨터들은 저장되어야 할 많은 상태 레지스터를 가지고 있어서 문맥 교환은 시스템 성능에 상당한 영향을 미칠 수 있다.

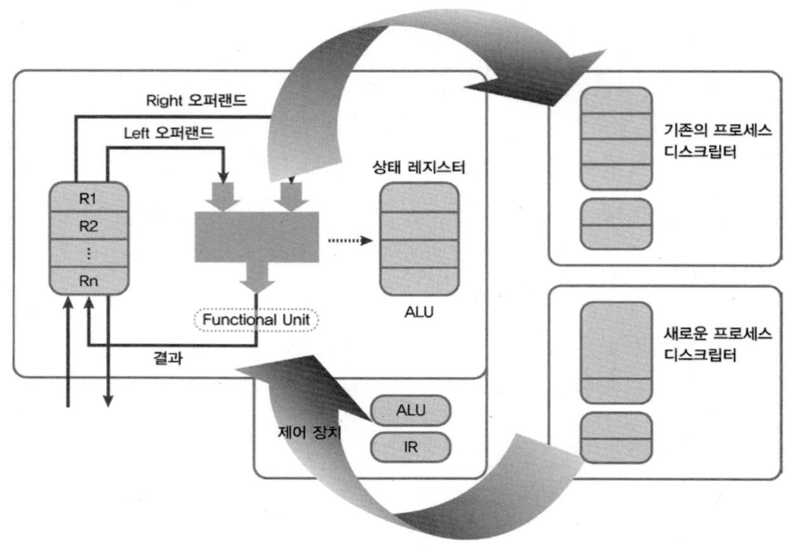

[그림 2-7] 문맥 교환

다음 [그림 2-8]은 프로세스 P_0, P_1 사이에 CPU가 전이되는 문맥 교환 과정을 도식화하여 설명한 것이다. CPU가 프로세스 P_0에서, 프로세스 P_1로, 다시 프로세스 P_0에 할당되는 과정으로 문맥교환이 2번 발생한다.

프로세스 P_0가 CPU를 할당받아 실행하는 도중 인터럽트나 시스템 호출이 발생하면, P_0의 PCB_0에 현재의 상태를 저장한다. 동시에 프로세스 P_1이 CPU를 할당받고 PCB_1 으로부터 기존의 상태를 적재한 후 실행을 시작한다. 프로세스 P_1이 실행되다가 인터럽트나 시스템 호출을 만나면 P_1의 PCB1에 현재의 상태를 저장한다. 동시에 프로세스 P_0가 CPU를 다시 할당받고 PCB_0 으로부터 기존의 상태를 적재한 후 실행을 재개한다.

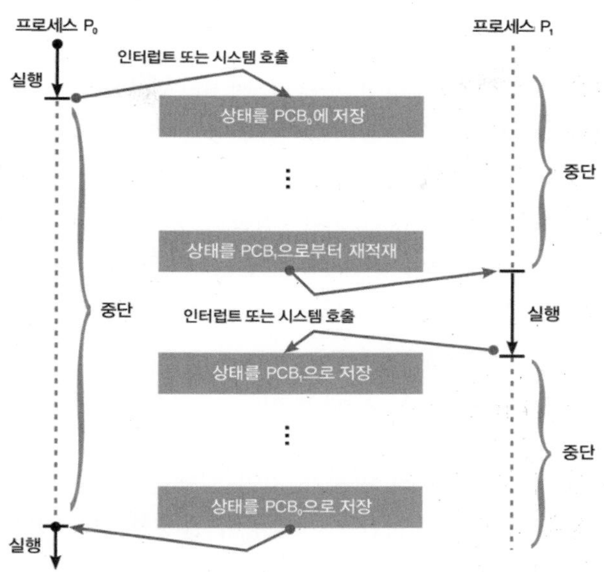

[그림 2-8] 두 개의 프로세스 간 문맥 교환 과정

2-4 선점 및 비선점 스케줄링 개념

프로세스(CPU) 스케줄링 결정은 현재 실행중인 프로세스가 다음의 4가지 상황에 있을 때 발생한다.

① 실행 상태에서 대기 상태로 전이될 때 : 입출력 요청이나, 자식 프로세스를 생성한 후 자식 프로세스 종료를 기다리며 wait를 호출할 때
② 실행 상태에서 준비완료 상태로 전이될 때 : 인터럽트가 발생할 때
③ 대기 상태에서 준비완료 상태로 전이될 때 : 입출력이 종료될 때
④ 실행이 종료될 때

1) 선점(preemptive) 스케줄링

위의 상황 ②와 ③에는 선택의 여지가 있으며, 상황 ②와 ③에서 스케줄링이 발생할 경우 선점이라고 한다. 선점 스케줄링은 한 프로세스가 CPU를 할당받아 실행하고 있을 때, 다른 프로세스가 현 프로세스를 중지시키고 CPU를 차지할 수 있는 스케줄링 방법이다.

선점 방식은 MS Windows 95버전 이후부터, Macintosh 시스템의 Mac OS X 운영체제 이후 사용되고 있다.

[특징]
- 우선순위가 높은 프로세스가 먼저 수행될 때 유리하다.
- 빠른 응답시간을 요구하는 시분할 시스템에 유용하다.
- 프로세스들 간 CPU 선점으로 인해 공유자료 접근을 조정하는데 많은 비용을 초래한다.
- 운영체제 커널 설계에 영향을 많이 준다. 입출력 장치 큐 변경 도중, 입출력 장치 드라이버 변경 도중 등 인터럽트에 의해 영향 받는 코드들이 겹쳐 쓰이거나 잃어버릴 수 있다. 이 경우 인터럽트 불능화 코드로 해결해야 한다.

2) 비선점(non-preemptive) 스케줄링

위의 상황 ①과 ④에서는 선택의 여지가 없이 실행을 위해 새로운 프로세스가 반드시 선택되어야 한다. 상황 ①과 ④에서만 스케줄링이 발생할 경우 비선점이라고 한다. 비선점 스케줄링은 한 프로세스가 CPU를 할당받으면 프로세스가 실행을 종료하던지, 대기 상태로 전이해 스스로 CPU를 양도하기 전까지 다른 프로세스는 CPU를 차지할 수 없는 스케줄링 방법이다.

비선점 방식은 MS Windows 3.1버전과 이전 버전의 Macintosh 운영체제에서 사용되었다.

[특징]
- 짧은 작업이든, 긴 작업이든, 모든 프로세스는 공정하게 처리한다.
- 일정한 CPU 시간 할당량을 부여하므로, 응답시간을 예측할 수 있다.
- 짧은 작업이 긴 작업을 기다리는 때가 종종 발생할 수 있다.

2-5 스케줄링 알고리즘 기준

프로세스 스케줄링 알고리즘을 비교하기 위한 여러 기준들이 제시되었고, 기준들의 특성에 따라서 최선의 스케줄링 알고리즘을 결정하는데 큰 차이가 발생한다.

① CPU 이용률(CPU utilization)

CPU 이용률은 개념상 0~100%이다. 부하가 적은 시스템에서는 40%에서 부하가 큰 시스템의 경우 90%까지 범위를 가져야 한다.

② 처리량(Throughput)

처리량은 단위 시간당 완료된 프로세스의 개수이다. 이 비율은 긴 프로세스인 경우 시간당 1개 프로세스일 수도 있고, 짧은 프로세스인 경우 초당 5개 일 수도 있다.

③ 총 처리시간(Turnaround time)

총 처리 시간은 시스템에 프로세스의 제출에서 완료까지의 시간 간격이다.

총 처리 시간은 기억장치에 들어가기 위해 기다린 시간, 준비완료 큐에서 대기한 시간, 대기 큐에서 대기한 시간, CPU에서 실행한 시간, 입출력 시간의 총합이다. 총 처리 시간은 입출력장치의 속도에 의해 제한된다. 대화형 시스템에서는 총 처리 시간은 최선의 기준이 될 수 없다.

④ 대기 시간(Waiting time)

CPU 스케줄링 알고리즘은 프로세스가 실행하는 시간과 입출력하는 시간의 양에 영향을 주지 않는다. 스케줄링 알고리즘은 단지 프로세스가 준비완료 큐에서 CPU를 할당받기 위해 대기한 시간의 합이다. 대기 시간이 짧은 만큼 빨리 프로세스를 선택했다는 뜻이다.

⑤ 응답시간(Response time)

한 프로세스가 어떤 출력을 일찍 생성하고 이 결과가 사용자에게 디스플레이 되는 동안 새로 결과를 얻기 위한 연산을 계속하는 경우가 있다.

응답 시간은 하나의 프로세스를 제출한 후에 첫 번째 응답이 나올 때까지의 시간이다. 응답시간의 기준은 응답이 시작되는데 까지 걸리는 시간이지 응답을 출력하는데 걸리는 시간이 아니다.

CPU 이용률과 처리량은 최대화하고 총 처리시간, 대기 시간, 응답 시간은 최소화하는 알고리즘이 최선의 CPU 스케줄링 알고리즘이다. 대부분 평균측정 시간을 최적화하려고 한다. 그러나 어떤 경우에는 최소 값 또는 최대 값을 최적화하는 것이 바람직할 수도 있다.

예를 들어, 모든 사용자들에게 좋은 서비스를 보장하기 위해, 최대 응답시간을 최소화하려고 할 수도 있다. 대화식 시분할 시스템에서는 평균 응답 시간을 최소화하는 것 보다는 응답시간의 변동 폭을 최소화하는 것이 중요하다. 그러나 변동 폭을 최소화하는 스케줄링 알고리즘에 대한 연구는 아직 미비하다.

3 프로세스 스케줄링 알고리즘

3-1 우선순위 스케줄링

선점 또는 비선점 방식인 우선순위 스케줄링은 각 프로세스에게 우선순위(priority)를 부여하여 순위가 높은 순서대로 CPU를 할당하는 방법을 말한다. 우선순위는 보통 프로세스의 특성과 종류에 따라 다르게 부여될 수 있다. 우선순위의 기법 종류는 아래와 같이 두 가지로 구분한다.

- 정적 우선순위 방법 : 실행이 쉽고 상대적으로 오버헤드는 적으나, 반면 주위여건의 변화에 적응하지 못하고 우선순위를 바꾸지 않는다.
- 동적 우선순위 방법 : 상황 변화에 잘 적응한다. 구현하기가 복잡하고 오버헤드가 많으나 시스템이 응답도를 증가시켜 주므로 효율성이 있다.

[그림 2-9]는 선점방식인 4개의 우선순위를 갖는 시스템 예를 보이고 있다. 이 시스템의 스케줄링 알고리즘은 다음과 같다. 우선순위 1인 큐에 실행할 수 있는 프로세스가 있는 한, 라운드 로빈 방식으로 프로세스들이 주어진 할당시간 동안 곧바로 실행한다. 만약 우선순위 1인 프로세스 큐가 비게 되면, 우선순위 2인 프로세스 큐가 라운드 로빈 방식으로 실행되고, 우선순위 1, 2가 비게 되면 우선순위 3인 프로세스 큐가 실행된다.

이런 방식으로 우선순위 4까지 실행되므로 만약 우선순위가 시간의 변화에 따라 변하지 않으면 가장 낮은 우선순위 프로세스는 기아 상태에 빠질 것이다.

[그림 2-9] 4개의 우선순위를 갖는 스케줄링

그러나 일반적으로 우선순위 스케줄링에서는 일정 우선순위를 갖고 단일 큐에 도착하는 프로세스들에게 우선순위가 높은 프로세스 순서로 CPU를 할당하는 방법을 사용한다.

■ 예제 : 시간 0에 P1, P2, P3, P4, P5 순으로 도착한 다음 프로세스들의 집합을 고려해 보자. CPU 버스트 시간의 길이는 밀리 초(ms)이다. 우선순위 스케줄링의 갠트(Gantt) 차트는 [표 2-3]과 같다. 먼저 갠트 차드를 그린 후, 각 프로세의 대기 시간과 반환 시간을 구한다. 반환 시간은 버스트 시간과 대기 시간을 더한 시간이다. 그러면 평균 대기 시간과 평균 반환 시간은 어떻게 되는가? 우선순위가 높은 순서로 프로세스가 스케줄링되어 P2, P5, P1, P3, P4순으로 CPU가 할당된다. 같은 우선순위인 경우 준비상태 큐 앞에 위치한 프로세스가 선택된다.

[표 2-3] 우선순위 스케줄링의 Gantt 차트

프로세스	우선순위	버스트 시간	대기 시간	반환 시간
P1	3	10	6	16
P2	1	1	0	1
P3	3	3	16	19
P4	4	1	19	20
P5	2	5	1	6

P2	P5	P1	P3	P4

0 1 6 16 19 20

모든 프로세스의 평균 대기시간은 (6 + 0 + 16 + 19 + 1) / 5 = 8.4 ms이다. 또한, 모든 프로세스의 평균 반환시간은 (16 + 1 + 19 + 20 + 6) / 5 = 12.4 ms이다.

3-2 기한부 스케줄링

비선점 방식인 기한부(Deadline) 스케줄링은 프로세스들이 명시된 시간이나 기한 내에 완료되게 계획되며, 이들 프로세스들의 결과가 시간 내에 구해지면 유용하고 마감 시간이 지난 후에 결과가 구해지면 쓸모가 없게 된다.

- 사용자는 사전에 프로세스가 요구하는 정확한 자원을 제시해야만 한다. 그러나 그런 정보를 미리 예측하기가 어렵다. 만약 기한 시간 내에 수행을 종료하지 못하면 막대한 손해를 초래한다.
- 시스템은 다른 사용자들에 대한 서비스를 감소시키지 않으면서 기한부 작업을 실행할 수 있어야 한다.

- 시스템은 기한까지 수행을 종료하기 위해 자원의 안배를 주의 깊게 계획해야 한다.
- 만약 많은 기한부 프로세스들이 동시에 실행된다면 스케줄링이 너무 복잡하게 된다.
- 기한부 스케줄링으로 요구되는 집중적인 자원 운영은 많은 오버헤드가 뒤따른다.

■ 예제 : 다음 [표 2-4]와 같이 종료시한을 가지고 시간 0에 도착한 다음의 프로세스들의 P1, P2, P3, P4, P5 집합을 고려해 보자. 종료시한을 만족하는 여러 가지 스케줄링이 있을 수 있으며, [표 2-4]위의 그림을 자세히 살펴보면 두 번째 스케줄링 갠트(Gantt) 차트가 가장 빠른 종료시한을 갖는 최적의 방법이다. 각 프로세스의 평균 대기시간과 평균 반환시간을 계산해 본다.

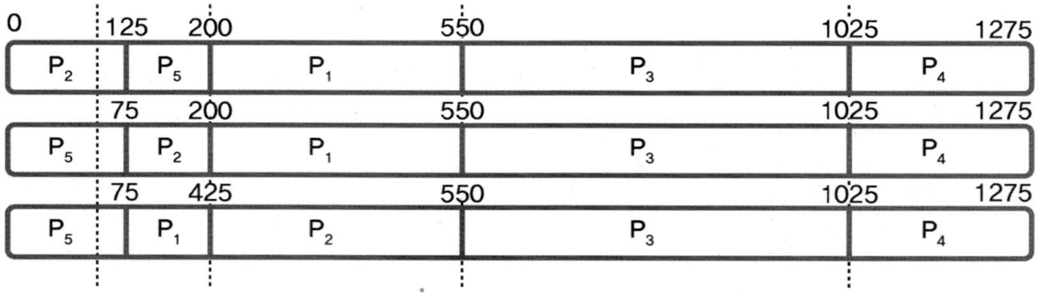

0	125	200	550	1025	1275
P_2	P_5	P_1	P_3	P_4	

	75	200	550	1025	1275
P_5	P_2	P_1	P_3	P_4	

	75	425	550	1025	1275
P_5	P_1	P_2	P_3	P_4	

[표 2-4] 기한부 스케줄링에 대한 Gantt 차트

프로세스	버스트 시간	종료시한	대기 시간	반환 시간
P1	350	575	200	550
P2	125	550	75	200
P3	475	1050	550	1025
P4	250	none	1025	1275
P5	75	200	0	75

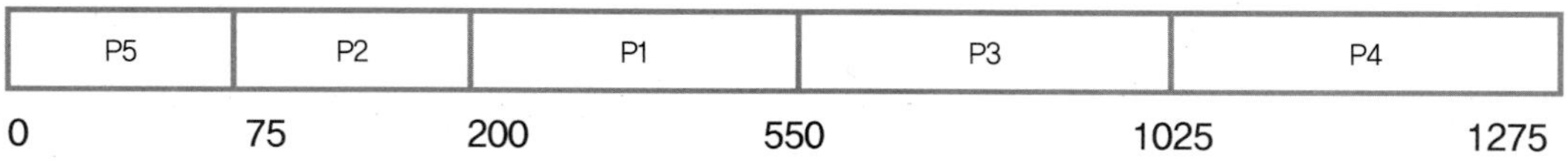

P5	P2	P1	P3	P4	
0	75	200	550	1025	1275

3-3 선입선출(FCFS) 스케줄링

비선점 방식인 FCFS(First Come First Service) 스케줄링은 가장 간단한 기법으로써 [그림 2-10]에서와 같이 프로세스들은 대기 큐(준비 큐)에 도착한 순서에 따라 CPU를 할당받는다.

- 일단 프로세스가 CPU를 차지하면 완료될 때까지 수행된다.
- 다른 방식에 비하여 작업 완료 시간을 예측하기가 쉽다.
- 긴 프로세스가 짧은 프로세스를 오래 동안 기다리게 할 수 있으며, 중요하지 않은 프로세스가 중요한 프로세스를 기다리게 하므로 어느 정도 불합리하다.
- 대화식 사용자들에게는 적합하지 않다.

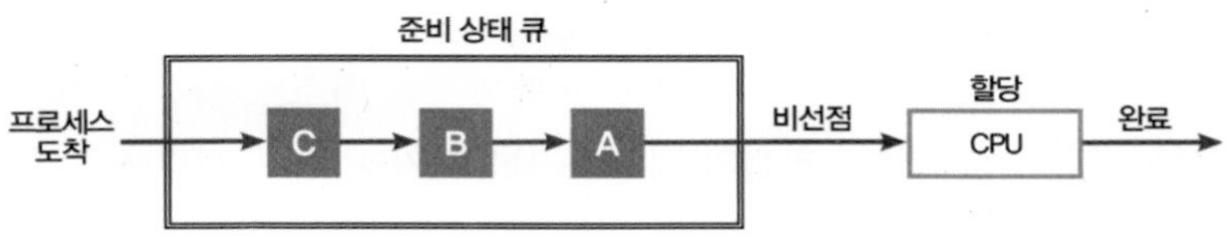

[그림 2-10] FCFS 스케줄링

■ 예제 : 시간 0에 도착한 다음의 프로세스들의 P1, P2, P3, P4 집합을 고려해 보자. FCFS 스케줄링의 갠트(Gantt) 차트는 [표 2-5]과 같다.

[표 2-5] FCFS 스케줄링의 Gantt 차트

프로세스	버스트 시간	대기 시간	반환 시간
P1	24	0	24
P2	3	24	27
P3	3	27	30
P4	10	30	40

P1	P2	P3	P4

0 24 27 30 40

모든 프로세스의 평균 대기 시간은 (0 + 24 + 27 + 30) / 4 = 20.25 ms이다. 또한, 모든 프로세스의 평균 반환 시간은 (24 + 27 + 30 + 40) / 4 = 30.25 ms이다.

만약 프로세스들이 P2, P3, P4, P1순으로 도착한다면 어떤 결과가 나오는지 독자들이 직접 갠트차트를 그려 계산해 보기를 권장한다.

3-4 최단 작업 우선(SJF) 스케줄링

비선점이거나 선점 방식인 SJF(Shortest Job First)는 또는 SJN(Shortest Job Next) 스케줄링이라고도 한다. 비선점 SJF는 [그림 2-11]와 같이 준비 큐에서 기다리는 프로세스들 중에서 수행 시간이 가장 짧다고 판단되는 것을 먼저 수행하는 스케줄링이다.

- FCFS 보다 평균대기 시간을 감소시키는 반면, 큰 프로세스에게는 FCFS에 비하여 예측하기 어렵다.
- 긴 프로세스보다 짧은 프로세스가 오버헤드 면에서 볼 때 더 유리하다. 결과적으로 평균 대기시간이 줄어든다.
- 비선점 방식 SJF는 일괄처리형 시스템에서 지정한 프로세스시간 제한 길이를 이용할 수 있으므로 장기 스케줄링에 자주 사용된다.
- 문제점 : 단기 CPU 스케줄링에서는 다음 프로세스의 버스트 시간을 알 수 있는 방법이 없기 때문에 구현할 수 없다. 최선의 방법은 사용자가 버스트 시간을 지수(exponential) 평균을 구해 예측하는 것이다.

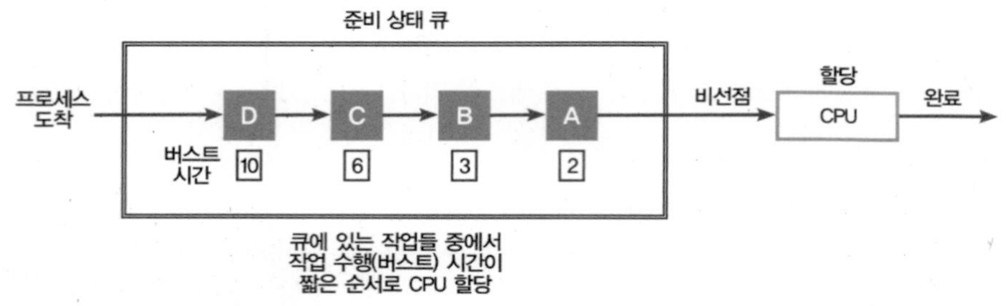

[그림 2-11] 비선점 SJF 스케줄링

■ 예제1 : 먼저, 비선점 SJF을 고려해 보자. 시간 0에 동시 도착한 4개 프로세스 P1, P2, P3, P4가 [표 2-6]과 같이 버스트 시간을 갖는다고 하자. 비선점 SJF는 각 프로세스 버스트 시간이 작은 순서로 스케줄링 되므로 갠트 차트는 다음과 같다.

[표 2-6] 선점방식 SJF 스케줄링의 Gantt 차트

프로세스	버스트 시간	대기 시간	반환 시간
P1	6	7	13
P2	3	0	3
P3	7	13	20
P4	4	3	7

P2	P4	P1	P3

0 3 7 13 20

그러므로 모든 프로세스의 평균 대기 시간은 (7 + 0 + 13 + 3) / 4 = 5.75ms이다. 또한, 모든 프로세스의 평균 반환 시간은 (13 + 3 + 20 + 7) / 4 = 10.75ms이다.

비교 차원에서 선점 SJF을 고려해 보자. 선점 SJF는 SRT 스케줄링과 같으므로 뒤에서 자세하게 설명한다. 준비상태 큐에 새로 도착한 프로세스의 버스트 시간이, 현재 수행중인 프로세스의 남아 있는 버스트 시간보다 더 짧을 경우, 새로 도착한 프로세스가 CPU를 선점하여 먼저 수행하는 스케줄링방식이다.

■ 예제2 : 프로세스 P1이 0 ms초에 시작한 후, P2, P3, P4이 1 ms초 간격으로 준비상태 큐에 도착했다고 가정하면, 비선점 SJF 스케줄링의 갠트 차트는 아래 [표 2-7]과 같다.

[표 2-7] 선점 SJF 스케줄링의 Gantt 차트

프로세스	도착 시간	버스트 시간	대기 시간	반환 시간
P1	0	6	8-7= 6	13
P2	1	3	0	4-1= 3
P3	2	7	13-2= 11	20-2= 18
P4	3	4	4-1= 1	8-1= 3

P1	P2	P4	P1	P3

0 1 4 8 13 20

프로세서 P1은 준비상태 큐에 있는 유일한 프로세스이므로 시간 0ms에 시작한다. 프로세스 P2는 1m후에 도착한다. P1의 남아있는 시간 5ms이 P2의 버스트 시간이 3ms보다 크기 때문에 P1이 선점되고 P2가 CPU를 선점한다. 2ms후 P3가 도착하고 3ms후 P4가 도착하지만 P2의 남아있는 시간보다 커서 P2가 수행을 완료한다. 준비완료 큐에 남아있는 프로세스 중에 버스트 시간이 작은 P4, P1, P3 순으로 스케줄링 되어 실행된다.

3-5 최상 응답시간 우선(HRN) 스케줄링

비선점 방식인 HRN(Highest Response ratio Next) 스케줄링은 아래 [그림 2-17]와 같이 SJF의 약점, 특히 긴 프로세스와 짧은 프로세스 간의 지나친 불평등을 어느 정도 보완한 기법이다.

- 일단 한 프로세스가 CPU를 차지하면 그 프로세스는 완성될 때까지 실행한다.
- 긴 프로세스와 짧은 프로세스 간의 불평등을 어느 정도 완화시킨다.
- 최상 응답시간 = 우선순위 = $\frac{\text{(큐 대기 시간 + 버스트 시간)}}{\text{버스트 시간}}$

• 짧은 프로세스나 대기 시간이 큰 프로세스는 [그림 2-12]과 같이 최상 응답시간(우선순위)이 높아진다.

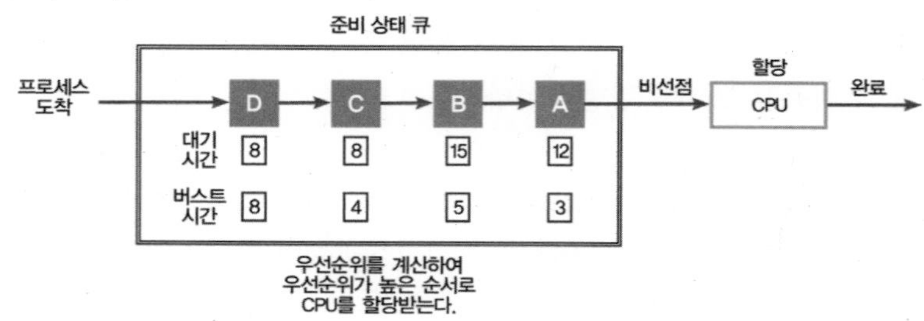

[그림 2-12] HRN 스케줄링

■ 예제 : [표 2-8]과 같이, 큐 대기 시간과 버스트 시간을 가진 프로세스들이 준비 큐에 들어 있다고 가정할 때에는 최상 응답시간에 따라 P1, P4, P2, P3의 순서로 서비스를 받게 된다.

먼저 각 프로세스의 최상 응답시간을 계산해 보면 P1의 우선순위는 (12 + 3) / 3 = 5가 되고, P2의 우선순위는 (8 + 4) / 4 = 3이 되고, P3의 우선순위는 (8 + 8) / 8 = 2가 되며, P4의 우선순위는 (15 + 5) / 5 = 4가 된다. 따라서 계산된 최상 응답시간에 따라 P1이 가장 높으며 P4, P2, P3의 순으로 CPU를 할당받는다. 비선점 HRN 스케줄링의 갠트 차트는 다음 표와 같다.

[표 2-8] HRN 스케줄링 Gantt 차트

프로세스	큐 대기 시간	버스트 시간	최상응답시간 계산	추가 대기시간	반환시간
P1	12	3	5	0	3
P2	8	4	3	8	8
P3	8	8	2	14	20
P4	15	5	4	4	14

P1	P4	P2	P3

0 3 8 14 20

모든 프로세스의 평균 추가 대기 시간은 (0 + 8 + 14 + 4) / 4 = 6.5 ms이다. 또한 모든 프로세스의 평균 반환 시간은 (3 + 8 + 20 + 14) / 4 = 11.25 ms이다.

여기서 한 가지 고려할 부분은 각 프로세스가 최초로 시스템에 제출된 시점에서 부터 최종 완료되기까지의 총 대기시간은 큐 대기시간과 추가 대기 시간을 더한 시간이다. 모든 프로세스의 평균 총 대기시간은 (12 + 16 + 22 + 19) / 4 = 17.25 ms이다.

3-6 라운드 로빈(Round robin) 스케줄링

선점 방식인 라운드 로빈 스케줄링은 [그림 2-13]과 같이 FCFS로 프로세스들이 내보내지며 각 프로세스는 같은 크기의 CPU 시간을 할당받는다. 만약 프로세스가 CPU 시간이 만료될 때까지 처리를 완료하지 못하면 CPU는 선점되고 대기 중인 다음 프로세스로 넘어가며, 실행 중이던 프로세스는 준비 완료 리스트의 가장 뒤로 보내진다.

- 시분할 방식의 시스템에서 효과적이다.
- 할당 시간의 크기는 컴퓨터 시스템의 효과적인 동작에 절대적인 영향을 미친다(보통 time quantum의 크기는 10~100ms).
- 할당 시간이 너무 크면 FCFS 방식과 같다.
- 할당 시간이 작으면, 자주 문맥 교환이 발생하므로 문맥 교환을 하려는 오버헤드가 커진다.

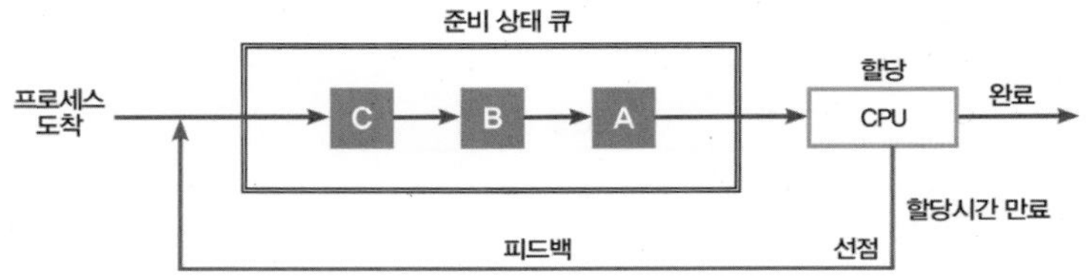

[그림 2-13] RR 스케줄링

■ 예제 : 시간 0에 도착한 다음의 프로세스들의 P1, P2, P3 집합을 고려해 보자. RR 스케줄링의 갠트 차트는 아래 [표 2-9]와 같다.

[표 2-9] RR 스케줄링의 Gantt 차트

프로세스	버스트 시간	대기 시간	반환 시간
P1	24	6	30
P2	3	10	13
P3	3	13	16

P1	P2	P3	P1

0 10 13 16 30

모든 프로세스의 평균대기 시간은 (6 + 10 + 13) / 3 = 9.67 ms이다. 또한 모든 프로세스의 평균 반환 시간은 (30 + 13 + 16) / 3 = 19.67 ms이다.

3-7 최소 잔여 시간(SRT) 스케줄링

선점 방식인 SRT(Shortest Remaining Time First) 스케줄링은 SJF 스케줄링에서 설명한 선점 SJF와 같다. SRT 스케줄링은 [그림 2-14]과 같이 새로 도착한 프로세스를 포함하여 준비상태 큐에 있는 프로세스들 중에서 가장 짧은 시간이 소요된다고 판단되는 프로세스에게 CPU를 선점하여 실행시킨다.

- 현재 실행 중인 프로세스라도 잔여 실행 시간이 더 짧다고 판단되는 프로세스가 준비상태 큐에 생기면 언제라도 실행 중인 프로세스가 선점될 수 있다.
- SJF 기법에 선점 방식을 도입한 변형된 방법으로서 시분할 시스템에 유용하다.
- 수행 중인 각각의 프로세스들의 실행 시간을 추적 보유하고 있어야 한다(선점 때문에 오버헤드가 늘어난다).
- 긴 프로세스는 SJF보다 대기 시간이 길다.

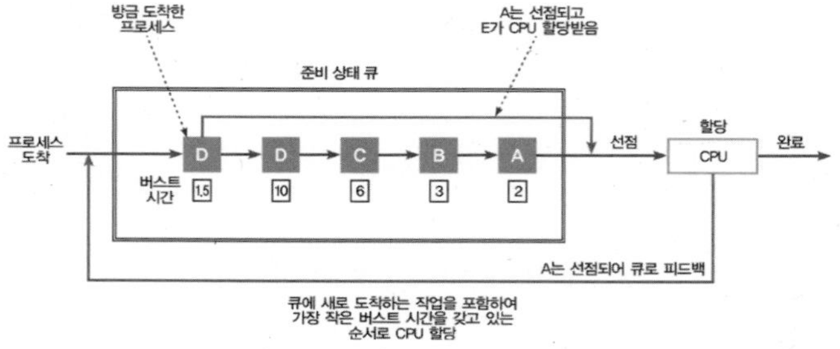

[그림 2-14] SRT 스케줄링

■ 예제 : 4개의 프로세스들 P1, P2, P3, P4이 각각 시간 0, 1, 2, 3ms 순서로 준비상태 큐에 도착했다고 가정하자. SRT 스케줄링의 갠트 차트는 [표 2-10]와 같다.

[표 2-10] SRT 스케줄링의 Gantt 차트

프로세스	도착 시간	버스트 시간	대기 시간	반환 시간
P1	0	6	0	6
P2	1	8	15	23
P3	2	7	7	14
P4	3	3	3	6

P1	P4	P3	P2

0 6 9 16 24

먼저 프로세스 1이 도착하여 CPU를 할당받아 수행하는 도중에 1ms 후에 버스트 시간이 8ms인 P2가 도착한다. P1의 5ms 남은 버스트 시간이 P2의 버스트 시간보다 크므로 P1이 계속 수행된다. 2ms 후에 버스트 시간이 7ms인 P3이 도착하지만, P1의 4ms 남은 버스트 시간이 P3의 버스트 시간보다 크므로 역시 P1이 계속 수행된다.

3ms 후에 버스트 시간이 3ms인 P4가 도착하지만, P1의 3ms 남은 버스트 시간과 P4의 버스트 시간이 같으므로 P1이 마지막 3ms까지 수행이 완료된 후 시스템을 떠난다. 이제 큐에는 P1을 제외한 나머지 P2, P3, P4 3개의 작업이 남아 있고 그중에서 가장 작은 P4가 수행되고, 그 다음에는 P3, P2의 순서로 수행된다.

SRT에서의 대기 시간은 도착 시간에서 CPU를 할당받기까지 대기한 시간을 빼서 계산하면 된다. 그러므로 모든 프로세스의 평균 대기시간은 (0 + 15 + 7 + 3) / 4 = 6.25ms 이다. 또한, 모든 프로세스의 평균 반환시간은 (6 + 23 + 14 + 6) / 4 = 12.25 ms 이다.

3-8 다단계 큐 스케줄링

선점 방식인 다단계 큐(Multi Level Queue) 스케줄링 알고리즘은 작업(프로세스)들을 여러 종류의 그룹으로 나누어 여러 개의 큐를 이용하는 스케줄링 기법으로서, 그룹화된 작업들은 각각의 준비 큐에 넣어두고 각 큐의 독자적인 스케줄링 알고리즘에 따라서 CPU를 할당받는 방법이다. 보통 다단계 큐 알고리즘에서는 시스템에 [그림 2-15]과 같이 상위 단계에서 하위 단계까지 5개의 큐로 분할되어 있다.

(1) 시스템 작업
(2) 대화형 작업
(3) 편집 작업
(4) 일괄처리 작업
(5) 학생 리포트 작업

- 다단계 큐 알고리즘은 준비 상태 큐를 여러 종류로 분할해 둔다.
- 각 큐는 자신만의 독자적인 스케줄링을 가지고 있다.
- 각각의 서로 다른 작업들이 다른 묶음으로 분류될 수 있을 때 사용되는 알고리즘이다.
- 일괄 처리 작업이 실행 중일지라도 상위 단계 큐에 작업이 들어오면 일괄 처리 작업은 CPU를 내주어야 되므로 "선점"당해야 한다.
- 한 큐에서 다른 큐로의 작업 이동 불가 즉, 각 큐들 간에 작업 이동을 할 수 없다.

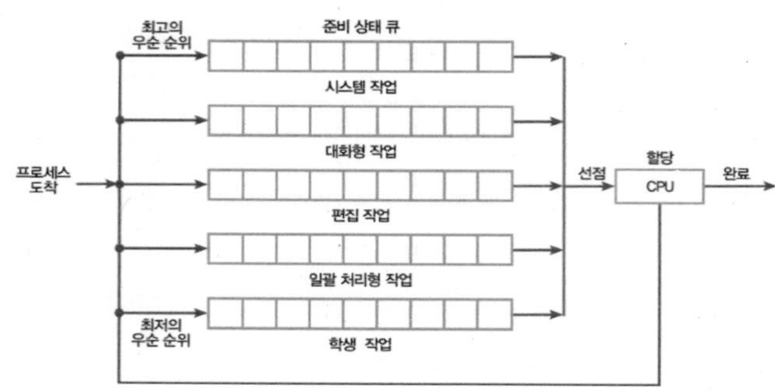

[그림 2-15] 다단계 큐

3-9 다단계 피드백 큐 스케줄링

일반적으로 프로세스들은 CPU의 사용시간에 따라 입출력 위주와 CPU 위주로 구분하는데, [그림 2-16]과 같이 선점 방식인 다단계 피드백 큐(Multilevel Feedback Queue) 스케줄링에서는 입출력 위주와 CPU 위주인 프로세스의 특성에 따라 서로 다른 CPU의 타임 슬라이스를 부여한다.

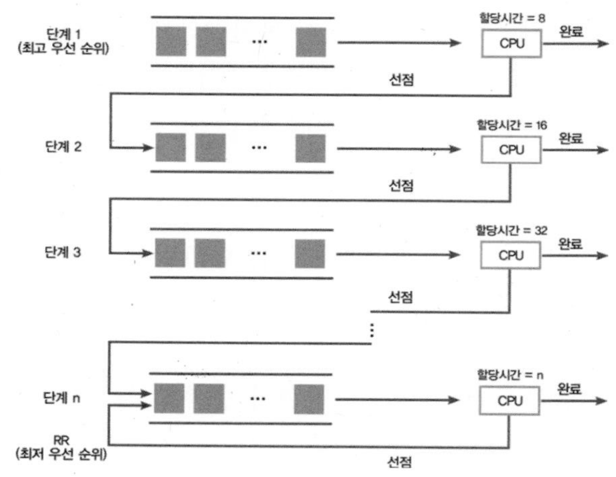

[그림 2-16] 다단계 피드백 큐

- 새로운 프로세스가 들어오면 높은 우선순위를 할당해 주어 단계 1에서 즉시 수행해 주고 점차 낮은 우선순위를 부여하며, 단계 n쯤 되는 나중에는 그 작업이 완료될 때까지 라운드 로빈으로 순환된다.
- MFQ의 기준
  - 짧은 작업에 유리하다.

– 입출력 장치를 효과적으로 이용하려고 입출력 위주의 작업들에 우선권을 준다.
– 가능한 한 빨리 작업의 특성을 알고 그것에 맞게 해당 작업을 스케줄링 한다.
– 프로세스가 보다 하위 단계의 큐로 옮겨갈수록 주어진 할당 시간은 점차 크게 설정된다. 이는 더 높은 단계에 있는 큐의 프로세스가 더 높은 우선순위를 갖기 때문이다.

- 이 기법은 CPU에 대한 요구량에 따라 프로세스들을 분류하는데 이상적이다.
- 시스템이 제어하는 동작의 변화에 민감하게 반응하게 하는 적용기법의 일종이다.
- 한 큐에서 다른 큐로의 작업 이동을 할 수 없다.
- 다단계 피드 백 큐 스케줄링은 아래와 같은 요소로 정의한다.
  – 큐의 수
  – 각 큐의 스케줄링 알고리즘
  – 작업을 더 높은 우선순위의 큐로 격상시키는 시기를 결정하는 방법
  – 작업을 더 낮은 우선순위의 큐로 격하시키는 시기를 결정하는 방법
  – 프로세스들이 어느 큐에 들어갈 것인가를 결정하는 방법

[표 2-11] 각 스케줄링의 비교

종류	방법	특징	
우선순위 스케줄링	우선순위를 할당해 우선순위가 높은 순서대로 처리하는 방법이다.	•고정적 우선순위 •가변적 우선순위	선점/ 비선점
미감시간 스케줄링	프로세스가 주어진 시간 내에 작업이 끝나게 계획한다.	마감시간을 계산해야 하므로 막대한 오버헤드와 복잡성이 발생한다.	비선점
FIFO 스케줄링	작업이 시스템에 들어온 순서대로 수행하는 방법이다.	•대화형에 부적합하다. •간단하고 공평하다. •반응 속도를 예측할 수 있다.	비선점
라운드로빈 스케줄링	FIFO 방식의 변형으로서 일정한 시간을 부여하는 방법이다.	•시분할 방식에 효과적이다. •할당 시간이 크면 FIFO와 같다. •할당 시간이 작으면 문맥 교환이 자주 발생한다.	선점
SJF	수행 시간이 적은 작업을 우선적으로 처리하는 방법이다.	작은 작업에 유리하고 큰 작업은 상당히 시간이 많이 걸린다.	선점/ 비선점
SRT	수행도중 나머지 수행 시간이 적은 작업을 우선적으로 처리한다.	작업 처리는 SJF와 같으나 이론적으로 가장 작은 대기 시간이 걸린다.	선점
HRN	SRT의 큰 작업이 시간이 많이 걸리는 점을 보완한 방법이다.	우선순위 = $\frac{(\text{대기 시간} + \text{버스트 시간})}{\text{버스트 시간}}$	비선점
MLQ	서로 다른 작업을 각각의 큐에서 timeslice로 처리한다.	각각의 큐는 독자적인 스케줄링 알고리즘을 사용한다.	선점
MFQ	하나의 준비 상태 큐를 통해서 여러 개의 피드백 큐를 걸쳐 일을 처리한다.	CPU와 I/O 장치의 효율을 높일 수 있다.	선점

4
스레드

4-1 스레드 개요

스레드(thread)는 프로세스(process)처럼 프로세서를 사용하는 기본 단위이며, 명령어를 독립적으로 실행할 수 있는 하나의 제어 흐름이다. 스레드는 같은 그룹의 스레드와 코드, 주소 공간, 운영체제의 자원(파일, 신호) 등을 공유한다. 프로세스는 하나이상의 스레드를 가지고 있으며, 각 스레드는 다음과 같은 사항들을 포함하고 있다.

- 스레드 실행 상태(실행, 준비 등)
- 실행 스택
- 수행중이 아닐 때 저장되어 있는 스레드 문맥
- 지역 변수 저장을 위해 각 스레드가 사용하는 스레드별 정적 저장소
- 프로세스의 메모리 및 자원에 대한 접근으로, 메모리 및 자원은 프로세스의 모든 스레드에 의해 공유

4-2 스레드 디스크립터의 정보

하나의 프로세스가 생성될 때 그의 기본 스레드도 생성된다. 하나의 프로세스 안의 모든 스레드가 종료하면 프로세스는 제거된다. 스레드 관리 알고리즘은 스레드를 생성하고 관리하는 프로세스 관리의 일부이다. 하나의 스레드가 생성되면 스레드는 여러 다른 상태로 존재할 수 있다. 스레드를 관리하는 주요 임무는 다음과 같다.

- 스레드의 생성과 소멸
- 스레드 특정 자원의 할당
- 스레드 스케줄링과 문맥교환 관리

[표 2-12] 스레드 디스크립터

필 드	설 명
상태	기본 스레드의 현재 상태
실행 시간 통계	누적시간, 시작시간 등 정보
프로세스	스레드와 연관된 프로세스의 프로세스 디스크립터 참조
관련 스레드 리스트	스레드의 부모/자식/형제 스레드 리스트
스택	주기억 장치 내의 기본 스레드의 스택 위치
다른 자원	스레드 특정 자원 참조

[표 2-12]는 스레드 디스크립터의 내용을 보이고 있다. 프로세스 디스크립터와 마찬가지로 스레드 디스크립터(thread descriptor)는 운영체제가 해당 스레드를 관리하게 필요한 정보를 보관하는 자료구조로, 하나의 스레드에 사용되는 대부분의 자원은 스레드가 아닌 연관된 프로세스에 할당된다.

각 스레드에 특정한 몇 개의 자원이 있다. 예를 들어 스레드의 스택은 초기화되어야 하고 프로세스의 주소 공간으로 바인딩 되어야 한다.

4-3 스레드 종류

[그림 2-17]은 3개의 스레드의 개념을 나타내고 있다. 그림 (a)는 각각 하나의 스레드를 포함하는 3개의 프로세스를 보이고 있다. 각 프로세스는 자신의 프로그램 카운터와 자신의 스택, 자신의 레지스터들과 자신의 주소 공간을 가지고 있다. 이들 프로세스는 세마포, 모니터, 메시지와 같은 시스템의 프로세스 간 통신(IPC) 프리미티브를 통한 통신 외에는 상호 간에 아무 일도 하지 않는다.

그림 (b)는 하나의 프로세스가 스레드 또는 경량 프로세스(LWP : light weight process)라고 부르는 여러 개의 스레드를 포함하고 있다. 여러 측면에서 볼 때 스레드들은 조그마한 미니 프로세스와 같다.

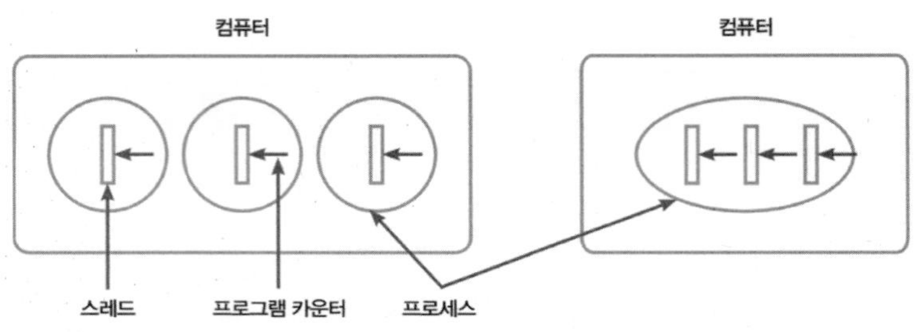

[그림 2-17] 스레드와 프로세스 관계

대부분의 기본 프로그램들은 하나의 프로세스가 하나의 스레드를 갖는 형태로 구성되어 있다. [그림 2-18]는 단일 스레드형 프로세스와 다중 스레드형 프로세스의 차이점을 나타내고 있다. 여기서 중요한 점은 그림 (b)와 같이 다중 스레드형 프로세스는 각각의 스레드가 힙 영역(heap storage), 정적 영역(static storage) 그리고 코드(code)를 공유하는 반면 자기 고유의 레지스터와 스택을 가지고 있다는 점이다. 단일 스레드형 프로세스는 그림 (a)와 같이 하나의 스레드가 힙 영역, 정적 영역 그리고 코드를 공유하고 레지스터와 스택도 공유한다는 점이다.

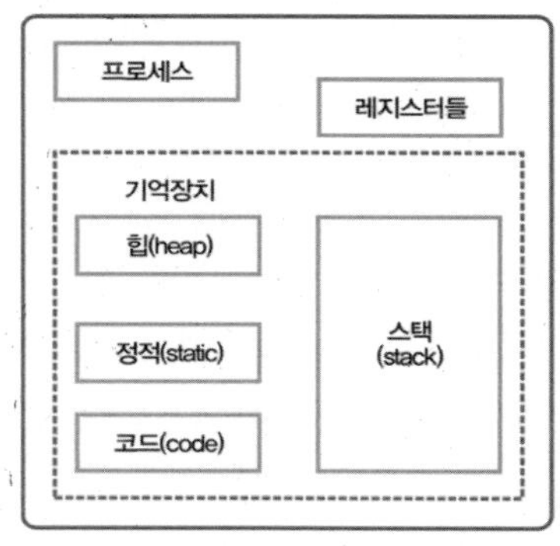

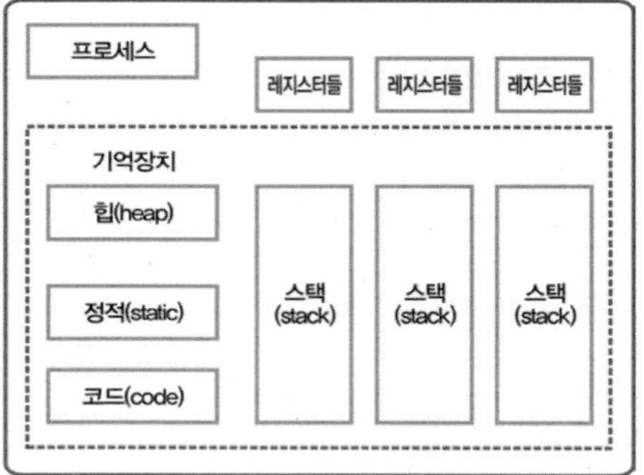

[그림 2-18] 단일 스레드형 프로세스와 다중 스레드형 프로세스

다중 스레딩(Multithreading)이란 다수의 스레드를 이용하여 하나의 프로그램을 동시에 처리하는 것으로, 하나의 프로그램을 위하여 다수의 실행 단위를 이용한다는 점에서는 다중 프로세싱과 같은 의미이다. 그러나 다중 프로세싱에서와는 달리, 하나의 프로세스 자체에 다수의 실행 단위들이 존재하여 작업의 수행에 필요한 자원들을 공유하므로 자원의 생성과 관리가 중복되는 것을 최소화할 수 있다.

이러한 자원 공유는 하나의 프로세스 내에서뿐만 아니라 여러 개의 서로 다른 프로세스들 사이에서도 공유할 수 있다. 또한, 하나의 프로그램을 다중 스레딩 기법을 이용하여 수행할 때, 각 스레드는 서로 독립적으로 동시에 수행을 할 수 있어 다중 프로세스 시스템에서는 물론 단일 프로세서 시스템 상에서도 업무의 실질적인 다중 처리를 할 수 있게 한다.

4-4 스레드 상태

하나의 스레드는 그의 실행 과정 동안에 상태가 변화한다. 각 스레드는 여러 측면에서 미니-프로세스와 같아서 정확한 순차적 실행을 하며, 자신이 어디에 있는지를 유지하려고 자신의 프로그램 카운터와 스택이 있다. 한 스레드가 먼저 실행하고 나면 다른 스레드가 시분할 공유하여 실행함으로써, 스레드는 프로세스가 하는 것처럼 CPU를 공유한다.

스레드는 자식 스레드를 생성시킬 수 있고 시스템 호출이 완료될 때까지 기다리는 동안 대기 상태에 있을 수 있다. 한 스레드가 대기 상태가 되면 같은 프로세스 내에 있는 다른 스레드가 실행될 수 있다. 스레드의 실행 상태는 다음과 같이 크게 네 가지로 구분할 수 있다.

- 대기 상태 : 스레드가 다른 스레드나 또는 외부의 사건과 동기화 중에 있는 상태로 실행에 부적합한 상태이다.
- 준비 상태 : 스레드가 프로세서로 실행될 수 있는 상태이다.
- 실행 상태 : 스레드가 현재 프로세스를 가지고 실행 중에 있는 활성화된 상태이다.
- 종료 상태 : 스레드가 작업 수행을 완전히 종료한 상태이다.

[그림 2-19]에 스레드가 실행할 때 일어나는 상태 변화 과정을 간략하게 나타내었다. 서로 다른 프로세스에 있는 스레드들은 공유 메모리 또는 파일에 위치한 동기화 변수를 통하여 동기화할 수 있다.

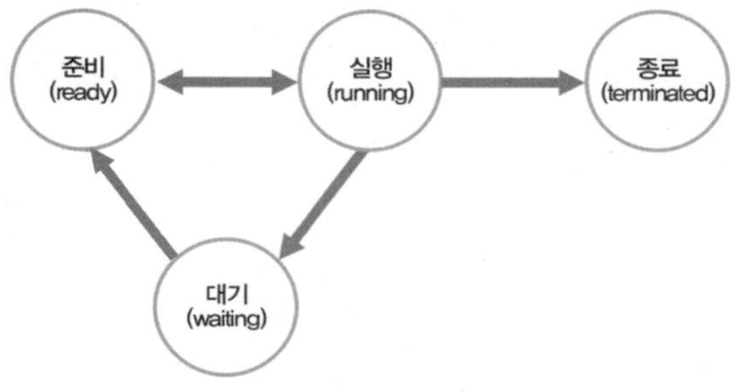

[그림 2-19] 스레드의 상태 변화

4-5 스레드 구현

스레드 구현에는 사용자 수준 스레드(ULT: User Level Thread)와 커널수준 스레드(KLT: Kernel Level Thread)의 두 가지가 있다. KLT를 커널 지원 스레드(kernel supported thread) 또는 경량 프로세스(light weight process)라고 부르기도 한다.

1) 사용자 수준 스레드

순수한 ULT 구현에서 스레드 관리와 관계된 모든 일은 응용(application)이 수행하며, 커널은 스레드의 존재를 알지 못한다. 커널 스레드를 지원하지 않는 운영체제에서 사용하며, 사용자 수준 스레드 여러 개가 커널 스레드(프로세스) 하나로 매핑되는 방식이다. 다중 스레드 프로세스에 대해 프로세서(실행 문맥) 하나를 할당하므로 다대일(many-to-one) 스레드 매핑이라 한다. 사용자 수준(공간)에서 스레드 관리가 효율적으로 이루어지므로 스레드와 관련된 모든 과정을 응용 프로그램이 수행한다.

응용 프로그램은 사용자 수준 스레드 관리를 위한 루틴으로 구성된 스레드 라이브러리(스레드 패키지)를 이용하여, 다중 스레드로 프로그래밍 가능하게 한다. 응용 프로그램은 기본적으로 스레드 하나에서 시작, 해당 스레드에서 실행을 시작한다.

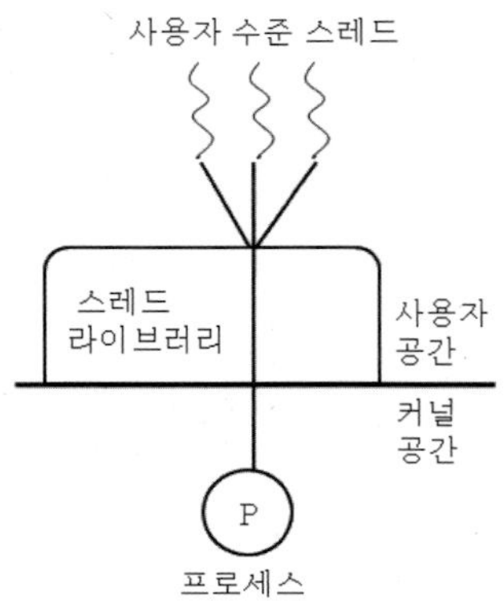

[그림 2-20] 사용자 수준 스레드

스레드 라이브러리는 스레드 생성, 종료, 문맥 교환을 위한 코드, 동기화, 메모리 할당, 스레드 간 메시지 전달, 스레드 실행 스케줄링, 스레드 문맥의 저장과 복구 등을 위한 정보를 포함하고 있다. 스레드 라이브러리의 생성 유틸리티를 통해 스레드가 생성되고, 제어는 프로시저 호출을 통해 해당 유틸리티로 이동하여 수행한다.

(1) 사용자 수준 스레드 이용 시 시스템의 장점

- 높은 이식성 : 기본 커널 변경 없이 모든 운영체제에 적용 가능
- 오버헤드 감소 : 스레드 관리를 위한 모든 데이터 구조가 프로세스의 사용자 주소 공간에 있어 커널의 도움 없이 스레드 교환 가능
- 스케줄링의 유연성 : 스레드 라이브러리에서 스레드 스케줄링을 제어하므로 스케줄링이 응용 프로그램에 맞게 적절히 구성됨

(2) 사용자 수준 스레드 이용 시 시스템의 단점

- 시스템의 동시성 지원 불가 : 한 번에 하나의 스레드만 커널에 접근 가능하므로 여러 스레드가 시스템 호출을 동시에 사용할 수 없음
- 시스템 규모 확장 제약 : 커널이 프로세서 내부의 다중 스레드를 프로세스 하나로 관리, 다중 처리 환경에서 여러 프로세스를 이용한 분산 처리를 할 수 없음
- 스레드 간 보호가 어려움 : 스레드 간의 보호에 커널의 보호 기법을 사용할 수 없고, 스레드 라이브러리에서 스레드 간 보호를 제공해야 프로세스 수준에서 보호됨

2) 커널 수준 스레드

순수한 KLT 구현에서는 스레드 관리와 관련된 모든 작업이 커널에 의해서 이루어진다. 응용 영역에는 스레드 관리를 위한 정보가 없고 단순히 windows 처럼, 커널 스레드 기능에 대한 API가 있다.

커널수준 스레드는 사용자 수준 스레드의 한계를 해결하기 위해 사용자 스레드마다 프로세서(실행 문맥)를 매핑하는 일대일(one-to-one) 스레드 매핑을 지원한다. 커널수준 스레드는 커널에 의해 생성, 삭제되고 커널의 텍스트와 전역 데이터를 공유, 자신만의 커널 스택을 가진다. 사용자 영역에는 스레드 관리를 위한 코드가 없고, 모든 응용 프로그램은 다중 스레드로 지원되고, 응용 프로그램의 스레드도 모두 하나의 프로세스에서 지원된다.

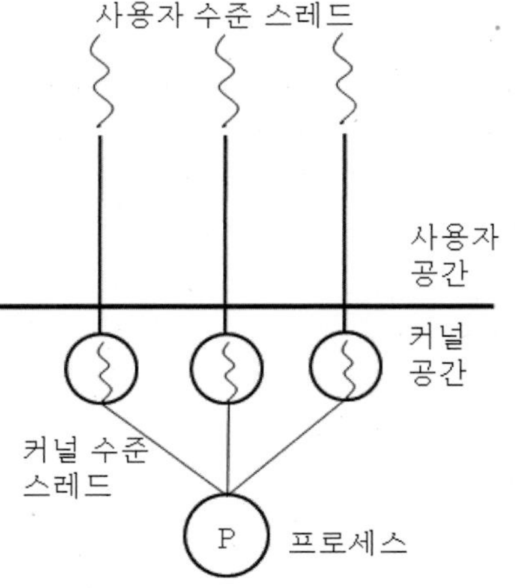

[그림 2-21] 커널 수준 스레드

커널수준 스레드에서는 스레드 관련 모든 작업은 커널(운영체제)이 지원하며, 전체 프로세스에 대한 문맥정보와 각 프로세스 내 스레드에 대한 문맥 정보를 유지한다.

커널수준 스레드의 장점은 다음과 같다.

- 커널에 의한 직접적인 스케줄링과 실행으로 사용자 수준 스레드의 문제를 해결하여 시스템 성능 향상시킨다.
- 하나가 시스템 호출 시 다른 스레드가 중단되는 다대일 방식의 문제를 해결할 수 있어 다중 프로세서에서 다중 스레드를 병렬로 실행 가능하다.

커널수준 스레드의 단점은 다음과 같다.
- 커널 스레드 생성으로 인한 오버헤드 증가로 응용 프로그램의 성능 저하를 막기 위해 시스템이 지원 스레드 수를 제한해야 한다.
- 사용자 수준 스레드보다 스케줄링과 동기화를 위해 자원이 더 필요하다.
- 시스템이 모든 스레드를 관리하므로 오버헤드가 증가하며, 시스템 변경 시 제공된 스레드 API(Application Program Interface)를 사용하여 프로그램을 수정해야하므로 이식성이 떨어진다.

3) 혼합형 스레드 지원

스레드 생성은 사용자 영역에서 이루어지고, 여러 개의 사용자 수준 스레드에 여러 개의 커널 스레드가 매핑되는 다대다(many-to-many) 스레드 모델이다.

스레드 수가 제한되는 커널수준 스레드의 일대일 방식과 사용자수준 커널의 다대일 방식에서 제기된 혼합형 스레드는, 시스템 호출 시 다른 스레드가 중단되는 문제를 해결하기 위한 방법이다.

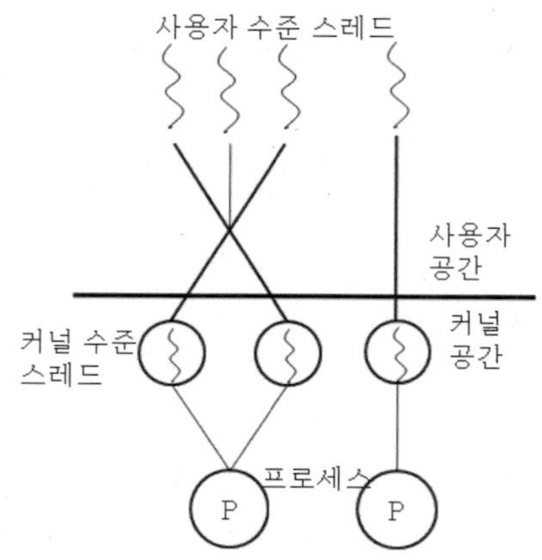

[그림 2-22] 혼합형 스레드

전통적으로 자원 할당과 디스패칭 단위의 개념은 단일 프로세스 개념, 즉, 프로세스와 스레드 간 일대일(1:1) 관계로 구체화되어 왔다. 최근에 단일 프로세스에 여러 스레드를 제공하는 다대일(M:1) 관계에 관심이 높아졌지만, [표 2-13]에 보이듯이 다대다(M:N) 관계와 일대다(1:M) 관계 등 두가지 조합도 연구되고 있다.

[표 2-13] 스레드와 프로세스 간의 관계

스레드:프로세스	설명	관련 시스템 예
1:1	수행중인 각 스레드는 자신의 주소 공간과 자원을 갖는 유일한 단일 프로세스임.	대부분의 UNIX
M:1	프로세스는 주소공간과 동적인 자원소유권을 정의하며, 여러 스레드가 이 프로세스 내에서 수행될 수 있음. 일반적인 다중 스레딩임.	Windows NT, Solaris, Linux, O/S2, OS/390, Mach
1:M	스레드는 한 프로세스 환경에서 실행되다가 다른 프로세스 환경으로 이동할 수 있음. 스레드가 여러 시스템 사이를 쉽게 이동할 수 있게 함.	Ra(Clouds), Emerald
M:N	1:M과 M:1의 특성을 혼합함.	TRIX

■ 프로세스 개념

프로세스는 실행 중인 프로그램으로, 실행되는 프로세스는 독립적 혹은 협조적일 수 있음

■ 프로세스 상태

- 프로세스 상태는 프로세스의 현재 활동에 의해 정의되며, 각 프로세스는 생성, 준비, 실행, 대기, 종료 상태로 구분, 실행하면서 상태 변경
- 프로세스 제어 블록(PCB)에 의해 운영체제에서 표현되며, 프로세스의 일시 정지 상태를 이용하여 다중 프로그래밍 환경에서 프로세스 유휴 시간 발생을 해결 가능함

■ 문맥 교환

프로세스 전환 시 이전 프로세스 상태 레지스터 내용을 보관, 또 다른 프로세스의 레지스터를 적재하는 문맥교환 과정을 거침

■ 선점 스케줄링

선점(preemptive)은 한 프로세스가 CPU를 차지하고 있을 때 다른 프로세스가 현재 프로세스를 중지시키고 자신이 CPU를 차지할 수 있을 때이며, 높은 우선순위를 가진 프로세스들이 빠른 처리를 요구하는 시스템에서 유용함

■ 비선점 스케줄링

비선점(non−preemptive)은 한 프로세스가 CPU를 할당받으면 다른 프로세스는 CPU를 그 프로세스로부터 뺏을 수 없을 때이며, 모든 프로세스들의 대우는 짧은 작업이든, 긴 작업이든 공정하고, 응답 시간을 쉽게 예측할 수 있음

■ 프로세스와 스레드

- 운영체제는 프로세스를 자원의 소유, 스레드를 실행 단위로 개념을 분리
- 하나의 프로세스를 다수의 실행 단위로 구분하여 자원을 공유, 자원의 생성과 관리의 중복성을 최소화하여 수행 능력 향상

■ 스레드 상태

- 준비, 실행, 대기, 종료 상태로 구분
- 한 프로세스에 있는 스레드는 순차적으로 실행, 자신의 정보를 위한 프로그램 카운터와 스택을 각각 가짐

■ 다중 스레딩(Multithreading)

다수의 스레드를 이용하여 하나의 프로그램을 동시에 처리하는 것으로, 하나의 프로그램을 위하여 다수의 실행 단위를 이용

■ 사용자 수준 스레드와 커널 수준 스레드

- 사용자 수준 스레드 : 스레드 사이에 이전의 커널이 개입하지 않아 빠름
- 커널 수준 스레드 : 같은 프로세스의 스레드를 동시에 스케줄링 가능, 한 프로세스의 스레드가 대기 상태가 되면 커널이 같은 프로세스에서 다른 스레드를 스케줄링할 수 있음

■ 혼합형 스레드

- 사용자 수준 스레드 생성 시 커널 수준 스레드를 생성
- 성능 감소, 스레드 수가 제한되는 일대일 방식(커널 수준)과 어떤 스레드가 시스템 호출 시 다른 스레드가 중단되는 다대일 방식(사용자 수준)의 문제를 해결하기 위한 방법

[객관식 연습문제]

1 비선점(Non-Preemptive) 스케줄링에 해당하지 않는 것은?

가. SRT(Shortest Remaining Time)
나. FIFO(First In First Out)
다. SJF(Shortest Job First)
라. HRN(Highest Response-ratio Next)

해설 비선점 스케줄링에는 FIFO, SJF, HRN이 사용되며, 선점 스케줄링 방법에는 SRT, RR, MFQ가 있다.

2 PCB(process control block)에 포함되는 정보가 아닌 것은?

가. 프로세스의 현 상태
나. 프로세스 고유 구별자
다. 프로세스의 우선순위
라. 파일할당 테이블(FAT)

해설 PCB(process control block)는 프로세스의 중요한 정보를 포함하는 자료구조(data structure)로서, 프로세스는 PCB로 나타내어진다.

- 프로세스의 현재 상태
- 프로세스의 고유한 식별자
- 프로세스의 부모 프로세스에 대한 포인터
- 프로세스의 자식 프로세스에 대한 포인터
- 프로세스의 우선순위
- 프로세스가 적재된 기억 장치 부분을 가리키는 포인터
- 프로세스에 할당된 자원을 가리키는 포인터
- 레지스터 내용을 저장하는 장소
- 다중 프로세서 시스템에서는 자신이 수행되는 처리기

3 스케줄링의 목적으로 거리가 먼 것은?

가. 모든 작업들에 공평성을 유지하려고
나. 단위 시간당 처리량을 최대화하려고
다. 응답 시간을 빠르게 하려고
라. 운영체제의 오버헤드를 최대화하려고

4 HRN(Highest Response-ratio Next) 방식으로 스케줄링 할 때, 입력된 작업이 다음과 같다. 우선순위가 가장 높은 작업은?

작업	대기 시간	서비스 시간
A	5	5
B	10	6
C	15	7
D	20	8

가. A　　나. B　　다. C　　라. D

해설 HRN 스케줄링 우선순위는 다음과 같으므로 작업 D가 우선순위가 가장 높다.

$$\frac{\text{대기 시간}+\text{서비스를 받을 시간}}{\text{서비스를 받을 시간}}$$

- 작업 A = 10 / 5 =2
- 작업 B = 16 / 6 = 2.66
- 작업 C = 22 / 7 = 3.14
- 작업 D = 28 / 8 = 3.5

5 다중 프로그래밍 시스템에서 운영체제로 중앙처리장치가 할당되는 프로세스를 변경하려고 현재 중앙처리장치를 사용하여 실행되는 프로세스의 상태 정보를 저장하고, 앞으로 실행될 프로세스의 상태 정보를 설정한 다음에 중앙처리장치를 할당하여 실행이 되게 하는 작업을 의미하는 것은?

가. Context switching　　나. Interrupt
다. Semaphore　　라. Dispatching

해설 문맥 교환(context switching)은 다중 프로그래밍 시스템에서 여러 프로세스들이 스케줄 될 때 그 프로세스들의 문맥 정보가 수시로 교체되는 것이다.

6 프로세스 스케줄링 기법 중 Round-Robin 기법의 설명으로 옳지 않은 것은?

가. 비선점형 기법이다.
나. 시간할당량이 너무 커지면, FCFS와 비슷하게 된다.
다. 시간 할당량이 너무 작아지면, 오버헤드가 커지게 된다.
라. interactive 시스템에 많이 사용된다.

해설 비선점 스케줄링에는 FIFO, SJF, HRN이 사용되며, 선점 스케줄링 방법에는 SRT, RR, MFQ가 있다.

7 PCB(PROCESS CONTROL BLOCK)가 포함하는 정보가 아닌 것은?

가. 프로세스의 현 상태　　나. 중앙처리장치 레지스터 보관 장소
다. 할당된 자원의 포인터　　라. 프로세스의 사용 빈도

8 태스크 스케줄링 방법 중 Round-Robin 방식의 설명으로 옳지 않은 것은?

가. FIFO 방식으로 선점(preemptive)형 기법이다.
나. 처리하여야 할 작업의 양이 가장 작은 프로세스에게 CPU를 할당하는 기법이다.
다. 대화식 사용자에게 적당한 응답 시간을 보장한다.
라. 시간 할당량이 작을 때 문맥 교환에 따른 오버헤드가 커진다.

해설 SJF(shortest job first) 스케줄링은 대기큐에 있는 작업 중에서 작업 완료까지의 수행 시간이 가장 적은 프로세스에게 CPU를 할당하는 기법이다.

9 비선점형 CPU 스케줄링 기법에 해당하는 것만으로 짝지어진 것은?

가. Round robin, SRT
나. SRT, FIFO
다. FIFO, SJF
라. HRN, SRT

해설 비선점 스케줄링에는 FIFO, SJF, HRN이 사용되며, 선점 스케줄링 방법에는 SRT, RR, MFQ가 있다.

10 스케줄링 기법의 설명으로 옳지 않은 것은?

가. RR 스케줄링은 주어진 시간 할당량(time slice) 안에 작업을 마치지 않으면 준비완료 리스트(ready list)의 가장 뒤로 배치되는 기법이다.
나. SJF 스케줄링은 남아 있는 실행 시간의 추정치가 가장 작은 작업을 먼저 실행시키며, 언제라도 실행 중인 작업이 강제로 실행을 멈출 수 있는 선점 기법이다.
다. HRN 스케줄링은 그 작업이 서비스 받을 시간과 그 작업이 서비스를 기다린 시간으로 결정되는 우선순위에 따라 CPU를 할당한다.
라. 기한부(Deadline) 스케줄링은 제한된 시간 내에 반드시 작업이 완료되게 스케줄링하는 기법이다.

해설 SJF(shortest job first) 스케줄링은 대기큐에 있는 작업 중에서 작업 완료까지의 수행 시간이 가장 적은 프로세스에게 CPU를 할당하는 기법이다.

11 프로세스 제어블록(Process Control Block)의 설명으로 옳지 않은 것은?

가. 프로세스에 할당된 자원의 정보를 갖고 있다.
나. 프로세스의 우선순위의 정보를 갖고 있다.
다. 부모 프로세스와 자식 프로세스는 PCB를 공유한다.
라. 프로세스의 현 상태를 알 수 있다.

해설 PCB(process control block)는 프로세스 중요한 정보를 포함하는 자료구조(data structure)이며, 부모와 자식 프로세스는 PCB를 공유하지 않는다.

12 RR(Round0Robin) 스케줄링의 설명으로 옳지 않은 것은?

가. 선점(preemptive) 방식이다.
나. 시간 할당량(time quantum)이 커지면 FCFS 스케줄링과 같은 효과를 얻는다.
다. 시간 할당량이 작아지면 프로세스 문맥 교환(context switch)이 자주 일어난다.
라. 작업이 끝나기까지의 실행 시간 추정치가 가장 작은 작업을 먼저 실행시키는 기법이다.

해설 SJF(shortest job first) 스케줄링은 대기큐에 있는 작업 중에서 작업 완료까지의 수행 시간이 가장 적은 프로세스에게 CPU를 할당하는 기법이다.

13 스케줄링 기법 중 SJF 기법과 SRT 기법에 관한 설명으로 옳지 않은 것은?

가. SJF는 비선점(nonpreemptive) 기법이다.
나. SJF는 작업이 끝나기까지의 실행시간 추정치가 가장 작은 작업을 먼저 실행시킨다.
다. SRT는 시분할 시스템에 유용하다.
라. SRT에서는 한 작업이 실행을 시작하면 강제로 실행을 멈출 수 없다.

해설 SRT는 선점 스케줄링 방법이다.

14 다중 프로그래밍 시스템에서 운영체제로 CPU가 할당되는 프로세스를 변경하려고 현재 CPU를 사용하여 실행되는 프로세서의 상태 정보를 저장하고 제어권을 인터럽트 서비스 루틴에게 넘기는 작업을 무엇이라 하는가?

가. Semaphore
나. Monitor
다. Mutual exclusion
라. Context switching

해설 문맥 교환(context switching)은 다중 프로그래밍 시스템에서 여러 프로세스들이 스케줄 될 때 그 프로세스들의 문맥 정보가 수시로 교체되는 것이다.

15 스레드(thread)의 설명으로 옳지 않은 것은?

가. 단일 프로세스를 다수의 스레드로 생성하여 병행성을 증진시킬 수 있다.
나. 실행 환경을 공유시켜 기억장소의 낭비가 줄어든다.
다. 프로세스의 생성이나 문맥 교환 등의 오버헤드를 줄여 운영체제의 성능이 개선된다.
라. 사용자 수준의 스레드는 커널의 효율적인 서비스를 받을 수 있어 속도가 개선된다.

해설 스레드란 프로세스에서 실행의 개념만을 분리한 것으로, 프로세스 스케줄링의 부담을 줄여 성능을 향상시키려는 프로세스의 또 다른 표현 방식이다. 스레드는 독립된 제어 흐름을 가지며, 자신만의 스택(stack)과 레지스터(register)를 가지고 있으며, 그룹 내에 속하는 다른 스레드와 코드, 주소 공간, 자원 등을 공유하기도 한다.

16 운영체제의 작업 스케줄링 등에 응용되는 것으로 가장 적합한 자료구조는?

가. 스택(Stack)　　나. 큐(Queue)
다. 연결리스트(Linked List)　　라. 트리(Tree)

해설 작업 스케줄링에서는 큐를 사용하여 처리한다.

17 프로세스의 상태 전이에 있어서 실행상태에 있던 프로세스가 할당 시간 종료로 바뀌는 상태는?

가. 보류상태　　나. 종료상태
다. 준비상태　　라. 서스펜드상태

해설

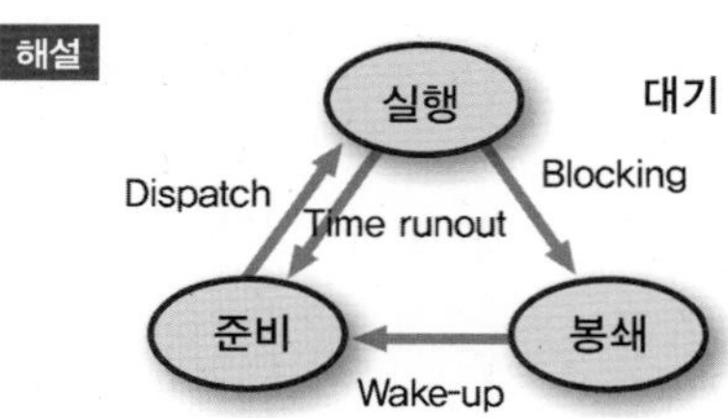

18 프로세스의 정의와 관련이 적은 것은?

가. 실행 중인 프로그램　　나. PCB를 가진 프로그램
다. CPU가 할당되는 실체　　라. 디스크에 저장된 프로그램

해설 프로세스는 현재 실행 중이거나 곧 실행할 수 있는 PCB를 가진 프로그램을 의미한다.

- 실행 중인 프로그램
- 프로세스가 활동 중인 것
- 실행 중인 프로세스의 제어 경로
- 운영 체제 내에 PCB(process control block)가 명백히 존재하는 것
- 프로세스가 할당되는 개체
- 디스패치가 가능한 단위

[주관식 연습문제]

1 프로세스를 정의하고 설명하시오.

2 프로세스의 4가지 상태의 의미를 기술하고 어떤 때에 상태 변화를 일으키는지 설명하시오.

3 프로세스 제어 블록(프로세스 문맥, 프로세스 디스크립터)이 필요한 이유는 무엇이고 운영체제는 어떤 내용들을 유지하고 있는지 그리고 관리는 어떻게 하는지를 설명하시오.

4 프로세스간 문맥 교환 과정을 설명하시오.

5 SRT 기법의 단점을 기술하고, 성능을 높이려면 어떻게 변형하면 좋을지 설명해 보시오.

6 다음 프로세스들이 시간 0에 P1, P2, P3, P4 순으로 도착하고 CPU 버스트 시간 단위는 밀리 초라고 가정한다.

프로세스	버스트 시간	우선순위
P1	9	3
P2	2	1
P3	1	3
P4	6	2

1) FIFO, 비선점 우선순위, SJF, RR(CPU 할당시간 : 2ms) 기법을 이용하여 각각의 Gantt 차트를 그리고 각 기법의 반환 시간을 구하시오.

2) 각 기법의 평균 반환 시간과 평균 대기 시간을 구하시오.

7 라운드 로빈 스케줄링에서 할당 시간 양을 점차 증가시키는 때와 점차 감소시키는 때, 각각 어떤 효과가 있겠는가?

8 다음 프로세스들이 아래의 시간에 도착하고 CPU 버스트 시간 단위는 밀리 초라고 가정한다. 각각의 알고리즘은 선점, 비선점 스케줄링을 사용한다.

프로세스	도착 시간	버스트 시간
P1	0	8
P2	1	4
P3	2	2
P4	3	1

1) FIFO, RR, SJF, SRT 기법을 이용하여 Gantt 차트를 그리고 각 기법의 평균 반환 시간을 구하시오.

2) 어느 기법에서 가장 짧은 평균대기 시간을 갖는지 구하시오.

9 HRN 스케줄링을 사용한 이유와 장점은 무엇인지 설명하시오.

10 스레드를 정의하고 이들을 포함하는 프로세스의 종류를 설명하시오.

11 스레드의 상태와 프로세스의 상태를 비교하시오.

12 커널 수준 스레드, 사용자 수준 스레드의 장단점을 설명하시오

병행 프로세스와 상호배제

Parallel Processes and Mutual Exclusion

CHAPTER

03

3 CHAPTER

[학습목표]

- 상호배제와 임계영역을 이해한다.
- 프로세스의 상호배제 알고리즘들을 이해한다.
- 세마포어를 이용한 상호배제 알고리즘을 이해한다.
- 모니터 구조를 이해한다.

[주요 내용]

1. 비동기 병행 프로세스
2. 세마포어

[요약]

[연습문제]

1
비동기 병행 프로세스

프로세스 여러 개가 동시에 실행되면 병행 프로세스라고 한다. 병행 프로세스는 서로 관련 없이 독립적으로 작업을 수행하기도 하지만, 종종 다른 프로세스들과 협력하면서 비동기적(Asynchronous)으로 수행해야 할 필요가 있다.

예를 들어, 다음과 같은 유닉스 셸의 파이프라인 명령을 생각해 보자.

```
cat mydocument.txt | grep rock-climbing
```

위의 명령으로 2개의 프로세스 cat과 grep이 만들어지며 cat은 정보를 주고 grep은 정보를 받으면서 서로 병행 처리한다.

2개 혹은 그 이상의 프로세스들이 공유 메모리에 읽기/쓰기를 하고 그 결과가 어떤 프로세스가 언제 실행하느냐에 따라 결과가 달라질 수 있는 상황을 **경쟁 조건**(race condition)이라 한다. 경쟁 조건이 있는 프로그램을 디버깅하기란 결코 쉬운 일이 아니다. 결과는 대부분 올바르게 되지만, 이상한 순서로 실행하게 되면 예측할 수 없게 된다.

1-1 상호 배제와 임계 영역

예를 들어 A, B 프로세스 2개가 있다고 가정하자. A 프로세스가 값을 읽은 후, 연산 결과를 쓰기 전에 B 프로세스가 값을 읽은 다면 논리적 오류가 발생한다. 이런 경우 B 프로세스는 A 프로세스가 값을 쓰기까지 기다린다면 이러한 오류는 발생하지 않았을 것이다. 이를 위해 A 프로세스는 '자, 지금부터 잠시 동안은 내가 사용하려고 하는 이 공유 변수에 대해서 아무도 접근할 수 없다'고 선언해야 한다. 사용이 끝나면 '이제부터는 사용할 수 있다'라고 선언한다. 만일 그렇지 않다면 다른 프로세스가 공유 변수를 사용할 수 있는지 없는지 그 때를 알 수 없다.

경쟁 조건을 피하려면 어떻게 해야 할까? 2개 이상의 프로세스들이 공유 메모리, 공유 파일을 동시에 읽기와 쓰기를 못하게 하는 것이다. **상호 배제**(mutual exclusion)란 한 프로세스가 공유 메모리 혹은 공유 파일을 사용하고 있을 때 다른 프로세스들이 사용하지 못하게 배제시키는 제어 기법을 말한다.

프로세스는 대부분 내부 연산이나 경쟁 조건을 일으키지 않는 다른 일들을 하지만, 때로는 공유 메모리나 공유 파일을 참조하여 경쟁 조건을 일으키는 일을 한다. 이러한 공유 메모리가 참조되는 프로그램의 부분을 **임계 영역**(critical section)이라고 한다. 수행 순서를 잘 조절해서 2개 이상의 프로세스가 임계 영역에 동시에 들어가지 않게 한다면 경쟁 조건을 피할 수 있다.

공유 메모리를 사용하는 병렬 프로세스들이 올바르고 효과적으로 수행되게 하려면 다음과 같은 추가된 조건이 필요하다. 즉 **상호배제를 하려는 3가지 요구조건**은 다음과 같다.

- **상호 배제 조건** : 두 개 이상의 프로세스들이 동시에 임계 영역에 있어서는 안 된다. 한 프로세스 Pi가 임계구역에 있다면, 다른 프로세스는 임계구역에 들어갈 수 없다는 뜻이다.
- **진행 조건 : 자신**의 임계구역에서 실행중인 프로세스가 없고, 자신의 임계구역으로 진입하려는 프로세스가 있다면, 임계 구역 바깥에 있는 실행중이지 않는 프로세스들만 다음에 누가 그 임계 구역 진입을 할 수 있는지 결정하는데 참여할 수 있다. 임계 구역으로 들어가는 이 선택이 무한정 연기되어서는 안 된다.
- **한정된 대기 조건** : 한 프로세스가 입계구역 진입을 요청한 이후, 진입이 허용될 때까지 다른 프로세스들이 그들 자신의 임계구역 진입하도록 허용하는 회수에 한계가 있어야 한다. 이 한계는 임의의 프로세스의 기아상태(starvation)를 예방할 수 있다.

진행 조건은 임계 구역 바깥에 있는 프로세스들 간에 임계 구역 진입을 방해해서는 안되는 것이고, 한정된 대기 조건은 모든 프로세스들을 일정시간 후에는 반드시 임계 구역에 들어가게 한다는 것이다. 모든 n개 프로세스들 간의 상대적인 속도는 가정하지 않는다.

임계 영역이 있는 프로그램은 다음 [그림 3-1]과 같이 프로그램 할 수 있다.

```
while (1) {
     // 임계 영역에 들어가기 전의 코드들
        …
     BeginCriticalSection();//진입 영역
     // 임계 영역 (critical section)
       …
     EndCriticalSection();// 퇴출 영역
     // 나머지 코드들, 나머지 영역
      …
}
```

[그림 3-1] 상호 배제 프리미티브

이 코드는 n개의 프로세스(P0, P1, …, Pn)가 있을 때 그 중의 한 프로세스 Pi의 코드 구조만을 보인 것이다. n개의 프로세스들 각각은 임계 영역에 들어가기 전에 BeginCriticalSection()을 호출하며 임계 영역에서 나갈 때 EndCriticalSection()을 호출한다.

BeginCriticalSection()을 호출한 후에 다른 프로세스들이 임계 영역에 들어가려고 BeginCriticalSection()을 호출한다면 이미 프로세스 Pi가 임계 영역에 있으므로 그들은 대기하게 된다. 즉 BeginCriticalSection()에서 빠져나오지 못한다.

대기하는 방법은 두 가지가 있을 수 있다. 하나는 바쁜 대기(busy waiting)을 하는 것이고 다른 하나는 블록된 후 깨어나는 것(block and wakeup)이다.

만일 2개 이상의 프로세스가 동시에 BeginCriticalSection()을 호출하면 이들 중 하나만이 임계 구역에 들어가고 나머지는 기다린다. 이처럼 동시에 시도하여 임계 구역으로 들어가는 프로세스를 "승리자(winner)"라고 부른다. 승리자는 무작위로 선택되어서 기아 상태를 일으킬 수도 있고 한정된 대기 조건을 만족시키게 선택될 수도 있다.

1-2 2개 프로세스의 상호 배제

2개 프로세스의 상호배제는 BeginCriticalSection( )과 EndCriticalSection( )을 순수하게 소프트웨어적으로 구현하게 한다. 소프트웨어적 구현은 임계 구역 바깥의 프로세스들이 바쁜 대기(busy waiting)를 일으킨다.

1) 소프트웨어적 해결 과정

소프트웨어적인 해결 방법을 설명하려고 몇 개의 단계로 나누어 설명한다. 여기서 사용되는 변수 turn(정수형)은 2개 프로세스 P0, P1의 공유 변수이고, i는 프로세스 지역 변수이다. turn, i, j는 0 혹은 1의 값을 갖고, i=1−j이다.

알고리즘 1

[그림 3-2]는 프로세스 Pi와 Pj 구조이다. turn의 초기 값은 0 또는 1이다. turn 변수로 Pi와 Pj 중 한 프로세스가 있는 영역에 진입하게 된다. 즉 Pi는 turn 값이 i와 같을 때 진입하고 Pj는 turn 값이 j와 같을 때 진입한다.

<pre>while (1) {
        …
      while (turn !=i) ;
      // 임계 영역 (critical section)
        …
      turn = j;
      // 나머지 코드
        …
}</pre>
	<pre>while (1) {
	        …
	      while (turn !=j) ;
	      // 임계 영역 (critical section)
	        …
	      turn = i;
	      // 나머지 코드
	        …
	}</pre>

[그림 3-2] 알고리즘 1에서의 P_i의 구조, P_j의 구조

이 방법은 한 순간에 한 프로세스만이 임계 영역에 들어갈 수 있게 한다. 그러나 이것은 임계 영역의 실행 순서를 2개의 프로세스가 교대로 가져야 하므로 앞의 조건에서 2개 프로세스의 상대적인 시간적 차이를 고려하지 않고 있을 뿐 아니라 진행요건을 충족시키지 못하고 있다.

예를 들어 turn=0일 때 프로세스가 Pj가 수행 중이 아니라도 두 번 연속해서 임계 영역에 들어갈 수 없다. 이러한 문제를 **락스텝 동기화**(lock- step synchronization)라고 한다.

알고리즘 2

알고리즘 1의 문제는 1개의 공유 변수만을 사용해서 이것이 소위 **락스텝 동기화**(lock-step synchronization) **문제**를 일으켰다. 이번에는 turn을 다음의 배열로 대치한다.

```
bool flag[2];
```

배열의 원소는 false로 초기화한다. flag[i]가 true라면 Pi가 임계 영역에 들어갈 준비가 되어 있다는 뜻이다. 프로세스 Pi와 Pj의 구조는 [그림 3-3]에 있다.

이 알고리즘에서 프로세스 Pi는 처음에 flag[i]를 true로 지정하여 임계 영역에 진입할 것임을 알린다. 그 다음에 Pi는 프로세스 Pj가 진입할 의사가 있는지 확인한다. 만일 Pj가 준비되었다면 Pj가 임계 영역에 있지 않겠다고 할 때까지 (flag[j]가 false가 될 때까지) 기다린다. 그리고 난 후 Pi가 진입한다. 임계 영역을 떠날 때 Pi는 flag[i]를 false로 바꾸어 더 이상 임계 구역 내에 있지 않음을 나타낸다.

그러나 이 방식은 진행 조건이 충족되지 않는다. 즉 2개의 프로세스가 거의 같은 시간에 진입하려고 하면 turn[i], turn[j] 모두 true가 되며 따라서 2개의 프로세스는 안의 while 문에서 영원히 대기한다.

`while (1) {`
`    …`
`    flag[i] = true;`
`    while (flag[j] == ture) ;`
`    // 임계 영역 (critical section)`
`    …`
`    flag[i] = false;`
`    …`
`}`
	`while (1) {`
	`    …`
	`    flag[j] = true;`
	`    while (flag[i] == ture) ;`
	`    // 임계 영역 (critical section)`
	`    …`
	`    flag[j] = false;`
	`    …`
	`}`

[그림 3-3] 알고리즘 2에서의 프로세스 P_i의 구조, P_j의 구조

이렇게 2개의 프로세스가 상대방 flag가 false가 되기를 무한히 기다리는 상태를 교착 상태(deadlock)라고 한다. 교착 상태란 임계 영역 진입을 위해서 상태는 일어날 수 없는 사건을 기다리는 프로세스의 상태를 가리키는 말이다.

2) 데커 알고리즘

데커의 알고리즘은 2개의 프로세스를 위한 상호 배제의 최초의 정확한 소프트웨어 해결법으로 알려져 있다. 두 프로세스 Pi과 Pj는 다음 변수를 공유한다.

```
bool flag[2];
        // 초기 값은 모두 false
int turn;
        // 0 또는 1
```

다음 [그림 3-4]는 프로세스 P_i의 구조이다. 초기 값은 flag[0] = flag[1] = false이고 turn은 0 또는 1의 값을 갖는다. P_i가 임계 영역에 들어가려면 flag[i]에 들어가겠다는 의사 표시를 true로 한다. 그리고 P_j가 똑같이 임계 구역에 들어가려 하거나 있는지 본다. 만일 flag[j]가 false이어서 P_j가 임계 구역에 있지 않고 들어가려 하지도 않음을 확인하면 Pi는 임계 영역으로 들어간다. 그러나 그렇지 않으면 turn 변수가 j일 때 P_j에게 우선권을 내준다. turn 변수가 i라면 flag[j]가 false가 되기를 기다린다.

임계 영역에서 나오는 프로세스 P_i는 flag[i]를 false로 함으로서 빠져나옴을 알리고, P_j는 flag[j]를 false로 함으로서 빠져나옴을 알다. turn은 다음번에 임계 영역에 들어갈 때 충돌이 생기면 기회를 양보하려고 turn=j이면 P_j가 임계 구역에 진입할 자격이 주어지는 것이고 turn=i라면 P_i가 임계 구역에 진입할 자격이 주어지게 된다.

두 프로세스가 동시에 진행하면서 자신의 flag를 true로 하고, 상대방 flag를 검사한 다음, turn 값에 따라서 if 이하 절을 수행하거나 수행하지 않을 수 있으며 결국 turn 값이 i이면 P_i가 진입하고 turn값이 j이면 P_j가 진입하게 된다.

따라서 한 프로세스는 두 번 연속해서 임계 구역에 진입할 수 있으나 세 번째는 다른 프로세스가 진입하게 된다.

<pre>while (1) {
 	
      flag[i] = true;
      while (flag[j]) {
            if (turn == j) {
                  flag[i] = false;
                  while (turn == j);
                  flag[i] = true;
            }
      }
      // 임계 영역 (critical section)
      …
      turn = j;
      flag[i] = false;
      …
}</pre>
	<pre>while (1) {
	
	      flag[j] = true;
	      while (flag[i]) {
	            if (turn == i) {
	                  flag[j] = false;
	                  while (turn == i);
	                  flag[j] = true;
	            }
	      }
	      // 임계 영역 (critical section)
	      …
	      turn = i;
	      flag[j] = false;
	      …
	}</pre>

[그림 3-4] 데커 알고리즘 P_i의 구조	**P_j의 구조**

3) 피터슨 알고리즘

다음 [그림 3-5]의 피터슨 알고리즘은 2개의 알고리즘(알고리즘1, 알고리즘2)를 결합해서 모든 요구 조건을 만족시키는 임계 영역 문제의 정확한 해결책을 얻었다. 프로세스들은 다음 2개의 변수를 공유한다.

```
bool flag[2];
int turn;
```

초기 값은 flag[0] = flag[1] = false이고 turn은 0 또는 1의 값을 갖는다. P_i가 임계 영역에 진입하려면 먼저 flag[i]에 임계 영역에 들어가고 싶다는 의사 표시로 true 값을 넣는다. 그 다음 turn 변수를 j로 설정하고 내부 while문을 수행한다. 이 때 프로세스 P_j가 들어갈 의사 표시를 하지 않았다면 flag[j]가(false이므로) 임계 영역에 들어갈 수 있다.

그러나 만약 2개의 프로세스가 동시에 진입하려고 한다면 둘 중에 하나만을 선택해야 하므로 변수 turn이 역할을 발휘한다. 조금이라도 turn 변수가 늦게 수행된 프로세스가 내부의 while문에서 기회를 양보하게 된다.

```
while (1) {
        …
        flag[i] = true;
        turn = j;
        while (flag[j] && turn == j);
        // 임계 영역(critical section)
        …
        flag[i] = false;
        …
}
```

```
while (1) {
        …
        flag[j] = true;
        turn = i;
        while (flag[i] && turn == i);
        // 임계 영역(critical section)
        …
        flag[j] = false;
        …
}
```

[그림 3-5] 피터슨 알고리즘 P_j의 구조, P_j의 구조

임계 영역에서 나오는 프로세스 Pi는 flag[i]를 false로 함으로 다른 프로세스가 임계 영역에 들어가게 허용한다.

따라서, 두 개의 프로세스가 동시에 진행할 때, 각각 자신의 flag를 true로 한 다음 P_i는 turn 값을 j로, P_j는 turn 값을 i로 하는데 내부 while 문에서 turn 값에 따라서 P_i나 P_j 중 하나가 임계 구역에 진입하게 된다. 즉, turn=i이면 Pi가 진입하고, turn=j이면 P_j가 진입하게 된다.

2

세마포어

2-1 세마포어 연산

앞 절에서 제시한 임계 영역의 문제로는 더 복잡한 문제를 일반화시켜서 해결하기 어렵다. 이러한 어려움을 극복하려고 다익스트라(Dijkstra)는 세마포어(semaphore)라는 개념을 만들었다(1965년). 세마포어 s는 정수 값을 갖는 변수로서 초기화 및 2개의 연산(P와, V 혹은 wait와 signal)으로만 접근할 수 있는 특수한 변수이다.

wait(혹은 P)와 signal(혹은 V)의 정의는 다음과 같다.

```
s.wait() {
      while (s.value <= 0)
           ;// 아무런 작업을 하지 않고 대기한다.
       s.value--;
}
```

```
s.signal() {
     s.value++;
}
```

프로세스가 wait 연산을 실행하고 세마포어 s 값을 조사하여 양수가 아니라면 프로세스는 대기한다. 양수인 경우에 1을 감소시키고 임계구역에 진입한다.

다음제어는 프로세스 스케줄러에 넘기고 프로세서는 준비 큐에서 다른 프로세스를 선택한다. 세마포어 s에 의해 블록 또는 대기 중인 프로세스는 다른 프로세스가 signal 연산을 실행해야 재시작할 수 있다. 이때, 프로세스는 wakeup 동작에 의해 재시작 되고 대기 상태에서 준비 상태로 변하면서 준비 큐에 놓인다. 임계영역에 있던 프로세스는 signal 연산 실행하여 s를 단순히 1만큼 증가시키고 임계영역을 빠져 나온 사실을 알린다.

wait와 signal 연산이 세마포어 변수를 수정하는 것은 개별적으로 실행된다. 즉 한 프로세스가 세마포어 변수 s를 수정하면 다른 프로세스는 같은 변수 s에 대하여 수정할 수 없다. wait와 signal도 비분할 연산으로 간주해야 한다.

하드웨어 명령의 **비분할 명령**(indivisible instruction)이란, 그 명령이 수행되는 동안 인터럽트나 다른 사건(또는 이벤트: event)로 결코 명령이 중단되지 않는 것으로 이러한 명령어를 원자적(atomic) 명령이라고도 한다. 세마포어는 0과 1의 값만을 갖는 2진(binary)

세마포어, 그 이외의 정수 값을 갖는 계수형(counting) 세마포어가 있다.

2-2 세마포어를 이용한 상호 배제의 구현

세마포어 변수 s에 적용된 wait와 signal 연산은 동시에 두 가지 동작이 실행되는 것을 예방하는 상호배제 개념을 의미한다. 즉, 세마포어는 프로세스 n개의 임계 영역 문제를 다루는데 사용된다. 세마포어를 이용한 n개 프로세스의 상호 배제의 구현은 [그림 3-6]과 같다. 여기서 s는 세마포어 공유 변수이고 초기 값은 1이다.

```
semaphore s;
       // 공유 변수
s.init(1);
               // 초기화
```

또는 위의 두 문은 다음 1개의 문으로 줄여 쓸 수 있다.

```
semaphore s(1)
```

```
semaphore s(1);// 변수 선언 및 초기화
while (1) {
      …
      s.wait();
      // 임계 영역 (critical section)
      …
      s.signal();
      // 나머지 영역
      …
}
```

[그림 3-6] 세마포어를 이용한 상호 배제(프로세스 P_i의 구조

카운팅 세마포어는 유한한 개수를 가지는 자원에 대한 접근을 통제하는데 사용된다. 세마포어는 가용한 자원의 개수만큼 초기화한다. 세마포어의 값이 0이면 모든 자원이 사용중임을 나타낸다. 자원을 사용하려는 프로세스는 세마포어 값이 0보다 커질 때 까지 대기한다.

각 자원을 사용하려는 여러 개의 프로세스가 s.wait()를 동시에 호출해도 단 1개의 프로세스만이 s.wait() 연산을 수행한다. 이때 세마포어의 값은 감소한다. 프로세스는 자원을 반납할 때 signal() 연산을 수행하며, 이때 세마포어의 값은 증가한다. 상호 배제를 구현하려고 우리는 단지 세마포어 변수의 값을 초기값을 1로 주고 임계 영역에 들어가기 전에 s.wait()를 호출하고, 임계영역에서 나올 때 s.signal()을 호출하기만 하면 된다.

2-3 세마포어를 이용한 동기화

한 프로세스가 입출력을 요구하면 입출력이 끝날 때까지 그 프로세스는 대기(block) 상태가 된다. 그러면 다른 프로세스는 이 대기 상태에 있는 프로세스를 깨워야 한다. 이러한 것을 block/wakeup 프로토콜이라 한다. 이러한 예를 [그림 3-7]에 제시하였다.

대기 상태에 있는 프로세스는 특정한 사건(event)이 일어나기를 기다리고 있고, 다른 프로세스는 특정한 사건이 일어났음을 알려준다. synch는 공유 변수이다.

```
semaphore synch(0);// 변수 생성 및 초기화
```

wakeup 시킬 프로세스 P_0	대기 상태인 프로세스 P_1
… synch.signal(); …	… synch.wait(); …

[그림 3-7] 세마포어를 이용한 동기화

세마포어 변수 synch가 0으로 초기화되었으므로 P1 프로세스는 wait() 연산을 할 수 없고, P0 프로세스가 signal() 연산을 실행한 다음에만 수행될 수 있다. 그러므로 P0 프로세스가 signal() 연산으로 P1 프로세스를 깨워준다.

2-4 세마포어의 구현

세마포어의 구현은 순수한 소프트웨어 알고리즘으로 할 수 있고 하드웨어 명령을 써서도 구현할 수 있다. 그러나 바쁜 대기(busy waiting)를 하게 구현하는 것은 상당히 비효율적이다.

wait()를 호출한 프로세스는 CPU 자원을 사용하면서 대기하는 것이 아니고 자원을 반

납하고 대기한다. 즉 대기 상태로 들어간다. PCB는 세마포어의 블록 리스트에서 대기한다. 다른 프로세스가 signal()을 호출해 주면 대기하고 있던 프로세스 중 하나는 대기 상태에서 준비 상태로 상태가 변화되고 CPU를 점유하려고 기다린다(wakeup).

이러한 정의 하에 세마포어를 구현하려고 세마포어를 다음과 같은 클래스로 정의한다.

```
class semaphore {
  public:
    wait();
    signal();
  protected:
    int value;
    PCB *list;
};
```

각 세마포어는 정수 값과 프로세스 리스트를 갖는다. 프로세스가 세마포어에서 대기하도록 하려면 프로세스(PCB)를 리스트에 추가한다. signal()은 대기 프로세스의 리스트에서 한 프로세스를 꺼내어 실행하게 한다. 세마포어 연산은 다음 [그림 3-8]과 같이 정의된다.

```
semaphore::wait()
{
        value--;
        if (value < 0) {
                현재 실행되는 프로세스를 list에 추가한다.
                 block();
        }
}

semaphore::signal()
{
        value++;
        if (value <== 0) {
                프로세스 P를 list에서 꺼낸다.
                wakeup(P);
        }
}
```

[그림 3-8] 세마포어의 구현

고전적인 정의로 세마포어는 음수를 가질 수 없으나 구현할 때 약간의 변화를 주는 것도 큰 무리는 없어 보인다. 이때 음수의 절대 값은 세마포어에서 대기 중인 프로세스의 수를 나타낸다.

단일 처리기 시스템에서는 wait()와 signal()이 수행되는 동안 인터럽트를 금지함으로 간단히 비분할(indivisible) 명령을 구현할 수 있다. 다중 처리기 환경에서는 인터럽트의 금지가 허용될 수 없다. 다른 프로세스들의 명령어들은 어떤 임의의 방법으로 서로 끼어들 수 있다. 특별한 하드웨어 명령으로 구현할 수 있는 소프트웨어로도 해결할 수 있다. 한 예로 하나의 처리기만이 어떤 프로세스가 어떤 처리기에서 처리될지를 결정(dispatch)하게 한다면 스케줄링할 수 있다.

2-5 세마포어의 잘못된 사용

세마포어는 임계 영역과 관련된 문제를 효과적으로 해결할 수 있는 좋은 개념이다. 그러나 잘못된 세마포어의 사용으로 프로세스를 교착상태나 기아 상태로 빠뜨릴 수 있다.

예를 들어, [그림 3-9]에서 두 프로세스 P_0, P_1이 동시에 첫 문을 수행한다고 생각해 보자. 두 번째 문장에서 P_0는 q.wait()를 P_1은 s.wait()를 다시 실행하므로 두 프로세스는 교착상태에 빠진다.

```
semaphore s(1),q(1);
          // 공유 변수 생성 및  초기화
```

P_0	P_1

s.wait();
q.wait();
…
s.signal();
q.signal();
	q.wait();
	s.wait();
	…
	q.signal();
	s.signal();

[그림 3-9] 세마포어의 교착상태 예

또 다른 교착상태의 예로 상호 배제에서 초기 값을 0으로 주었을 때는 어떤가를 고려해 보자. mutex.wait()를 수행하면 교착상태에 빠지게 된다. 만일 초기 값으로 2를 주면 어떤가? 그것은 wait() 연산을 두 번 할 수 있으므로 상호 배제를 보장받지 못한다.

```
semaphore mutex(0);

while (1) {
       …
       mutex.wait();
       //임계 영역 (critical section)
       …
       mutex.signal();
       …
}
```

2-6 모니터

모니터(monitor)는 순차적으로만 사용할 수 있는 공유 자원 혹은 공유 자원 그룹을 할당하는데 사용되며, 데이터, 프로시저를 포함하는 병행성 구조(concurrent construct)이다.

자원 관리 기능을 수행하려는 프로세스는 반드시 해당 모니터 진입부를 호출해야 한다. 여러 개의 프로세스들이 동시에 모니터를 수행하려 하지만 모니터 자체는 상호 배제가 엄격하게 실시된다. 즉 한 순간에 단 1개만의 프로세스만이 모니터 내부에 있을 수 있으므로 모니터가 사용 중이면 프로세스는 대기해야 한다. 따라서 프로그래머는 동기화 제약 조건을 명시적으로 작성할 필요가 없다.

모니터 내부의 변수는 모니터 내부에서만 접근할 수 있다. 이것은 정보의 은폐(information hiding) 기법이라고 한다. 만일 프로세스가 모니터에 들어가서 수행 중에 자원이 이미 할당되어서 대기해야 하면 조건 변수의 wait()를 호출한다. 이 프로세스가 모니터 내부에 머물러 있으면 다른 프로세스의 진입을 허용할 수 없으므로 모니터 밖에서 signal()을 대기한다.

모니터 구조는 [그림 3-10]과 같다. 모니터는 여러 가지 측면에서 임계 구역과 비슷하다. 임계 구역은 어떤 동기화 스킴들을 모형화 하는데 충분하지 못했으므로 조건부 임계 구역까지 확장되었다. 마찬가지로 동기화에도 부수적인 메커니즘들이 필요하다. 이들 메커니즘은 조건 변수로 제공된다. 동기화 기법이 필요하다면 프로그래머는 조건 변수를 여러 개 선언할 수 있다.

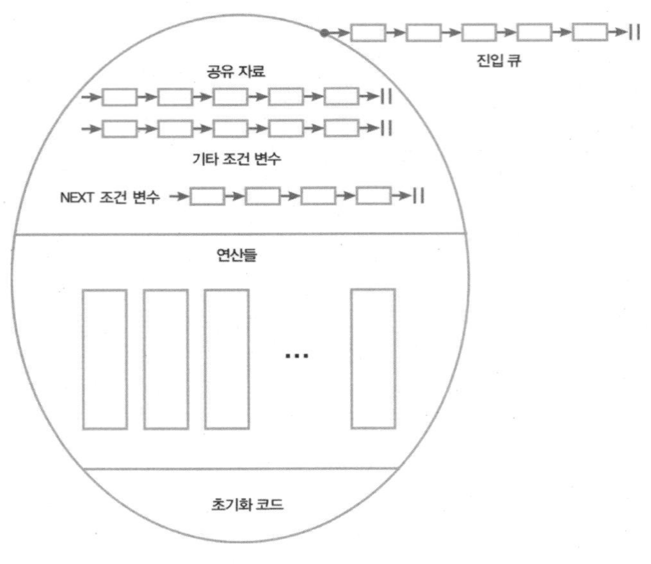

[그림 3-10] 모니터 구조

```
condition x, y;
```

조건 변수에서 호출될 수 있는 연산은 wait와 signal 뿐이다. 이 변수는 어떤 값을 저장하려는 것이 아니며 동기를 맞추려고 만들어졌다. 그 연산은 다음과 같다.

```
x.wait();
```

이 wait 연산을 호출하는 프로세스는 다른 프로세스가 다음 연산을 호출할 때까지 중단된다. 중단된 프로세스는 조건 변수 x에 대기하여 있다. [그림 3-10]의 기타 조건 변수 큐는 이러한 중단된 프로세스들이 대기하는 블록된 큐이다.

```
x.signal();
```

x.signal()은 중단된 프로세스만 재개한다. 만약 중단된 프로세스가 없다면 signal 연산은 아무런 변화를 일으키지 않는다. 실행되지 않는 것과 똑같다. 중단된 프로세스가 있어 실행을 재개하는데 약간의 문제가 있다. signal해 준 프로세스가 이미 모니터 내부에 있다는 것이다. 만일 재개되는 프로세스가 모니터 내부에 들어온다면 모니터가 상호 배제를

자체적으로 지원한다는 논리에 모순이 생긴다. 따라서 signal해 주는 프로세스 혹은 블록 상태에서 풀린 프로세스(재개되는 프로세스) 중 하나가 다시 대기하여야 한다. 이때 대기하는 큐가 next 큐이다([그림 3-10] 참조).

Next 큐는 모니터에 들어올 조건이 되지만 다른 프로세스가 모니터 내부에 있어서 잠시 대기하는 큐 정도로 생각하면 된다. 따라서 모니터 내에서 실행 중인 프로세스가 나가면 가장 먼저 next 큐에 있는 프로세스가 하나 들어온다. 여기에도 없으면 외부 진입 큐에서 대기 중인 프로세스가 진입한다.

모니터를 이용한 자원할당을 프로그램을 만든다. 한 프로세스만이 사용가능한 배타적인 자원을 사용하기 위해서 다음 그림과 같이 자원을 할당하고 반납하는 모니터를 작성한다.

```
monitor resourceallocator
{
      bool busy;
       condition x;

      acquire()  //자원 할당
      {
            if (busy) x.wait();
            busy = true;
      }

      release()  //자원 반납
      {
            busy = false;
            x.signal();
      }

      resourceallocator()// 초기화 루틴
      {
             busy = false;
      }
}
```

[그림 3-11] 자원할당 모니터

이 모니터는 2진 세마포어의 기능을 갖는다. acquire()는 wait()처럼 동작하고 release()는 signal()처럼 동작한다. 자원을 사용하려는 프로세스는 다음과 같이 모니터를 호출하면 된다.

모니터 초기화 루틴에 busy는 false로 초기화되어 있다. 프로세스는 R.acquire()를 호출하여 busy가 false이므로 s.wait()를 실행하여 자원을 할당받아 자원을 사용한 후, busy를 true로 바꾼다. 자원사용이 끝나면 R.acquire()를 호출하여 busy를 false로 바꾼

후, s.signal()을 실행하여 자원을 반납한다.

```
resourceallocator R;
......

R.acquire(); // 자원 할당
....
....         // 자원 사용

R.release();// 자원 반납
  ...........
```

■ 병행 프로세스

- 프로세스 여러 개가 동시에 실행
- 독립적으로 수행 가능하며, 다른 프로세스와 협력하면서 기능을 수행하기도 함

■ 상호배제

- 어떤 프로세스가 작업을 실행 중일 때 나머지 프로세스들이 그 작업에 관련된 작업을 수행할 수 없도록 함
- 어떤 데이터를 공유하면서 협조 관계에 있는 순차 프로세스 집합체에서 상호배제는 필수적임

■ 세마포어

- 상호배제의 해결책에 대한 주요 단점으로 이들은 모두 바쁜 대기를 요구한다는 점임
- 다양한 동기화 문제들을 해결하기 위해 사용 가능하며 효과적으로 구현

■ 임계영역과 모니터

- 운영체제는 타이밍 오류에 대처할 수 있는 수단을 제공해야 함
- 임계영역은 상호배제와 임의의 동기화 문제들을 안전하고 효과적으로 구현하기 위해 사용

■ 모니터

모니터는 추상 데이터 형태를 공유하기 위한 동기화 메커니즘을 제공

[객관식 연습문제]

1 공유자원을 어느 시점에서 단지 한 개의 프로세스만이 사용할 수 있게 하며, 다른 프로세스가 공유자원에 접근하지 못하게 제어하는 기법은?

가. mutual exclusion　　나. critical section
다. deadlock　　라. scatter loading

해설 Mutual exclusion은 다중 프로그래밍 시스템에서, 한 프로세스가 공유 자원을 액세스하면, 다른 프로세스 들은 그 데이터를 사용하지 못하게 하는 방법이다.

2 세마포어의 설명 중 옳지 않은 것은?

가. 세마포어의 연산은 처리 중에 인터럽트 되어야 한다.
나. E.J.Daijkstra가 제안한 방법이다.
다. 여러 개의 프로세스가 동시에 그 값을 수정하지 못한다.
라. 상호배제의 원리를 보장하는 데 사용된다.

해설 세마포어는 임계영역 문제를 해결하려는 동기화의 한 방법으로, 세마포어 변수는 초기화,wait(=p(s)), signal(=v(s))명령을 통해서만 접근할 수 있으며, 이 연산들은 더 세분화할 수 없는 기본적인 연산으로 처리되어야 한다. 그러므로 세마포어 연산 중에 인터럽트가 발생하면 안 된다.

3 임계 영역에 대한 설명으로 옳지 않는 것은?

가. 두 개 이상의 프로세스가 동시에 사용할 수 있다
나. 순서를 지키면서 신속하게 사용한다.
다. 하나의 프로세스가 독점하게 해서는 안 된다.
라. 임계영역이 무한 루프에 빠지지 않도록 해야 한다.

4 공유되는 자원에 대한 처리내용 중에서 상호배제를 시켜야 하는 일정부분에 대해서는 어느 하나의 프로세스가 처리하는 동안에 다른 프로세스의 접근을 허용하지 않아야 한다. 상호배제를 시켜야 하는 일정 부분을 무엇이라고 하는가?

가. locality　　나. page
다. semaphore　　라. critical

5 모니터의 설명으로 틀린 것은?

가. 모니터 내의 자원을 원하는 프로세스는 반드시 해당 모니터의 진입부를 호출함으로서 공유 자료에 접근할 수 있다.
나. 구조적인 면에서 모니터는 데이터와 이 데이터를 처리하는 프로시저의 집합이라고 할 수 있다.
다. 모니터 외부의 프로세스도 모니터 내부 데이터를 액세스 할 수 있다.
라. 한순간에 하나의 프로세스만 모니터 안에서 활동하게 보장한다.

해설 모니터는 특정 공유 자원이나 한 그룹의 공유 자원을 할당하는데 필요한 데이터 및 프로시저를 포함하는 병행성 구조(concurrency construct)로서, 공유 데이터를 액세스하고 있을 때는 다른 프로세스들은 절대로 그 데이터를 액세스하지 못하게 하여야 한다.

6 모니터에 대한 설명으로 틀린 것은?

가. 자료 추상화와 정보은폐 개념을 기초로 한다.
나. 병행 다중프로그래밍에서 상호배제를 구현하기 위한 특수 프로그램 기법이다.
다. 구조적인 면에서 공유 데이터와 이를 처리하는 프로시지의 집합이라 할 수 있다.
라. 모니터 외부의 프로세스도 모니터내부의 데이터를 직접 전근할 수 있다.

[주관식 연습문제]

1 상호배제 4가지 요구조건을 설명하시오.

2 바쁜 대기를 피할 수 있는 방법을 설명하시오.

3 임계영역의 의미와 문제점을 설명하시오.

4 세마포어의 두가지 연산을 조사하여 설명하시오.

5 세마포어의 단점을 설명하시오.

6 상호배제 알고리즘 1, 2, 데커, 피터슨 알고리즘의 장단점을 설명하시오.

7 모니터와 세마포어 연산을 사용하는 것을 비교하시오.

8 모니터는 호출하는 프로세스가 자원을 반납할 때, 새로 도착하는 외부 진입 큐에서 대기하는 프로세스들보다 내부에서 기다리는 프로세스에게 우선순위를 준다. 그 이유는?

교착상태

a deadlock

CHAPTER
04

4 CHAPTER

[학습목표]

- 교착상태를 정의하고 교착상태 발생 조건을 이해한다.
- 교착상태의 예방, 회피, 발견, 회복 등 4가지 교착상태 연구 분야를 이해한다.
- 은행가 알고리즘을 이용한 교착상태 회피 과정을 이해한다.

[주요 내용]

1. 교착상태 개요
2. 교착상태의 연구 분야

[요약]

[연습문제]

1
교착상태 개요

다중 프로그래밍 시스템에서 운영체제의 중요한 과제 중의 하나가 자원의 공유 문제이다. 다수의 사용자 프로세스가 자원을 공유하고 이들 각각이 자신에게 할당된 자원에 독점적인 통제권을 가지고 있을 때, 서로 간에 자원 사용을 요구하여 일부 사용자 프로세스가 절대로 작업을 마칠 수 없는 상태에 빠질 수 있으며 이러한 상태에 빠지는 때가 교착상태인 것이다. 교착상태 연구 분야는 교착상태의 예방, 회피, 발견, 회복 등의 분야가 있다.

1-1 교착상태의 정의와 사용 예

1) 교착상태의 정의

일반적인 **교착상태는 다음과 같이 정의**할 수 있다.

- **하나 또는 둘 이상의 프로세스가 더 이상 계속할 수 없는 어떤 특정 사건(event)을 기다리는 상태를 말한다. 여기서 특정 사건이란 자원의 할당과 해제를 의미한다.**
- **둘 이상의 서로 다른 프로세스가 요구한 자원을 할당받아 점유하고 있으면서 상호 간에 상대방 프로세스가 가진 자원을 요구하는 때를 말한다.**

교착상태는 시스템 자원을 사용하려고 경쟁하거나 상호 간에 통신하는 프로세스 집합들이 영구적으로 블로킹된 상태이다. 만약에 교착상태가 운영체제의 설계 단계에서 무시된다면 이 교착상태는 어떤 식으로든지 나중에 발견될 것이고 그러면 프로세스들은 종료되고 교착상태를 회복하려고 재시작 되어야 할 것이다.

2) 교착상태의 예

(1) 환형 대기(circular wait)

운영체제에서 발생하는 교착상태는 전용 자원을 다른 프로세스가 요구해서 발생한다. [그림 4-1]은 자원 교착상태의 예를 보이고 있다. 이 자원 할당 그래프를 보면 프로세스는 사각형으로, 자원은 원으로 표시되어 있다. 자원으로부터 프로세스로 향하는 화살표는 자원의 할당을 의미하고 프로세스로부터 자원으로 향하는 화살표는 그 자원을 요구하고 있으며 아직 할당되지 않았음을 의미한다.

프로세스 A는 자원 1을 가지고 있으면서 자원 2를 요구하고 있고, 반면에 프로세스 B는 자원 2를 가지고 있으며 자원 1을 요구하고 있다. 따라서 각 프로세스는 자신에게 할당된 자원을 가지고 있으면서 상대방 프로세스의 자원을 요구하는 상태로 서로 상대방이 자원을 놓아 주기를 기다리고 있으면서 자신이 가진 자원을 놓아주지 않는 상태이다.

이러한 상황을 **환형 대기**(circular wait)라고 하며 자신이 자원을 끈질기게 보유하고 있으면서 다른 자원을 요구하므로 한편으로는 **치명적인 포옹**(deadly embrace)이라고 한다.

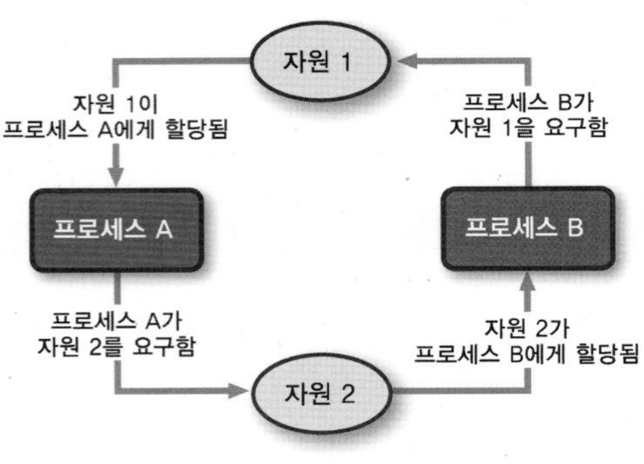

[그림 4-1] 자원의 간단한 교착상태

(2) 프린터에서의 교착상태

사용자 프로세스가 주기억 장치의 데이터를 행 단위로 출력하려고 프린터로 보낸 출력 행 전체가 프린트될 때까지 기다렸다가 다음 행을 보낸다면 프린터의 속도 때문에 사용자 프로세스의 실행 속도는 느려질 것이다. 일반적으로 스풀링에서는 사용자 프로세스의 실행 속도를 높이려고 출력 행을 직접 프린터로 보내는 것이 아니라 대용량의 디스크에 고속으로 보내어서 일단 저장하였다가 나중에 서서히 프린터로 출력되게 하고 있다.

디스크에는 스풀(spool) 파일 공간이 있는데 현재 수행 중인 여러 작업이 인쇄할 행을 만들어 스풀링 파일로 보내고 있는 도중, 이미 스풀링 파일 공간이 차버린 때에는 교착상태에 빠지게 된다. 이러한 교착상태로부터 회복하려고 시스템을 재시작 시킨다면 이제까지 수행한 작업들의 전부나 일부를 잃어버리는 결과가 될 수도 있다. 따라서, 사용자에게 프린터의 통제권을 부여하여 나머지 작업이 완료될 수 있을 만큼 충분한 스풀링 공간이 생길 때까지 하나 또는 그 이상의 스풀 작업을 제거하여 회복시킬 수 있게 하고 있다.

스풀링 시스템에서의 교착상태 발생률을 줄이는 한 가지 방법은 예상 필요 공간보다 많은 스풀링 파일 공간을 할당하는 방법이 있으나, 이 방법은 기억 장치 용량이 충분히 많을 때에 할 수 있으므로 비용이 많이 든다. 따라서 이보다 좀 더 보편적인 방법은 스풀링 파일이 일정한 포화 임계치를 (예를 들어 80% 정도) 넘지 못하게 억제하는 방법이다. 이 방법은 시스템의 작업 효율은 좀 저하되지만 교착상태의 발생률을 낮추는 방법으로 사용되고 있다.

1-2 무한 연기와 노화기법

다중 프로그래밍 시스템에서 자원 할당과 CPU 스케줄링으로 하나의 프로세스를 선택하는 동안 다른 프로세스들은 기다리는데, 이러한 상황에서 여러 다른 프로세스들이 시스템에서 스케줄링 되어 처리되는 동안 한 특정 프로세스의 스케줄링이 무기한으로 연기될 수 있으며 이러한 현상을 무한 연기라고 하며, 이 프로세스는 기아 상태(starvation status)에 빠져있다고 표현한다.

교착상태는 무한 연기와 비슷하다. 이들 모두는 자원을 사용할 수 있기를 기다리며 무한정 대기 상태에 있는 하나 이상의 프로세스를 포함하고 있다. 교착상태에 있는 프로세스는 다른 프로세스가 이미 자원을 가지고 있어서 결코 해제되지 않을 자원을 기다리는 상태이다. 그러나 **무한 연기는 어떤 프로세스가 단계적으로 자원을 사용할 수 있게 하지만 자원 할당 스케줄링 정책 때문에 그 프로세스에게 결코 할당되지 않는 자원을 기다릴 때 발생**한다.

[표 4-1] 무한 연기와 교착상태의 비교

무한 연기	교착상태
• 어떤 특정 프로세스가 자원을 할당받으려고 무한정 기다리는 상태이다. • 자원의 편중된 분배정책으로 발생하며 노화 기법(aging)으로 해결된다.	• 시스템에 있는 여러 개 또는 모든 프로세스가 아무 일도 못하고 어떤 특정 사건을 기다리며 무기한 연기된 상태이다. • 상호배제, 점유와 대기, 비선점, 환형대기와 같은 조건으로 발생하며 이를 부정함으로써 해결한다.

무한 연기의 발생 원인은 운영 체제의 편중된 자원 할당정책 때문이다. 자원 할당정책이 우선순위로 수행된다면 우선순위가 낮은 프로세스는 자신보다 높은 우선순위 프로세스가 계속 도착하여 자원을 할당받게 되므로 우선순위가 낮은 프로세스는 그 자원을 무기한으로 기다리게 될 수 있는 것이다.

따라서 시스템에서는 이러한 대기 중인 프로세스를 효율적이고 공평하게 취급하여 스케줄링 하게 설계되어야 한다. 일부 시스템에서는 무한 연기를 해결하는 방법으로 프로세스가 자원을 기다리는 시간에 비례하여 우선순위를 부여함으로써 무기한 문제를 방지하고 있다. 이러한 방법을 **노화(aging) 기법 또는 에이징**이라 한다. 결국 노화 기법으로 오랫동안 대기한 프로세스의 우선순위가 새로 도착하는 다른 모든 프로세스보다 높아져서 먼저 자원을 할당받게 된다.

1-3 교착상태 발생 조건

교착상태에 있는 프로세스들은 결코 실행을 끝낼 수 없으며 시스템 자원들이 묶여 있어서 다른 작업을 실행할 수 없다. 교착상태가 발생하려면 다음의 네 가지 조건이 만족되어야 한다. 이 조건들은 교착상태가 발생하는 필요조건들이며 완전히 독립적이지 않다. 교착상태가 발생하였다는 것은 다음에 서술하는 조건들이 작용하고 있음을 의미한다.

1) 상호 배제(mutual exclusion)

상호 배제는 프로세스들이 자원을 배타적으로 점유하고 있어서, 다른 프로세스들이 그 자원을 사용할 수 없게 만든다. 즉 프로세스들이 자신이 필요한 자원에 배타적인 제어권을 요구한다. 따라서 최소한 한 번에 한 프로세스만이 자원을 사용할 수 있으며 다른 프로세스가 그 자원을 요구하면 자원을 요구한 프로세스는 자원이 해제될 때까지 임계 구역 밖에서 기다려야 한다.

2) 점유와 대기(hold and wait)

점유와 대기는 부분 할당이라고도 하는데 프로세스가 자신에게 이미 할당된 자원들을 점유하고 있으면서, 다른 자원을 추가로 요구하며 기다리고 있다. 따라서 최소한 하나의 자원을 점유하는 프로세스가 존재해야 하며, 이 프로세스는 다른 프로세스에 할당된 자원을 추가로 점유하려고 대기해야 한다.

3) 비선점(non-preemption)

한 프로세스에게 할당된 자원을 그 프로세스로부터 도중에 선점할 수 없다. 따라서 자원을 점유하고 있는 프로세스가 작업 수행 종료한 후 해당자원을 반환하지 않을 경우 교착상태가 발생할 수 있다.

4) 환형 대기조건

환형 대기(circular wait)는 프로세스와 자원들이 원형을 이루며 각 프로세스는 자신에게 할당된 자원을 가지면서 상대방의 자원을 상호 요청하는 때를 말한다. 따라서 대기하는 프로세스 집합 $\{P_0, P_1, \cdots, P_n\}$에서 P_0는 P_1이 점유한 자원을 대기하고 있고 P_1은 P_2를 대기하고, P_{n-1}은 P_n을 점유한 자원을 대기한다.

환형 대기는 점유와 대기 조건을 암시하고 있다.

2
교착상태의 연구 분야

교착상태의 연구 분야는 그동안 여러 가지 공통적인 문제점을 해결할 수 있는 방법이 개발된 분야중 하나다. 교착상태의 연구 분야는 다음과 같이 네 가지 주요 관심 분야가 있다.

2-1 교착상태 예방(deadlock prevention)

교착상태의 예방은 교착상태의 발생 가능성을 사전에 모두 제거하게 시스템을 조절한다. 교착상태의 예방은 가장 명료한 해결책이나 정확한 자원 사용 정책을 제시해야 하므로 자원의 비효율적인 이용 결과를 낳을 수 있어 어려운 방법이지만 널리 사용되는 방법이다.

교착상태 예방은 하벤더(Havender)가 제시한 방안으로서 사전에 교착상태의 발생 가능성을 없애서 3 가지 교착상태 발생의 필요조건 중에서 1개만 부정한다면 교착상태는 발생하지 않는다.

첫 번째 조건인 상호배제 조건을 부정하지는 않았다, 왜냐하면 이 조건을 부정하면 하나의 자원을 여러 프로세스가 공유할 수 있도록 허용하는 것이 되어 자원할당을 위한 대기의 필요성이 없어짐에 따라 교착상태가 절대 발생할 수 없기 때문이다.

1) 점유와 대기조건의 부정

점유와 대기조건의 부정은 각 프로세스는 필요한 자원들을 모두 한꺼번에 요청하고, 시스템은 요청된 자원들을 분석하여 한 프로세스가 요구한 자원을 전부 할당하든지 또는 하나라도 부족하면 전혀 할당하지 않든지 하는 방식으로 자원을 할당하는 방법이다.

따라서 프로세스는 일시에 요구한 모든 자원 중에서 원하는 자원이 사용할 수 없어 할당되지 않을 때는 그 프로세스는 원하는 자원이 모두 사용할 수 있을 때까지 기다려야 하며, 이때 기다리는 동안에는 아무 자원도 가지고 있을 수 없다.

그러나 이 방법은 심각한 자원의 낭비를 가져오게 되는데 만약 프로세스가 10개의 자원을 할당받아서 수행을 시작하였다면 수행 초기에서부터 10개의 자원을 사용하는 것이 아니라 수행이 거의 끝나는 마지막 수행 시점에서 10개의 자원을 일시에 사용한다면 긴 시간 동안 그 자원은 낭비가 되며 심지어 다른 프로세스가 공유할 수도 없게 되는 것이다.

따라서 이를 해결하는 한 가지 방법은 자원을 더 효율적으로 사용하려고 프로그램을 독자적으로 수행할 수 있는 몇 개의 단계로 나누어 전체적으로 자원의 총수를 할당하는 것이 아니라 프로그램의 각 단계별로 자원을 할당하게 하는 것이다. 이 방법은 자원의 낭비를 줄일 수 있으나 응용 프로그램을 설계할 때나 실행할 때 비용이 많이 든다.

[장점]
- 프로세스들이 자원을 기다리고 있는 동안은 아무 자원도 점유하고 있지 않으므로 점유와 대기 조건이 부정되며 교착상태도 발생하지 않는다.

[단점]
- 자원 낭비와 비용 증가를 초래한다.
- 자원을 공유할 수 없다.
- 자원이 부족한 상태에서 필요한 자원 모두가 동시에 사용할 수 없을 수도 있어서 어떤 프로세스는 끝내 필요로 하는 자원을 모두 얻지 못하는 문제가 발생한다(무한 연기 문제).

2) 비선점 조건의 부정

만일 어떤 자원을 가진 프로세스가 더 이상의 자원 할당 요구가 받아들여지지 않으면 원래 가지고 있던 자원을 일단 반납하고 필요하다면 다시 그 자원이나 다른 자원을 요구하게 하는 방법이다.

이 방법은 이미 자원을 가지고 있으면서 추가 자원 요구를 거절당한 프로세스로 하여금 가진 모든 자원을 내놓고 필요할 때 다시 추가 자원까지 요구하게 함으로써 비선점 조건을 방지하는 방법이다. 따라서 자원을 가지고 있던 프로세스가 자원 사용이 끝나기 전에 자원들은 이들 프로세스로부터 반납될 수 있다.

그러나 어느 시점에서 어떤 자원을 사용하고 있던 프로세스가 일단 이 자원들을 반납하게 되면, 더 이상 진행할 수가 없으므로 현 시점까지 수행한 모든 작업이 수포로 돌아갈 수도 있다. 이러한 일이 가끔씩 일어난다면 적은 대가로 교착상태를 예방할 수 있겠지만 반면에 자주 일어난다면 특히 우선순위가 높은 프로세스나 마감 시간 스케줄링된 프로세스는 치명적인 문제가 된다.

또한, 이 방법은 무기한 연기가 발생할 수 있다는 점이다. 왜냐하면 자원을 요구할 때마다 그 자원을 이미 다른 프로세스가 사용 중이어서 프로세스가 같은 자원을 요구하고, 반환하는 작업을 무한정 계속 반복할 수 있기 때문이다. 이런 일이 발생하면 시스템은 다른 프로세스가 진행할 수 있게 이 프로세스를 제거해야 할 것이다. 그러나 시스템 운영자가 무기한 연기되고 있는 프로세스를 발견해 낼 수 없는 가능성도 고려해야 한다. 만약 오랫동안 이 프로세스를 발견하지 못할 때 이 프로세스는 상당시간 컴퓨터의 자원을 소모하여 성능을 저하시킬 것이며 문제점은 다음과 같다.

- "얼마나 자주 이러한 자원 반납을 행해야 하는가?"하는 점(비용 증가의 원인)
- 무한 연기가 발생할 가능성이 있다는 점(시간 낭비의 원인)
- 자원을 모두 얻지 못하는 상태가 발생할 수 있으며 특수한 자원을 사용할 때만 적용할 수 있다.

3) 환형 대기조건의 부정

모든 프로세스에게 각 자원의 유형별로 할당 순서를 부여하는 방법이다. 만일 한 프로세스가 주어진 유형의 모든 자원을 할당받았으면, 그 프로세스는 순서에 따라 나중에 위치하는 유형의 자원만을 요구할 수 있게 한다.

따라서 [그림 4-2]에서와 같이 시스템을 설치할 때 모든 자원에게 고유번호를 부여하여 프로세스들이 자원을 요청할 때에는 번호가 증가하는 순으로 요청하게 하고 또 추가로 요청할 때에도 현재 그 프로세스가 가진 자원보다 더 큰 번호를 가진 자원만을 요청하게 제한하는 방법이다.

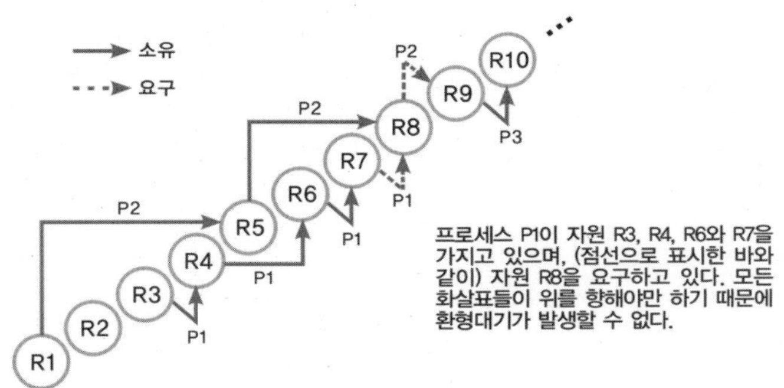

[그림 4-2] 순서화에 의한 자원의 요구

순서화에 의한 자원의 요구 문제점은 다음과 같다.

- 자원에 번호를 부여할 때 실제로 프로세스가 실행 중에 자원을 사용하는 순서를 반영할 수 있어야 한다. 실제로 자원이 사용되리라고 예상한 순서로 자원을 요구한 프로세스는 원활하게 수행되겠지만, 예상 순서와 다르게 자원을 요구한 프로세스는 그 시점에서 더 이상 실행할 수 없으며, 실행을 위해서는 실제로 자원을 사용하기 훨씬 전부터 미리 자원을 할당받아 있어야 한다. 따라서 긴 시간동안 자원이 낭비된다.

- 새로운 자원이 시스템에 추가되면 현존하는 프로그램과 시스템을 재구성하여야 하는 번거로움이 있다. 또한, 사용자가 자원들을 고유번호 순으로 요구하게 프로그램을 작성하여야 하므로 사용자가 손쉽고 편리하게 응용 프로그램을 작성하는데 지장을 줄 수도 있다.
- 급한 프로그램이 발생할 때 자원 할당에 어려움이 발생한다.

2-2 교착상태 회피(deadlock avoidance)

교착상태의 회피는 교착상태 발생 가능성을 미리서 제거하는 것이 아니라, 발생 가능성을 인정하고 교착 상태가 발생하려고 할 때, 이를 적절히 피해가는 방법이다. 자원을 좀 더 효율적으로 이용하고자 하는 목적으로 예방보다는 좀 더 덜 엄격한 조건을 요구하게 한다.

교착상태의 회피는 자원 할당 패턴에 제약을 주는 미래의 프로세스 행위의 지식에 의존하는 방법을 참조한다. 일단 한 번은 자원 활용률의 저하는 피할 수 없다. 일반적인 방법은 이미 널리 알려진 딕스트라(Dijkstra)의 은행가 알고리즘이 있다.

1) 안전 상태와 불안전 상태

시스템이 특정한 순서대로 각 프로세스에게 자원을 할당할 수 있고 교착상태를 방지할 수 있으면 안전한(safe) 상태라고 하며, 결국 모든 작업이 완료될 수 있는 상태이다. 불안전(unsafe) 상태란 결국에는 교착상태가 발생할 수 있는 상태이다. 그러나 불안전 상태라고 해서 모두가 교착상태는 아니며, 불안전 상태는 교착상태로 될 수 있다는 것이다. 불안전 상태에서 운영체제는 프로세스들이 교착상태 발생을 예방할 수 없다. [그림 4-3]은 시스템의 3가지 시스템 상태 공간을 보여주고 있다.

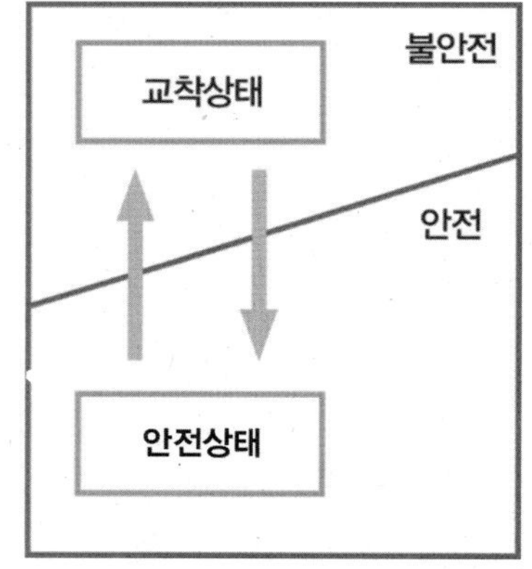

[그림 4-3] 안전, 불안전, 교착상태 공간

좀 더 형식적으로 표현하여 보면 시스템에 안전한 순서(safe sequence)가 존재하면 그 시스템은 안전하다고 한다. 예를 들어 프로세스들의 순서 $\langle P_1, P_2, \cdots, P_n \rangle$은 모든 P_i에 있어서 P_i가 요청하는 자원들이 현재 사용할 수 있는 자원들과 $j < i$ 때, 모든 P_j가 점유하는 자원들로 충족될 수 있으며 현재 할당 상태에 안전한 순서라고 하자. 이 때에 프로세스 P_i가 요구하는 자원들을 즉시 사용할 수 없다면 P_i는 모든 P_j가 끝날 때까지 기다려야 한다. 이들 프로세스가

모두 끝났을 때, P_i는 모든 요구하는 자원들을 확보할 수 있으며 지정된 작업을 끝내고 할당받은 자원들을 반납 후 종료한다. P_i가 종료하면 프로세스 P_{i+1}이 필요한 자원을 확보하여 계속 처리를 진행한다.

이러한 순서가 존재하면 시스템의 상태는 안전하다고 하며 이러한 순서가 없으면 시스템 상태는 불안전하다고 한다.

2) 은행가 알고리즘

은행가 알고리즘을 구현하면 여러 가지 자료구조를 유지해야 한다. 이들 자료구조들은 자원 할당 시스템의 상태를 나타낸다. n을 시스템의 프로세스 수라 하고, m을 자원 형태의 수라 한다면 다음과 같은 자료구조가 필요하다.

(1) Available(잔여량, 가용량)

각 자원의 형태 별로 사용할 수 있는 자원의 수를 표시하는 길이가 m인 벡터이다. Available[j] = k라면, 자원 형태 R_j의 자원이 k개 남아 있다는 의미이다.

(2) Max(최대 요구량)

각 프로세스의 최대 자원의 요구를 나타내는 $n \times m$ 행렬이다. Max[i,j] = k라면, 프로세스 Pi는 자원 형태가 R_j인 자원을 최대 k개까지 요구할 수 있다는 의미이다.

(3) Allocation(할당량)

현재 각 프로세스에게 할당된 자원의 수를 정의하는 $n \times m$ 행렬이다. Allocation[i,j] = k라면 프로세스 P_i는 현재 R_j라는 자원 형태를 k개 할당받고 있다는 의미이다.

(4) Need(추가 요구량, 필요량)

각 프로세스의 남아있는 자원의 요구를 나타내는 $n \times m$ 행렬이다. Need[i,j] = k라면, 프로세스 P_i는 자신의 작업을 종료하려고 자원 형태 R_j를 k개 추가로 더 요구한다는 의미이다.

이들 자료구조는 시간이 흐르면서 그 크기와 값들이 변한다. X와 Y를 길이가 n인 벡터라고 한다면, $X[i] \le Y[i]$인 경우에 i = 1, 2, 3, …, n일 때, $X \le Y$라고 하자. 만약 X = (1, 7, 3, 2)고 Y = (0, 3, 2, 1)이면 $Y \le X$가 성립한다. $Y \le X$이고 $Y \ne X$이면, $Y < X$이다.

은행가 자원요청 알고리즘

Requesti를 프로세스 P_i를 위한 요청 벡터라고 하자. 만약 Request[j] = k라면 프로세스 P_i가 R_j형 자원을 k개 요구한다는 뜻이다. 프로세스 P_i가 자원을 요청하면 다음 조치를 취한다.

- 1단계 : Requesti ≤ Needi라면 (2) 단계로 간다. 그렇지 않으면 최대 요구량을 초과해서 오류 상태로 된다(요구량 > 필요량 → error)
- 2단계 : Requesti ≤ Available라면 (3) 단계로 간다. 그렇지 않으면 자원이 부족해서 대기한다(요구량 > 잔여량(가용량) → 대기)
- 3단계 : 시스템은 상태를 다음과 같이 수행하여 요구된 자원들을 프로세스 P_i에게 할당되게 한다.
  - 잔여량 = 잔여량 − 요구량(Available := Available − Requesti)
  - 할당량 = 할당량 + 요구량(Allocationi := Allocationi + Requesti)
  - 필요량 = 필요량 − 요구량(Needi = Needi − Requesti)

은행가 안전 상태 발견 알고리즘

시스템이 안정 상태인지를 발견하는 알고리즘은 다음과 같이 기술할 수 있다.

- 1단계 : Work, Finish를 각각 길이가 m, n인 벡터라고 하면, Work = Available로 Finish[i] = false, i = 1, 2, 3, …, n으로 초기화한다. Work에는 남아 있는 자원수인 Available의 임시변수이다.
- 2단계 : 다음과 같이 되는 i 값을 찾는다.

  a. Finish[i] = false

  b. Needi ≤ Work

  이러한 i 값이 있으면 3단계로 가고, 없으면 4단계로 간다.
- 3단계 : 자원을 할당한 후 해제한다.

  Work = Work + Allocationi

  Finish[i] = true

  2단계로 간다.
- 4단계: 만약, 모든 i에 대하여 Finish[i] = true이면 이 시스템은 안전 상태이다.

은행가 알고리즘 예제

P0부터 P4까지 5개의 프로세스 {P0, P1, …, P4}와 3개의 자원 형태 {A, B, C}를 가진 시스템이 있다고 가정한다. 자원 형태는 A가 10개 있고, B가 5개, C가 7개 있다. 시간 t0에 시스템의 상태가 [표 4-2]과 같다고 가정해 보자.

[표 4-2] 시간 t0에 시스템의 상태

상태 / 프로세스	Allocation			Max			Available		
	A	B	C	A	B	C	A	B	C
P0	0	1	0	6	5	3	3	3	2
P1	1	0	0	2	2	2			
P2	3	0	2	9	0	2			
P3	3	1	1	3	2	2			
P4	0	0	2	3	2	3			

행렬 Need의 내용은 Max 행렬에서 Allocation 행렬을 뺀 Max−Allocation으로 정의되었으며, [표 4-3]와 같다. 이때 이 시스템은 〈P1, P3, P4, P2, P0〉 순서가 안전 조건을 충족하므로 현재 안전 상태에 있다. 왜냐면 P1의 Need ≤ Available 즉, (1, 2, 2) ≤ (3, 3, 2) 이므로 프로세스 P1에게 A, B, C형 자원 잔여량을 할당하여 수행하고, 프로세스 P1 자원을 회수한 후 P3, P4,… 순서로 자원을 할당할 수 있기 때문이다.

[표 4-3] Need 행렬

상태 / 프로세스	Need		
	A	B	C
P0	6	4	3
P1	1	2	2
P2	6	0	0
P3	0	1	1
P4	3	2	1

여기서, 프로세스 P1은 자원 형태 A의 자원을 1개, C 자원을 2개 더 요청하여 Requesti = (1, 0, 2)라고 가정하자. 이 요청이 즉시 허용될 수 있는지를 결정하려고, 먼저 Requesti ≤ Available 즉 (1, 0, 2) ≤ (3, 3, 2)인지를 검사한다. 결과는 True 이므로 요청이 충족되어 [표 4-4]과 같은 새로운 상태에 도달했다고 가정한다.

[표 4-4] 새로운 시스템 상태

상태 / 프로세스	Allocation			Need			Available		
	A	B	C	A	B	C	A	B	C
P0	0	1	0	6	4	3	2	3	0
P1	2	0	2	0	2	0			
P2	3	0	2	6	0	0			
P3	3	1	1	0	1	1			
P4	0	0	2	3	2	1			

이제 새로운 시스템의 상태가 안전한지를 결정해야 한다. 그렇게 하려면 안전 알고리즘을 실행하여 〈P1, P3, P4, P0, P2〉 순서가 안전 요구를 충족하는 것을 발견할 수 있다. 따라서 즉시 프로세스 P1의 요구를 허락한다.

그러나 시스템이 이 상태에 있을 때는 P4가 (3, 3, 0)을 요청하면 자원이 부족해서 허용할 수 없다는 것을 알 수 있다. P0이 (0, 2, 0)을 요청하면 자원이 충분하더라도 결과로 얻어지는 상태가 불안전해서 허용할 수 없다.

은행가 알고리즘의 단점은 다음과 같다.

- 할당할 자원이 일정량 존재해야 한다.
- 최대 자원 요구량을 미리 알아야 한다.
- 일정한 수의 사용자 프로세스가 있을 때만 적용할 수 있다.
- 프로세스들은 유한한 시간 내에 할당된 자원을 반납해야 한다.

2-3 교착상태 발견(deadlock detection)

교착상태의 발견(탐지)은 여러 시스템에서 사용되는 방법으로서 일단 원하는 것이든지 아니든지 교착상태가 발생하게 허용한다. 따라서 교착상태가 발생하면 교착상태가 일어났는지를 판단하고 그 교착상태에 관련된 프로세스와 자원을 조사하여 결정해 내는 방법이다. 프로세스와 자원을 결정해 내면 교착상태를 시스템으로부터 제거할 수 있다.

교착상태에 빠진 프로세스들의 그룹이 확인되면 교착상태를 중단시키려고 이들 중의 일부는 종료시켜야 한다. 또는 검사점(checkpoint)에서의 정보가 유용하다면 교착상태 초기 단계에서부터 복귀될 수 있다.

교착상태 발견 알고리즘도 은행가 알고리즘과 유사한 자료구조를 유지해야 한다. 시스템에 n개 프로세스와 m개의 자원 종류가 있다고 한다.

(1) Available(잔여량, 가용량)

각 자원의 형태 별로 사용할 수 있는 자원의 수를 나타내는 길이가 m인 벡터이다. Available[j] = k라면, 자원 형태 R_j의 자원이 k개 남아 있다는 의미이다.

(2) Allocation(할당량)

현재 각 프로세스에게 할당된 자원의 수를 정의하는 n×m 행렬이다. Allocation[i,j] = k라 프로세스 P_i는 현재 R_j라는 자원 형태를 k개 할당받고 있다는 의미이다.

(3) Request(추가 요구량, 필요량)

각 프로세스가 현재 요청한 자원을 나타내는 n×m 행렬이다. Request[i,j] = k라면, 프로세스 P_i는 자원 형태 R_j를 k개 더 요구한다는 의미이다.

교착상태 발견 알고리즘 원리는 가능한 모든 할당 순서를 조사해보는 방식이다. 앞 절의 교착상태 안전 알고리즘과 비교해 보자.

교착상태 발견 알고리즘

시스템이 교착 상태인지 아닌지를 발견하는 알고리즘은 다음과 같이 기술할 수 있다.

- 1단계 : Work, Finish를 각각 길이가 m, n인 벡터이다.
  Work = Available로 초기값을 준다.
  i = 1, 2, …, n−1에 대해서, Allocationi ≠ 0이면 Finish[i] = false이다.
  그렇지 않으면 Finish[i] = true이다.
- 2단계 : 아래 두 조건을 만족시키는 인덱스 i 값을 찾는다.
  a. Finish[i] = false
  b. Requesti ≤ Work
  만약 여기에 맞는 i가 있으면 즉, 요구한 자원을 할당 받을 수 있으면 3단계로 가고, 이러한 i 값이 존재하지 않으면 4단계로 간다.
- 3단계 : 자원을 할당한 후 해제한다.
  Work = Work + Allocationi
  Finish[i] = true
  2단계로 간다.

- 4단계 : 모든 i 값($0 \le i \le n$)에 대하여, Finish[i] = true이면 이 시스템은 안전 상태이다. Finish[i] = false이면 이 시스템은 교착 상태에 빠져있다. 즉, 프로세스 P_i가 교착 상태에 빠져있다.

교착상태 발견 알고리즘 예제

교착상태 발견 알고리즘을 예를 들어 설명하기 위해서, 시스템에는 P_0부터 P_4까지 5개의 프로세스 {P_0, P_1, …, P_4}와 3개의 자원 형태 {A, B, C}를 가지고 있다고 가정한다. 자원 형태는 A가 7개 있고, B가 2개, C가 6개 있다. 시간 t0에 시스템의 상태가 [표 4-5]와 같다고 가정해 보자.

[표 4-5] 시간 t0에 시스템의 상태

상태 / 프로세스	Allocation			Request			Available		
	A	B	C	A	B	C	A	B	C
P0	0	1	0	0	0	0	0	0	0
P1	2	0	0	2	0	2			
P2	3	0	3	0	0	0			
P3	2	1	1	1	0	0			
P4	0	0	2	0	0	2			

이 시스템은 교착상태에 빠져있지 않음을 알 수 있다. 발견 알고리즘을 돌려보면 먼저 발견알고리즘 (2) 단계에서 a. Finish[i] = false, b. Requesti ≤ Work(= Available) 조건을 만족시키는 i 값을 찾으면, P_0 와 P_2가 해당됨을 알 수 있다.

P_0가 작업을 마치고 B 자원 1개를 회수하고 P_2가 작업을 마치고 자원 A, C를 각각 3개씩 회수하면 Available = (3, 1, 3)이 된다. 이 상태에서 나머지 프로세스 P_1, P_3, P_4에 대하여 Requesti ≤ Work(=Available) 조건을 모두 만족시키므로 프로세스 순서에 관계없이 작업을 다 끝낼 수 있다. 가능한 한 가지 예로는 〈P_0, P_2, P_3, P_1, P_4,〉 순서와 같이 작업을 다 끝낼 수 있고, 이때 모든 i에 대해서 Finish[i] = true가 됨을 확인할 수 있다.

그러나, 만약 P_2가 C 자원을 한 개 더 요청하면 Request 행렬은 다음 [표 4-6]와 같이 된다.

[표 4-6] Request 행렬

상태 / 프로세스	Request		
	A	B	C
P0	0	0	0
P1	2	0	2
P2	0	0	1
P3	1	0	0
P4	0	0	2

이제 이 시스템은 교착상태에 빠지게 된다. 왜냐하면, P_0의 B 자원을 회수하여 Available = (0, 1, 0)이 되더라도, P_2를 포함하여 나머지 다른 프로세스들이 요구하는 자원을 할당해줄 수 있는 자원이 없기 때문이다. 따라서 4개의 프로세스 {P_1, …, P_4}가 교착 상태에 빠지게 된다.

교착 상태가 자주 일어난다면, 발견 알고리즘도 자주 돌려야 한다. 교착상태가 된 프로세스로부터 자원을 회수하기까지는 그 자원들은 아무도 못 사용하는 자원이 되어 교착상태 기간 내내 묶이기 때문이다. 또한 시간이 지나면 지날수록 교착 상태에 연루되는 프로세스의 수도 늘어날 수 있기 때문이다.

프로세스가 자원을 요청하고, 즉시 요청이 만족되지 않을 때 마다 발견 알고리즘을 돌리는 방법은 교착상태에 연루된 프로세스들 뿐 만 아니라 교착상태를 발생시킨 해당 프로세스도 알아낼 수 있다. 자원을 요청할 때마다 발견 알고리즘을 돌리면 너무 오버헤드가 커진다.

시스템의 오버헤드를 줄이려면, 일정시간 간격(예들 들어 60분)으로 정하거나, CPU 이용률이 일정 비율(예들 들어 40%)이하로 떨어질 때 발견 알고리즘을 돌릴 수도 있다. 이렇게 발견 알고리즘을 가끔씩만 돌리면 한꺼번에 여러 개의 교착상태 사이클이 발견될 수도 있다. 이 경우 어느 프로세스가 최종적으로 교착상태를 야기한 프로세스인지 찾아내기가 어려워진다.

2-4 교착상태의 회복(recovery from deadlock)

교착상태의 회복은 시스템으로부터 교착상태를 제거하여 이후로는 시스템이 교착상태에 빠지지 않고 잘 진행되게 한다. 교착상태에 빠진 프로세스가 완료되고 그 프로세스에 할당된 자원을 회수할 수 있게 한다.

교착상태의 회복은 가장 힘든 문제이다. 그 이유는 대부분의 시스템에서는 하나 또는 그 이상의 교착상태에 빠진 프로세스를 완전히 제거시켜서 회복하므로 제거된 프로세스는 이제까지 행해졌던 작업의 일부나 혹은 전부를 잃어버리고 다시 재시작하기 때문이다. 이 방법은 교착상태 발생 확률이 작거나 회복의 비용이 적게 소요되는 컴퓨터 시스템에서는 사용할 만하다. 왜냐하면, 시스템 자원의 활용률이 정상적인 동작 동안에 저하되지 않기 때문이다.

교착상태를 회복하려는 방법은 두 가지 방식이 있다. 한 가지 방법은 환형 대기를 없애려고 단순하게 1개 이상의 프로세스를 중지시키는 것이고 또 한 가지 방법은 교착상태의 프로세스로부터 자원을 선점시키는 것이다.

1) 프로세스 중지

프로세스를 중지시킴으로써 교착상태를 해결하는 방식은 두 가지가 있다.

(1) 교착상태 프로세스들을 모두 중지하는 방법

이 방식은 교착상태에 빠진 모든 프로세스를 중지하므로 확실하게 교착상태의 사이클을 해결하지만 비용이 많이 든다. 왜냐하면, 우선 이 프로세스들은 오랜 시간동안 연산을 수행했을 가능성이 있으며 현재까지 수행한 결과들을 모두 잃어버려 나중에 처음부터 다시 재연산을 해야 하기 때문이다.

(2) 교착상태 사이클이 제거될 때까지 한 프로세스씩 중지

이 방식은 교착상태에 빠진 프로세스들 중에서 한 프로세스씩 차례로 중지시켜가면서 해결하는 방식이다. 그러나 매번 각 프로세스가 중지될 때마다 교착상태 발견 알고리즘을 호출하여 프로세스들이 아직도 교착상태에 있는가를 확인해야 하므로 부담이 상당히 크다.

■ 중지시킬 희생자 프로세스 선택의 원칙

프로세스를 중지시키는데 있어서 만약 프로세스가 파일을 갱신하는 중간에 중지되었다면 그 파일은 부정확한 결과를 일으킬 것이며, 마찬가지로 프로세스가 자료를 인쇄하고 있는 도중에 중지되었다면 다음 작업의 인쇄를 진행하기 전에 프린터의 상태를 정상 상태로 설정해야 할 것이다.

따라서 프로세스를 중지시키는데 기본적으로 최소의 비용으로 중지시키는 방법을 찾아야 한다. 그러나 최소 비용이라는 것이 정확한 수치가 아니므로 선택하는데 어려움이 있으며, 이러한 최소 비용의 원칙으로 희생자(victim) 프로세스를 선정하는 데는 다음과 같은 요인들을 고려해야 한다. 희생자를 선정할 때 고려사항은 다음과 같다.

- 프로세스들의 우선순위
- 지금까지 프로세스가 수행된 시간과 종료하는데 필요한 시간(얼마나 오랫동안 프로세스를 수행했고 그리고 작업이 끝나기 전까지 얼마나 더 오래 프로세스를 수행할 것인가)
- 프로세스가 사용한 자원 유형과 자원의 수(프로세스가 어느 종류의 자원을 얼마나 많이 사용할 것인가)
- 프로세스를 종료하는데 더 필요한 자원의 수(프로세스가 작업을 종료하려고 얼마나 더 많은 자원을 필요로 하는가)
- 복귀하는데 얼마나 많은 프로세스가 포함되어 있는가?
- 프로세스가 대화식인지 일괄 처리식인지의 여부

2) 자원 선점

자원 선점을 이용하여 교착상태를 해결하려면 프로세스로부터 자원들을 선점하여 이들 자원을 교착상태가 해결될 때까지(사이클이 없어질 때까지) 다른 프로세스들에게 할당해야 한다. 교착상태를 회복하려고 자원의 선점권을 이용하려면 다음의 세 가지 사항들을 자원을 선점할 때 해결해야 한다.

(1) 희생자 프로세스 선정 문제

교착상태에 놓인 프로세스들을 회복시키려고 어느 자원을 선점시키고 어느 프로세스를 희생시킬 것인가를 결정해야 한다. 프로세스 중지에서와 같이 비용을 최소화하려고 자원의 선점 순서를 결정해야 한다. 비용 요인으로는 교착상태 프로세스가 점유하고 있는 자원의 수나 교착상태 프로세스가 지금까지 실행하는 데 소요한 시간과 같은 매개변수들이 포함된다.

(2) 복귀(Rollback) 문제

프로세스로부터 자원을 선점하면 필요한 자원이 부족하므로 이 프로세스를 정상 실행할 수 없게 된다. 따라서 이 프로세스를 안전 상태로 복귀시키고 다시 재 시작해야 한다.

일반적으로 안전 상태가 어떤 것인지를 결정하기 어려우므로 가장 단순한 방법은 완전 복귀(total rollback) 방법 즉 그 프로세스를 완전히 취소한 후 중지시키고 처음부터 다시 재시작하는 방법이다. 그러나 맨 처음으로 복귀시키는 것은 대가가 크므로 보다 효과적인 방법은 시스템이 실행하는 모든 프로세스의 모든 정보를 유지하여 단지 교착상태를 벗어날 정도로 프로세스를 복귀시킬 수 있다면 가장 효과적인 방법이 된다. 따라서 어느 정도의 시간 동안 복귀시켜야 하는가 하는 기간을 결정하는 문제가 있다.

(3) 기아 상태 문제

자원들이 항상 같은 프로세스로부터 선점된다면 기아 상태(starvation)가 발생할 수 있을 것이다. 희생자의 선택을 기본적으로 비용의 감소에만 국한하여 선정할 때 어느 한 프로세스가 반복적으로 희생자로 선정될 수 있다. 그 결과 이 프로세스는 자신의 태스크를 결코 완료하지 못하는 기아 상태에 있게 되어 시스템의 조치가 필요해진다. 이러한 사항의 해결 방안으로 희생자 반복 선택 횟수의 상한선을 정하여 프로세스를 복귀시켜 해결한다.

3) 교착상태 회복의 문제점

교착상태를 회복할 때 문제점들은 다음과 같다.

- 시스템이 교착상태인지를 알기가 어렵다.
- 대부분의 시스템은 프로세스를 무기한 정지시키고 이를 시스템에서 제거한 후 다음에 다시 계속하게 하는 기능이 거의 없다.
- 비록 효율적인 중단/재시작 기능이 있다 하더라도 여기에는 상당한 추가 부담이 든다. 그리고 숙련된 조작자를 요구하는 것이 대부분이나 그러한 조작자가 항상 있는 것은 아니다.
- 소규모의 교착상태로부터 회복하려 하여도 많은 일을 요구하므로, 대규모의 교착상태일 때에는 더 많은 양의 일을 요구한다.
- 교착상태에 있는 프로세스들의 우선순위가 없어서 조작자가 임의로 결정을 내려야 할 때도 있다.
- 최적의 프로세스를 선택하여 제거하려는 결정이 현실적으로 매우 어렵다.

■ 교착상태

대기 중인 프로세스 중 한 프로세스에 의해서만 발생할 수 있는 사건을 둘 이상의 프로세스가 무한히 대기할 때 발생

근본적인 해결 방법은 세 가지

- 시스템이 절대 교착상태가 되지 않음을 보장하는 방법(예방)
- 교착상태를 회피하는 방법
- 시스템이 교착상태가 되는 것을 허용하고 다시 회복시키는 방법

■ 교착상태의 필요충분조건

교착상태는 파일 요청, 전용장치 할당, 다중 주변장치 할당, 스풀링 시스템, 디스크 공유, 네트워크 시스템 등에서 발생

교착상태 발생의 네 가지 필요조건(상호배제, 점유와 대기, 비선점, 환형대기)이 시스템 내에서 동시에 충족되어야 함

■ 교착상태를 예방하는 세 가지 기본 방법

필요충분조건 중 최소 하나만이라도 발생하지 않도록 함

- 점유와 대기 : 프로세스의 실행에 앞서 필요한 자원을 모두 확보
- 비선점 : 프로세스가 일부 자원을 점유하고 있으면서 다른 자원 요청 시, 즉시 할당할 수 없으면 프로세스가 현재 점유하고 있는 모든 자원을 해제한 후 대기
- 환형대기 : 모든 자원 형태에 선형으로 순서를 부여하며, 각 프로세스는 오름차순으로만 자원을 요청할 수 있음

■ 교착상태 회피

교착상태 예방 알고리즘보다 덜 엄격하며, 각 프로세스가 자원을 이용하는 방법에 대한 정보를 가짐

- 교착상태를 안정 상태와 불안정 상태로 구분하여 회피할 수 있음

- 교착상태 발생 여부 확인을 위해 교착상태 탐지 알고리즘을 호출함
- 교착상태 탐지 시 시스템은 교착상태의 프로세스를 중지시키거나, 교착상태의 프로세스로부터 자원을 선점하여 회복하며, 희생자를 최소한 하나 선택해야 함

■ 교착상태 발견(탐지)

- **교착상태가 발생하면 교착상태가 일어났는지를 판단하고 그 교착상태에 관련된 프로세스와 자원을 조사하여 결정해 내는 방법**
- 프로세스와 자원을 결정해 내면 교착상태를 시스템으로부터 제거할 수 있음

■ 은행가 알고리즘

교착상태를 회피하기 위한 방법으로 다익스트라가 제안함
각 프로세스에 자원을 어떻게 할당할 것인가라는 정보가 필요하므로, 각 프로세스가 요청하는 자원 종류의 최대수를 알아야 함

■ 교착상태 회복 기법

교착상태에서 회복을 위해 순환대기를 탈피하는 방법으로, 프로세스를 한 개 이상 중지시키거나 교착상태에 있는 프로세스들의 자원을 선점하는 방법이 있음

[객관식 연습문제]

1 운영체제에서 교착상태가 발생하려는 조건이 아닌 것은?

가. 한 번에 한 프로세스만이 어떤 자원을 사용할 수 있다
나. 프로세스는 다른 자원이 할당되기를 기다리는 동안 이미 확보한 자원을 계속 보유하고 있다.
다. 자원을 보유하는 프로세서로부터 다른 프로세스가 강제로 그 자원을 빼앗을 수 있다.
라. 자원들을 요구하는 프로세스와 그 자원을 사용 중인 프로세스의 관계를 방향성 그래프로 그리면 닫힌 환형(closed chain)이 된다.

해설 교착상태의 필요조건 중의 하나인 비선점(Non preemption)은 한 프로세스에게 할당된 자원들은 강제로 빼앗을 수 없다는 것이다.

2 교착상태 발생의 필요조건에 해당하지 않는 것은?

가. 상호 종속(mutual dependency) 조건
나. 점유와 대기(hold and wait) 조건
다. 비선점(non−preemption) 조건
라. 환형 대기(circular wait) 조건

해설 교착상태의 발생 조건은 다음과 같다.

- 상호 배제(mutual exclusion) : 프로세스들이 필요로 하는 자원에 배타적인 통제권을 요구한다.
- 대기(wait) : 프로세스가 자신의 자원을 해제하지 않은 상태에서 다른 자원을 요구한다.
- 비선점(non preemption) : 프로세스가 점유한 자원은 사용이 끝날 때까지 해제(release)할 수 없다.
- 순환 대기(circular wait) : 프로세스의 순환 대기 사슬이 존재한다.

3 자원이 할당되기를 오랜 시간 동안 기다린 프로세스에 기다린 시간에 비례하는 폼은 우선순위를 부여하여 가까운 시간 안에 자원이 할당 되게 하는 기법은?

가. 에이징(aging)　　　나. 페이징(paging)
다. 스와핑(swapping)　　　라. 스래싱(thrashing)

해설 Aging은 프로세스의 우선순위를 프로세스가 자원을 기다린 시간에 비례하여 부여하는 기법으로 프로세스의 무기한 기다림을 방지할 수 있다.

4 교착상태 발생 조건 중 프로세스에 할당된 자원은 사용이 끝날 때까지 강제로 빼앗을 수 없음을 의미하는 것은?

가. Mutual exclusion　　나. Hold and wait
다. Circular wait　　라. Non preemption

5 프로세스가 자원을 요구할 때 시스템이 안전 상태를 유지할 수 있는 프로세스의 자원 요구만을 할당하여 주는 은행가(Banker's) 알고리즘의 교착상태 해결 방식은?

가. Prevention　　나. Avoidance
다. Detection & recovery　　라. Non-preemption

해설 교착상태의 해결방법에는 크게 예방, 회피, 감지/회복의 세 가지가 있다. 이 중에서 교착상태 회피(deadlock avoidance) 방법은 교착상태가 발생할 가능성이 있으면 적절히 이를 피해가는 방식으로 은행가 알고리즘(banker's algorithm) 이 있다. 교착상태 예방에 비해 좀 더 완화된 조건을 줌으로써 시스템의 자원이용 효율을 높이는데 목적을 두지만, 모든 요구의 처리를 보장하지는 않는다.

6 교착상태를 회피하는 데 사용하는 은행원 알고리즘의 설명으로 옳지 않은 것은?

가. 불안전 상태와 안전 상태로 구분한다.
나. 안전 상태에서는 교착상태가 발생하지 않는다.
다. 불안전 상태와 교착상태는 같은 의미이다.
라. Dijkstra가 제안한 기법이다.

해설 은행가 알고리즘은 교착상태 예방에 비해 좀 더 완화된 조건을 주어 시스템 자원의 이용 효율을 높인다.

7 프로세스가 자원을 이용하는 정상적인 작동의 순서는?

가. 요청-사용-해제　　나. 요청-해제-사용
다. 사용-요청-해제　　라. 해제-요청-사용

[주관식 연습문제]

1 교착상태의 발생조건을 기술하고 각 조건이 필요한 이유를 설명하시오.

2 교착상태를 예방하는 방법들을 설명하고 각 방법들의 문제점을 설명하시오.

3 하벤더의 교착상태 예방에 관한 연구에서 기본전제가 되는 것은 무엇인지 조사하여 보시오.

4 교착상태의 회복 기법 2가지를 기술하고 희생자를 선택할 때 고려 사항은 무엇인지 설명하시오.

5 교착상태를 벗어나기 위해 중지시킬 프로세스를 선정하는데 고려할 기준을 설명하시오.

6 교착상태와 기아상태의 차이점은 무엇인지 설명하시오.

7 시스템의 상태가 다음과 같을 때 은행가 알고리즘을 이용하여 다음 물음에 답하시오.

상태 / 프로세스	Allocation			Max			Available		
	A	B	C	A	B	C	A	B	C
P0	0	1	2	0	1	2	5	2	0
P1	0	0	0	7	5	0			
P2	3	5	4	3	5	6			
P3	6	3	2	6	5	2			
P4	0	1	4	6	5	6			

1) need 행렬을 구하시오.
2) 이 시스템은 안정 상태인가 불안전 상태인가 판단하시오.
3) 프로세스1로부터 요청(4, 2, 0)이 들어오면 받아들여질 수 있는가 검토하시오.

8 교착상태 예방과 교착상태 회피를 비교 설명하시오.

9 시스템의 상태가 다음과 같을 때 은행가 알고리즘을 이용하여 다음 물음에 답하시오. 5개의 프로세스 {P0, P1, …, P4}와 자원 형태는 A가 7개 있고, B가 2개, C가 6개 있다. 시간 t0에 시스템의 상태가 그림과 같다고 가정해 보자. 교착상태 발견 알고리즘을 돌려서 시스템이 교착상태인지 아닌지 판별하시오.

상태 / 프로세스	Allocation			Request			Available		
	A	B	C	A	B	C	A	B	C
P0	0	1	0	2	0	0	1	0	0
P1	2	0	0	2	0	2			
P2	1	0	3	1	0	0			
P3	2	1	1	1	0	0			
P4	0	0	2	0	0	2			

주기억 장치 관리

Memory Device Management

CHAPTER

05

5 CHAPTER

[학습목표]

- 기억장치 바인딩, 동적적재, 오버레이, 교체 등을 이해한다.
- 연속 기억장치 할당 방법을 이해한다.

[주요 내용]

1. 기억장치 관리 개요
2. 연속 기억 장치 할당

[요약]

[연습문제]

1
기억장치 관리 개요

기억 장치를 관리하는 운영체제의 일부를 기억 장치 관리자(memory manager)라고 하며, 기억 장치 관리자는 기억 장치의 어느 부분이 사용 중인지 어느 부분이 사용되고 있지 않은 지를 조사하고, 프로세스가 요구할 때마다 기억 장치를 할당하고 사용이 끝나면 회수해야 한다. 또한, 주기억 장치를 모든 프로세스가 사용하기 부족할 때 디스크와 주기억 장치 사이에 프로세스 교체 작업을 관리해야 한다. 현재 기억 장치 관리자는 1차 기억 장치(주기억 장치)와 2차 기억 장치(보조기억 장치) 계층 사이에서 정보를 자동으로 이동할 수 있다.

- **주기억 장치**(main memory, primary memory, real memory, RAM) : CPU가 명령이나 자료를 직접 인출 혹은 반환할 수 있는 1차 기억 장치의 부분을 말한다.
- **캐시 기억장치** : 캐시는 주기억 장치보다 10배 이상의 빠른 속도를 갖지만 상대적으로 용량이 작은 CPU 내의 기억 장소이다. CPU와 주기억 장치 사이에 캐시기억 장치를 둠으로써 시스템의 성능과 CPU 이용률을 극대화할 수 있게 되었다. CPU가 주기억 장치에 있는 프로그램이나 데이터를 실행하거나 참조하기 전에 미리 캐시에 옮겨짐으로써, 주기억 장치에서 더 훨씬 빠르게 실행되거나 참조되게 한다.
- **가상기억 장치**(virtual memory, secondary memory) : 특정 컴퓨터 시스템에서 가상기억 장치를 이용하여 주기억 장치의 이용할 수 있는 기억 공간보다 훨씬 큰 주소 지정을 할 수 있게 하는 기법이다. 보조기억 장치를 2차 기억 장치라 하고 가상기억 장치로 사용한다.

1-1 주소 할당(address binding)

CPU가 생성하는 주소, 다시 말해 프로그램에 의해 생성되는 주소를 **논리 주소**(logical address)라고 하며, 주기억 장치 내에서 취급하게 되는 주소를 **물리 주소**(physical address)라 한다. 컴파일시 바인딩과 적재시 바인딩 기법인 경우에는 논리 주소와 물리 주소가 같으며 이 주소를 **가상 주소**(virtual address)라고 한다. 모든 논리 주소들을 모아서 논리 주소 공간이라고 하고, 이 논리 주소와 일치하는 모든 주소 공간을 물리주소 공간이라고 한다.

주소 할당 또는 주소 바인딩(address binding)이란 실행할 프로그램이나 데이터의 주소를 1차 기억 장치인 주기억 장치의 물리적 주소에 지정하는 일을 말한다.

사용자 프로그램들은 대부분 [그림 5-1]과 같이 여러 단계별 과정을 거쳐 번역 후 수행된다. 각 단계를 거치는 동안 주소들은 여러 방식으로 표현되는데 원시 프로그램에서 주소는 일반적으로 프로그램에서 사용한 심볼들이다.

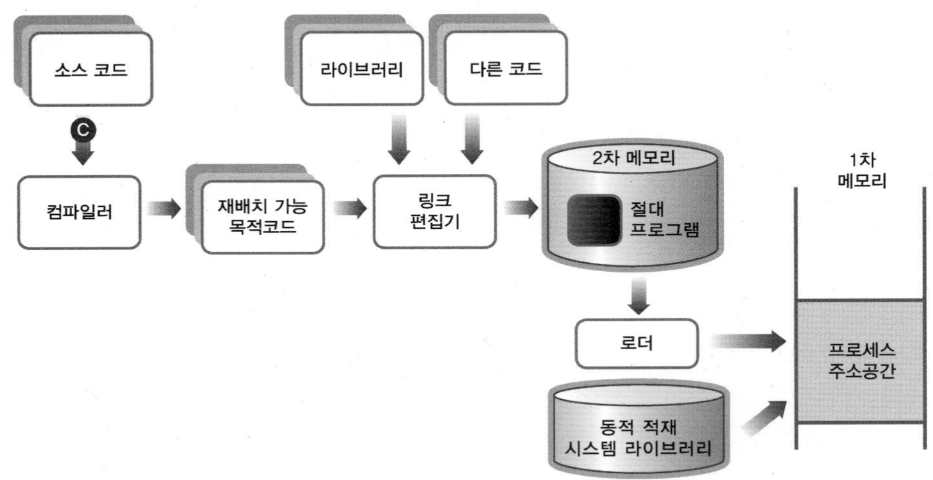

[그림 5-1] 프로그램의 단계별 수행 과정

프로그램을 번역하는 컴파일러는 소스 코드를 재배치할 수 있는 목적 모듈(object module)을 만들려고 **컴파일 시간**(compile time) 바인딩 한다. MS-DOS의 .com양식의 프로그램들은 컴파일 시간에 바인딩하는 절대코드의 예이다.

그 다음 연결 편집기(linkage editor)는 여러 목적 모듈들과 외부 라이브러리 함수, 다른 코드를 하나로 연결하여 재배치 가능한 절대(적재) 모듈을 만든다. 절대 모듈의 구성은 프로세스가 프로그램의 명령어, 데이터, 스택을 참조하려고 사용할 수 있는 재배치가능 주소 공간을 정의한다. 프로세스가 준비될 때까지 절대 프로그램은 2차 기억 장치에 저장한다. 이 경우에 절대 프로그램과 물리 주소와의 바인딩은 로더에 의해 주기억 장치로 적재되는 시간에 이루어지게 되며, 이를 **적재 시간**(load time) 바인딩이라 한다. 만약 주기억 장치의 시작주소가 변경되면 아무 때나 사용자 코드를 변경된 시작주소로 다시 적재하면 된다.

대부분의 바인딩은 **실행 시간**(execution time)에 이루어진다. 만약 프로세스가 실행하는 중간에 주기억장치 내의 한 페이지(또는 세그먼트)가 다른 장소로 이동될 수 있다면 '바인딩이 실행시간까지 연기되었다.'라고 한다. 따라서 실행시간 바인딩 기법에서는 논리 주소 공간과 물리주소 공간이 다르다. 프로그램 실행 중에는 이와 같은 가상주소를 물리 주소로 바꾸어 줘야하는데 이 주소변환 작업은 하드웨어장치인 메모리관리기(MMU: Memory Management Unit)에 의해 실행된다.

1-2 동적 적재(dynamic loading)

동적 적재는 주기억 장치 공간을 효율적으로 이용하기 위해 사용하는 방식이다. 동적적재에서 각 루틴들은 재배치할 수 있는 주소 형태로 디스크 상에 대기하고 있다. 먼저 주프로그램(main routine)이 주기억 장치에 적재된다. 이 루틴이 다른 루틴을 호출하고자 할 때, 호출 루틴은 다른 루틴이 주기억 장치에 적재되었는지를 조사하고, 만약 적재되지 않았다면 재배치 가능 연결 로더(relocatable linking loader)가 호출되어 요구된 루틴을 주기억 장치 내로 적재하고 이러한 변화를 반영하여 페이지 테이블을 갱신한다. 그 후 CPU제 어는 중단되었던 루틴으로 돌아간다.

동적 적재의 장점은 사용되지 않는 루틴들은 미리 주기억 장치에 적재되지 않는다는 점이다. 이러한 구조는 많은 양의 코드를 갖는 프로그램일지라도 실제로 필요한 부분만 적재되어 주기억 공간을 절약할 수 있어서 효율적인 방법이다. 동적 적재 구조는 운영체제의 특별한 지원이 필요 없으므로 프로그래머가 책임지고 모듈단위로 프로그램을 설계하고 구현해야 한다.

1-3 동적 연결(dynamic linking)

대부분의 운영체제는 **시스템 라이브러리가 어떤 다른 객체 모듈처럼 취급되어 2진 프로그램 이미지와 결합되는 정적 연결(static linking)만을 지원**하고 있다. 앞의 [그림 5-1]에서 적재 시간에 동적으로 연결된 시스템 라이브러리를 보여주고 있다.

동적 적재에서는 적재(loading)가 실행 시까지 연기되었지만, 동적 연결은 연결(linking)이 실행 시간까지 연기된다. 동적 연결은 주로 시스템 라이브러리에 사용된다. 만일 이방식이 없었다면 모든 시스템 라이브러리를 부르는 프로그램들은 그들의 이진 프로그램 이미지 내에 시스템 라이브러리 루틴들을 하나씩 가지고 있어야만 할 것이다.

동적연결에서는 라이브러리를 부르는 곳 마다 스텁(stub)이 생긴다. 이 스텁은 그 라이브러리를 어떻게 찾을 것인가를 알려주는 작은 코드 조각이다. 그 라이브러리는 경우에 따라 이미 주기억장치에 적재되어 있을 것이고 어떤 경우에는 디스크로부터 가져와야한다. 이 스텁이 실행될 때, 필요한 라이브러리 루틴이 주기억장치에 있는지를 검사하며 없으면 디스크로부터 가져온다. 스텁은 이렇게 해서 그 루틴의 번지를 알아내게 되고 자신을 그 루틴의 주소로 대체하고 루틴을 실행한다. 다음번에 그 부분이 불리면 저번과 같이 동적 연결을 할 필요가 없이 직접 그곳의 라이브러리 루틴을 수행하면 된다. 이러한 구조하에서는 printf() 같은 라이브러리를 5개의 프로세스가 사용한다고 해도 printf() 라이브러리는 한 개만 있으면 된다.

동적 연결은 라이브러리 루틴을 바꿀 때에 특히 유용하다. 새로운 라이브러리 버전이 출시되면 모든 프로그램들은 새로운 라이브러리 버전을 사용할 것이고, 동적 연결이 없었다면 새로운 버전의 라이브러리를 사용하기 위해서는 모든 프로그램은 새로이 연결 작업을 해야 한다. 여러 버전의 라이브러리들이 시스템에 존재할 수도 있기 때문에, 각 프로그램은 어떤 라이브러리 버전을 사용해야 할지 알아야 하므로 버전정보를 프로그램과 라이브러리 내에 각각 포함되어야 한다. 이러한 체제를 공유 라이브러리(shared library)라고 한다.

1-4 로더(loader)

사용자가 바인딩 하는 때는 기계어로 프로그램을 작성하는 때 즉 프로그램을 코딩할 때 이루어지지만, 대부분 가상기억 장치 시스템에서 바인딩은 로더로 프로그램을 실행할 때 이루어진다. 이러한 방법은 사용자와 시스템의 융통성을 높여주는 대신에 번역기, 로더, 운영체제 등의 복잡한 소프트웨어와 하드웨어를 요구한다.

프로그램과 데이터를 주기억 장치의 특정 위치에 적재하는 일을 로더가 담당하고 있다. **절대 로더(absolute loader)는 기계어로 된 프로그램을 미리 지정된 주기억 장치 위에 적재한다. 재배치 로더(relocatable loader)는 적재 시간에 주기억 장치의 사용 여부에 따라 주기억 장치의 여러 곳에 적재**할 수 있다.

초기 시스템에서는 사용자가 심지어 입출력 작업을 포함하여 모든 부분을, 직접 기계어로 프로그램을 작성하였다. 그러나 현재는 사용자 프로그램은 문제 해결을 위한 최소한의 코딩만을 담당하고, 입출력 부분 등 필요한 사항들은 사용자 프로그램 밖에서 표준화된 라이브러리 형태로 된 루틴을 불러서 수행하고 있다. 따라서 기계어로 된 사용자 프로그램은 라이브러리 같은 외부의 기계어 코드와 결합하여야만 실행할 수 있는 단위(이진 이미지 프로그램)가 된다. 이러한 프로그램의 결합 과정이 링킹 로더나 링키지 에디터로 이루어진다.

링킹 로더(linking loader)는 프로그램을 적재할 때 필요한 프로그램들을 결합하여 이진 프로그램 이미지를 주기억 장치에 적재한다. 링키지 에디터(linkage editor)는 링킹 로더의 기능과 더불어 2진 프로그램 이미지를 디스크에 보관한다. 링키지 에디터로 결합된 2진 프로그램 이미지는 나중에 다시 프로그램을 결합시키지 않고 언제라도 적재하여 실행할 수 있어서 편리하다.

1-5. 중첩(Overlay)

초기 시스템에서 사용자들은 **기억 장치의 크기보다 큰 프로그램을 수행할 수 없었으며, 이를 해결한 최초의 기법이 오버레이(overlay) 또는 중첩이라고 불리는 기법**이다. 중첩은 디스크에 프로그램을 저장하고 운영체제를 사용하여 기억 장치로 교체시키는 방법으로써 프로그램을 몇 개의 조각으로 분할하여, 프로그램이 시작되면 각 단계별로 차례로 적재하여 실행함으로써 여러 단계를 거치면서 커다란 프로그램을 실행하는 방법이다.

비록 시스템으로 중첩 작업이 수행되지만 프로그램을 여러 개의 분할된 조각으로 쪼개는 일은 프로그래머가 담당한다. 큰 프로그램을 조그마한 모듈 단위로 분할하는 일은 시간을 소모하는 지루한 작업일 수밖에 없었고 프로그램의 자세한 자료구조를 완벽히 파악하고 있어야만 할 수 있다. 가상기억 장치 시스템에서는 프로그래머가 직접 중첩을 통제하지 않아도 가능하게 한다. [그림 5-2]은 전형적인 중첩 구조를 보이고 있다.

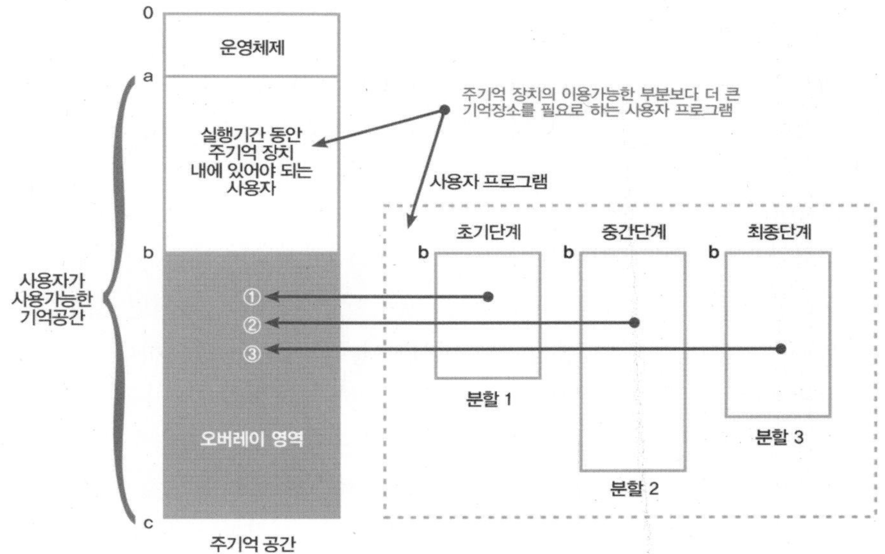

[그림 5-2] 오버레이 구조

중첩의 장점은 다음과 같다.

- 동적 적재에서처럼 중첩은 운영체제로부터 어떤 특별한 지원을 요구하지 않는다.
- 사용자가 파일을 기억 장치 안으로 읽어 들이고 그 기억 장치로 분기하여 새로운 읽기 명령을 수행시키는 간단한 파일 구조를 사용함으로써 완전하게 구현할 수 있다.
- 운영체제는 평상시보다 더 많은 입출력이 있다는 사실만을 인식한다.

중첩의 단점은 다음과 같다.

- 프로그래머는 중첩 구조를 적절하게 설계하고 프로그램해야 한다.
- 프로그래머는 코딩할 때 프로그램 구조, 코드 또는 자료구조를 완전히 이해해야 한다.
- 복잡한 중첩 구조를 갖는 프로그램일 때에는 그 프로그램을 충분히 이해하기가 어렵고 수정하기가 어렵다.
- 마이크로컴퓨터나 실제 기억 장치가 제한된 하드웨어에서는 중첩의 사용이 지원되지 않으므로 특수 시스템에 제한된다.

1-6 교체(Swapping)

프로세스는 수행되려면 기억 장치 내에 있어야 하지만 일시적으로 기억 장치에서 보조 기억 장치로 이동될 수 있고 계속 수행되려면 다시 기억 장치로 적재될 수 있다. 예를 들어 라운드 로빈(RR) 방식의 프로세스 스케줄링을 하는 다중 프로그래밍 환경에서는 CPU 할당 시간이 초과되면 메모리 관리기(MMU)는 방금 실행이 끝난 프로세스를 보조기억 장치로 내보내고 다른 프로세스를 주기억 장치의 가용 공간으로 불러오는 스와핑(swapping) 또는 교체 작업을 행할 것이다. 그리고 CPU 스케줄러는 준비상태 큐에 있는 한 프로세스에게 CPU 시간을 할당하여 수행시킬 것이고, CPU 할당 시간(time slice)이 만료되면 이 프로세스도 교체시킬 수 있다. CPU 스케줄러는 할당시간이 만료되면 CPU 스케줄링 할 때 마다 MMU가 이미 주기억 장치에 준비시켜 놓은 프로세스들 하나만 고르면 된다.

우선순위에 기반을 둔 교체 정책은 시스템의 부하를 조절할 때 사용가능하다. 더 높은 우선순위를 가진 프로세스가 도착하면 MMU는 낮은 우선순위를 가진 프로세스를 디스크로 교체할 수 있다. 더 높은 우선순위를 가진 프로세스가 종료하면 낮은 순위의 프로세스는 다시 주기억장치로 교체되어 계속 실행될 수 있다. 이러한 **교체의 변형을 롤-인**(roll-in, swap-in), **롤-아웃**(roll-out, swap-out)이라고 부른다.

정상적으로 교체되어 나간 프로세스는 이전의 같은 주기억 장치의 주소로 교체되어 들어온다면 주소의 바인딩 문제가 가장 간단해 진다. 만약, 만약 바인딩이 컴파일 시간이나 적재 시간에 이루어지는 프로세스라면 주기억 장치의 다른 주소로 이동될 수 없기 때문에 원래 위치에 있던 주소로 교체되어야 한다. 만약, 실행 시간에 바인딩이 이루어지면 프로세스라면 주기억 장치의 어떤 빈 공간으로도 교체되어 들어올 수 있다. [그림 5-3]는 교체 기법의 일반적인 구조를 보이고 있다.

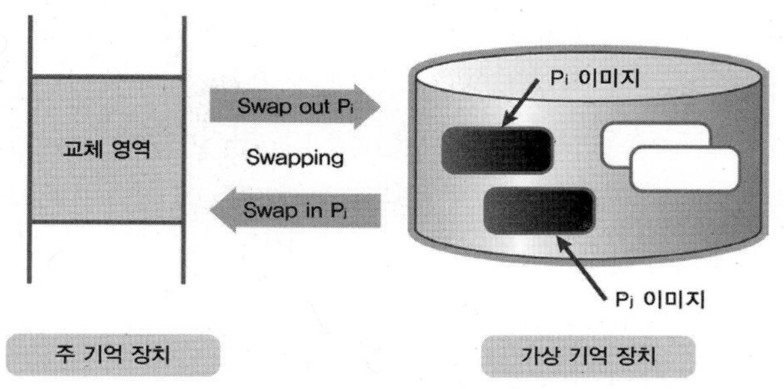

[그림 5-3] 교체 기법의 구조

시스템은 실행할 준비가 된 프로세스를 모아 준비완료 큐에 가지고 있어야한다. CPU 스케줄러는 다음 프로세스의 수행을 결정할 때마다 디스패처(dispatcher)를 호출한다. 디스패처는 준비완료 큐에 있는 수행할 다음 프로세스가 기억 장치 속에 존재하는지를 확인하여 없다면 디스크에서 불러 들여야 한다. 그런데, 이 프로세스가 수행할 여분의 기억 공간도 없다면 현재 주기억 장치 속에 있는 하나의 프로세스를 선택하여 디스크로 내보내고 원하는 프로세스를 주기억 장치로 불러들인다. 그리고 나서 CPU의 모든 레지스터를 다시 적재하고 제어를 CPU가 선택된 그 프로세스에게 넘긴다.

이러한 교체 시스템에서 문맥 교환 시간(context switch time)이 상당히 자주 발생한다. 문맥 교환 시간의 개념을 알아보자. 예를 들어 사용자 프로세스가 100k이고 보조 기억 장치는 초당 1MB의 전송률을 가진 표준 하드디스크라고 가정하자.

- 보조기억 장치로부터 프로세스를 주기억 장치로 불러오는 시간 또는, 보조기억 장치로부터의 100k 프로세스의 실제 전송 시간은 다음과 같다.
  프로세스 100k / 초당 1,000k 전송률 = 1/10초 = 100ms
- 교체 시간(swap in time) : 하드디스크가 헤드 탐색시간이 없고, 평균 8밀리 초의 회전 지연 시간을 갖는다고 가정할 때, 한 프로세스를 불러들이는 교체 시간은 다음과 같다.
  교체 시간 = 회전 지연 시간 + 전송 시간 = 8ms + 100ms = 108ms
- 총 교체 시간(total swap time) : 프로세스를 내보내는(swap-out) 시간 108ms와 불러들이는(swap-in) 교체 시간 108ms 모두를 수행해야 하므로, 총 교체 시간은 다음과 같이 된다.
- 총 교체 시간 = 한 프로세스를 내보내는 시간 + 새로운 프로세스를 불러들이는 시간 = 108ms + 108ms = 216ms

따라서 효과적으로 CPU를 사용하려면, 각 프로세스의 전체 수행 시간은 교체되는 시간보다 최소한 길어야 한다는 것을 알 수 있다. 예를 들어 라운드 로빈 CPU 스케줄링 알고리즘에서 CPU 시간 할당량은 최소한 216ms보다 커야 한다.

교체에서는 다른 제약이 따른다. 만약 한 프로세스를 교체하기를 원한다면 그 프로세스가 완전히 유휴상태인지 확인해야 한다. 만약, 입출력을 요청한 프로세스를 교체시켰다고 가정하자. 입출력이 발생하여 입출력 장치의 어떤 신호를 주고받는 중이라거나, 프로세스가 입출력을 시켜놓고 입출력 장치는 그 프로세스의 입출력을 비동기적으로 하는 중이라면 입출력 내용이 엉망이 될 것이다.

[그림 5-4]은 여러 개의 사용자 프로그램을 주기억 장치로 교체하는 방법을 설명하고 있다. 이 교체 방법은 주기억 장치의 크기가 제한되어 있을 때 유용하며 비교적 적은 수의 사용자를 지원했던 초기의 시분할 시스템(TSS)에서 많이 사용한다. 또한, 오늘날 일반적으로 사용되는 페이징 시스템의 기초가 되었다.

최근에는 지금까지 설명한 방식의 스와핑은 거의 사용하지 않는다. 이유는 너무 많은 교체 시간이 필요하기 때문이며, 이를 수정한 교체 방식은 많은 시스템에서 사용될 수 있다. 수정된 교체 방식은 UNIX 버전에서 사용된다. 보통 때는 교체를 안 하지만 너무 많은 프로세스가 실행되고 메모리 공간의 부족해져 시스템 부하가 증가되면 교체가 시작되고 시스템이 정상이 되면 교체가 중단된다.

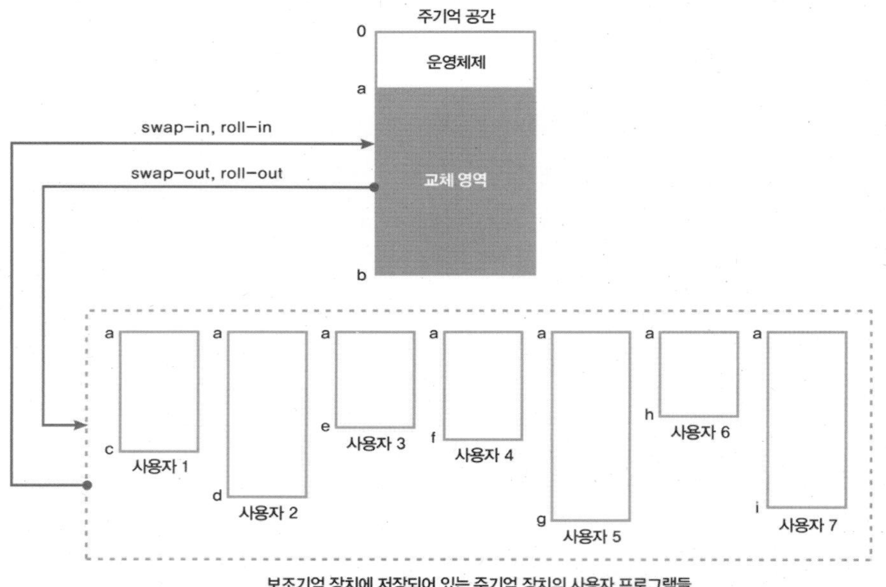

[그림 5-4] 교체 기법의 구조

2 연속 기억 장치 할당

2-1 단일 사용자 연속 기억 장치 할당

단일 사용자 연속 기억 장치 할당 방법에서는 모든 프로그램의 크기는 주기억 장치의 용량을 초과할 수 없으므로 용량을 초과하는 프로그램은 실행할 수 없으며 한 순간에 오직 1명의 사용자만이 주기억 장치를 전용하여 사용하므로 다른 모든 사용자는 기다려야 하는 방법이다. [그림 5-5]에서 a~c 번지 만큼의 영역만 사용자가 사용할 수 있다.

경계(bound) 레지스터는 운영체제와 사용자 프로그램의 경계를 구분하는 사용 가능 기억 장치의 시작 부분 주소를 가지고 있다. 따라서 만약 CPU가 기억 장치를 참조할 때, 운영체제 영역을 참조했는지 조사하려고 경계 레지스터를 검사하게 된다. 만약 운영체제 영역을 침범했을 때, 인터럽트를 발생시키고, 운영체제에게 제어권이 넘어가고, 주소지정 에러 메시지를 내고, 다시 수행시키게 된다.

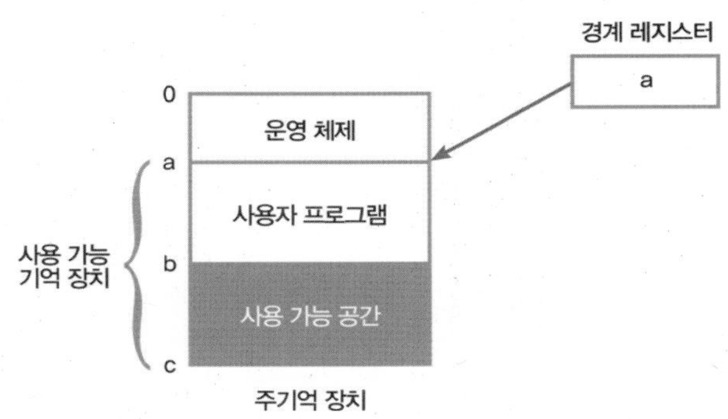

[그림 5-5] 단일 사용자 전용 기억 장치 할당

단일 사용자 연속 기억 장치 할당 방법은 단순하며 이해하기 쉽다. 반면에 기억 장치의 빈 공간들을 이용하지 못해서 기억 장치의 낭비가 심하며 한 사용자만이 기억 장치를 전용하므로 주변 장치 등 자원의 낭비가 심하다.

또한, 입출력을 수행하는 동안 CPU는 사용하지 않고 있어 CPU 시간의 낭비가 크다. 또한, 특별히 사용되지 않는 프로그램도 계속 기억 장치 내에 위치하고 있어야 하고, 오버레이 기능이 없을 때는 여분의 기억 공간보다 작은 프로그램만 수행할 수 있다.

2-2 고정 분할 기억 장치 할당

고정 분할 기억 장치 할당은 주기억 장치를 일정수의 고정된 크기들로 분할하여 실행 중인 여러 프로세스에게 할당하는 기법을 말한다. **분할(partition)이란 하나의 단일 작업이 적재될 수 있는 일정한 크기의 기억 장치 영역**으로, 다중 프로그래밍의 정도는 분할의 수로 제한을 받는다. 이 방법은 원래 IBM OS/360에서 사용되었으나 현재는 사용되지 않는다. 이 절에서 언급하는 고정 분할 기법은 주로 일괄 처리 환경에서 사용된다.

1) 절대 번역과 적재

절대 번역과 적재(absolute compile & loading)는 초기의 다중 프로그래밍 시스템에서 사용한 방법이다. [그림 5-6]와 같이 주기억 장치가 여러 개의 고정된 분할로 나뉘어져 있고, 하나의 작업은 절대 어셈블러와 절대 컴파일러로 번역되어서 지정된 분할에서만 실행될 수 있다. 따라서 CPU는 작업들 사이를 빠르게 옮겨 다니면서 동시에 여러 작업을 수행하는 것처럼 느껴지게 하였다.

절대 번역과 적재 방법은 한 작업이 실행 준비가 되어 있다 하더라도 지정된 자신의 분할이 이미 차 있다면, 다른 분할이 이용할 수 있다 하더라도 그 작업은 기다려야만 한다. 이 방법은 주기억 장치의 낭비를 가져오지만 운영체제는 비교적 간단하고, 구축하기 쉽다.

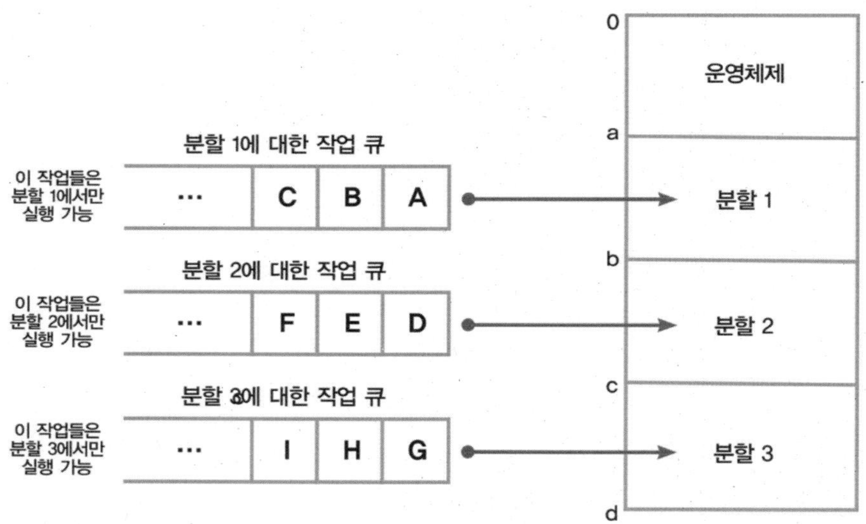

[그림 5-6] 절대 번역과 적재

2) 재배치 번역과 적재

고정 분할 기억 장치 할당에서는 설사 다른 분할이 비어 있다 하더라도 자신에게 할당된 분할이 비게 될 때가지 기다려야 하는 문제점이 있었다. 따라서 이러한 문제점들을 극복하기 위해 [그림 5-7]과 같이 **재배치 가능 번역과 적재(relocation compile & loading)는 모든 작업을 하나의 작업 큐에 넣어서 어느 분할에서든지 실행 가능하게 한 기법**이다. 이때 분할에 적재될 작업의 주소 지정 등의 문제는 재배치 컴파일러, 어셈블러, 로더 등으로 해결된다. 이 기법은 절대 번역과 적재 기법보다 주기억 장치의 낭비를 줄이지만 운영체제는 조금 복잡해진다.

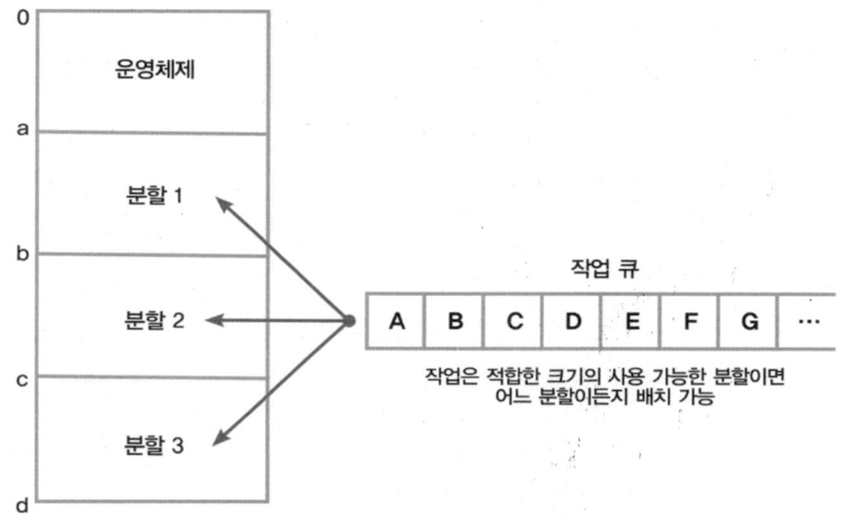

[그림 5-7] 재배치 번역과 적재

3) 고정 분할 기억 장치 할당에서의 보호

고정 분할 기억 장치 할당에서 보호는 [그림 5-8]과 같이 여러 개의 경계 레지스터를 사용하여 보호한다. 경계 레지스터(bound register)는 합당한 사용자 주소 범위를 나타내는 하한(lower bound) 레지스터와 상한(upper bound) 레지스터로 되어 있다.

운영체제를 호출할 필요가 있는 사용자는 슈퍼바이저(SVC) 호출 명령을 사용한다. 따라서 운영체제의 보안을 해치지 않고 운영체제의 경계를 넘어서 그 서비스를 요청할 수 있다.

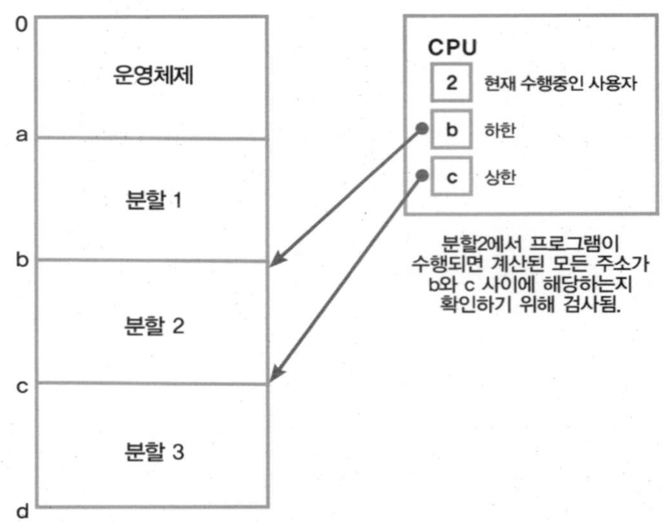

[그림 5-8] 고정 분할 기억 장치 할당에서의 보호

4) 고정 분할 기억 장치 할당에서의 단편화

기억 장치의 단편화는 기억 장치의 구성에 관계없이 모든 컴퓨터 시스템에서 발생한다. 고정 분할 기억 장치 할당을 운영할 때 고려해야 할 문제 중의 하나는 얼마나 큰 영역을 몇 개나 만들 것인가 하는 분할의 크기를 결정하는 것이다. 이러한 결정은 일반적으로 사용자 프로그램의 기억 장치 요구량에 대한 과거의 관행과 경험을 기초로 결정할 수 있다.

(1) 기억 장치 단편화

기억 장치 단편화(fragmentation)는 여러 분할의 작업들이 수행되는 과정에서 사용자의 작업의 크기가 분할에 정확히 맞지 않거나, 또는 분할이 너무 적어서 대기 중인 어떤 작업도 이 분할에 적재될 수 없을 때에 발생하며, 이렇게 사용될 수 없는 여분의 기억 공간을 기억 장치 단편화라고 말한다. [그림 5-9]은 고정 분할에서의 기억 장치 단편화 현상을 보이고 있다.

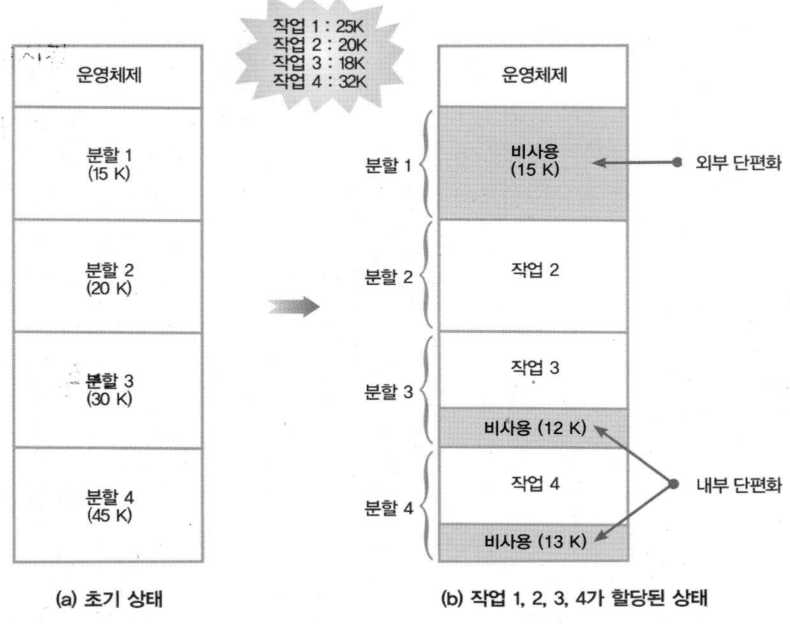

[그림 5-9] 고정 분할에서의 기억 장치 단편화 현상

- 내부 단편화(internal fragmentation) : 하나의 분할에 작업을 할당하고 남은 공간을 말한다.
- 외부 단편화(external fragmentation) : 대기 중인 작업에게는 분할이 너무 적어 분할 전체가 공간으로 있을 때의 상태를 말한다.

예를 들어, [표 5-1]와 같이 주기억 장치가 5개로 분할되어 있고, 5개의 작업이 할당된다면, 각각의 분할마다 기억 장치의 단편화로 낭비가 발생하게 된다. 이 때에는 전체 690K의 기억 공간 중에서 내부와 외부 단편화로 기억 공간을 낭비하고 있으므로 약 62% 정도 주기억 장치를 낭비하고 있는 셈이다.

[표 5-1] 기억 장치의 단편화 양

분할 영역	분할의 크기	작업의 크기	단편화 영역	단편화 종류
1	20 K	10 K	10 K	내부 단편화
2	50 K	60 K	50 K	외부 단편화
3	120 K	160 K	120 K	외부 단편화
4	200 K	100 K	100 K	내부 단편화
5	300 K	150 K	150 K	내부 단편화
합계	690 K	480 K	430 K	

(2) 단편화 발생원인

고정 분할 기억 장치 할당에서의 단편화는 사용자 작업의 크기가 정확하게 분할에 맞지 않거나, 작업보다 분할이 너무 작아서 이 분할에 대기 중인 어떤 작업도 적재될 수 없을 때에 발생한다. 따라서 모든 작업들이 주어진 분할보다 큰 때나 너무 작은 때에는 기억 장치의 낭비가 크고, 분할의 크기와 비슷한 때에만 기억 장치 낭비를 줄일 수 있다. 또한, 수행할 프로그램의 크기를 미리 알고 있어야 한다.

2-3 가변 분할 기억 장치 할당

가변 분할 기억 장치 할당은 주기억 장치의 다중 프로그래밍 기법으로서 **고정 분할에서의 단편화 현상을 줄이려고 가장 합리적인 분할의 크기를 결정하여 각 작업에게 주기억 장치를 할당하는 기법**을 말한다. 따라서 고정된 분할의 경계를 없애고 각 작업에 필요한 만큼의 기억 장치를 할당시킨다.

다중 프로그래밍 시스템에서 여러 개의 프로그램이 동시에 주기억 장치에 적재되어 실행하는 방식의 운영체제는 프로그램에서 요구되는 기억장소의 크기에 알맞은 크기만큼 할당하고 사용하지 않은 기억장소는 회수하고 가용 공간을 링크화하여 필요할 때 가용 공간을 배정한다.

1) 기억 장치 배치 전략

(1) 최초 적합 전략

최초 적합 전략(first fit strategy)은 [그림 5-10]과 같이 프로그램이 적재될 수 있는 가용 공간 중에서 첫 번째 분할에 할당(배치)하는 방식을 말한다.

- 장점은 공간을 찾으려고 기억 장치 전체를 조사하지 않아도 돼서 배치 결정을 빨리 내릴 수 있다.
- 단점은 사용되지 않은 작은 크기의 가용 공간이 누적되는 때 할당 결정이 늦을 수 있다.

※ 후속 적합(next fit) : 주기억 장치에서 A를 실행 후 C를 실행하고자 할 때 A가 들어있는 위치의 다음부터 C를 배치시키는 것을 말한다.

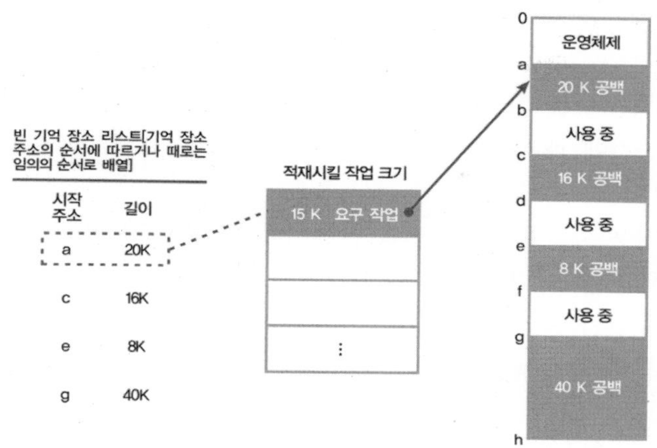

[그림 5-10] 최초 적합 전략

(2) 최적 적합 전략

최적 적합 전략(best fit strategy)은 [그림 5-11]과 같이 가용 공간 중에서 프로그램을 적재할 수 있는 가장 작은 공백이 남는(적합한) 분할에 할당한다.

- 장점은 가용 공간을 반만 탐색해도 필요한 공간을 찾을 수 있다.
- 단점은 가용 공간 리스트가 크기순으로 되어 있지 않으면 전 리스트를 검색해야만 한다. 따라서 사용하다가 남은 기억장소를 크기 순서로 배열해야 하므로 많은 시간이 요구된다.
- 할당 후 작은 가용 공간을 또 만들어낸다.

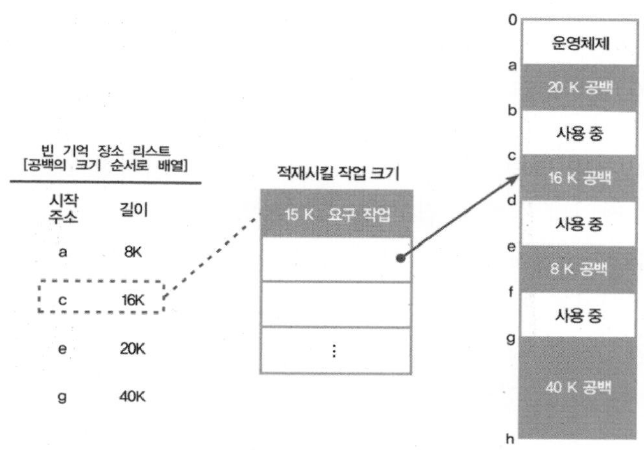

[그림 5-11] 최적 적합 전략

(3) 최악 적합 전략

최악 적합 전략(worst fit strategy)은 [그림 5-12]와 같이 프로그램의 가용 공간들 중에서 가장 큰 공간에 배치하는 방법이다.

- 장점은 큰 가용 공간에 프로그램을 할당해서 남은 공간도 여전히 크므로 큰 다른 프로그램을 실행할 수 있다.
- 단점은 가용 공간 리스트가 크기순으로 되어 있지 않으면 전 리스트를 검색해야만 한다. 또한, 큰 프로그램이 적재할 가용 공간이 없어진다.

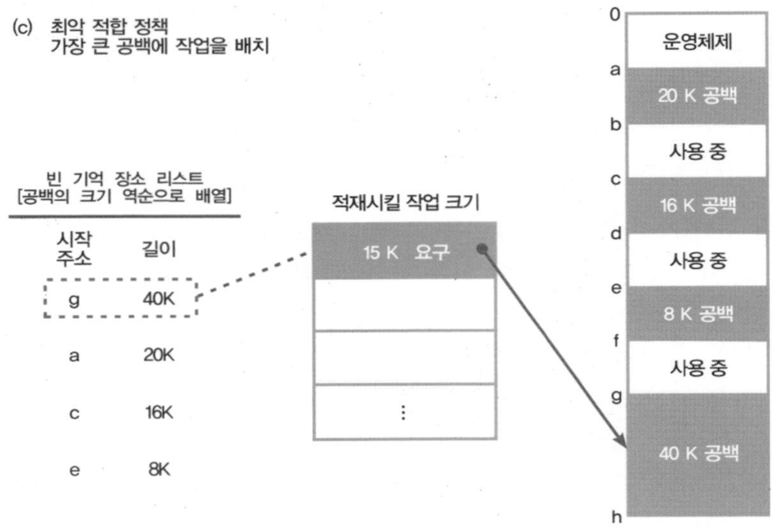

[그림 5-12] 최악 적합 전략

2) 기억 공간의 효율화

가변 분할 기억 장치 할당 기법에서는 작업의 크기에 어떠한 가정이 없으므로, 작업 스케줄링으로 어떤 작업의 실행이 결정되면 그 작업이 필요로 하는 양만큼의 기억 공간이 할당 된다. 이 때 작업의 크기가 그 분할의 크기에 꼭 맞아서 고정 분할에서와 같이 많은 기억 장치가 낭비되지는 않는다. 그러나 모든 기억 장치 구성방법들은 어느 정도의 기억 장치 낭비가 있게 마련이다.

다음 [그림 5-13]은 A, B, C, D, E 5개의 사용자의 작업들이 각각 60K, 100K, 30K, 70K, 50K를 요구할 때, 3명의 사용자에게 기억공간을 차례로 할당하는 과정을 보여주고 있다. **초기 상태에서는 필요한 만큼 기억장소를 할당하므로 기억 장치의 낭비가 전혀 없다.**

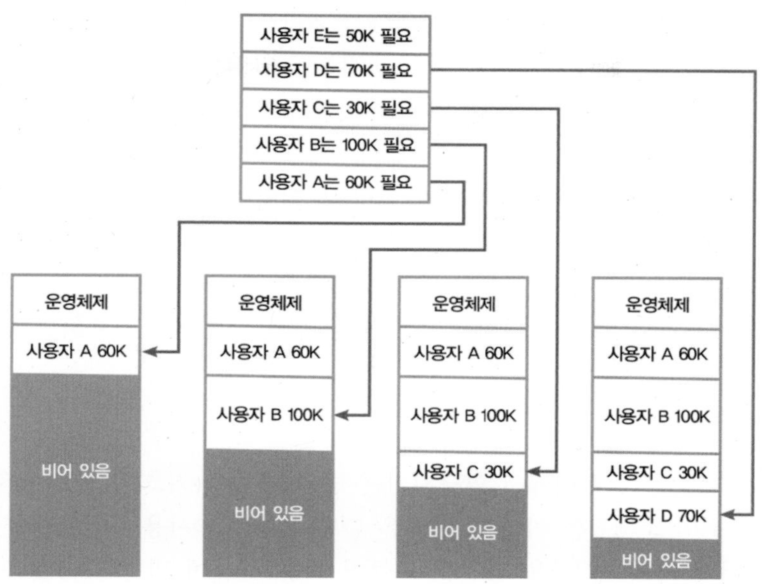

[그림 5-13] 가변 분할 기억 장치 할당에서의 초기의 할당 상태

그러나 [그림 5-14]는 가변 분할 다중 프로그램에서의 내부 단편화 현상을 보여주고 있다. 초기에 3명의 사용자에게 즉 작업 1에 60K, 작업 2에 100K, 작업 3에 30K 할당한 후에 일정 시간이 지남에 따라, 작업 2가 완료되고 100K의 빈 공간에 새로운 작업 4의 70K를 할당하여, 30K의 내부 단편화가 발생하였음을 보여준다. 또한, 시간이 흘러 작업 1이 완료되어 60K의 공간에 새로운 작업 5에 50K를 할당하여 10K의 내부 단편화가 발생된 상황을 보여주고 있다.

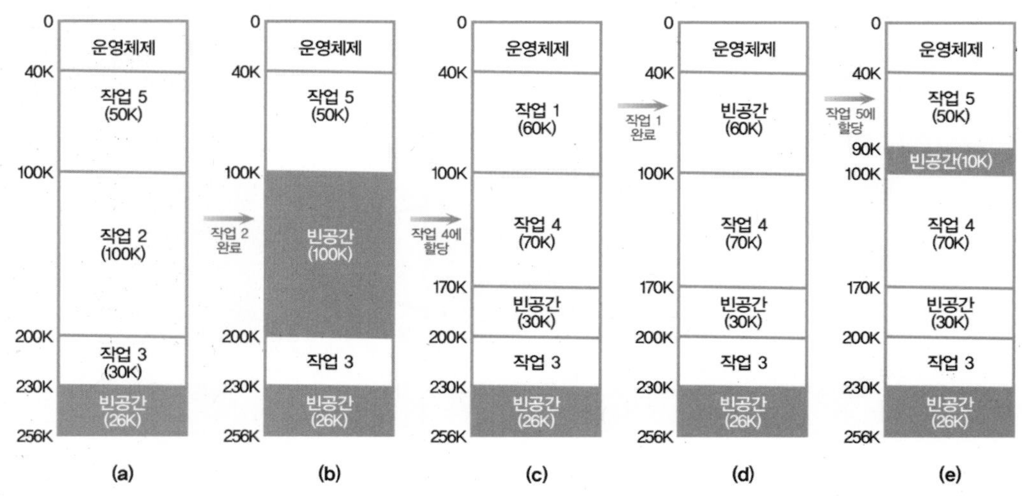

[그림 5-14] 가변 분할 기억 장치 할당에서의 단편화 현상

가변 분할 기억 장치 할당에서 할당 초기에는 별다른 기억 장치의 낭비가 없다. 또 초기의 작업들이 끝나서 그들이 사용하던 기억 공간들이 공백으로 남을 때까지도 기억 공간의 낭비가 그다지 분명하게 나타나지 않는다. 이러한 공백들이 다른 작업들에 의해서 사용될 수 있기 때문이다.

그러나 **실행을 기다리는 작업들에게 이 공백을 할당했을 때부터 기억 장치의 단편화가 발생하고, 이러한 단편화 현상은 시간이 지날수록 증가될 가능성이 높다. 따라서 가변 분할 기억 장치 할당에서도 기억 공간의 낭비는 완전히 제거될 수 없다.** 그러나 이러한 단편화 때문에 낭비를 극복하려는 방안으로 다음과 같은 방법들이 적용되고 있다.

(1) 공백의 통합

가변 분할 기억 장치 관리에서 할당시키는 방법 중에서 최초 적합이나 최적 적합에서 발생되는 근본적인 문제점은 여러 개의 작은 단편화 공간을 사용하지 못한다. 이러한 **가용 공간을 모아서 하나의 큰 가용 공간을 만들어 가용 공간에 반납하는 것을 쓰레기 수집(garbage collection)이라 하며, 이웃되는 가용 공간을 하나의 커다란 가용 공간으로 만드는 것을 기억 장치 통합(memory coalescing)**이라 한다.

즉, 기억 공간에 공백이 발생하였을 때, 가변 분할 다중 프로그래밍은 그 공백이 비어 있는 다른 기억 공간과 인접되어 있는지 점검하여 인접한 공백들과 결합하여 기억 공간을 만드는 것을 말한다. [그림 5-15]는 가변 분할 기억 장치 할당에서의 공백의 통합 방법을 보이고 있다. 만일, 공백이 발생하였다면,

- 빈 기억 장소 리스트에 새로운 공백으로 기록할 수도 있다.
- 이미 있는 공백과 새로운 인접한 공백을 합병하여 하나의 공백으로 기록할 수도 있다.

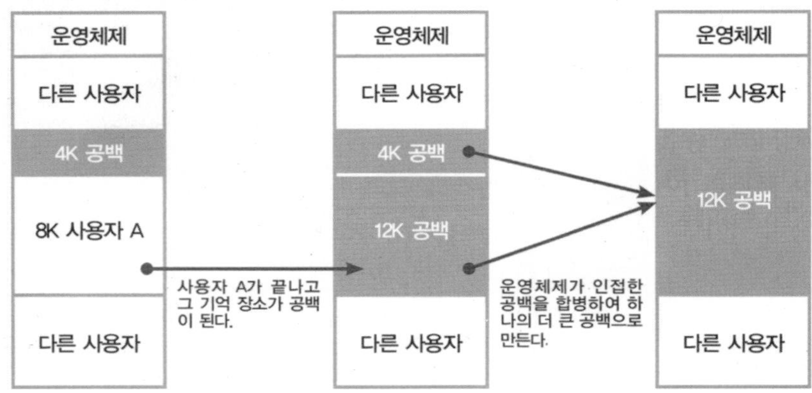

[그림 5-15] 가변 분할 기억 장치 할당에서의 공백의 통합

(2) 기억 장치 집약

비록 공백들이 합병되었을지라도 주기억 장치 전체에 산재하여 있는 공백이 상당량의 기억 장소를 차지할 때에, 현재 사용되는 모든 기억 공간을 주기억 장치의 한쪽 끝으로 옮김으로써, 가변 분할 다중 프로그램에서 존재하는 **여러 개의 작은 공간들을 하나의 커다란 기억 공간으로 집약**(compaction)하는 것이다. [그림 5-16]은 기억 장치 집약을 수행하는 방법을 보이고 있다.

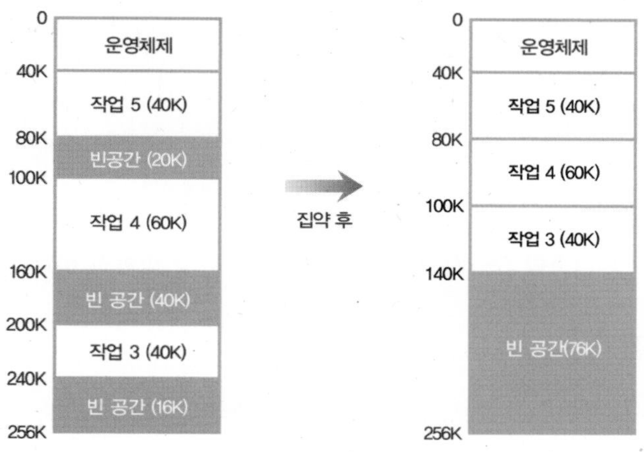

[그림 5-16] 기억 장치 집약 과정

집약을 수행함에 있어 중요한 점은 그 비용을 신중히 고려해야 한다는 점이다. 가장 간단한 방법은 모든 작업을 기억 장치의 한쪽 끝으로 이동시킴으로써 모든 공백이 기억 장치의 반대 방향으로 이동되어 사용할 수 있는 큰 기억 공간이 만들어지는 것이다. 그러나 이 방법 외에도 시스템의 실행 환경에 따라 그 집약에 소요되는 작업 이동 비용이 달라질 수 있다. [그림 5-17]은 **집약 방법에 따라 그에 소요되는 작업 이동 비용이 달라질 수 있음**을 보이고 있다. 즉, 세 가지 집약 방법 중에서 방법 3이 가장 효율적인 집약 방법임을 직관적으로 알 수 있다.

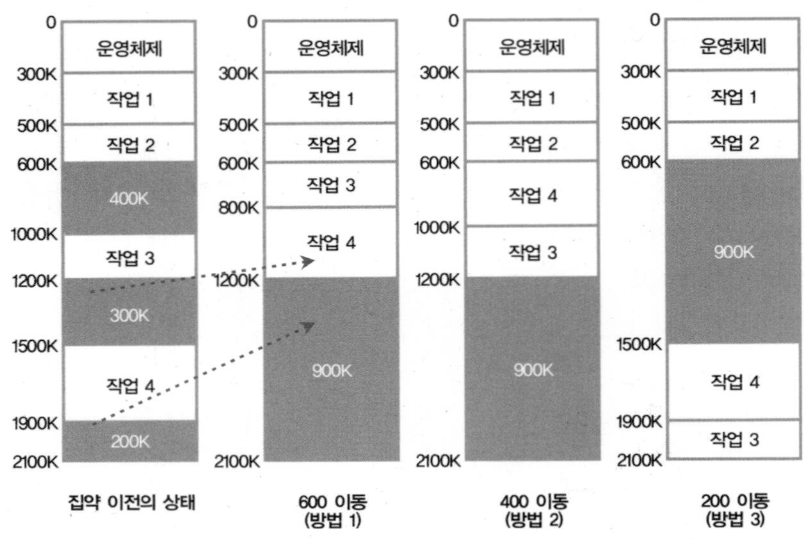

[그림 5-17] 기억 장치 세 가지 집약 방법의 비교

(3) 집약의 단점

- 생산적으로 사용될 수 있는 시스템 자원을 낭비할 수도 있다.
- 시스템은 집약이 실행되는 동안 모든 일을 중지한다. 이는 대화형 시스템이나 실시간 시스템에 일정치 않은 응답 시간을 주게 되고 치명적인 시스템의 장애 요인이 될 수 있다.
- 집약할 때 기억 장치 내의 작업 환경은 급격히 변화되므로 자주 집약을 하여야 한다. 따라서 잦은 집약으로 시스템의 자원을 소모하게 된다.
- 집약할 때 작업을 이동하려고, 프로그램이 적재될 때 없애 버리는 재배치 관련 정보(relocation information)를 유지, 보관하고 있어야 한다.

■ 주기억 장치(main memory, primary memory, real memory)

CPU가 명령이나 자료를 직접 인출 혹은 반환할 수 있는 1차 기억 장치의 부분

■ 캐시 기억장치

용량이 작은 CPU 내의 기억 장소. CPU와 주기억 장치 사이에 캐시기억 장치를 둠으로써 시스템의 성능과 CPU 이용률을 극대화

■ 가상기억 장치(virtual memory, secondary memory)

주기억 장치의 이용할 수 있는 기억 공간보다 훨씬 큰 주소 지정을 할 수 있게 하는 기법보조기억 장치를 2차 기억 장치라 하고 가상기억 장치로 사용

■ 연속 기억장치 할당 방식

직접 배치, 중첩(오버레이), 분할 기법 등이 초기 컴퓨터 시스템에서 이용됨
프로세스 전체가 기억장치 영역에 적재, 연속적으로 저장해야 하며 작업이 종료될 때까지 프로세스 전체가 기억장치에 남아 있어야 함

■ 기억장치의 단편화(Fragmentation)

기억장치구성에 관계없이 모든 컴퓨터 시스템에서 발생함

■ 고정 분할 다중 프로그래밍에서의 단편화

사용자 작업의 크기가 지정된 분할에 정확히 맞지 않거나 분할이 너무 작아 대기 중인 작업에 하나도 맞는 것이 없는 상태

■ 고정 분할 기억장치 할당 기법

기억장치를 여러 개의 고정된 크기로 분할, 프로세스에 제공하는 기법
사용자 프로그램에 따라 프로세스의 크기가 다르므로 기억장치의 낭비(내부 단편화)를 발생

■ 가변 분할 메모리 할당 기법

분할에서 발생하는 기억장치 낭비 문제를 해결하기 위해 제안
프로세스의 크기에 따라 기억장치를 동적으로 분할하여 할당

■ 불연속 기억장치 할당

프로그램을 페이지나 세그먼트 단위로 나누어 여러 곳에 적재하여 할당
가변 분할 다중 프로그래밍이 적용되면서 유용함이 드러났음
페이지나 세그먼트 또는 혼합된 페이지화 세그먼트 기법

[객관식 연습문제]

1 주기억 장치 관리 기법인 First-fit, Best-fit, Worst-fit 방법을 각각 적용할 때 10K의 프로그램이 할당될 부분으로 옳게 짝지어진 것은?

영역	
1	9K
2	15K
3	10K
4	30K

가. 2-3-4　　나. 2-2-3　　다. 2-3-2　　라. 2-1-4

2 메모리 관리 기법 중에서 서로 떨어져 있는 여러 개의 낭비 공간을 모아서 하나의 큰 기억 공간을 만드는 작업을 무엇이라고 하는가?

가. Swapping　　나. Coalescing　　다. Compaction　　라. Paging

해설 압축(compaction)은 현재 사용하는 모든 기억 장소의 작업들을 주기억 장치의 한쪽 끝으로 이동하여 가변 분할 기억 장치에서 발생하는 수많은 작은 공백들을 하나의 커다란 공백으로 만드는 기법이다.

3 주기억 장치의 반입(Placement) 전략 중 최적적합(Best-Fit) 기법 사용 시 13K 요구 작업량의 배치되는 영역은?

13K 요구

할당영역	운영체제
1	16K
	사용중
2	14K
	사용중
3	5K
	사용중
4	30K

가. 할당영역 1　　나. 할당영역 2　　다. 할당영역 3　　라. 할당영역 4

해설 최적 적합(best-fit) 기법에서 입력된 작업은 주기억 장치 내의 공백 중에서 그 작업에 가장 잘 맞는 공백에 배치한다.

4 150K의 작업에서 first fit과 best fit 전략을 각각 적용할 때, 할당 영역의 연결이 옳은 것은?

할당영역	운영체제
1	50K
	사용중
2	400K
	사용중
3	200K

가. First fit : 2, best fit : 3
나. First fit : 3, best fit : 2
다. First fit : 1, best fit : 2
라. First fit : 3, best fit : 1

5 그림과 같이 저장 장치가 배치되어 있을 때 13K의 작업이 공간의 할당을 요구하여 최악 적합(Worst-Fit) 전략을 사용한다면 어느 주소에 배치되는가?

a	os 사용 공간
b	16k 공백
c	사용중
d	14k 공백
e	사용중
f	5k 공백
g	사용중
h	30k 공백

가. b
나. d
다. f
라. h

해설 최악 적합(worst-fit) 기법은 빈 공백 리스트에서 가장 큰 공백에 배치한다.

6 새로 들어온 프로그램과 데이터를 주기억 장치 내의 어디에 놓을 것인가를 결정하려는 주기억 장치 배치 전략에 해당하지 않는 것은?

가. Best-fit
나. Worst-fit
다. First-fit
라. Last-fit

7 가변 분할에서 그림과 같이 할당되었을 때 기억 장치를 압축하면 새로운 공간에 기억될 수 있는 프로그램은 얼마의 크기까지 가능한가? {단, 사선 부분은 단편화조각(fragmentation)이다.}

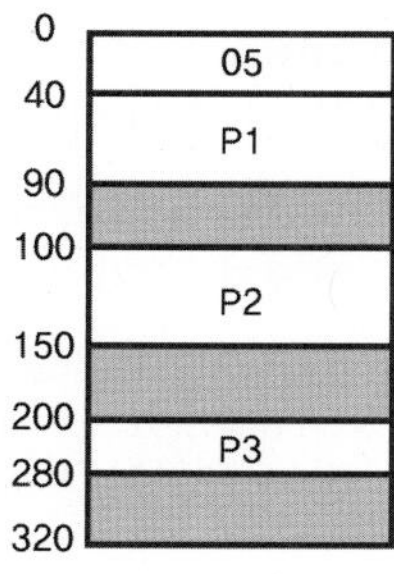

가. 40　　나. 60　　다. 80　　라. 100

해설 압축(compaction)기법이란 현재 사용하는 모든 기억 장소의 작업들을 주기억 장치의 한쪽 끝으로 옮김으로써 가변 분할 기억 장치에서 발생하는 수많은 작은 공백들을 하나의 커다란 공백으로 만드는 기법이다. 그러므로 10+ 50 + 40의 공간을 더 사용할 수 있다.

8 기억 장치 관리에서 60K의 사용자 공간이 아래와 같이 분할되어 있다고 가정할 때 24K, 14K, 12K, 6K의 작업을 최적 적합(best–fit) 전략으로 각각 기억 공간에 들어온 순서대로 할당할 때 생기는 총 내부 단편화(Internal fragmentation)의 크기와 외부 단편화(external fragmentation)의 크기는 얼마인가?

운영체제
25K
15K
10K
10K

가. 내부 단편화 4K, 외부 단편화 6K　　나. 내부 단편화 6K, 외부 단편화 8K
다. 내부 단편화 6K, 외부 단편화 10K　　라. 내부 단편화 4K, 외부 단편화 12K

해설 내부 단편화(Internal fragmentation)는 작업의 크기가 할당된 주기억 장치 보다 작을 때 발생하며, 외부 단편화(External fragmentation)는 대기 중인 작업의 크기에 비해 기억 장소가 작은 때 발생한다.

9 실기억 장치를 사용하는 시스템에서 주기억 장치를 고정된 크기로 분할하여 사용할 때의 설명 중 가장 거리가 먼 것은?

가. 내부 조각(internal fragmentation)현상이 발생한다.
나. 주기억 장치와 보조기억 장치 간에 데이터의 이동이 빈번히 발생한다.
다. 프로그램이 주어진 분할 안에 다 들어갈 수 없을 때가 생길 수 있다.
라. 프로그램이 실행되려면 그 전체가 주기억 장치에 있어야 한다.

해설 고정 분할은 다중 프로그래밍을 하려고 주기억장소를 몇 개의 고정된 크기의 분할로 나누는 방법으로 컴퓨터가 처리해야 할 작업의 성격이 잘 파악되어 있으면 기억 장소의 분할을 이에 맞게 조절하여 기억 장소의 효율적인 사용을 기할 수 있고, 단점은 기억 장소가 낭비될 가능성이 있다.

10 기억 장치 관리 기법 중 사용하는 기억 장소 보호 방법은?

가. 경계 레지스터(bound register)
나. 기억 장치 보호 키(storage protection key)
다. 기준 레지스터(base register)
라. 재배치 레지스터(relocation register)

해설 기억 장치 보호를 위해 기억 장치 보호 키(storage protection key)를 사용하며, 이것은 운영체제 제어 하에 관리된다.

[주관식 연습문제]

1 다음 용어를 정의하고 설명하시오.

a. 바인딩 시간
b. 절대 로더 / 재배치 로더
c. 링킹 로더 / 링키지 에디터
d. 중첩(오버레이)
e. 교체(스와핑)
f. 단편화 / 압축

2 주소 할당(address binding)이란 무엇인지 설명하고, 3가지 바인딩 시간을 설명하시오.

3 동적적재와 동적연결의 차이점을 설명하시오.

4 오버레이, 스와핑에서 기억 장치를 할당하는 방법을 비교하고 각 방법들의 장단점을 기술하시오.

5 어떨 때에 오버레이가 유용한지 기술하고 오버레이 구조에서 고려해야 할 점이 있다면 무엇인지 설명하시오.

6 고정 분할과 가변 분할 기억 장치 할당에서 각각 단편화가 발생하는 종류와 그 원인을 비교하시오.

7 기억장치 배치 전략이란 무엇인지 정의하고 각 전략을 설명하시오.

가상기억 장치

Virtual Memory Device

CHAPTER

06

6 CHAPTER

[학습목표]

- 가상기억 장치에 대해 이해한다.
- 페이징 기법과 세그먼테이션 기법을 이해한다.
- 다양한 페이지 교체 알고리즘을 이해한다.
- 프로세스의 지역성, 스래싱 원인, 작업 집합, 페이지 부재율 등을 이해한다.

[주요 내용]

1. 가상 기억 장치 개요
2. 페이징 기법
3. 세그먼테이션 기법
4. 가상 기억 장치 관리 정책
5. 스레싱과 작업 집합

[요약]

[연습문제]

1 가상기억 장치 개요

1-1 가상기억장치 기본 개념

가상기억 장치(virtual memory) **방법**은 1960년에 fotheringham이 고안하였고 Atlas 시스템에 처음으로 사용되었다. **가상기억 장치의 기본 개념은 프로그램, 데이터, 스택의 결합된 크기가 이용할 수 있는 물리적인 기억 장치를 초과한다는데 있다. 운영체제의 가상기억 장치 관리자는 현재 정기적으로 실행되는 프로그램의 일부는 1차 기억 장치(주기억 장치)에 유지하고 더 이상 빈번하게 사용되지 않는 나머지는 2차 기억 장치(가상기억 장치, 디스크)에 유지**한다.

가상기억 장치는 **프로세스의 전체가 완전히 기억 장치 내에 존재하지 않아도 수행할 수 있는 기법**이다. 이 기법의 가장 큰 장점은 사용자 프로그램들이 주기억 장치보다 클 수 있다는 것이다. 특히 **가상기억 장치는 사용자 논리 메모리를 실제 메모리와 분리시킴으로써 주기억 장치를 매우 큰 저장 장치의 균일한 배열로 생각하여 사용할 수 있으므로 프로그래머가 주기억 장치의 한계를 걱정할 필요**가 없다는 것이다. 그러나 가상기억 장치는 구현하기가 어려우며 만일 잘못 사용하면 실질적으로 성능이 저하될 수도 있다.

주기억 장치 관리자의 주소 공간 추상화(abstraction), 기억 장치 할당(allocation), 기억 장치 분리(isolation), 기억 장치 공유(sharing) 등 모든 기능이 여전히 가상기억 장치 시스템에 적용된다. 기억 장치 관리자가 프로그램의 요구 대신에 가상기억 장치 정책에 따라 기억 장치를 할당하고 있지만 기억 장치 추상화는 물리적인 주기억 장치가 아니고 거대한 가상기억 공간이 마치 주기억 장치인 것처럼 사용하게 만든다.

1-2 가상기억장치 기본 개념

본 장에서 사용되는 용어들을 간략하게 정리해 보면 다음과 같다.

(1) <u>2단계 기억 장치 기법</u>

- **1차 기억 장치** : 프로세스가 실행되고, 실행 중인 프로세스로 참조되게 자료를 저장할 주기억 장치를 말한다.
- **2차 기억 장치** : 제한된 주기억 장치에 한 번에 저장할 수 없는 프로그램과 데이터를 저장할 수 있는 디스크와 같은 보조기억 장치 즉 가상기억 장치라고 한다. [그림 6-1]

은 2단계 기억 장치 구성을 보이고 있다.

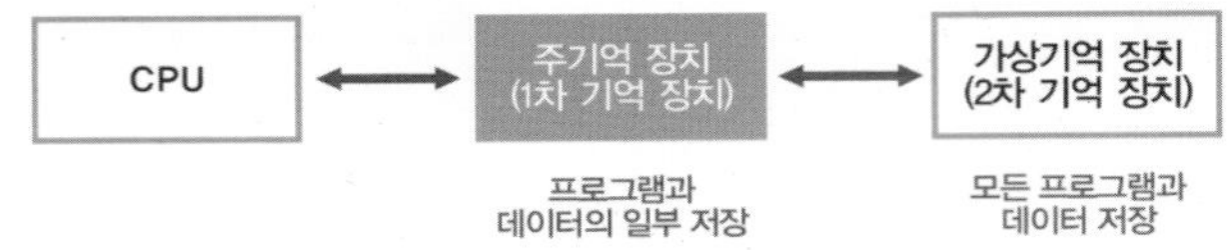

[그림 6-1] 2단계 기억 장치

(2) 가상기억 장치

사용자가 보조기억 장치의 용량에 해당하는 커다란 기억 장소를 갖고 있는 것처럼 생각하고 프로그램을 작성할 수 있게 하는 개념으로 하드웨어와 소프트웨어의 결합체이다. 이는 다중 프로그래밍의 등장으로 사용할 수 있는 기억 장치 양의 증대를 꾀할 수 있도록 하는 방식이다.

(3) 가상 주소(virtual address)와 실 주소(real address) 또는 물리 주소(physical address)

수행 중인 프로세스가 참조하는 페이지 주소 즉, 보조기억 장치 번지를 가상 주소(논리 주소)라고 하며, 이들 번지의 집합을 가상 주소 공간(virtual address space)이라 한다. 한편 주기억 장치의 사용 가능한 주소를 실 주소 또는 물리 주소라 하며, 이들 번지의 집합을 물리 주소 공간(**physical** address space) 이라 한다.

(4) 가상 주소 수의 크기

가상 주소 V 내의 주소 수는 |V|로 표시하고 실 주소 k 내의 주소 수는 |k|로 표시하며, 실제로 구현되는 가상기억 장치 시스템에서는 |V| > |k|가 된다.

(5) 가상 주소 변환(VAT : Virtual Address Translation 또는 바인딩) 기법

가상 주소를 주기억 장소의 실 주소로 변환하는 주소 변환 함수 Bt이다.

(6) 세그먼트(segment), 또는 페이지(page), 페이지 프레임(page frame)

운영체제에서는 프로그램을 블록이라고 하는 작은 조각으로 나누어서 보조기억 장치와 주기억 장치 사이에서 블록을 교환하면서 프로그램을 수행한다. 이 블록을 같은 크기로 나눈 것이 페이지이고, 이 블록을 다른 크기로 나눈 것이 세그먼트이다. 페이지가 적재될 주기억 장치를 페이지 크기만큼 분할한 것을 페이지 프레임이라고 한다.

(7) 페이지 테이블(page table) 또는 페이지 사상표

모든 프로그램(프로세스)는 여러 개의 블록(페이지나 세그먼트)으로 분할되어 주기억장치에 적재되어 수행되는데 페이지 테이블은 각각의 페이지 번호에 대응되는 페이지 프레임번호와 페이지 보호비트 등을 가지고 있다. 주소 변환 함수 Bt는 페이지 번호를 찾아 그 페이지가 적재될 페이지 프레임 번호로 변환한다.

(8) 페이징(paging), 세그먼테이션(segmentation)

주기억 장치와 가상기억 장치 사이에서 세그먼트나 페이지를 교환하면서 프로그램을 수행하려고 가상 주소(논리 주소)에서 실 주소(물리 주소)로 실행 시간(runtime)에 매핑(바인딩)하는 기법이다.

1-3 가상 주소 변환

1) 주소 공간 사상 과정

교체 시스템(swapping system)은 절대 모듈(absolute module)의 주소 공간과 프로세스가 실행될 주기억 장치의 공간 크기가 같고 재배치 값만 달라서 두 주소를 분리하지 않는다. 가상기억 장치 시스템은 **이름 공간(name space), 가상 주소 공간, 물리 주소공간을 구별**한다. 즉 심볼 이름에서 가상 주소로, 가상 주소에서 물리 주소로의 사상하는 기법이 제공된다. 이 기법이 페이징(paging)과 세그먼테이션(segmentation)인 것이다.

원시 프로그램(source program)은 심볼 식별자(symbol identifier), 레이블(label), 변수(variable)로 구성된다. 이 항목들을 이름 공간(name space)이라 한다. 컴파일러와 링크 편집기로 프로그램이 절대 프로그램으로 번역될 때, 이름 공간 내의 각각의 심벌 식별자들은 가상 주소로 변환된다. 가상 주소 공간은 절대 적재 모듈에 나타나는 모든 주소를 포함하고 있다. 각각의 가상 주소는 절대 프로그램이 로더나 동적 재배치 하드웨어(재배치 레지스터 사용)로 실행할 수 있는 이미지로 번역될 때 물리 주소로 변환된다. [그림 6-2]

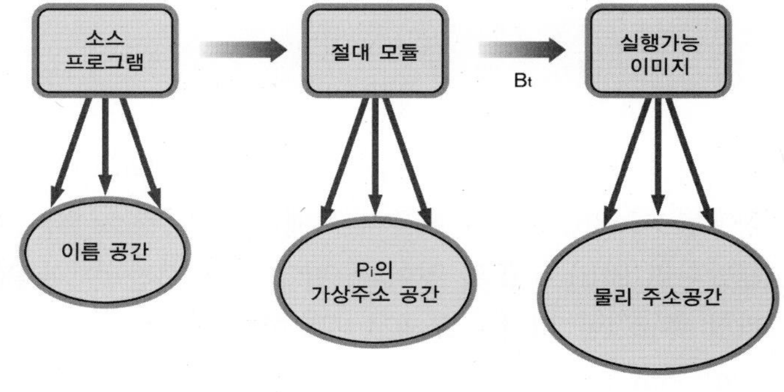

[그림 6-2] 이름 공간, 가상 주소, 물리 주소로의 사상과정

는 이름 공간에서 가상 주소로, 가상 주소에서 실 주소로의 주소 공간 사상을 나타내고 있다.

가상기억 장치 관리자는 기본적인 동적 주소 재배치 하드웨어를 사용하여 가상 주소를 물리 주소로 실행 시간(runtime) 변환하여 현재 사용하는 실행할 수 있는 이진 이미지의 일부를 주기억 장치로 적재한다. 일부 가상기억 장치 관리자는 소스 프로그램 내부의 일부 이름(name)들까지 실행 시간에 변환한다.

2) 가상 주소 변환 기법

가상기억 장치에서는 주소 사상 함수로 프로세스가 참조하는 가상 주소 공간이 실 주소 공간으로 사상되어야 한다. **가상 주소 변환(VAT : Virtual Address Translation 또는 바인딩) 기법은 프로세스가 수행될 때 가상 주소를 실제 주소로 변환하는 기법**을 말한다. 따라서 사용자는 프로그램과 데이터가 주기억 장치의 어느 곳에 위치하는가를 걱정하지 않아도 되며, 사용자는 알고리즘의 효율과 프로그램 구조의 세부 사항만을 생각하고 하드웨어 세부 사항은 신경 쓰지 않고 편안하게 프로그램을 작성할 수 있다.

현재 수행 중인 프로세스가 참조하는 가상 주소 공간은 주소 사상 함수(mapping function)에 의해 물리 주소 즉 실 주소 공간으로 사상된다. 이러한 동적 주소 변환 기법은 매우 빠르게 실행되어야만 하며 주소 사상 속도가 늦을 때 디스크에 있는 원하는 블록(페이지나, 세그먼트)이 주기억 장치로 그만큼 늦게 적재되거나 주기억 장치 내의 특정 항목을 참조하는 시간이 느려져 결국 시스템의 성능이 저하된다.

[그림 6-3]은 가상 주소에서 실 주소로 항목별 사상하는 가상 주소 변환(VAT)을 보이고 있다. **Bt는 시간 t에 가상 주소 공간에서 물리 주소 공간으로의 시간 변화(time-varying mapping) 매핑**을 나타낸다. 여기서 t는 음이 아닌 정수로 프로세스의 가상시간(virtual time)이고, Ω 는 널(null)주소를 참조하는 기호이다.

Bt : 가상 주소 공간 → 물리 주소 공간 ∪ {Ω}

가상 주소가 i인 실행할 수 있는 이미지("페이지나 세그먼트"라 한다)가 주기억 장치로 적재될 때 Bt(i)는 i의 내용이 적재된 물리 주소이다. **만약 i가 주기억 장치로 적재되지 않았다면** Bt(i) = Ω **일 것이다. 만약 가상 시간 t에서** Bt(i)=Ω **이고 프로세스나 스레드가 가상 주소 i를 읽거나 쓰려고 시도한다면 페이지 부재(page fault) 또는 세그먼트 부재(segment fault)가 발생**하고 가상기억 장치 관리자는 가상기억 장치 i의 위치를 주기억 장치로 복사한다.

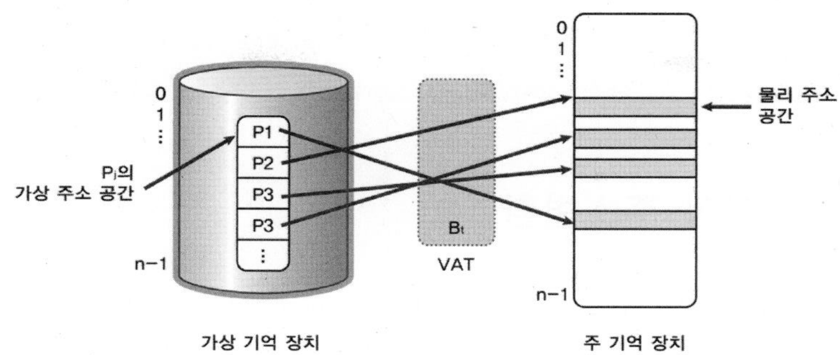

[그림 6-3] 가상 주소 공간에서 실 주소 공간으로의 주소 사상

가상 주소 변환 기법은 가상기억 장치의 어느 부분이 현재 주기억 장치에 존재하며 어디에 위치하는가를 나타내는 페이지 테이블(page table)이나 세그먼트 테이블(segment table)을 주기억 장치 내에 유지하여야 한다.

가상기억 장치 내의 실행가능 이미지의 주소변환이 각 항목 즉 바이트나 워드 단위로 이루어진다면 변환에 필요한 정보량이 너무 많아져 프로세스가 요구 하는 양 이상의 주기억 장치를 요구 한다.

이처럼 항목별로는 변환할 수 없으므로 정보를 블록 단위(페이지나, 세그먼트)로 묶으며, 시스템은 여러 가상기억 장치의 각 블록이 주기억 장치의 어디에 위치하는지를 관리한다. 블록을 크게 하면 사상 기법 자체가 요구하는 저장 장치의 양은 줄일 수 있으나 블록을 보조기억 장치에서 주기억 장치로 이동하는 데 필요한 전송 시간이 많이 걸리며 주기억 장소가 많이 소모되며 더불어 주기억 장치를 공유하는 프로세스의 수가 제한된다.

3) 인위적인 연속성

인위적인 연속성(artificial continuity)**이란** [그림 6-4]에 나타나 있듯이, **모든 프로세스가 가지는 가상 주소 공간상의 연속된 페이지 주소들은 주 기억 공간에 배치되면서 페이지 프레임 주소가 반드시 연속적일 필요가 없다는 의미**이다.

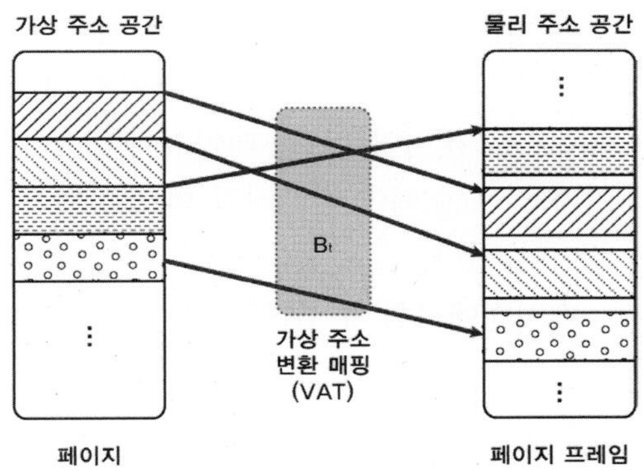

[그림 6-4] 인위적인 연속성

이는 프로세스가 실행되면서 가상 주소 공간상의 모든 페이지들 중 일부 페이지들만 주기억 장치에 적재되고 수시로 교체돼서 주기억 장치의 임의의 페이지 프레임 내에 페이지들이 동적으로 재배치되기 때문이다.

2

페이징 기법

2-1 순수 페이징 주소변환

1) 순수 페이징 주소변환

순수 페이징(pure paging)기법은 하드웨어 가상 주소변환을 통한 가상 주소(논리 주소)를 물리 주소로 사상하는 과정이다. **주기억 장치 주소 공간은 페이지 프레임의 집합이다.** 프로세스는 실행하는 매 시점마다 전체 페이지 중의 일부만을 필요로 한다.

프로세스가 참조하는 가상 페이지 주소는 (페이지 번호, 행 번호)의 순서쌍이다. [그림 6-5]에 보이듯이 오프셋인 행 번호는 페이지 Pi내에서 프로세스가 실제로 참조하는 페이지 내 항목의 행 번호이다. 페이지 테이블(또는 페이지 사상표)은 주기억 장치에 유지된다.

페이지 테이블 기준 레지스터(PTBR: Page table base register)는 페이지 테이블을 지시하고 있다. **페이지 테이블 길이 레지스터(PRLR: Page table length register)**는 페이지 테이블의 크기를 지시하고 있다. 페이징에서 **기억 장치 보호는 각 페이지 프레임마다 보호비트(protection bit)를 적용하여 구현**된다.

유효-무효 비트는 페이지 테이블의 각 항목에 추가된다. 유효(valid) 비트는 페이지가 프로세스의 가상 주소 공간에 존재하므로 적절한 페이지라는 뜻이다. 무효(invalid) 비트는 페이지가 프로세스의 가상 주소 공간에 존재하지 않는다는 뜻이다. 데이터나 명령을 접근하려면 페이지 테이블 접근과 데이터나 명령 접근을 위해 두 번의 기억 장치 접근이 필요하다.

페이징에서의 **주소변환 Bt은 메모리 관리기(MMU: Memory Management Unit) 하드웨어로 수행**된다. 장치가 페이지 번호를 결정하고 나면 그 페이지에 해당하는 페이지 프레임을 찾아야 한다. 페이지 변환 Bt은 페이지 테이블에서 페이지 번호를 찾아 그 페이지가 적재될 페이지 프레임 번호로 변환한다. 그리고 페이지 프레임 번호에 오프셋을 더해 주어야 한다.

페이징에서의 주소변환 과정을 간단히 요약하면 다음과 같다.

- 가상 주소의 페이지 번호인 최상위 비트 g를 페이지 테이블에 보낸다.
- 페이지 변환 Bt 연산 결과 만약 페이지 Pi가 현재 페이지 테이블에 있지 않으면 Bt(Pi) ={Ω }로 페이지 부재(page fault)가 발생하고 별도의 페이지 부재 처리를 한다.
- 만약 페이지가 Bt(Pi) = bj 에 적재되었다면 bj는 페이지 프레임 번호이다. bj는 물리

주소의 최상위 부분에 적재된다.

- 오프셋에 해당하는 행 번호 h는 물리 주소의 최하위 부분에 적재된다.
- 변환된 물리주소는 주기억 장치의 주소지정을 위해 메모리 주소레지스터 MAR로 전달된다.

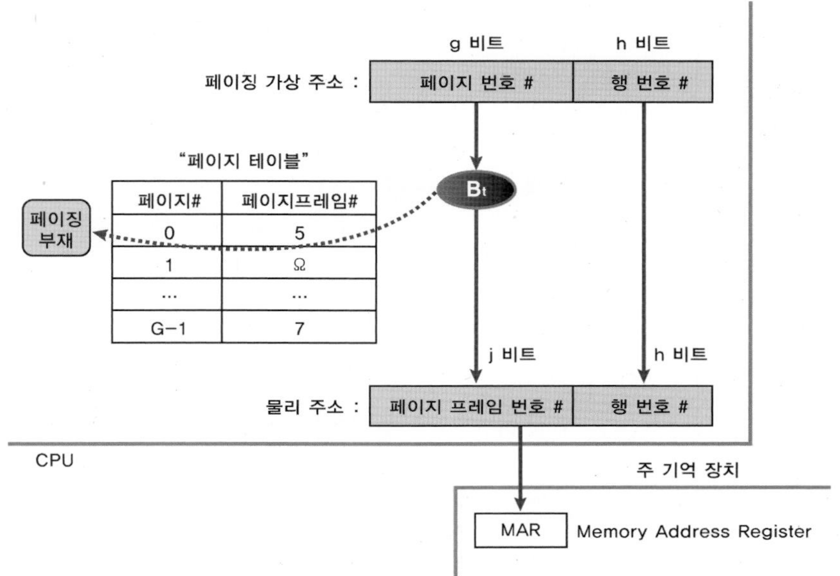

[그림 6-5] 순수 페이징에서의 주소변환 과정

2) 페이지 부재 처리

수행 중인 프로세스가 페이지를 참조하여 그 페이지가 주기억 장치에 없으면 페이지 부재가 발생하고 운영체제는 디스크로부터 해당되는 페이지를 적재하여 페이지 테이블(페이지 사상표)을 갱신한 후 물리 주소로 변환하게 된다. [그림 6-6]는 **페이지 부재가 발생하였을 때, 페이지 부재를 처리하는 과정**을 개략적으로 나타낸 것이다.

- 프로세스가 페이지를 참조한다. 페이지 부재를 발생시킨 프로세스는 중단된다.
- 페이지 보호 비트를 검사한다.
- 기억 장치 관리자는 보조기억 장치에서 가용 페이지를 찾는다.
- 페이지가 주기억 장치에 적재되고 상황에 따라 다른 페이지가 해제되기도 한다.
- 기억 장치 관리자의 페이지 테이블은 갱신된다.
- 프로세스는 중단되었던 시점에서 다시 시작된다.

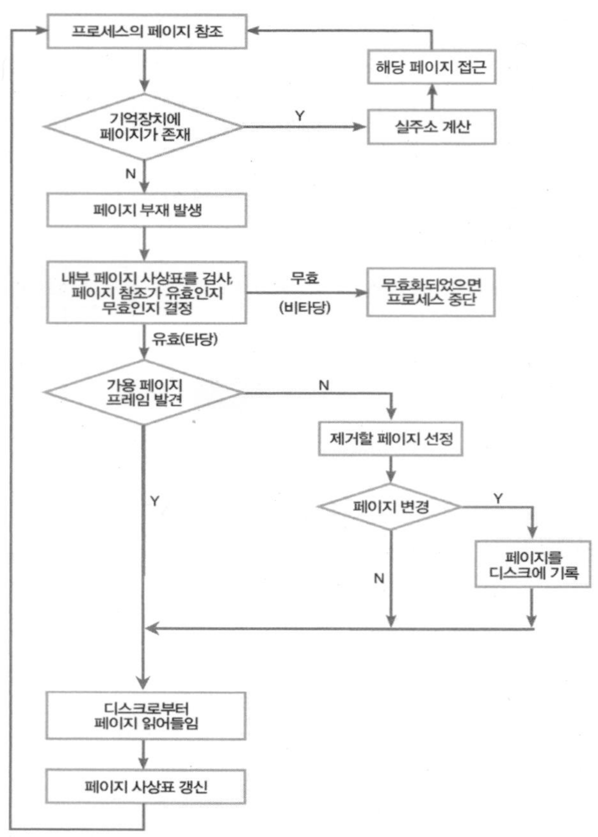

[그림 6-6] 페이지 부재 시 처리 과정

2-2 연관 사상/순수 페이징 혼용 방법

1) 연관 / 순수 페이징을 혼용한 페이지 주소변환

연관 사상(associative mapping) 방법은 빠른 주소변환을 수행하려고 위치 지정(location addressed)이 아닌 내용 지정(content addressed)의 연관 기억 장치에 페이지 사상 표(페이지 테이블)을 유지한다. 두 번의 기억 장치 접근 문제는 **연관 기억 장치 또는 변환 버퍼**(TLB : Translation Look-aside Buffers)라고 하는 특별한 하드웨어 캐시(fast-lookup hardware cache)를 사용함으로써 해결 할 수 있다.

- 주기억 장치보다 훨씬 빠른 접근 시간을 가지는 연관 기억 장치에 페이지 사상표 전체를 넣는 방법으로서 가장 빠르고 융통성 있는 사상 구조이다.

- 순수 연관 사상은 모든 사상표를 연관 기억 장치에 넣으므로 구현하는데 순수 페이징보다 구현하기가 어렵다.
- 연관 기억 장치는 캐시에 비해 매우 비싸므로 순수한 연관 사상은 잘 사용되지 않는다. 그러므로 **연관 기억 장치의 이점과 순수 페이징의 이점을 취할 수 있는 혼용 방법**이 필요하다.

[그림 6-7]은 연관 사상 / 순수 페이징을 혼용한 페이지 주소변환 과정을 보이고 있다. 가장 최근에 참조된 페이지는 조만간 다시 사용되기 쉽다는 지역성 원리를 이용하여 **연관 기억 장치 TLB에는 페이지 테이블의 전체 항목 중 국부성이 있는 페이지만을 보관하고 나머지는 페이지 테이블에 수록하여 연관 사상 테이블에 없을 때는 순수 페이징 기법으로 주소 사상을 구현하는 방법**을 말한다.

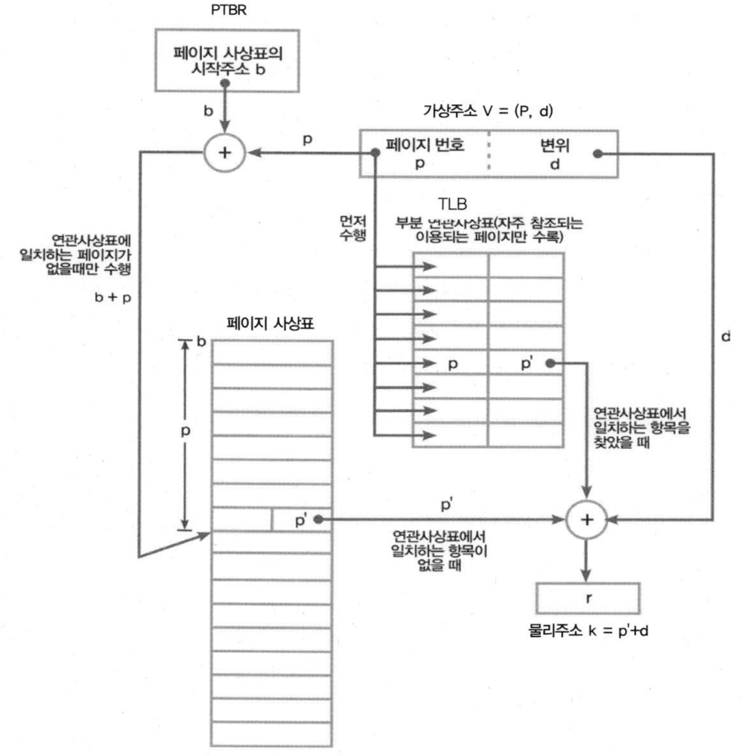

[그림 6-7] 연관 / 순수 페이징을 혼용한 페이지 주소변환 과정

- 동적 주소변환 과정
  - 프로세스는 가상 주소 V = (P, d)를 참조하여 연관 기억 장치 TLB를 먼저 탐색한다. 페이지 p가 TLB에 있다면 곧 바로 p' + d를 계산하여 물리 주소 k를 생성한다.

– 연관 기억 장치 TLB에 페이지 p가 없으면 페이지 테이블을 탐색하여 직접 사상 방법으로 물리 주소 k를 생성한다.

- 동시에 연관 기억 장치 TLB도 이 정보를 포함하게 갱신된다. 하드웨어는 TLB 내에 최근에 가장 적게 사용된 페이지 항목 대신에 방금 사용된 이 페이지 p 항목을 포함시킨다.
- 앞으로는 페이지 p의 참조는 TLB로 인하여 빠르게 주소 변환이 된다.
- 운영체제가 국부성을 무시하고 연관 기억 장치에 TLB를 잘못 유지하면 매번 TLB를 1차 탐색하고 페이지 테이블을 2차 탐색하게 되므로 성능은 오히려 저하된다.

2) 기억장치 접근시간 계산

연관 / 순수 페이징을 혼용한 페이지 주소 변환시 기억 장치 접근 시간을 계산해보자. 연관 기억 장치의 검색이 50ms, 기억 장치 접근이 750ms가 소요된다고 할 때, 원하는 페이지가 연관 기억 장치에 있다면 전체 기억 장치 접근 시간은 800ms가 필요하다. 페이지가 발견되지 않을 때, 프레임 번호를 알려고 기억 장치를 검색하여(750ms), 원하는 페이지에 접근(750ms)하므로 전체 1,550ms가 소요된다. 이때 유효 기억 장치 접근 시간은 적중률을 가중치로 주어 평균으로 계산한다.

- 적중률이 80%라면(원하는 페이지가 연관 기억 장치에 있을 확률 0.8)
  유효 기억 장치 접근 시간 = 0.8 × 800 + 0.2 × 1550 = 950ms
  즉, 750ms → 950ms로 떨어지므로 26.6%만큼 지연된다.
- 적중률이 90%라면(원하는 페이지가 연관 기억 장치에 있을 확률 0.9)
  유효 기억 장치 접근시간 = 0.9 × 800 + 0.1 × 1550 = 875ms
  즉, 750ms → 875ms로 떨어지므로 16.6%만큼 지연된다.

2-3 페이지 테이블 구조

1) 계층구조 페이지 테이블

계층구조 페이지 테이블(hierarchical page tables)은 가상 주소 공간을 여러 단계의 페이지 테이블로 나누는 것이다. 단순한 방법은 2단계 페이지 테이블이다. 가상 주소(4K 페이지 크기를 갖는 32 bit 컴퓨터)는 20 비트 페이지 번호와 12 비트 페이지 오프셋의 두 부분으로 나누어진다.

페이지 테이블에 만들어지면, 앞부분의 페이지 번호는 다시 10비트 페이지 번호와 10비트 페이지 오프셋으로 10비트씩 분할된다. 따라서 가상 주소는 다음 [그림 6-8]과 같다. p1 은 외부(outer) 페이지 테이블의 인덱스이고, p2는 외부(outer) 페이지 테이블 내에서의 오프셋 또는 변위(displacement)가 된다.

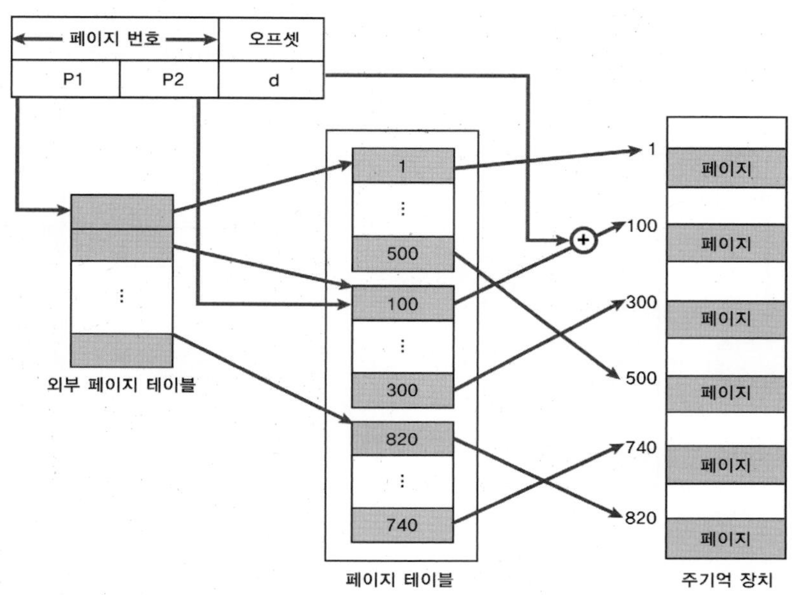

[그림 6-8] 2단계 페이지 테이블 구조

주소변환 과정은 P1 으로부터 외부 페이지 테이블을 찾고 P2로 각 페이지 테이블을 찾고 해당 페이지 테이블에서 찾는 프레임 주소에 변위 d를 더하여 물리 주소를 계산한다.

페이지 번호		페이지 변위
P1	P2	d
10비트	10비트	12비트

2) 해시 페이지 테이블

해시 페이지 테이블(hashed page tables)은 보통 주소 공간이 32비트 이상일 때 사용한다. 가상 페이지 번호가 페이지 테이블에 해싱(hashing)된다. 이 페이지 테이블은 같은 위치에 해시되는 항목들에 체인(chain) 형태의 연결 리스트를 가지고 있다. 연결 리스트는 [그림 6-9]와 같이 가상 페이지 번호, 사상되는 페이지 프레임 번호, 다음 포인터로 되어 있다. 주소변환 과정은 다음과 같다.

① 가상주소공간으로부터 페이지 번호가 오면 그 번호를 해싱한다.
② 해시 테이블에서 연결 리스트를 따라가며 첫 번째 노드의 가상 페이지 번호가 일치되는지 비교된다.
③ 일치되는 페이지 번호를 찾으면 그에 대응하는 두 번째 필드의 페이지 프레임 번호에 변위를 더하여 해당 페이지 프레임의 물리 주소를 계산한다.
④ 일치하지 않으면 연결 리스트 두 번째 노드부터 비교하는 과정을 반복한다.

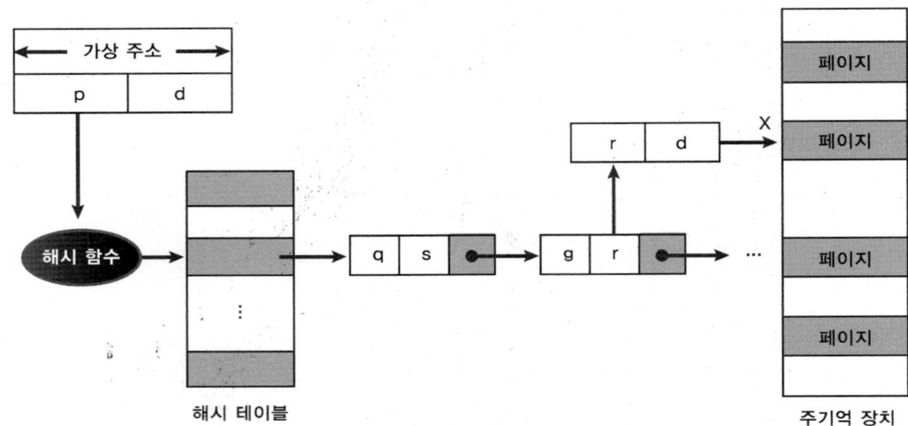

[그림 6-9] 해시 페이지 테이블 구조

3) 역 페이지 테이블

역 페이지 테이블(inverted page tables)은 기억 장치의 실제 페이지 프레임당 각각 하나의 항목씩 할당한다. 각 항목은 그 페이지를 소유하는 프로세스의 정보(process id)와 함께 주기억 장치에 저장된 페이지의 가상 주소로 구성된다. 시스템에는 단 하나의 페이지 테이블만 존재하게 되고, 페이지 테이블 내 각 항목은 주기억 장치 한 프레임씩 가리킨다.

논리 페이지마다 항목을 가지는 대신 물리 프레임에 대응하는 항목만 테이블에 저장하므로 기억 장소가 절약된다. 테이블 전체를 검색, 탐색하므로 시간이 소요된다. 페이지 테이블 항목 검색 시간을 줄이려고 해시 테이블을 사용한다.

주소변환 과정은 pid와 페이지 번호 p를 사용하여 페이지 테이블을 검색한다. 일치되는 페이지를 찾으면 색인에 변위를 더하여 해당 페이지 프레임의 물리 주소를 계산한다.

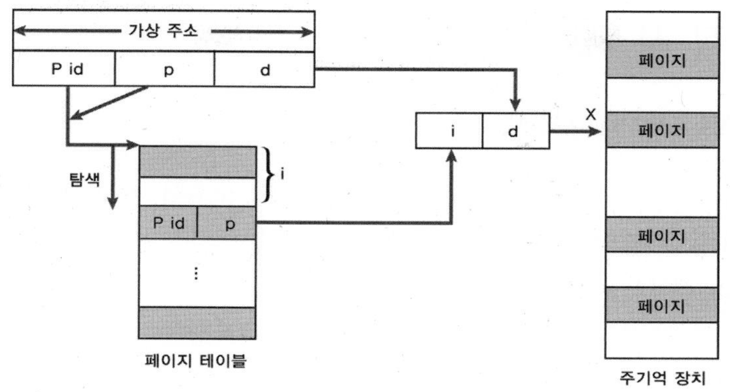

[그림 6-10] 역 페이지 테이블 구조

2-4 페이징 시스템의 공유

다중 프로그램 컴퓨터 특히 시분할 시스템에서 여러 사용자가 같은 프로그램을 수행 할 때, 주기억 장치의 낭비를 방지하기 위해 공유가 가능한 페이지를 사용한다. [그림 6-11]는 페이지 공유 예를 나타내고 있다. 세 개의 프로세스 p1, p2, p3이 각각 자신의 페이지 테이블에 공유하고자 하는 편집기 1,2,3의 물리 주소를 갈게 갖도록 함으로써 공유하고 있다.

공유는 한 프로세스 집단을 효과적으로 수행하는 데 필요한 주기억 장치의 양을 줄이는 동시에 주어진 시스템을 더 많은 사용자가 쓸 수 있게 해준다. 각 프로세스의 페이지 사상표 내에 공유하고자 하는 페이지의 주기억 장치 주소(물리주소)를 같게 함으로써, 같은 위치의 페이지 프레임에 적재되어 공유를 할 수 있게 된다.

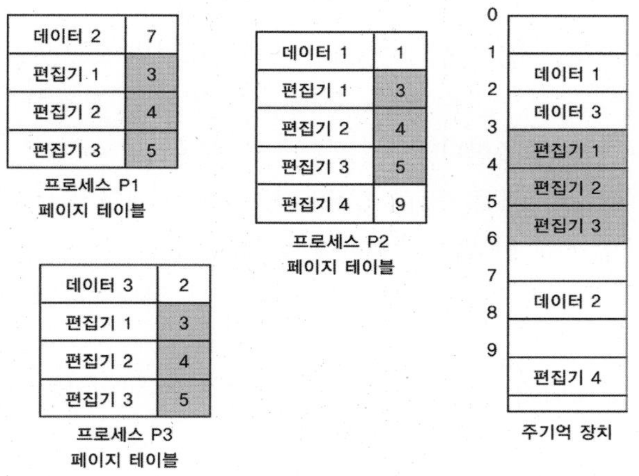

[그림 6-11] 페이징 시스템에서의 공유 예

2-5 페이징 시스템의 예

1) 윈도우 NT/2000/XP 예

모든 윈도우(windows) NT/2000/XP 프로세스는 4GB의 가상 주소 공간이 주어지고 모두 사용하지 않고 필요한 만큼만 사용한다. 2GB 가상 주소 공간의 일부는 스레드가 사용자 공간 메모리 객체를 사용하고 나머지 부분은 OS(슈퍼바이저, 관리자 공간)가 사용한다.

윈도우 NT/2000/XP에서 페이징에 의한 주소변환 과정을 알아보자. 윈도우 역시 주소 번역은 한 페이지를 빠르게 페이지 프레임으로 사상하고 찾아내려고 하드웨어적으로 의존하고 있다. 가상 주소 크기는 32비트이고 2계층 페이지 테이블을 사용한다.

최하위 비트인 바이트 인덱스(페이지 오프셋, 행 번호) k1은 페이지 크기 4KB를 가진 intel x86프로세서에서는 12비트이고, 8KB를 가진 Digital Alpha 프로세서에서는 13비트이다. x86 프로세서에서는 페이지 테이블 k2, 페이지 디렉토리 인덱스 k3 는 각각 10비트이고, Alpha 프로세서에서는 k2가 11비트, k3 는 8비트이다.

가상 주소		페이지 오프셋
페이지 디렉토리 인덱스 k3	**페이지 테이블 인덱스 k2**	**바이트 인덱스 k1**
10비트	10비트	12비트

윈도우 페이징의 가상 주소 변환을 [그림 6-12]에 보이고 있다.

- 프로세스 디스크립터는 주어진 프로세스를 위한 페이지 디렉토리의 처음 주소 A를 가지고 있다.
- 페이지 디렉토리 인덱스 k1은 특정 페이지를 위한 페이지 디스크립터 엔트리(PDE : Page Descriptor Entry)가 위치한 페이지 디렉토리의 오프셋이다. 각 프로세스는 몇 개의 페이지 테이블을 가질 수 있다. PDE는 기억 장소 참조에 사용되는 B와 같이 특정 페이지 테이블을 참조한다.
- 페이지 테이블 엔트리(PTE: Page Table Entry)는 페이지 테이블 인덱스 k2를 주소에서 페이지 테이블로 인덱스를 통하여 찾게 된다.
- 원하는 페이지가 주기억 장치에 페이지 프레임 j로 적재된다면 PTE는 그 페이지 프레임 C를 가리키게 된다.
- 만약 페이지가 적재되어 있지 않다면 가상기억 장치 관리자는 페이지 파일 안에서 그 페이지를 찾다.
- 적재시킬 적당한 페이지 프레임을 찾은 후 프로세스에게 그 페이지를 할당하고 주기억 장치 페이지 프레임에 적재시킨다.

• 바이트 인덱스는 주기억 장치의 목적 바이트(행)를 얻으려고 페이지 프레임 기본 주소에 붙여진다.

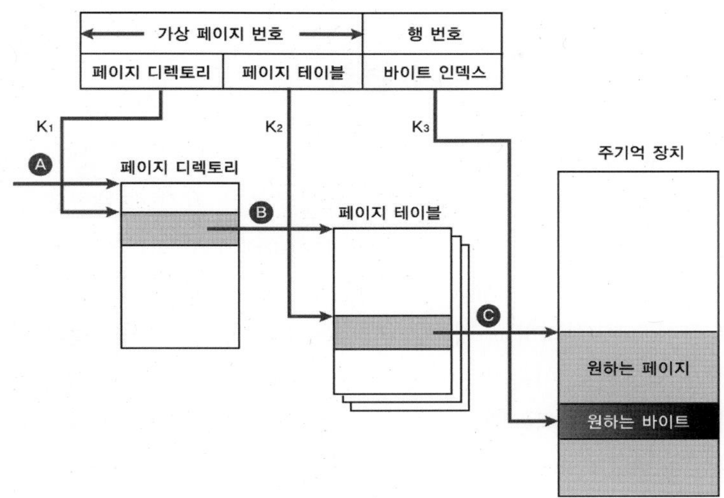

[그림 6-12] 윈도우 페이징의 가상 주소 변환

3 세그먼테이션 기법

3-1 세그먼테이션 가상 주소변환

한 프로그램은 주(main) 프로그램, 서브루틴, 함수, 모듈로 구성되어 있고 배열, 테이블, 스택 변수들이 있다. 이러한 모듈이나 자료구조들은 각각 고유한 이름을 가지고 있으며 이를 심볼 테이블이라 한다. 세그먼테이션(segmentation)은 기억장치를 논리 주소 공간으로 보는 사용자 관점을 그대로 지원하는 기억장치 관리 기법이다. 논리주소 공간을 세그먼트들의 집합으로 정의하고 각 세그먼트는 이름과 길이를 가진다. 이러한 시스템에서는 논리주소가 세그먼트 이름과 세그먼트 내에서의 오프셋(변위)로 나누어 진다. 구현을 쉽게 하기 위해 세그먼트 이름대신에 세그먼트 번호가 시스템에 의해 매겨진다.

세그먼테이션(segmentation)의 가상 주소는 페이징과 같이 **(세그먼트 번호, 변위)의 순서쌍으로 구성**된다. 세그먼트 번호는 세그먼트가 주기억 장치에 적재될 기본 위치이다. 오프셋(offset) 또는 변위(displacement)는 세그먼트 안에서 해당 항목이 있는 곳까지 거리이다.

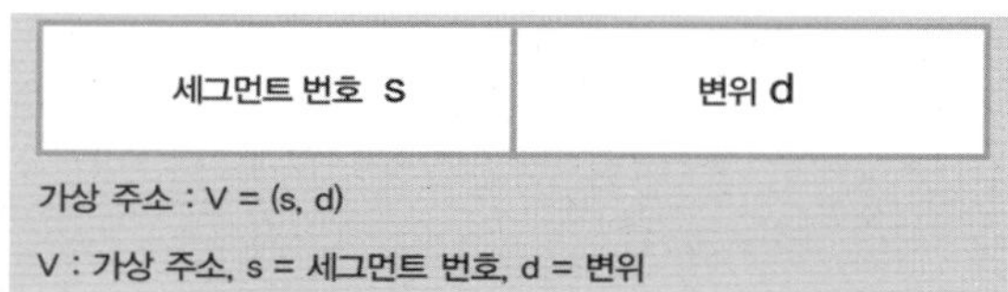

세그먼트 이름은 세그먼트와 오프셋(변위)으로 구성되므로 가상 주소변환을 다음과 같은 형식으로 한다.

B_t : 세그먼트 공간 x 오프셋 공간 -> 물리 주소 공간 ∪ {Ω }

주소변환 함수 Bt는 다음과 같이 표현한다. i는 세그먼트 주소, j는 그 세그먼트 안의 오프셋이고, k는 그 세그먼트가 적재될 주기억 장치의 물리 주소이다.

$B_t(i, j) = k$

세그먼트 이름(segmentName)과 오프셋 이름(offsetName)은 파일 이름처럼 전형적인 심볼 이름이고 실행 시간에 해석되고 바인딩 된다. 이는 프로세스로 하여금 특정 세그먼트 번호를 알 필요 없이 다른 세그먼트의 심볼 참조로 프로그램을 사용할 수 있게 한다. 만약 시스템이 실행 시간까지 세그먼트 바인딩을 연기한다면 가상 주소변환 이전 단계에서 한 번 더 주소 번역이 필요하다.

```
S: 세그먼트 이름 -> 세그먼트 번호
```

따라서 주소변환은 다음과 같은 형태를 갖는다. segmentName은 실행가능 이진 이미지 프로그램으로 컴파일 될 목적 세그먼트의 심볼이다.

$$B_t(S(segmentName), j) = k$$

또한, 세그먼트 안의 오프셋 이름(offsetName)은 실행 시간에 번역되어 바인딩 된다.

```
N: 오프셋 이름 → 오프셋 주소
```

가상 주소의 오프셋을 목적지 세그먼트의 오프셋으로 바인딩을 연기하는 것은 컴파일/링크 시간에 목적지 세그먼트의 오프셋을 알 필요가 없다는 것을 의미한다. 따라서 목적지 세그먼트 오프셋은 컴파일러와 링커가 심볼로 정의할 수 있다.

따라서 **세그먼테이션의 가상주소 변환**은 다음과 같이 된다. segmentName은 심볼 세그먼트 이름이고 offsetName은 그 세그먼트의 진입점(entry point) 이름과 같은 심볼이다.

$$B_t(S(segmentName), N(offsetName)) = k$$

[그림 6-13]는 세그먼테이션의 주소 번역 과정을 나타낸다. S-map은 세그먼트 이름을 세그먼트 번호로 번역하고 N-map은 심볼 오프셋을 숫자 오프셋으로 번역한다.

운영체제는 각 프로세스의 세그먼트 테이블(segment table)을 유지하는데 세그먼트 테이블은 프로세스가 실행되는 동안 주기억 장치에 저장되며 세그먼트의 기준(base) 시작 주소, 세그먼트 경계(limit) 또는 한계, 세그먼트 보호(protection) 정보를 가지고 있다.

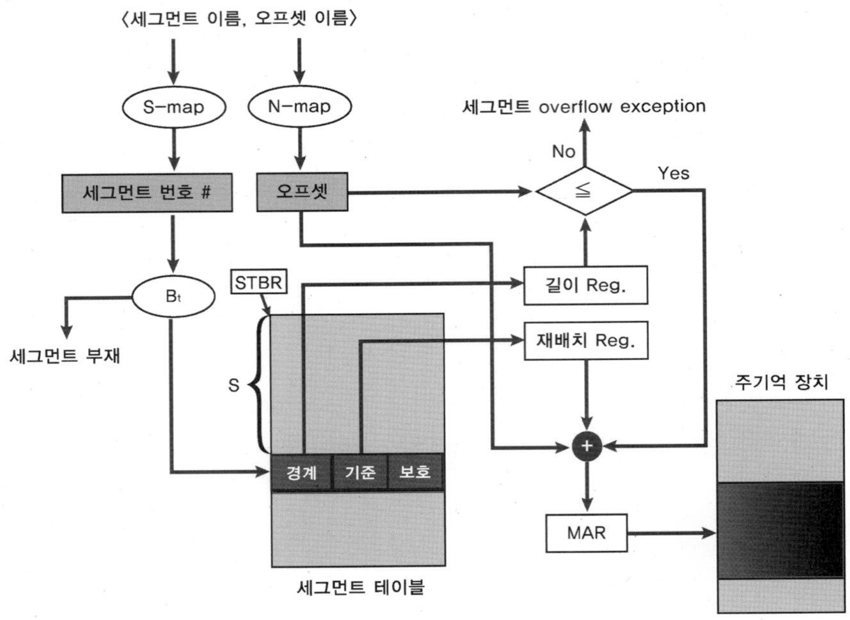

[그림 6-13] 세그먼테이션에서의 주소변환 과정

기준 주소 필드는 목적 세그먼트의 재배치 레지스터(Segment Base Register)를 가지고 있고, 경계 필드는 세그먼트 길이 레지스터(Segment Length Register)를 가지고 있다. 보호 필드는 세그먼트에 대한 접근 권한 정보를 가지고 있다. **세그먼트 테이블 기준 레지스터(STBR: Segment Table Base Register)는 주기억 장치 내 세그먼트 테이블의 위치를 나타낸다.**

[표 6-1] 레지스터, 보호 필드의 내용과 의미

이름	기호	의미	오류 및 행동
세그먼트 테이블 기준 레지스터	STBR	세그먼트 테이블이 위치한 주기억장치 주소	
세그먼트 번호	s	STBR과 세그먼트 번호 s를 더하여 세그먼트가 적재될 재배치주소 SBR 얻음	S가 세그먼트 사상표에 없으면 세그먼트 부재(segment fault) 발생
세그먼트 길이 레지스터	SLR	세그먼트의 총 길이로 오프셋(d)과 비교하여 그 세그먼트의 범위 내에 있는지 검사	오프셋(d) 〈 SLR이면 세그먼트 오버플로 에러 발생
세그먼트	SBR	세그먼트가 주기억 장치 내에 있을	주기억 장치에서 곧바로 세그먼트의

이름	기호	의미	오류 및 행동
재배치 레지스터		때, 세그먼트가 시작되는 주기억 장치의 주소	적재 위치를 찾음
보호 비트	R	이 세그먼트를 읽기 가능	보호 비트를 조사하여 접근이 허락되지 않을 때, 세그먼트 보호 예외 발생
	W	이 세그먼트를 수정 가능	
	E	이 세그먼트를 실행 가능	
	A	이 세그먼트 끝에 추가 가능	

실행되는 프로세스는 세그먼트 가상 주소 V = (s, d)를 참조하여, 세그먼트 번호 s에 세그먼트 테이블 기준 레지스터 STBR와 더해져 세그먼트가 주기억 장치에 적재될 재배치 주소인 SBR(또는 s'라고 함)를 얻는다. 주소변환 Bt는 SBR s'과 오프셋 d를 더하여 물리 주소 k = SBR + d를 얻는다.

3-2 주기억 장치에 적재된 세그먼트

페이징 시스템처럼 세그먼트 주소변환을 구현하는 데는 여러 방법들이 있다. 그것은 순수 세그먼테이션(pure segmentation)이나 연관 사상 혹은 그들을 혼합한 방법을 사용할 수도 있다. [그림 6-14]은 세그먼테이션에서 가상 주소가 물리 주소로 변환되어 주기억 장치 내에 적재된 예를 나타내고 있다.

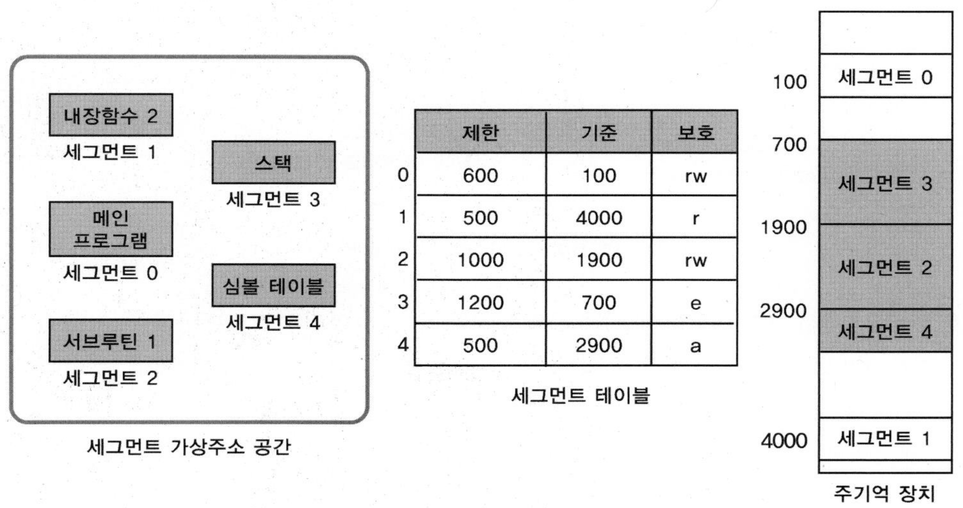

[그림 6-14] 순수 세그먼테이션으로 기억장치에 적재된 세그먼트

3-3 세그먼트 시스템에서의 공유

세그먼트 기법은 세그먼트가 특정 크기를 갖게 임의로 지정되지 않는다. 그 대신 합리적인 한계 내에서 필요한 크기를 갖게 허용한다. 하나의 배열에 대응되는 세그먼트는 배열과 같은 크기를 갖고, 동적 자료구조에 대응되는 세그먼트는 그 자료구조 자체가 커지거나 작아짐에 따라 동적으로 커지고 작아진다.

세그먼트 시스템에서는 한 세그먼트의 공유가 일단 선언되고 나면, 자료구조는 그것이 공유된 세그먼트에 속한다는 논리적 사실의 변동 없이 마음대로 늘어나거나 줄어들 수 있다. [그림 6-15]은 세그먼트 시스템에서 두 프로세스가 텍스트 편집기를 공유하는 방법을 보이고 있다.

두 프로세스 P1, P2는 자신의 세그먼트 테이블에 주기억 장치에 적재될 동일한 세그먼트(텍스트 편집기) 주소를 가짐으로써 주기억 장치 내에서 그 세그먼트(텍스트 편집기)를 공유한다.

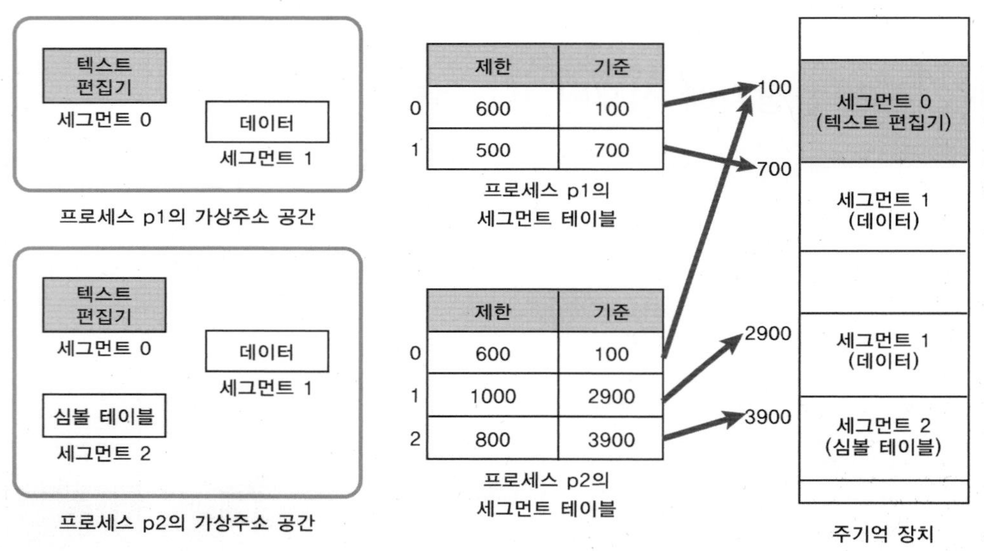

[그림 6-15] 세그먼트 시스템에서의 공유

이 시스템에서 일단 어떤 세그먼트가 공유된다고 선언되면 자료 구조는 이것이 공유된 세그먼트 내에 있다는 논리적인 사실을 바꾸지 않고도 그 크기를 임의로 늘리거나 줄일 수도 있다. 보통 워드프로세서와 같은 여러 사용자가 공유할 수 있는 프로그램 세그먼트가 순수 세그먼테이션 시스템에서 공유된다.

3-4 세그먼테이션 시스템 예

1) MULTICS 페이징 세그먼테이션 혼용

멀틱스(MULTICS) 운영체제는 동적 세그먼트와 오프셋 바인딩을 가진 가장 일반적인 세그먼테이션을 지원한다. 다음 [그림 6-16]는 멀틱스 운영체제에서의 세그먼테이션 기법을 나타내고 있다.

멀틱스는 세그먼트 크기가 너무 가변적이고 때로는 그 크기가 지나치게 커서 주기억 장치에 적재할 수 없는 문제와 외부 단편화 문제점을 극복하려는 방안으로 하나의 세그먼트를 정수배의 페이지로 다시 분할하는 페이지/세그먼트 혼용 기법을 제공한다. 즉 세그먼트를 페이지화 하는 것을 말한다.

가상 주소는 3차원의 요소 즉 V = (s, p, d)로 표현된다. s는 세그먼트 번호, p는 페이지 번호, d는 오프셋이다.

가상 주소

세그먼트 번호 s	페이지 번호 p	페이지 오프셋 d

각 세그먼트는 파일, 프로시저, 배열과 같은 논리적인 단위를 지원한다. 이 방법은 순수 세그먼테이션 기법과 달리 세그먼트 테이블은 세그먼트의 기준 주소를 가지는 대신 그 세그먼트의 페이지 테이블의 기준 주소를 포함한다. 이 전략은 여러 프로세스 간에 세그먼트를 공유할 수 있다.

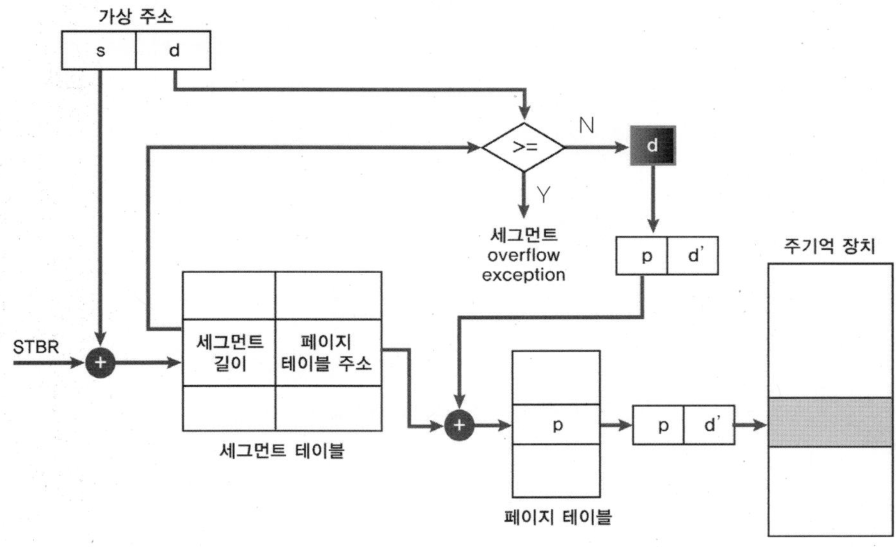

[그림 6-16] 멀틱스 페이징 세그먼테이션 혼용 기법

2) 윈도우 페이지/세그먼트 혼용 시스템

윈도우의 페이징 시스템과 마찬가지로 세그먼테이션을 혼용할 수 있다. 가상 주소는 세그먼트 선택, 오프셋으로 구성된다. 세그먼트 선택자(selector)는 각 세그먼트의 세그먼트 번호이다.

가상 주소

세그먼트 선택자	오프셋

오프셋은 그 세그먼트에 속하는 페이지 가상 주소를 찾으려는 페이지 테이블의 주소이다. [그림 6-17]에 나타내는 것처럼, 주소변환 과정은 먼저 세그먼트 번호로부터 세그먼트 테이블을 참조하여 해당하는 페이지 번호를 오프셋으로 더하여 원하는 페이지의 페이지 테이블을 찾으려는 선형 주소(페이지 디렉토리, 페이지 테이블, 바이트 오프셋)를 얻는다. 페이지 가상 주소를 얻게 되면 나머지 주소변환은 윈도우 페이징 주소변환과 같다.

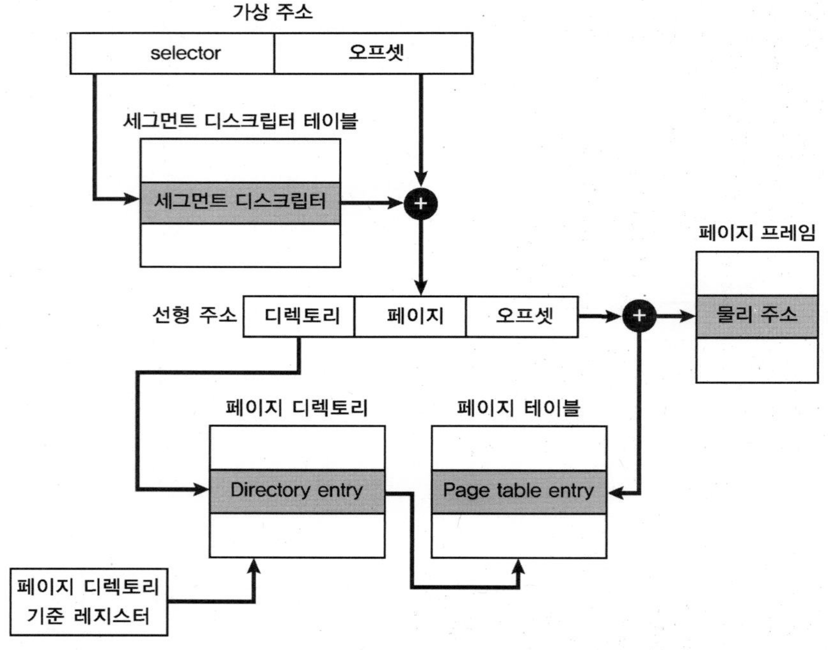

[그림 6-17] 윈도우 세그먼테이션 기법

4 가상기억 장치 관리정책

4-1 배경

실제 프로그램들을 살펴보면 대부분은 어느 수행되는 시점에서 프로그램 전체가 한꺼번에 주기억 장치에 적재되어 있어야 할 필요가 없다는 것을 알 수 있다. 예를 들면,

- 프로그램에는 잘 발생하지 않는 오류 조건(error condition)을 처리하는 코드가 있다. 실제로 이러한 오류들은 거의 발생하지 않으며, 발생해도 이 오류 코드는 실행되지 않는다.
- 배열(array), 리스트(list), 테이블(table) 등은 실제로 요구되는 기억 공간보다 더 많은 기억 공간이 할당된다. 배열이 10×20보다 크지 않더라도 프로그래머가 100×200으로 선언할 수도 있다. 어셈블러 심벌 테이블들은 프로그램이 평균 200개의 심벌 이하를 갖는다고 하더라도 2,000개의 심볼을 위한 기억공간을 가질 수도 있다.

만약 전체 프로그램을 요구할지라도 똑같은 시간에 모두 요구되지 않을 수 있다. 예를 들면, 프로그램을 부분적으로 분할하여 모듈 단위로 기억 공간에 저장시켜 수행할 수 있다면 다음과 같은 많은 이점을 얻을 수 있다.

[프로그램을 분할함으로써 얻는 이점]

- 프로그램들은 실제로 물리적인 기억 공간에 의해 더 이상 제약을 받지 않는다. 사용자들은 매우 큰 가상기억 공간에서 자유로이 프로그래밍 할 수 있고, 프로그래밍 작업도 간단하게 할 수 있다.
- 각 사용자들은 물리적인 기억공간을 적게 차지하므로 더 많은 프로그램들을 똑같은 시간에 수행시킬 수 있다. 따라서 응답 시간(response time)과 반환 시간(turn around time)은 크게 증가하지는 않지만, CPU의 이용률과 처리율은 증가한다.
- 각 사용자 프로그램들이 기억 장치에 적재 또는 교체(swap) 되기 위해 필요한 입출력들이 적어지므로 각 사용자 프로그램들은 더 빨리 수행될 수 있다. 그러므로 수행 프로그램이 주기억 장치에 반드시 존재하지 않아도 시스템과 사용자에게 이익을 준다.

운영체제는 비싸고 제한된 시스템의 자원들을 효율적으로 사용되게 관리해야 한다. 기억 장치 관리 정책은 여러 사용자 프로세스들이 주기억 장치를 낭비하지 않고 가장 효율적

으로 사용할 수 있게 설계되어야 한다.

4-2 반입 정책

반입 정책(fetch strategic)은 CPU에 의해 프로세스가 수행되기 위해서, 적재할 페이지(또는 세그먼트)를 언제(When) 주기억 장치로 가져올 것인가를 결정하는 문제이다.

1) 요구 페이징

요구 페이징(demand paging)은 프로세스가 수행되는 시점에 특정 페이지(또는 세그먼트)를 주기억 장치로 적재한다. 즉, 페이지 요구가 있을 때 요구된 페이지만을 주기억 장치로 이동하며, 동시에 모든 페이지를 적재하지 않는다. 사용되지 않는 페이지를 기억장치에 읽어 들이는 것을 예방하고, 교체시간, 기억 공간 감소 및 다중 프로그래밍 정도를 증가시키는 방법이다.

요구 페이징은 주기억 장치에 실행할 프로세스의 페이지가 전혀 없어도 프로세스는 수행을 시작할 수 있다. 프로세스는 최초의 명령부터 페이지 부재를 일으키며, 페이지가 메모리로 들어온 후, 프로세스는 수행을 계속하면서 수행에 필요한 모든 페이지가 메모리에 적재될 대까지 필요할 때마다 페이지 부재를 발생시키다. 수행에 필요한 모든 페이지가 메모리에 적재되면 프로세스는 더 이상 페이지 부재를 발생시키지 않고 수행을 계속한다.

(1) 요구 페이징의 장점

- 요구 반입 기법으로 호출되는 페이지는 실제로 참조되는 페이지이다. 액세스되지 않은 페이지를 적재하지 않아 메모리가 절약된다.
- 어느 페이지를 주기억 장치로 옮길지를 결정하는 데 있어서의 오버헤드는 적다.
- 적은 수의 페이지를 읽으므로 초기 디스크 오버헤드가 적다.
- 페이지 부재율이 비교적 낮은 때, 요구 페이징은 하나의 프로세스에 할당되는 프레임의 수를 감소시키려고 사용될 수 있다.
- 이런 조정은 어떤 순간에 더 많은 프로세스가 수행될 수 있게 함으로써 다중 프로그래밍의 정도와 그 시스템의 CPU 이용도를 증가시킨다.
- 프로그램을 실행할 충분한 기억장치가 없는 시스템에서도 대용량 프로그램을 실행 가능하며, 프로그래머는 이전 중첩(오버레이) 기법보다 쉽게 구현 가능하다.

(2) 요구 페이징의 단점

- 페이지를 할당받으려면 대기시간이 길다는 점이다.
- 개별 프로그램들은 페이지에 처음 접근할 때 약간의 지연이 발생한다.
- 저비용, 저 성능의 시스템에 실행되는 프로그램은 페이지 대체를 지원하는 기억장치 관리 장치가 없다.
- 기억장치 관리(페이지 교체)가 복잡하다.

2) 예상 페이징(프리 페이징)

예상 페이징(anticipatory paging)은 현 프로세스 수행 도중에 앞으로 계속 수행할 가능성이 높은 페이지(또는 세그먼트)를 예상하여 미리 주기억 장치로 적재한다.

요구 페이징 시스템에서는 프로세스가 시작될 때 많은 페이지 부재를 발생한다. 이것은 기억 장치 내에 최초의 지역성을 형성하려고 할 때 생기는 현상이다. **예상 페이징은 이러한 최초의 과도한 페이지 부재를 방지하려고 예상되는 모든 페이지를 사전에 한꺼번에 기억 장치 내로 가져오는 기법**이다.

s개의 페이지가 예상 페이징 되었고 이중 실제로 α $(0 \leq \alpha \leq 1)$개 만큼만 사용되었다면, 문제는 $(1-\alpha)$s개의 페이지를 예상 페이징 하는데 필요한 비용과, α s개의 페이지 부재를 해결하는 데 필요한 비용보다 더 많은지 아니면 적은지에 있다. 만약에 α 가 0에 가까우면 예상 페이징은 좋지 않은 것이고, α 가 1에 가까우면 예상 페이징의 효과는 좋은 것이다.

(1) 예상 페이징의 장점

- 예측 결정이 맞으면 프로세스의 실행 시간은 대단히 감소된다.
- 만약 정확한 결정이라면 다른 프로세스 실행에 영향을 주지 않는다.
- 예상 페이징의 비용이 페이지 부재를 해결하는 데 드는 비용보다 적다.
- 컴퓨터의 하드웨어 가격 하락으로 옳지 못한 결정의 결과도 그리 심각하지 않다. 왜냐하면 주기억 장치 용량을 크게 함으로써 페이지의 초과량을 수용할 수 있기 때문이다.

(2) 예상 페이징의 단점

- 어느 페이지를 주기억 장치로 옮길지를 결정하는 데 있어서의 오버헤드가 크다.
- 예상 페이징으로 기억 장치에 들어온 페이지들 중에서 많은 페이지가 사용되지 않을 수도 있다.

- 사용 가능성이 높은 페이지를 서전에 선정하는 것이 현실적으로 힘들다. 참고로 이를 해결하기 위한 방법이 참조의 국부성(locality) 원리이다.

4-3 교체 정책

교체 정책(replacement strategy)은 CPU가 수행하고자 하는 새로운 페이지(또는 세그먼트)를 주기억 장치에 적재하기 위해서, 어떤(who) 페이지를 주기억 장치로부터 제거할 것인가를 결정하는 정책이다.

교체 정책은 페이지 부재가 발생하면, 운영체제가 들어올 페이지의 공간을 만들어 주려고 주기억 장치로부터 제거할 페이지를 선택하는 정책이다. 만약 제거되는 페이지가 기억장치에 있는 동안 변경되었다면, 그 페이지는 디스크 복사를 통해 디스크에 재기록 되어야 한다. 그러나 만약 페이지가 변경되지 않았다면, 재기록이 필요 없다. 새로 읽어온 페이지는 방금 제거된 페이지 위치에 적재된다. 따라서 새로운 페이지가 보조기억 장치에서 주기억 장치로 전송될 때 주기억 장치가 꽉 찬 상태에 있으면 제거할 페이지를 선택해야 한다.

본 절에서는 페이징 시스템에서 페이지를 교체하는 기법을 설명한다. **운영체제의 기억장치 관리자가 새로 주기억 장치에 적재되어야 할 페이지를 위하여 기존의 어느 페이지를 주기억 장치로부터 제거하여 교체할 것인지를 결정하는 것으로 다음과 같은 알고리즘들이 있다.**

- 최적 교체(optimal replacement)
- 무작위 페이지 교체(random page replacement)
- 선입 선출 : FIFO(First In First Out) 교체
- LRU(Least Recently Used) 교체
- LFU(Least Rrequently Used) 교체
- NUR(Not Use Recently) 교체
- 2차 기회(Second chance) 교체

1) 최적 교체(optimal replacement)

최적 교체 또는 Belady의 MIN 페이지 교체 기법은 Belady가 제안한 것으로 최적의 성과를 얻으려고 현 페이지가 참조된 시점에서 그 이후로도 가장 오랫동안 사용되지 않은 페이지를 교체한다.

- 페이지 교체 방법에 있어서 최적의 실행을 얻으려고, 앞으로 가장 오랜 기간 동안 사용되지 않을 페이지를 교체시키는 것을 말한다.
- **최적 교체**의 장점은 FIFO의 모순을 피할 수 있는 알고리즘(최소의 페이지 부재율을 가지는 알고리즘)이다.
- **최적 교체**의 단점은 페이지 호출 순서의 모든 상황을 사전에 미리 파악하고 있어야 하므로 다루기가 어렵고 비현실적이다.

[표 6-2]는 프로세스의 페이지 참조 열이 7 0 1 2 0 3 0 4 2 3 0 3 2 1 0 1 7 0 1이라고 가정할 때, 최적 교체 알고리즘을 사용하여 주기억 장치에 있는 페이지를 선택하여 교체한 결과를 보이고 있다. [표 6-2]에서 "F"는 페이지 부재(page fault)를 나타낸다. 페이지 부재란 현재 수행 중인 프로세스의 페이지가 주기억 장치의 페이지 프레임 내에 없는 때를 말하며, 이때 해당페이지를 가상기억 장치로부터 적재해야 한다.

[표 6-2] 최적 교체 사용한 페이지 교체 결과

참조열	7	0	1	2	0	3	0	4	2	3	0	3	2	1	2	0	1	7	0	1
페이지 프레임	**7**	7	7	**2**	2	2	2	2	2	2	2	2	2	2	2	2	2	**7**	7	7
		0	0	0	0	0	0	**4**	4	4	**0**	0	0	0	0	0	0	0	0	0
			1	1	1	**3**	3	3	3	3	3	3	3	**1**	1	1	1	1	1	1
	F	F	F	F		F		F			F			F				F		

2) 무작위 페이지 교체

무작위 페이지 교체 기법은 특별한 사용자들에게 차이를 두지 않고 페이지를 교체하는 기법으로, 교체할 페이지를 무작위로 선택한다.

- **무작위 페이지 교체**의 장점은 오버헤드가 적은 페이지 교체 기법이다.
- **무작위 페이지 교체**의 단점은 최악의 때에 바로 뒤에 호출될 페이지도 교체될 수 있다.

3) FIFO 교체

선입 선출(First In First Out) 교체 알고리즘은 각 페이지가 주기억 장치로 들어올 때마다 타임-스탬프(time-stamp)를 찍어 그 시간을 기억하고 있다가 페이지가 교체될 필요가 있을 때 가장 먼저 주기억 장치에 들어와 있는 페이지와 교체시키는 방법을 말한다.

• **FIFO 모순(anomaly) 또는 Belady의 모순**

어떤 프로세스에 할당된 페이지 프레임의 수가 증가하면 페이지 부재의 수가 감소하고 있는 것으로 알고 있는데 페이지 프레임의 수가 증가될 때 현실적으로 페이지 부재가 더 증가하는 현상을 말한다.

예를 들어, [표 6-3]에서 페이지 참조의 순서가 다음과 같이 0 1 2 3 0 1 4 0 1 2 3 4라고 가정한다면, 그림 (a)는 3개의 페이지 프레임을 사용하였을 때 9번의 페이지 부재가 발생하였고 그림 (b)는 4개의 페이지 프레임을 사용하여 오히려 10번의 페이지 부재가 발생하였다. 이를 FIFO 모순이라고 한다.

[표 6-3] FIFO 모순 예

참조열	0	1	2	3	0	1	4	0	1	2	3	4
페이지 프레임	**0**	0	0	**3**	3	3	**4**	4	4	4	4	4
		1	1	1	**0**	0	0	0	0	**2**	2	2
			2	2	2	**1**	1	1	1	1	**3**	3
	F	F	F	F	F	F	F			F	F	

(a) 3개의 페이지 프레임을 사용한 페이지 교체 결과

참조열	0	1	2	3	0	1	4	0	1	2	3	4
페이지 프레임	**0**	0	0	0	0	0	**4**	4	4	4	**3**	3
		1	1	1	1	1	1	**0**	0	0	0	**4**
			2	2	2	2	2	2	**1**	1	1	1
				3	3	3	3	3	3	**2**	2	2
	F	F	F	F			F	F	F	F	F	F

(b) 4개의 페이지 프레임을 사용한 페이지 교체 결과

• FIFO의 장점은 이해하기 쉽고 설계가 간단하다.

• FIFO의 단점은 중요한 페이지가 오랫동안 페이지 프레임을 차지하였다는 이유 하나만으로 교체되어야 하는 불합리성이 있다. 왜냐하면, 가장 오래 있었던 페이지는 앞으로 계속 사용될 가능성이 있기 때문이다.

다음 [표 6-4]은 프로세스의 앞 절의 최적 교체에서와 같은 페이지 참조열(7 0 1 2 0 3 0 4 2 3 0 3 2 1 0 1 7 0 1)에 선입선출(FIFO) 교체 알고리즘을 사용하여 주기억장치에 있는 페이지를 선택하여 교체한 결과를 보이고 있다.

[표 6-4] FIFO 페이지 교체 결과

참조열	7	0	1	2	0	3	0	4	2	3	0	3	2	1	2	0	1	7	0	1
	7	7	7	**2**		2	2	**4**	4	4	**0**			0	0			**7**	7	7
페이지 프레임		**0**	0	0		**3**	3	3	**2**	2	2			**1**	1			1	**0**	0
			1	1		1	**0**	0	0	**3**	3			3	**2**			2	2	**1**
	F	F	F	F		F	F	F	F	F	F			F	F			F	F	F

4) 2차 기회 페이지 교체(SCR : Second Chance Replacement)

2차 기회 교체는 FIFO 방식의 단점인 가장 오랫동안 주기억 장치에 있었던 가장 자주 쓰이던 페이지가 대체될 수도 있다는 것을 막으려는 방법으로, 모든 페이지들의 참조 비트를 두어 참조 비트가 1이면 피드백시켜 유지하고 ∅인 페이지만 교체하는 방법이다. [그림 6-18]은 2차 기회 페이지 교체 방법을 보이고 있다.

- 기본이 되는 알고리즘은 FIFO 교체 알고리즘이다.
- 2차 기회 교체
  - 페이지 테이블의 각 항목에 1개 참조 비트를 연관시킨 후, 처음은 운영체제로 모든 참조 비트가 "0"으로 된다. 그 후 한 프로세스가 수행되면서 참조한 각 페이지와 관계된 참조 비트는 그 값이 "1"로 바뀐다. 따라서 이 참조 비트의 값을 조사함으로써 어떤 페이지가 사용되었고 사용되지 않았는지를 알 수 있다.
  - 새로운 페이지가 주기억 장치에 적재되어야 할 때에 참조 비트가 "0"이면 그 페이지를 교체하고, "1"이면 참조 비트를 "0"으로 한 다음 큐로 피드백시킴으로써 그 페이지에 두 번째 기회를 주고 다음 페이지를 조사하여 FIFO 방식으로 진행한다(선형 큐 + 피드백).
  - 참조 비트가 1인 한 계속 주기억 장치 내에 머문다.

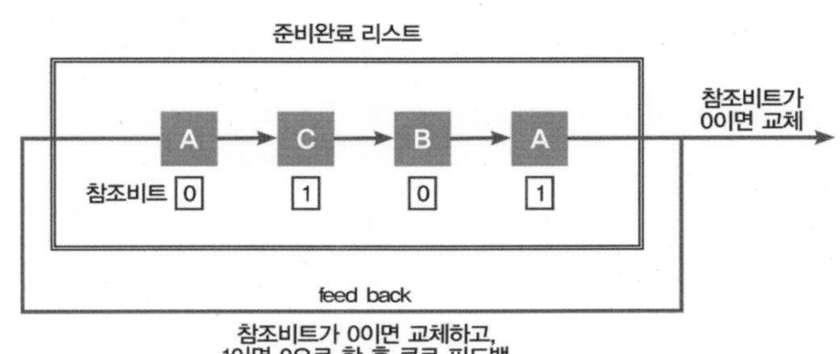

[그림 6-18] 2차 기회 페이지 교체 방법

5) LRU(Least Recently Used) 교체

LRU 교체 알고리즘은 가장 널리 사용되는 방법으로써 한 프로세스에서 사용되는 각 페이지마다 카운터를 두어 현시점에서 가장 오랫동안 사용되지 않은 페이지를 제거하는 방법이다.

- 최근 상황이 가까운 미래의 좋은 척도라는 경험적인 국부성(지역성)에 의존한다. 즉 오랜 기간 참조되지 않은 페이지라면 가까운 장래에도 역시 사용되지 않을 거라는 가정에 근거한 방법이다.
- LRU의 단점
  - 페이지를 불러왔던 시간을 기록해야 하므로, 시간 오버헤드가 발생한다.
  - 실제로는 구현하기가 매우 복잡하다.

[표 6-5]는 프로세스의 최적 교체와 같은 페이지 참조열에 대하여 LRU 교체 알고리즘을 사용하여 주기억 장치에 있는 페이지를 선택하여 교체한 결과를 보이고 있다.

[표 6-5] LRU를 사용한 페이지 교체 결과

참조열	7	0	1	2	0	3	0	4	2	3	0	3	2	1	2	0	1	7	0	1
페이지 프레임	**7**	7	7	**2**	2	2	2	**4**	4	4	**0**	0	0	**1**	1	1	1	1	1	1
		0	0	0	0	0	0	0	0	**3**	3	3	3	3	3	**0**	0	0	0	0
			1	1	1	**3**	3	3	**2**	2	2	2	2	2	2	2	2	**7**	7	7
	F	F	F	F		F		F	F	F	F			F		F		F		

6) LFU(Least Frequence Used)

LRU 교체에서는 사용된 시간이 가장 오래된 것을 제거하지만, LFU 교체에서는 사용빈도가 가장 낮은 페이지 즉 호출된 횟수가 가장 적은 페이지를 교체하는 방법이다. 만약 페이지 호출 횟수가 같을 경우에는 FIFO 교체 정책을 적용한다.

- LFU의 단점은 바로 불러온 페이지가 교체될 수 있다. 왜냐하면, 가장 드물게 이용되는 페이지가 가장 최근에 주기억 장치로 옮겨진 페이지일 가능성이 있기 때문이다.

[표 6-6]은 프로세스의 임의의 페이지 참조열 1 2 3 6 2 1 3 4 5 2 1 3에 LFU 교체 알고리즘을 사용하여 주기억 장치에 있는 페이지를 선택하여 교체한 결과를 보이고 있다.

[표 6-6] LFU를 사용한 페이지 교체 결과

참조열	1	2	3	6	2	1	3	4	5	2	1	3
페이지 프레임	**1**	1	1	1	1	1	1	1	1	1	1	1
		2	2	2	2	2	2	2	2	2	2	2
			3	3	3	3	3	3	3	3	3	3
				6	6	6	6	**4**	**5**	5	5	5
	F	F	F	F				F	F			

7) NUR(Not Used Recently) 교체

LRU 교체의 단점인 시간 오버헤드를 적게 하는 방법으로써 NUR 교체 기법을 사용한다. 즉 NUR은 최근에 사용되지 않은 페이지를 교체하는 것으로써 2개의 비트를 둔다. [표 6-7]은 NUR를 사용한 페이지 선택 방법을 보이고 있다.

- 2개의 비트는 참조 비트(referenced bit)와 변형 비트(modified bit)로 나누어진다.
  - 참조 비트 =0 : 그 페이지가 참조되지 않았을 때

    1 : 그 페이지가 참조된 적이 있을 때
  - 변형 비트 =0 : 그 페이지 내용이 변형되지 않았을 때

    1 : 그 페이지 내용이 변형되었을 때
- 초기의 참조 비트와 변형 비트는 모두 0으로 설정된다. 나중에 페이지가 참조나 변형이 되었을 때 각각 1로 세트한다.
- 하나의 페이지를 교체하고자 할 때는 참조 비트가 0인 페이지를 찾게 된다. 만일 모든 페이지의 참조 비트가 1일 때는, 다음으로 변형 비트가 0인 것을 찾는다. 왜냐하면, 변형 비트가 1일 때 그 페이지를 보조기억 장치에 저장을 시켜야 하는 부담이 발생하기 때문이다.

[표 6-7] NUR을 사용한 페이지 선택 방법

교체할 페이지 그룹	참조 비트	변경 비트	의미 설명
그룹 1	0	0	참조되지 않고 변경되지도 않은 페이지
그룹 2	0	1	최근에 참조되지 않았으나 전에 참조되었거나 주기적으로 참조 비트를 0으로 세트시킴으로써 발생한 형태의 페이지
그룹 3	1	0	참조되었으나 내용이 변경되지 않은 페이지
그룹 4	1	1	참조되고 변경된 페이지

- 다중 사용자 시스템에서는 조만간에 모든 참조 비트가 1이 된다. 그렇게 되면 교체에 가장 적합한 페이지를 식별하기가 곤란해진다. 이 문제를 해결하려면 주기적으로 모든 참조 비트를 0으로 세트시킨다.
- NUR은 극히 드물지만, CPU로 참조되는 페이지의 참조 비트를 0으로 세트한 그 순간에 선택될 수 있으므로 현재 실행 중인 페이지도 교체할 수 있는 약점이 있다.

5

스래싱과 작업 집합

5-1 스래싱 개요

스래싱(thrashing)이란, **너무 자주 페이지 교체가 일어나는 현상을 말하는 것으로 어떤 프로세스가 계속적으로 페이지 부재가 발생하여 프로세스의 처리 시간(프로그램 수행에 소요되는 시간) 보다 페이지 교체 시간이 더 많아지는 현상**을 말한다. 따라서 시스템은 심각한 성능 저하를 가져온다. [그림 6-19]는 **다중 프로그래밍 정도**(degree of multiprogramming)와 CPU 활용률 간의 관계를 보이고 있다.

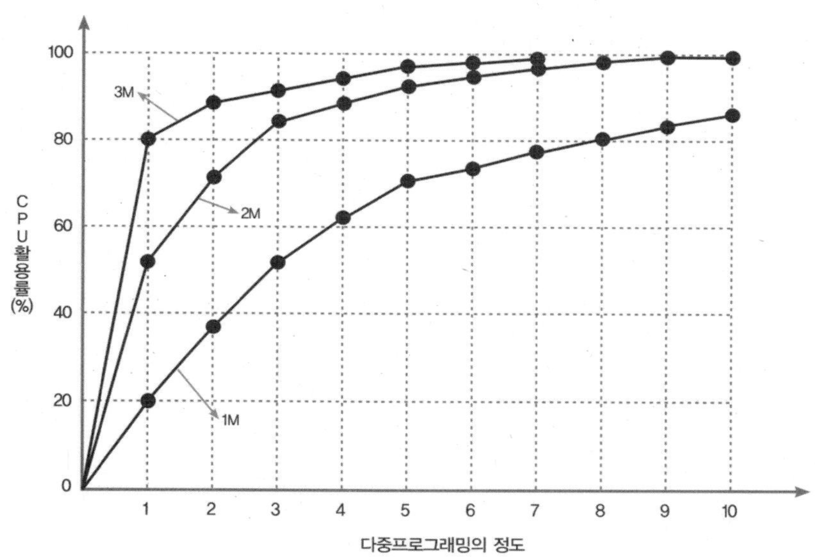

[그림 6-19] 다중 프로그래밍의 정도와 CPU 활용률 간의 관계

예를 들어 컴퓨터가 1MB의 기억 장치를 가지고 있고 운영체제는 200K이고 각각의 사용자 프로그램을 200K라고 가정하자. 사용자 프로세스가 평균 80%의 입출력 대기 시간을 가질 때 4중 다중 프로그래밍 시 CPU 활용률은 60% 정도이다. 그러나 1MB 기억 장치를 추가하면 시스템은 4중 다중프로그래밍 시 CPU 활용률은 87%까지 올릴 수 있다.

다른 말로 표현하면 2MB 기억 장치는 처리량을 27%까지 올릴 수 있다는 의미이다. 3MB 기억 장치는 CPU 이용률이 87%에서 96%까지 올릴 수 있다. 따라서 3MB 기억 장치 처리량은 단지 10% 정도만 올라간다. 따라서 컴퓨터 소유자는 3MB보다는 2MB로 기억 장치를 늘리는 것이 효율적인 투자결정이 되는 것이다.

5-2 스래싱(thrashing)의 원인

어떤 프로세스를 주기억 장치에 적재하여 수행하고자 할 때, **실제로 사용하는 수만큼의 충분한 페이지 프레임을 갖지 못했을 때에 페이지 부재가 빈번하게 발생하며 이 때 실행 중인 프로세스는 계속 페이지 교체를 수행해야 하므로 스래싱 현상**이 발생한다. [그림 6-20]은 다중 프로그래밍 정도와 스래싱의 관계를 보이고 있다. 일반적으로 다중 프로그래밍의 정도가 높아짐에 따라 CPU의 이용률도 최대 값이 될 때까지는 높아진다. 그러나 다중 프로그래밍의 정도가 점점 커지면 스래싱 현상이 일어나고 CPU의 이용률은 급격히 감소한다.

이 때 CPU의 이용률을 높이고 스래싱 현상을 방지하려면 다중 프로그래밍의 정도를 낮추어야 한다. 즉 각 프로세스들에게 충분한 페이지 프레임을 할당할 수 있게 해주거나, 주기억 장치 내에 워킹 세트(working set)를 제대로 유지하는 한 스래싱이 방지된다.

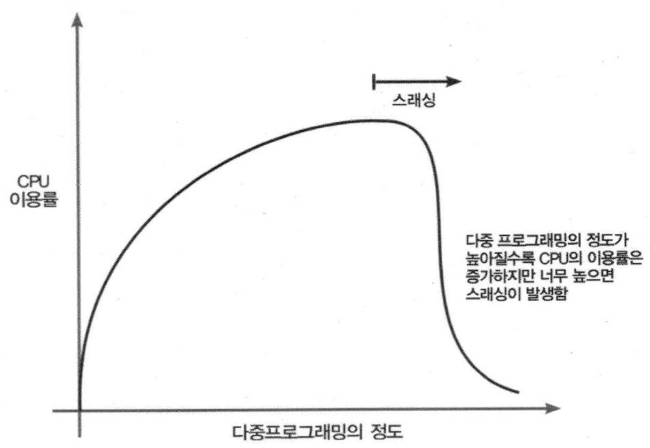

[그림 6-20] 다중 프로그래밍 정도와 스래싱의 관계

5-3 구역성

참조의 구역성(locality)의 개념은 1960년 Denning 교수가 증명한 어떤 프로세스의 계산 영역은 지역화 된다는 이론으로서, **프로세스가 실행되는 동안 기억 장치 내의 모든 정보를 균일하게 참조하는 것이 아니라 현재 실행되는 주소 부근에서 국부적인 부분만을 집중적으로 참조한다는 것을 의미**한다. 이 개념은 가상기억 장치 관리의 이론적인 근거가 되었고 또한 페이지 크기에 영향을 주었다. 구역성(국부성, 지역성)은 시간 구역성과 공간 구역성으로 구분한다.

1) 시간 구역성

시간 구역성(temporal locality)은 최근에 참조된 기억 장소가 가까운 장래에도 계속 참조될 가능성이 높음을 의미한다. 예로써 순환(looping), 서브루틴, 스택, 카운팅(counting)과 집계(totaling) 등을 들 수 있다.

2) 공간 구역성

공간 구역성(spatial locality)은 일단 하나의 기억 장소가 참조되면 그 근처의 기억 장소가 계속 참조되는 경향이 있음을 의미한다. 예로 배열 순례(array traversal), 순차적 코드의 실행, 프로그래머들이 서로 관련된 변수들을 근처에 선언한 때 등을 들 수 있다.

스택은 접근이 항상 꼭대기에서 이루어지므로 국부성이 높다. 한편, 해시 테이블의 참조는 산재시키려고 설계되었으므로 국부성이 나쁘다.

5-4 작업 집합

작업 집합(Working set) **또는 워킹 세트의 정의는 실행 중인 프로세스가 일정 시간 동안에 참조하는 페이지들의 집합**을 의미한다. 따라서 한 프로그램이 효율적으로 수행되려면 그 프로그램의 워킹 세트가 주기억 장치 내에 유지되어야만 한다. 만약 그렇지 않을 때에는 그 프로그램이 보조기억 장치로부터 계속 페이지를 요구하게 되므로 스래싱 현상이 발생할 수 있다.

- 프로세스가 효율적으로 실행되려고 주기억 장치 내에 있어야 하는 페이지의 집합 혹은 프로세스로 자주 참조되는 페이지들의 집합체를 말한다(1968, Denning이 소개).
- 프로세스가 수행되는 동안 때로는 페이지들이 삭제되기도 하고 추가되기도 할 뿐만 아니라, 프로세스가 거의 다른 워킹 세트로의 전이가 일어날 때에는 많은 변화가 발생한다.
- 작업 집합의 조건
  - 주기억 장치에는 최소한의 워킹 세트를 올려놓아야 한다.
  - 프로세스에서 페이지를 선택할 때 프로세스의 워킹 세트를 측정하여 적재를 실행한다.
- 주기억 장치 내의 워킹 세트를 잘 유지하면 스래싱을 방지해 준다.

- 페이지 작업 집합 W(t, w) 정의
  - W(t, w) : 프로세스 간격이라 부르는 시간 t에서 w 사이에 사용된 페이지들의 집합이다.
  - 작업 집합은 [그림 6-21]와 같이 시간 t − w에서 t 사이에 참조하는 모든 페이지 세트를 말하며, 여기서 변수 w를 작업 집합의 윈도우 사이즈(window size)라 한다.

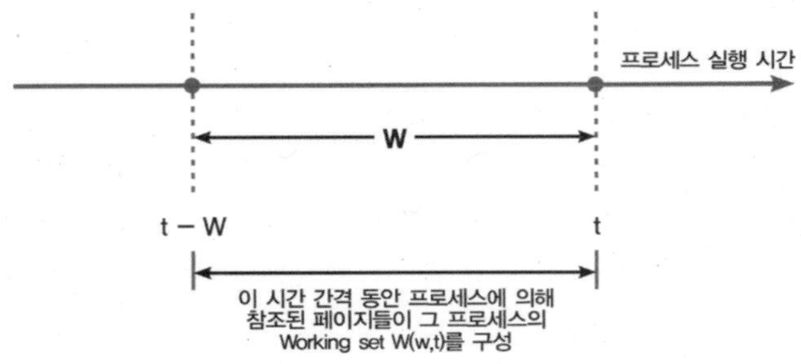

[그림 6-21] 작업 집합 크기 설정

- **작업 집합의 크기** : 다음 [그림 6-22]는 윈도우 사이즈 w가 증가함에 따라 변하는 작업 집합의 크기를 보여준다. 즉, **윈도우의 크기(설정 시간 간격) w가 커짐에 따라 주기억 장치에 유지하는 작업 집합도 커지지만 w가 너무 크게 되면 주기억 장치의 용량을 초과하게 되므로 더 이상 작업 집합가 증가하지 않는다.**

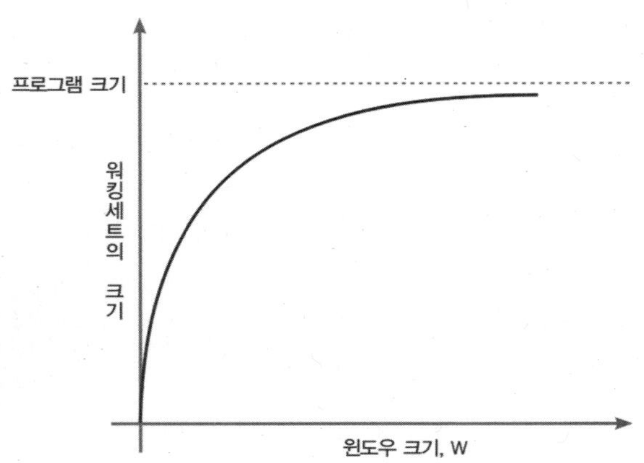

[그림 6-22] 작업 집합과 윈도우 크기의 관계

프로세스를 실행함에 따라 때로는 페이지들이 삭제되기도 하고 추가되기도 한다. 프로세스가 완전히 다른 워킹 세트가 필요한 상태로의 전이를 할 때, 때로는 극적인 변화가 생긴다. [그림 6-23]은 기억 장치 관리 기법 하에서 프로세스가 주기억 장치를 어떻게 사용하는지를 보이고 있다.

- 처음에 프로세스는 그의 워킹 세트에 하나씩 페이지를 추가하게 되며 그 프로세스는 점진적으로 작업 집합을 수용할 수 있는 만큼의 기억 장치를 할당받는다.
- 이 프로세스가 첫 번째 작업 집합을 확보하고 그 작업 집합에 속한 페이지를 참조하게 되며 그 프로세스의 기억 장치 사용은 안정 상태가 된다.
- 언젠가는 다음 작업 집합으로 전이가 발생하며, 처음에는 프로세스가 새로운 페이지를 계속 요구하므로 곡선은 증가 상태이다. 이때 시스템은 이 프로세스가 기존의 작업 집합을 확장하고 있는지 또는 새로운 작업 집합으로 바꾸고 있는지를 알 수 없다.
- 일단 프로세스가 다음 작업 집합에서 안정 상태가 될 때, 두 번째 작업 집합의 페이지들을 수용할 수 있게 주기억 장치 할당 용량이 안정되고 나면 두 작업 집합 간의 전이가 발생할 때마다 시스템이 어떻게 변화에 적응하는지 곡선의 증가와 감소를 보면 알 수 있다.

[그림 6-23]은 작업 집합가 유동적이고 전이 작업 집합과 다음 번 작업 집합이 현저히 다를 수 있음을 보여주며, 주기억 장치의 과중 할당이나 스래싱을 방지하려면 이러한 사실들을 신중히 고려해야 함을 의미한다.

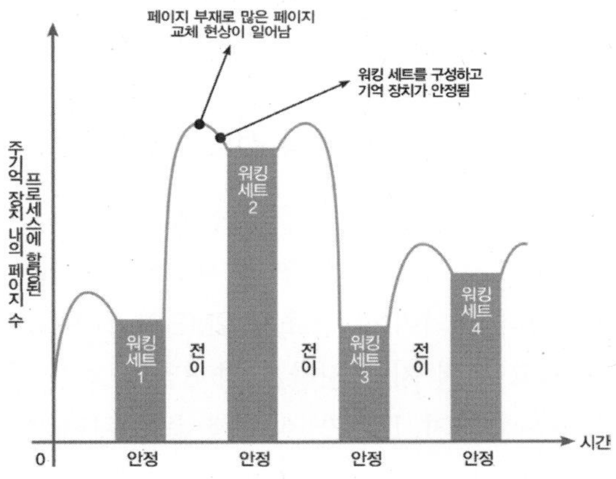

[그림 6-23] 작업 집합과 주기억 장치 할당

3) 페이지 크기

현재 컴퓨터 시스템에서 운영체제를 설계하는 사람은 페이지 크기에 관한 선택권한이 거의 없다. 그러나 새로운 시스템을 설계할 때 최적의 페이지 크기에 관한 결정이 이루어져야 한다. 최적의 페이지 크기는 없으나 여러 가지 페이지 크기를 지원하는 요소들이 있다. 페이지의 크기는 항상 2의 누승이고 일반적으로 512(29)에서 16,384(214) 바이트나 워드 범위이다.

(1) 페이지 크기가 작으면 작을수록 테이블 단편화가 발생한다.

페이지 크기가 작으면 작을수록 더 많은 페이지와 페이지 프레임이 존재하게 되고, 이를 관리하려는 페이지 사상표의 크기가 증가하여 기억공간이 낭비된다. 이러한 기억 낭비 현상을 테이블 단편화(table fragmentation)라 한다. 페이지 크기가 작을수록 프로세스가 효과적인 작업 집합(working set)를 확보할 수 있다.

예를 들어, 4M 워드 크기의 가상기억 공간은 1024바이트의 4,096개의 페이지가 되겠지만, 8,192바이트의 513개의 페이지가 된다. 활동 중인 각 프로세스는 페이지 사상표의 사본을 가져야만 하므로 페이지의 크기가 큰 것이 좋다.

(2) 페이지 크기가 커지면 마지막 페이지가 절반 정도 낭비된다.

실제로 프로시저나 데이터 블록 단위는 대부분 페이지 크기의 정수배가 아니므로 페이징 시스템에서 단편화 현상을 가져온다. 만약 어떤 프로세스가 주소 00000에서 시작하여 필요한 만큼 연속적으로 할당되면 그 페이지는 정확히 페이지 경계에서 끝나지 않을 것이다. 프로세스 크기와 페이지 크기가 무관하다고 가정하면 평균적으로 각 프로세스의 마지막 페이지의 절반은 낭비된다. 이 낭비는 512바이트의 페이지에는 단지 256바이트이지만, 8,192바이트의 페이지는 4,096바이트가 낭비되는 셈이다.

(3) 페이지 크기가 클수록 디스크로부터의 전송 시간이 감소된다.

디스크로부터 I/O 전송은 페이지 크기가 클수록 효과적이다. 왜냐하면, 입출력 시간은 회전 지연 시간과 전송 시간으로 구성되며, 전송 시간은 전송되는 양에 비례하므로 이 사실은 작은 페이지가 유리하다는 의미이다. 초당 2MB의 전송률에서 512바이트를 전송시키려면 0.2밀리 초가 걸리고 회전 지연 시간은 약 8밀리 초가 걸린다. 따라서 총 입출력 시간은 28.2 밀리 초 가운데 단지 10%가 실제 전송과 관련된 시간이다.

페이지 크기를 2배로 하는 것은 입출력 시간을 단지 28.4밀리 초로 증가시킨다. 따라서 페이지 크기를 2배로 했을 때 1,024바이트의 단 하나의 페이지를 읽는데 28.4밀리 초가 걸린다. 그러나 각 512바이트의 2개의 페이지만큼의 양을 읽는데 56.4밀리 초가 걸린다. 그러므로 입출력 시간을 최소화하려면 페이지 크기를 크게 하는 것이 유리하다.

(4) 페이지가 작게 되면 총 입출력 양은 감소된다.

페이지가 작게 되면 총 입출력은 감소된다. 왜냐하면 작은 페이지 크기에서는 지역성이 향상되기 때문이다. 예를 들어 200K의 프로세스를 생각해 보자. 그 가운데 단지 절반(100K)만이 실제 수행에 사용된다. 만약에 우리가 하나의 큰 페이지만을 가지면 전체 페이지를 불러들여야 하며 총 200K가 전송되어 할당된다. 만약 한 바이트로 된 페이지들을 가졌다면 실제로 사용되는 100K를 가져올 수 있으며 결과적으로 100K가 전송되어 할당된다.

더 작은 페이지를 가지면 더 좋은 분해를 해서 실제로 필요한 기억 장치만을 격리시키게 할 수 있다. 더 큰 페이지 크기일 때 그것이 필요하든 필요하지 않든 간에 페이지에 있는 모든 것을 위해 할당해서 전송해야 한다. 그러므로 페이지가 적을수록 입출력과 총 할당된 기억 장치가 적어진다.

(5) 페이지가 크면 페이지 부재가 감소된다.

페이지의 크기가 200K일 때 프로세스의 크기가 200K이지만 실제로는 200K만 사용되는 프로세스가 있다면 단 한 번의 페이지 부재가 발생할 것이다. 그러나 페이지의 크기가 1바이트라면 102,400의 페이지 부재가 발생한다. 각 페이지 부재는 레지스터를 기억시키고, 페이지를 대치하고 페이지를 큐잉(queueing)하고 페이지 테이블을 갱신하는데 필요한 많은 오버헤드를 가져온다.

페이지 부재의 수를 최소화하려면 페이지 크기를 크게 하는 것이 필요하다. [그림 6-24]는 주기억 장치가 일정할 때 페이지 크기에 따라 페이지 부재율이 어떻게 달라지는지를 보이고 있다.

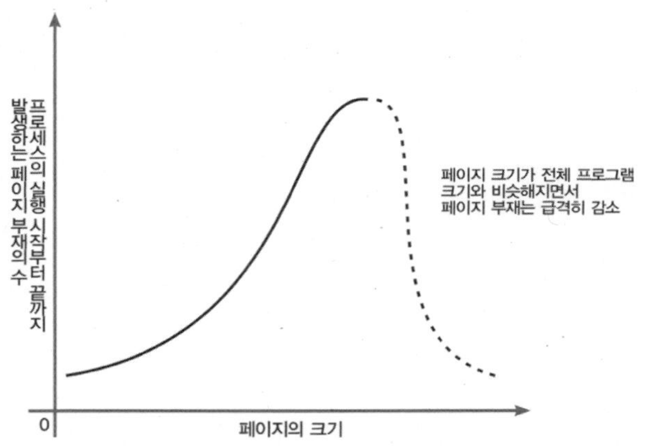

[그림 6-24] 페이지 크기에 따른 페이지 부재율의 변화

페이지 크기가 더 커지는 것은 CPU 속도, 메모리 용량 증가, 디스크 속도의 증가에 기인한다. 오늘날 페이지 부재는 시스템 성능에 미치는 영향이 크다. 그렇기 때문에 페이지 부재 빈도를 줄이려면 페이지 크기를 증가시키는 것이 유리하다. 물론 그 결과로서 내부 단편화가 많아지고 너무 클 때에는 참조되는 정보와 무관한 정보가 주기억 장치에 적재된다.

■ 가상 메모리

큰 논리 주소 공간을 작은 물리 메모리로 사상하는 기법
프로그램의 크기가 주기억 장치의 공간에 제한받지 않고, 프로그램이 실행될 때 필요한 일부분이 주기억 장치에 적재됨
주기억 장치의 효율적 이용이 가능하며, 다중 프로그래밍의 정도를 증가시켜 프로세의 이용률을 증가시킴

■ 가상 기억장치 관리 기법

- 반입 정책(fetch strategic) : CPU에 의해 프로세스가 수행되기 위해서, 적재할 페이지(또는 세그먼트)를 언제(When) 주기억 장치로 가져올 것인가를 결정
- 교체 정책(replacement strategy) : CPU가 수행하고자 하는 새로운 페이지(또는 세그.먼트)를 주기억 장치에 적재하기 위해서, 어떤(who) 페이지를 주기억 장치로부터 제거할 것인가를 결정

■ 세그먼테이션 기법

기억장치의 사용자 관점을 지원하는 기억장치 관리 기법
세그먼트 크기가 다르므로 동적 분할(가변 분할) 기법으로 메모리를 할당

■ 페이징/세그먼테이션 혼용 메모리 할당

페이징과 세그먼트 기법을 결합, 각 기법의 단점을 해결하기 위한 방법
세그먼트를 페이징하여 외부 단편화를 제거, 할당 과정을 해결함

■ 요구 페이징

교체 기법을 사용하는 페이징 시스템과 비슷하게 프로세서의 요구가 있을 때, 참조를 원하는 페이지를 주기억 장치로 적재함

전체 프로그램을 실행하되, 매 순간 프로세서의 요구에 따라 프로그램의 일부만을 주기억장치에 적재함
순차적으로 작성되어 있는 프로그램의 일부가 처리될 때, 다른 부분은 실행되지 않는다는 사실을 이용함

■ 페이지 테이블

주기억장치의 변화를 반영하기 위해 수시로 갱신되고, 논리 페이지의 물리 주소에 대한 정보를 가지고 있음
전체 기억장치의 내용이 동시에 주기억장치에 있지 않아도 프로세스를 수행할 수 있어 더 많은 프로세스 수행이 가능함
다중 프로그램의 정도와 시스템의 중앙처리장치 이용률 증가
프로세스의 기억장치 요구량이 이용할 수 있는 실제 메모리보다 클 때도 수행 가능

■ 선입 선출(FIFO) 교체 알고리즘

가장 간단한 페이지 교체 알고리즘
각 페이지가 메모리 안으로 들어간 시간을 이용, 가장 오래된 페이지부터 대치시킴
프로그래밍은 쉬우나 '벨라디의 모순' 현상으로 인한 문제 발생

■ 최적 교체 알고리즘

모든 알고리즘 가운데 페이지 부재율이 가장 낮음
'앞으로 가장 오랜 기간 동안 사용되지 않을 페이지를 대치하라'는 사상을 표현
고정된 프레임 수에 대해 가능한 가장 낮은 페이지 부재율을 보장
참조 문자열이 언제 사용될 것인가에 대한 정확한 정보를 요구
이는 알기 어려우므로 현실적인 구현이 어려움

■ 최근 최소 사용(LRU) 알고리즘

가까운 미래의 근사치로써, 가장 최근의 과거를 사용하여 오랜 기간 동안 사용되지 않은 페이지를 대치하는 알고리즘
최적의 근사치이나 구현이 어려움
이의 근사치 알고리즘으로 이차적 기회 페이지 대치 알고리즘이 제안됨

■ 작업 집합(Working Set)

프로세스들은 지역적으로 수행되고, 작업설정은 현재의 지역에 있는 페이지의 집합
프로세스는 현재의 작업설정에 대해 충분한 프레임들이 할당되어야 함

■ 스레싱(Thrashing)

페이지 교체가 계속 일어나는 현상
어떤 프로세스가 현재 작업 집합에 충분한 기억장치를 가지지 않을 경우 발생
방지를 위해 각 프로세스에 충분한 프레임을 할당하나 적절한 스케줄링이 필요

■ 전역교체와 지역교체

프레임 할당 기준으로 전역교체와 지역교체가 있음
• 전역대치 : 페이지 교체 범위를 모든 프로세스에 적용
• 지역대치 : 프로세스를 개별적으로 제한

■ 프리 페이징(Prepaging) 기법

예상되는 모든 페이지를 사전에 한꺼번에 주기억장치 내로 가져옴
페이지 테이블의 크기와 테이블 구조 등을 고려해야 함

[객관식 연습문제]

1 가상 기억 장치의 설명으로 옳지 않은 것은?

가. 연속 배당 방식에서의 기억 장소 단편화 문제를 적극적으로 해결할 수 있다.
나. 기억 장치의 이용률과 다중 프로그래밍의 효율을 높일 수 있다.
다. 가상 기억 장치의 일반적인 구현 방법은 페이징 기법과 세그먼테이션 기법이 있다.
라. 주기억 장소의 물리적 공간보다 큰 프로그램은 실행될 수 없다.

해설 가상 기억 장치(virtual memory)란 실제 사용할 수 있는 주기억 장치 용량과 상관없이 사용자에게 많은 기억 장치 용량을 제공하는 시스템을 말한다.

2 가상 기억 장치의 설명으로 틀린 것은?

가. 사용자 프로그램이 실제 기억 장치보다 커도 수행할 수 있다.
나. 운영체제의 설계가 복잡해진다.
다. 오버레이 문제는 자동적으로 해결된다.
라. 페이징을 위해 페이지 테이블을 사용하므로 기억 장소를 절약할 수 있다.

해설 페이지 테이블을 위한 공간으로 인해 기억 장소를 더 확보해야 한다.

3 페이지 기법의 설명으로 옳지 않은 것은?

가. 페이지 크기가 작으면 페이지 테이블의 공간이 작게 요구된다.
나. 지역성(locality) 이론에 따라 작은 크기의 페이지가 효과적이다.
다. 입출력 전송 때 큰 페이지가 효율적이다.
라. 페이지가 크면 단편화(fragmentation)때문에 많은 기억 공간을 낭비하게 된다.

해설 페이지 크기가 작을 때에는 다음과 같은 특징을 가진다.
- 단편화는 줄어들며, 적재되는 프로그램의 수가 증가된다.
- 주기억 장치의 기억 공간 낭비가 적다.
- 주소 변환에 필요한 페이지 테이블의 공간이 증가한다.

4 페이지 부재를 처리하는 단계를 서술하였다. 순서대로 올바르게 표현한 것은?

> a. 운영체제에서 트랩을 요청한다.
> b. 사용자 레지스터와 프로그램 상태를 저장한다.
> c. backing store에 있는 페이지를 물리적 메모리로 가져온다.
> d. 사용할 수 있는 프레임을 프레임 리스트에서 찾는다.
> e. 페이지 테이블을 재조정한다.
> f. 명령어 수행을 계속한다.

가. a–b–c–d–e–f　　　　나. a–b–d–c–e–f
다. b–a–c–d–f–e　　　　라. b–a–d–c–e–f

해설 페이지 폴트는 CPU가 액세스한 가상 페이지가 실제 기억 장치에 없을 때이며,. 이를 처리하려고 운영체제에서 트랩을 요청하고 현 프로그램 상태를 저장한 다음 사용할 수 있는 프레임을 찾아서 처리한다.

5 Paging system 이란?

가. 보조기억 장치를 여러 개의 page로 구분한다.
나. 기억 장치에 추가하여 page로 된 기억 장치를 연결한다.
다. 주로 기억 장치의 기억 장소를 여러 개의 block으로 구성한다.
라. 보조기억 장치의 주기억 장치 모두를 page로 구분한다.

해설 가상기억 장치에서 주기억 용량을 보조기억 장치 용량처럼 사용하려면 보조기억 장치를 일정한 크기로 나누고 이를 주기억 장치에 사상시켜 작업을 처리한다. 이때 일정한 크기의 보조기억 장치 부분을 페이지라고 한다.

6 가상 기억 장치와 관계가 먼 것은?

가. Page　　　　나. Segment
다. Mapping　　　　라. Compaction

7 가상 기억 장치(virtual memory)의 가장 큰 목적은?

가. 접근 시간의 단축　　　　나. 주소 공간의 확대
다. 동시에 여러 단어의 탐색　　　　라. 주소 지정 방식의 탈피

해설 가상 기억 장치는 주기억 장치 용량의 한계를 극복하려고 보조기억 장치를 주기억 장치처럼 사용하려는 방법이며. 이때 보조기억 장치를 페이지 또는 세그먼트 단위로 나누어 주기억 장치에 사상시켜 작업을 수행한다.

8 가상 기억 장치(virtual memory)의 특징이 아닌 것은?

가. 가상 기억 장치의 목적은 기억 공간이 아니라 속도이다.
나. 가상 기억 공간의 구성은 프로그램으로 수행된다.
다. 보조기억 장치는 자기 디스크를 많이 사용한다.
라. 보조기억 장치의 접근이 자주 발생되면 컴퓨터 시스템의 처리 효율이 저하될 수 있다.

해설 가상 기억 장치의 목적은 기억 공간의 확대에 있다.

9 기억 장치 관리의 페이지 교체 기법이 아닌 것은?

가. LFU　　나. FIFO　　다. SJF　　라. LRU

해설 SJF는 프로세스 스케줄링 기법이다.

10 시간 구역성(locality)과 관련이 적은 것은?

가. counting　　나. subroutine　　다. array　　라. stack

해설 시간 구역성(temporal locality)은 먼저 참조된 기억 장소의 일정 부분이 계속해서 참조될 가능성이 높음을 의미한다. 일반적으로 시간 구역성의 예는 다음과 같다.

- 순환(looping)
- 부프로그램(subprogram)
- 스택(stack)
- 셈(counting)과 집계(totaling) 등에서 사용되는 변수

11 페이지 오류율(page fault ratio)과 스래싱(thrashing)의 설명으로 옳은 것은?

가. 페이지 오류율이 크면 스래싱이 많이 발생한 것이다.
나. 페이지 오류율과 스래싱은 전혀 관계가 없다.
다. 스래싱이 많이 발생하면 페이지 오류율이 감소한다.
라. 다중 프로그래밍의 정도가 높을수록 페이지 오류율과 스래싱이 감소한다.

해설 스래싱이란 페이지 교환이 너무 자주 일어나 프로그램 수행에 소요되는 시간보다는 페이지 교체에 더 많은 시간을 소요하는 현상을 말한다.

12 페이지 기법의 설명으로 옳지 않은 것은?

가. 페이지 크기가 작으면 페이지 테이블의 공간이 작게 요구된다.
나. 지역성(locality) 이론에 따라 작은 크기의 페이지가 효과적이다.
다. 입출력 전송 때 큰 페이지가 효율적이다.
라. 페이지가 크면 단편화(fragmentation)때문에 많은 기억 공간을 낭비하게 된다.

해설 페이지 크기가 작을 때에는 다음과 같은 특징을 가진다.

- 단편화는 줄어들며, 적재되는 프로그램의 수가 증가된다.
- 주기억 장치의 기억 공간 낭비가 적다.
- 주소 변환에 필요한 페이지 테이블의 공간이 증가한다.

13 실행 중인 프로세스가 일정 시간 동안에 참조하는 페이지의 집합을 의미하는 것은?

가. working set　　　　나. locality
다. fragmentation　　　　라. segment

해설 실행 중인 프로세스가 일정 시간 동안에 참조하는 페이지의 집합을 워킹 세트(working set)라고 한다.

14 페이징 기법과 관련된 설명으로 옳지 않은 것은?

가. 어떤 프로세스가 프로그램 실행에 사용하는 시간보다 페이지 적재/대치에 소비하는 시간이 더 클 때에 스래싱이 발생한다.
나. 페이지 크기가 작을 때 페이지 테이블의 공간이 많이 요구된다.
다. 작업세트(working set) 방식은 스래싱을 방지하는 방법 중의 하나이다.
라. 다중 프로그래밍의 정도가 높을수록 스래싱의 발생 빈도는 낮아진다.

해설 스래싱이란 페이지 교환이 너무 자주일어나 프로그램 수행에 소요되는 시간보다는 페이지 교체에 더 많은 시간을 소요하는 현상을 말한다. 다중 프로그래밍은 CPU와 입출력 장치의 속도 차이를 이용해 하나의 컴퓨터에서 기억 장치 내에 두 개 이상의 프로그램을 올려서 그들을 동시에 수행하는 것이므로 스래싱의 발생 빈도는 높다.

15 기억 장치를 인터리빙(interleaving)하는 주된 목적은?

가. 프로그램 재배치가 용이하다.
나. 주기억 장치의 보안을 위함이다.
다. 주기억 장치의 액세스 속도를 빠르게 한다.
라. 결함 허용으로 기억 장치 신뢰도를 향상시킨다.

해설 메모리 인터리빙은 한 주소 액세스 때에 미리 다음 주소를 읽어 주기억 장치의 접근 속도를 향상하는 데 있다.

16 구역성(locality)의 설명으로 옳지 않은 것은?

가. 실행 중인 프로세스가 일정 시간 동안에 참조하는 페이지의 집합을 의미한다.
나. 시간 구역성과 공간 구역성이 있다.
다. 캐시 메모리 시스템의 이론적 근거이다.
라. Denning 교수가 구역성의 개념을 증명했다.

해설 실행 중인 프로세스가 일정 시간 동안에 참조하는 페이지의 집합을 워킹 세트(working set)라고 한다.

17 LRU 기법을 이용하여 페이지 교체 기법을 사용하는 시스템에서 새로운 페이지를 적재하고자 한다. 어떤 페이지를 교체하여야 하는가?

가. 가장 최근에 적재된 페이지를 교체한다.
나. 가장 참조회수가 적은 페이지를 교체한다.
다. 가장 오랫동안 참조되지 않은 페이지를 교체한다.
라. 앞으로 참조되지 않을 페이지를 교체한다.

해설 LRU는 현 시점에서 가장 오래 전에 사용한 것을 없애는 방법이다. 이는 의도는 좋으나 각 페이지마다 사용 카운터를 두어야 하는 등의 복잡한 처리가 필요하다.

18 SJF(Shortest-Job-First) 스케줄링 방법의 설명으로 거리가 먼 것은?

가. 작업이 끝나기까지의 실행 시간 추정치가 가장 작은 작업을 먼저 실행시킨다.
나. 작업 시간이 클 때 오랫동안 대기하여야 한다.
다. 각 프로세서의 프로세서 요구 시간을 미리 예측하기 쉽다.
라. FIFO 기법보다 평균 대기 시간이 감소된다.

해설 SJF(shortest job first) 스케줄링은 대기큐에 있는 작업 중에서 작업 완료까지의 수행 시간이 가장 적은 프로세스에게 CPU를 할당하는 기법으로 각 프로세서의 프로세서 요구 시간을 미리 예측하기가 쉽지 않다.

19 시간 구역성(locality)이란 한 번 참조된 기억장소가 가까운 미래에도 계속 참조될 가능성이 높다는 것이다. 시간 구역성의 예가 아닌 것은?

가. 스택
나. 순환문
다. 부프로그램
라. 순차적 코드의 실행

해설 시간 구역성(temporal locality)은 먼저 참조된 기억 장소의 일정 부분이 계속해서 참조될 가능성이 높음을 의미한다. 일반적으로 시간 구역성의 예는 다음과 같다.

- 순환(looping)
- 부프로그램(subprogram)
- 스택(stack)
- 셈(counting)과 집계(totaling)등에서 사용되는 변수

20 "Working set"의 의미로 가장 적합한 것은?

가. 일정시간 동안 CPU가 참조한 페이지의 집합
나. 한 작업을 구성하는 페이지 수
다. 프로세스가 자주 참조하는 페이지의 집합
라. 단위 시간당 처리한 작업의 양

해설 실행 중인 프로세스가 일정 시간 동안에 참조하는 페이지의 집합을 워킹 세트(working set)라고 한다.

21 프로세스들 간의 메모리 경쟁으로 지나치게 페이지 폴트가 발생하여 전체 시스템의 성능이 저하되는 현상은?

가. Fragmentation
나. Thrashing
다. Locality
라. Prepaging

해설 스래싱이란 페이지 교환이 너무 자주 일어나 프로그램 수행에 소요되는 시간보다는 페이지 교체에 더 많은 시간을 소요하는 현상을 말한다.

22 요구 페이징 기법 중 가장 오랫동안 사용되지 않았던 페이지를 먼저 교체하는 기법에 해당되는 것은?

가. FIFO
나. LFU
다. LRU
라. NUR

해설 LRU는 현 시점에서 가장 오래 전에 사용한 것을 없애는 방법이다. 이는 의도는 좋으나 각 페이지마다 사용 카운터를 두어야 하는 등의 복잡한 처리가 필요하다.

23 페이지 교체(replacement) 알고리즘 중에서 각 페이지들이 얼마나 자주 사용되었는가에 중점을 두어 참조된 횟수가 가장 적은 페이지를 교체시키는 방법은?

가. FIFO(First-In First-Out)
나. LRU(Least Recently Used)
다. LFU(Least Frequently Used)
라. NUR(Not Used Recently)

해설 LFU(Least frequently used) 기법은 최근에 사용 빈도가 가장 작은 페이지를 선정하여 교체한다.

24 프로세스들이 국부적인 부분만을 집중적으로 참조하는 구역성에는 시간 구역성과 공간 구역성이 있는데, 다음 중 공간 구역성은?

가. 순환(looping)
나. 배열 순례(array traversal)
다. 스택(stack)
라. 집계(totaling)에 사용되는 변수

해설 공간 구역성(spatial locality)은 어느 기억 장소가 참조되면 그 기억 장소 부근이 계속 참조될 가능성이 높음을 의미한다. 일반적으로 공간 구역성의 예는 다음과 같다.
- 배열 순례(array traversal)
- 순차적 코드(sequential code)의 실행
- 프로그램에서 관련된 변수들을 서로 근처에 선언하는 때

25 페이지 오류율(page fault ratio)과 스래싱(Thrashing)의 설명으로 옳은 것은?

가. 페이지 오류율이 크면 스래싱이 많이 일어난 것이다.
나. 페이지 오류율과 스래싱은 전혀 관계가 없다.
다. 스래싱이 많이 발생하면 페이지 오류율이 감소한다.
라. 다중 프로그래밍의 정도가 높을수록 페이지 오류율과 스래싱이 감소한다.

해설 스래싱이란 페이지 교환이 너무 자주 일어나 프로그램 수행에 소요되는 시간보다는 페이지 교체에 더 많은 시간을 소요하는 현상을 말한다.

[주관식 연습문제]

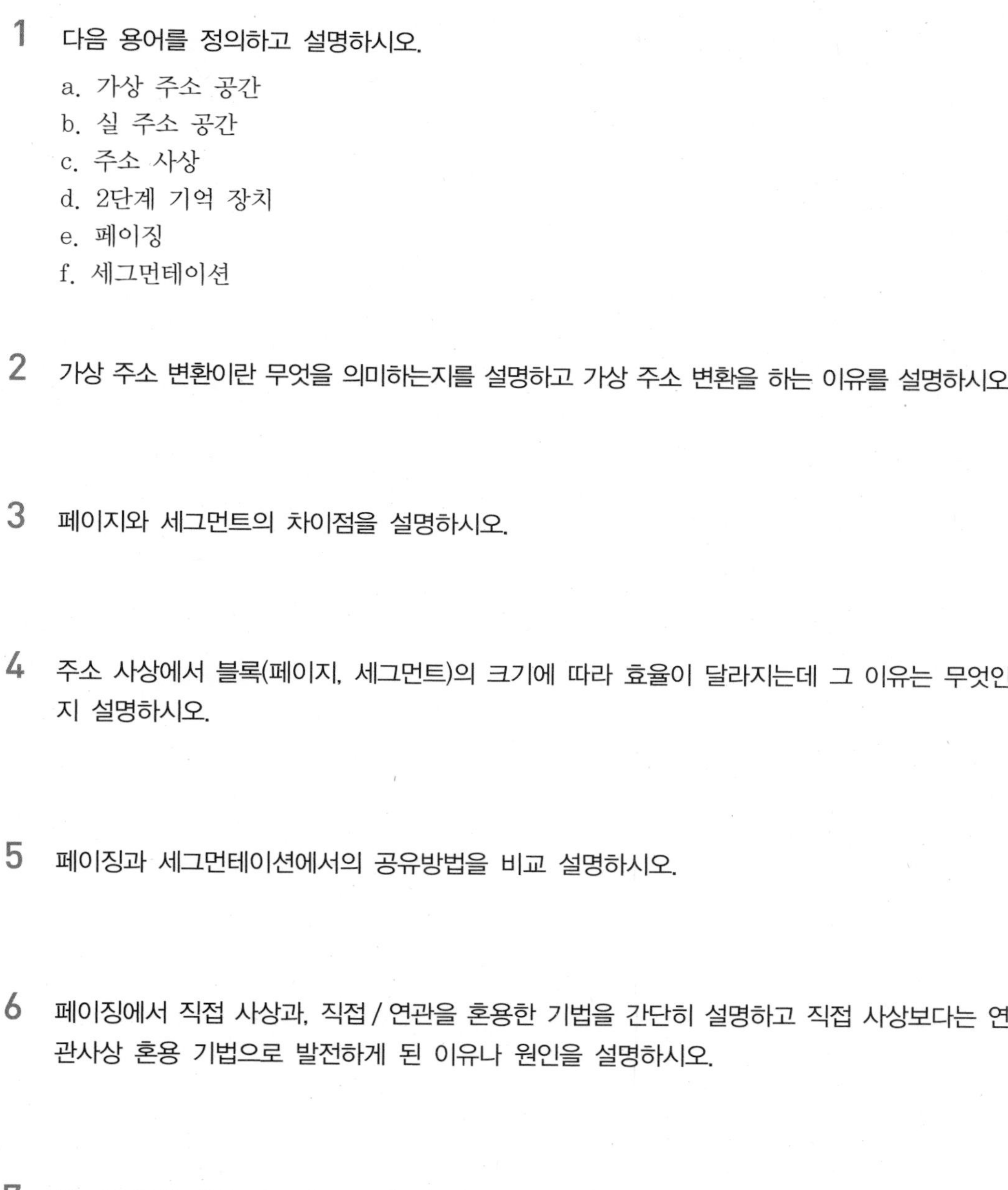

1 다음 용어를 정의하고 설명하시오.

a. 가상 주소 공간
b. 실 주소 공간
c. 주소 사상
d. 2단계 기억 장치
e. 페이징
f. 세그먼테이션

2 가상 주소 변환이란 무엇을 의미하는지를 설명하고 가상 주소 변환을 하는 이유를 설명하시오.

3 페이지와 세그먼트의 차이점을 설명하시오.

4 주소 사상에서 블록(페이지, 세그먼트)의 크기에 따라 효율이 달라지는데 그 이유는 무엇인지 설명하시오.

5 페이징과 세그먼테이션에서의 공유방법을 비교 설명하시오.

6 페이징에서 직접 사상과, 직접 / 연관을 혼용한 기법을 간단히 설명하고 직접 사상보다는 연관사상 혼용 기법으로 발전하게 된 이유나 원인을 설명하시오.

7 세그먼테이션에서 세그먼트 부재 시 처리과정을 설명하시오

8 유닉스, 리눅스, 윈도우에서 사용하는 페이징이나 세그먼테이션 기법을 조사하시오.

9 다음 페이지 교체 알고리즘에서 각각 페이지를 교체하는 방법과 구별되는 특징을 설명하시오(최적화, 무작위, FIFO, LRU, LFU, 2차 기회, 워킹세트, 페이지 부재율).

10 다음의 페이지 교체 알고리즘에서 페이지 부재율에 따라 성능이 좋은 것에서 나쁜 것의 순서로 나열하고, Belady 모순과 같은 문제가 발생하는 알고리즘을 구분하시오.

a. 최적화
b. FIFO
c. LRU
d. 2차 기회

11 워킹 세트와 스래싱 간에는 연관성이 있다. 이들 각각을 연관지어 설명하고, 스래싱의 발생 원인과 해결책을 제시하시오.

12 구역성의 종류를 구분하여 설명하고 사례를 제시하시오.

13 어떻게 하면 페이지 부재를 줄이고 스래싱을 방지하며 워킹 세트를 잘 유지할 수 있는지 설명해 보시오.

14 페이지가 크거나 작을 때에 파급되는 영향을 설명하시오.

입출력과 디스크 관리

I/O and Disk Management

CHAPTER

07

7 CHAPTER

[학습목표]

■ 다양한 입출력 방식에 대해 이해한다.
■ 커널 입출력 서브 시스템이 제공하는 다양한 기능을 이해한다.
■ 인터럽트의 구조와 종류를 이해한다.
■ 자기 디스크 구조 및 접근 시간을 이해한다.
■ 디스크 스케줄링 알고리즘을 이해한다.

[주요 내용]

[요약]

[연습문제]

1
입출력 방식

직접 입출력(Direct I/O) 전략은 CPU의 제어하에서, 입력 데이터를 장치 제어기에서 CPU 레지스터로, 그다음 주기억 장치로 전송하는 것이다. 마찬가지로 출력 데이터를 주기억 장치에서 CPU 레지스터로, 다시 장치 제어기로 전송하는 것이다. 입출력 전략은 주변장치가 연산을 완료할 때 **인터럽트(interrupt)를 사용하느냐**, 혹은 장치가 입출력 연산을 종료하는 시점을 결정하기 위해 장치 구동기(device driver) 소프트웨어가 **장치 제어기(device controller) 상태 레지스터를 폴링(polling) 하느냐에** 달렸다.

간접 입출력(Indirect I/O) 전략은 주기억 장치와 장치 제어기 사이에 직접 데이터가 전송되는 직접 기억장치 액세스 입출력(Direct Memory Access I/O)과 채널 입출력(channel I/O) 방법이 있다.

본 장에서는 CPU가 직접 주관하는 폴링방식의 직접 입출력 방법과 인터럽트 방식의 직접 입출력 방법, 그리고 입출력 채널과 DMA를 사용해 간접 입출력하는 방법을 설명한다.

1-1 직접 입출력

1) 폴링 방식 직접 입출력

폴링(polling) 방식의 직접 입출력은 입출력 연산의 종료시점을 결정하고 주기억 장치와 장치 제어기간의 입출력 데이터 전송을 CPU가 수행하는 방법이다. 즉 입출력 **연산의 종료시점을 결정하고 주기억 장치와 장치 제어기 사이의 데이터 전송을 CPU가 책임지는 방법이다.** 여기서 입출력 장치가 연산을 종료하는 시점을 결정하기 위해, 장치 구동기 소프트웨어가 장치 제어기 상태 레지스터를 끊임없이 폴링해야 한다는 점이다.

(1) 읽기(read) 동작

읽기는 입력장치로부터 데이터를 주기억장치로 불러오는 즉, 적재(load, input)하는 것이다. 다음 [그림 7-1]에서 폴링 방식의 CPU를 사용한 직접 입력 연산을 수행하는 과정을 보이고 있다. 읽기(read) 연산을 수행하는 단계는 다음과 같다.

① 응용 프로세스가 읽기 read() 연산을 요청한다.

② 장치 구동기는 장치가 쉬고 있는지, 사용 중인지를 결정하기 위해 장치 제어기의 상태 레지스터를 검사한다. 만약 장치가 바쁘면 장치 구동기는 장치가 유휴상태(idle status)가 되기를 기다린다.
③ 장치 구동기는 읽기 read() 명령을 장치 제어기의 명령 레지스터에 저장하여 장치를 시작시킨다.
④ 장치 구동기는 장치 제어기가 읽기 연산을 완료하기를 기다리는 동안 반복적으로 상태 레지스터를 검사(polling)한다.
⑤ 장치 구동기는 장치 제어기 데이터 레지스터의 내용을 사용자 프로세스 공간으로 복사한다.

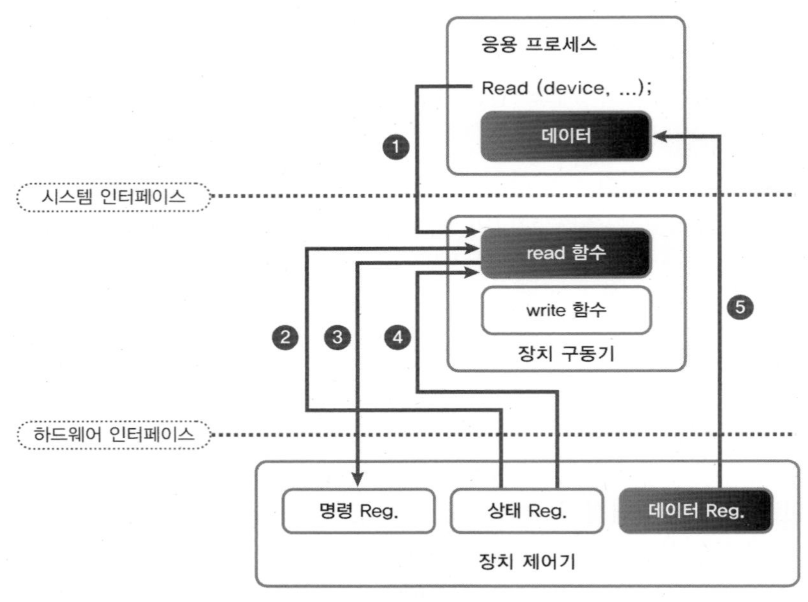

(a) 읽기(Read) 연산

[그림 7-1] 폴링 방식의 직접 입출력(read 연산)

(2) 쓰기(write) 동작

쓰기는 주기억장치로부터 데이터를 출력장치로 내보내는 즉, 출력(store, output)하는 것이다. 쓰기(write) 연산을 수행하는 단계는 다음 [그림 7-2]와 같다.

① 응용 프로세스가 쓰기 write() 연산을 요청한다.

② 장치 구동기는 장치가 쉬고 있는지, 사용 중인지를 결정하기 위해 장치 제어기의 상태 레지스터를 검사한다. 만약 장치가 바쁘면 장치 구동기는 장치가 유휴상태(idle status)가 되기를 기다린다.
③ 장치 구동기는 사용자 기억장치 공간에서 장치 제어기의 데이터 레지스터로 데이터를 복사한다.
④ 장치 구동기는 쓰기 write() 명령을 제어기 명령 레지스터에 저장하여 장치를 시작시킨다.
⑤ 장치 구동기는 장치 제어기가 쓰기 연산을 완료하기를 기다리는 동안 반복적으로 상태 레지스터를 검사(polling)한다.

각 I/O 연산은 원하는 입출력을 달성하기 위해 소프트웨어와 하드웨어가 협력해야만 한다. 폴링방식의 직접 I/O에서 이러한 협력은 장치 제어기 하드웨어와 상호 작용하는 소프트웨어 부분을 전체적으로 장치 구동기 내에 내장시킴으로써 가능하다. 그러나 **이 방식은 CPU가 제어기 상태를 계속 점검해야 하기 때문에 CPU가 비효율적이다.** 결과적으로 장치가 바쁜 동안에도 CPU 사이클이 장치 제어기 인터페이스를 반복적으로 검사해야 한다.

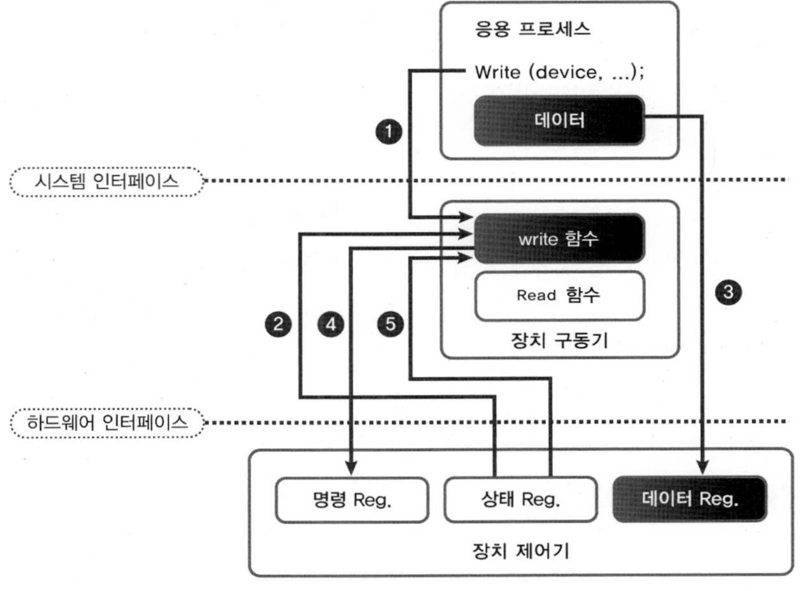

(b) 쓰기(Write) 연산

[그림 7-2] 폴링 방식의 직접 출력(write 연산)

2) 인터럽트 방식 직접 입출력

인터럽트를 컴퓨터 하드웨어에 도입하는 이유는 **장치 구동기 소프트웨어가 장치 제어기의 상태 레지스터를 계속하여 폴링하는 필요성을 제거하고 대신 입출력 연산이 완료되었을 때 장치 제어기가 자동으로 장치 관리자에게 완료사실을 통보**하게 한다.

인터럽트를 이용한 입출력에서 장치관리기 기능은 **장치 구동기의 연산 초기화, 장치 상태 테이블(device status table) 관리, 인터럽트 처리기(interrupt handler) 관리, 장치 처리기(device handler) 관리의 4가지 기능으로 구분한다.** 장치 상태 테이블은 시스템 내의 각 입출력 장치별로 하나씩 가지고 있으며 원래 호출했던 곳으로의 복귀주소와 입출력 연산을 하려는 특별한 매개변수 같은 정보를 저장하는 테이블이다.

(1) 읽기(read) 동작

[그림 7-3]은 인터럽트를 이용하여 시스템에서 읽기(read) 연산을 수행하는 단계를 보이고 있다.

① 응용 프로세스가 읽기 read() 연산을 요청한다.

② 장치 구동기는 장치가 쉬고 있는지, 사용 중인지를 결정하기 위해 장치 제어기의 상태 레지스터를 검사한다. 만약 장치가 바쁘면 장치 구동기는 장치가 유휴상태(idle status)가 되기를 기다린다.

③ 장치 구동기는 읽기 read() 명령을 장치 제어기의 명령 레지스터에 저장하여 장치를 시작시킨다.

④ 장치 구동기는 읽기 연산 초기화가 종료될 때 장치 구동기가 시작시킨 입출력 연산과 관련된 정보를 장치 상태 테이블(device status table)에 저장한다.
그런 후 장치 관리자는 프로세스 관리자의 스케줄러를 호출하여 스케줄링 된 다른 프로세스에 CPU를 사용하게 한다. 그런 다음 장치관리자는 종료된다.

⑤ 장치 제어기는 결국 읽기 연산을 종료하고 CPU에 인터럽트를 걸어 인터럽트 처리기가 실행되게 한다.

⑥ 인터럽트 처리기는 어떤 장치가 인터럽트를 걸었는지 결정하고, 해당 장치의 장치 처리기로 분기한다.

⑦ 장치 처리기는 장치 상태 테이블에서 보류된 입출력 상태정보를 추출한다.

⑧ 장치 처리기는 제어기의 데이터 레지스터내용을 사용자 프로세스 공간으로 복사한다.

⑨ 장치 처리기는 응용 프로세스에게 제어를 반환하고, 프로세스 수행이 재개된다.

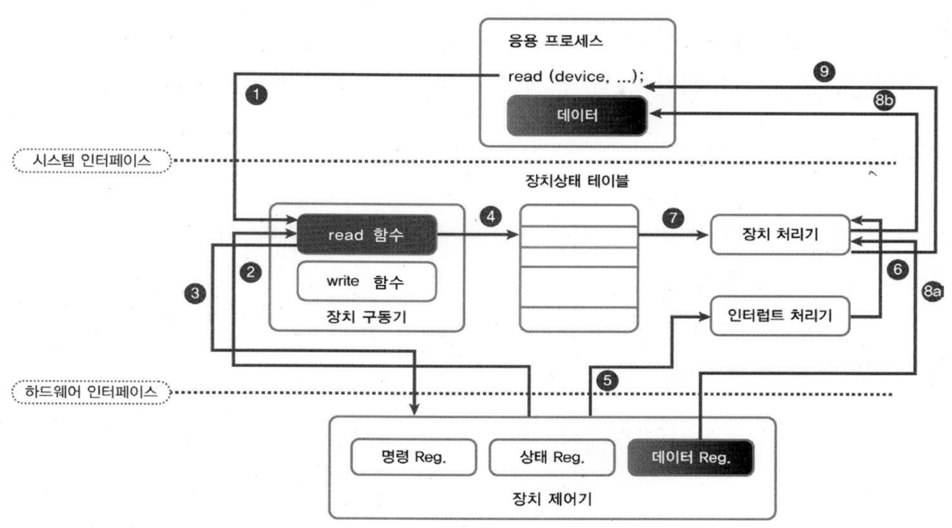

[그림 7-3] 인터럽트 방식의 직접 입력(read 연산)

(2) 쓰기(write) 동작

쓰기(write) 연산도 읽기 연산과 유사하다. 쓰기 연산은 과제로 남겨둔다.

프로그램 실행시간은 폴링 시스템보다 훨씬 짧다. 폴링 시스템의 실행시간은 계산시간 비율, 입출력 그리고 소프트웨어 프로세스들이 장치를 폴링하는 시간에 의존적이다.

1-2 간접 입출력

간접 입출력은 다중 프로그래밍을 구현하기 위해 이용하는 방법으로, CPU가 직접 입출력을 담당하지 않고 인터럽트를 사용하여 전용 입출력 프로세서인 DMA나 채널을 사용하는 방식이다.

간접 입출력 방식은 어떤 프로그램이 수행되는 도중에 입출력 명령이 발생하면 CPU에게 입출력 명령의 종류, 장치 이름, 입출력 프로그램의 주소 등과 같은 정보가 전달되며 이때 CPU는 입출력 프로세서에게 입출력 명령을 주고 입출력 프로세서로부터 입출력 완성 신호가 올 때까지 CPU 자신은 작업을 중단하지 않고 다른 프로그램을 수행한다.

1) DMA(Direct Memory Access)

DMA는 CPU의 개입 없이 I/O 장치와 주기억 장치 사이에 데이터를 전송하는 방식으로, 입출력 시에 기억장치의 사이클을 훔쳐서(cycle stealing) I/O 연산을 수행한다. 즉,

CPU가 주기억 장치를 액세스하지 않는 시간즉, CPU가 내부적으로 명령어를 해독하거나 ALU 연산을 수행하는 시간 동안에 시스템 버스를 사용하여 입출력을 수행한다.

(1) DMA 구성도

DMA 제어기와 I/O 장치 제어기가 시스템 버스에 연결되어 시스템 버스를 공유할 때, 문제점은 각 데이터 전송 때마다 시스템 버스를 두 번씩 사용한다는 것이다. 이를 해결하기 위해 다음 [그림 7-4]처럼 I/O 장치 제어기를 DMA 제어기 밑으로 직접 연결하고 I/O 버스를 사용하면 된다.

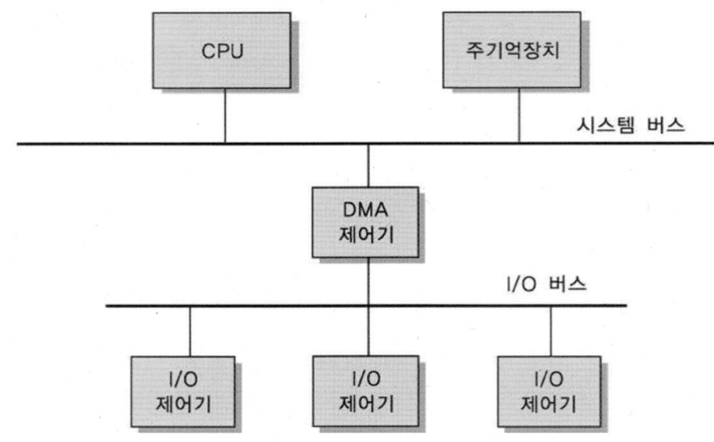

[그림 7-4] I/O 버스를 사용한 DMA 구성도

DMA는 CPU가 개입하지 않고 입출력 장치와 주기억 장치 사이에 데이터를 전송할 수 있게 한다. PC의 ISA DMA 제어기(controller)는 여덟 개의 DMA의 채널을 가지고 있으며 이 중 7개를 장치 구동기(디바이스 드라이버)가 사용할 수 있다. 각 DMA 채널은 16/ 32 비트 주소 레지스터와 16/32 비트 카운터 레지스터에 연결되어 있다.

다음 [그림 7-5]는 DMA 제어기 내부구조이다. 주소 레지스터, 데이터 레지스터, 카운트 3개의 레지스터 및 버스 요구(BUS REQ), 버스 승인(BUS GRANT), 인터럽트(INTR), 읽기(RD), 쓰기(WR) 신호로 구성된 제어회로로 구성되어 있다.

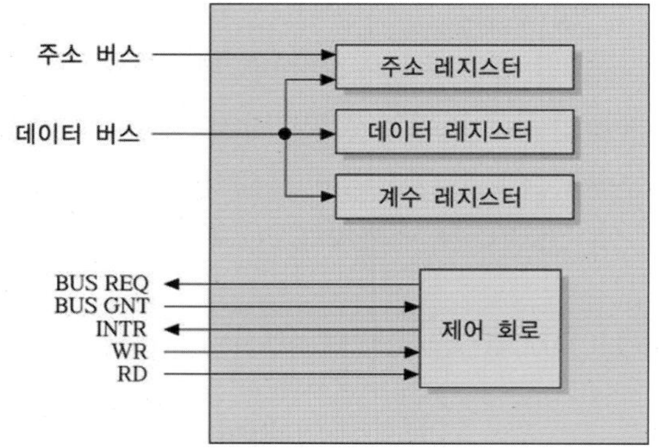

[그림 7-5] DMA 제어기 내부 구조

(2) DMA에 의한 입출력 과정

DMA를 사용한 입출력 과정은 [그림 7-6]과 같다.

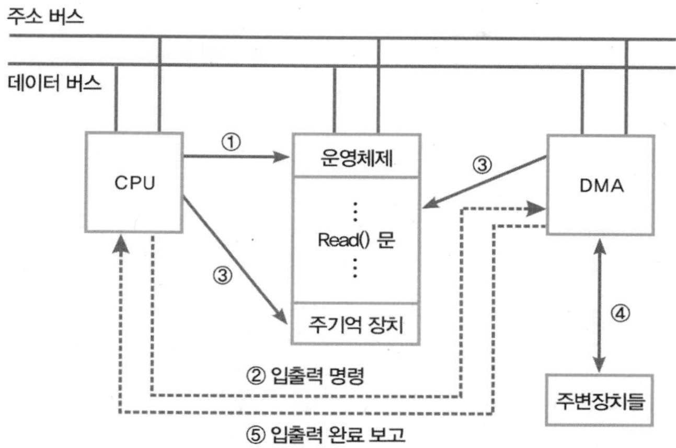

[그림 7-6] DMA를 사용한 입출력 예

① 프로그램 수행 도중 CPU가 입출력 명령을 만난다.
② CPU가 DMA 제어기로 다음과 같은 정보(I/O 장치의 주소, 쓰기 혹은 읽기 연산, 입출력할 주기억장치의 시작 주소, 전송될 데이터 양) 포함한 입출력 명령을 전송한다. DMA 제어기는 CPU로 버스 요구(BUS REQ) 신호를 전송하면, CPU가 DMA 제어기로 버스 승인(BUS GRANT) 신호를 전송한다.
③ CPU와 독립적으로 DMA 제어기는 주기억 장치의 데이터를 직접 입출력한다. 이때, CPU는 입출력 명령을 내린 후 다른 프로그램을 수행한다.
④ 주기억 장치와 주변 장치 사이에 실제의 데이터 전송이 일어난다. 전송할 데이터가 남아있으면, ③번부터 ④번까지를 다시 반복한다.
⑤ 모든 데이터들의 전송이 완료되면 DMA 제어기는 입출력을 완성할 때 CPU에게 인터럽트(INTR) 신호를 전송하여 완료 사실을 보고한다.

(3) 사이클 스틸

사이클 스틸의 개념은 [그림 7-7]에서 보이고 있다. **사이클 스틸은 CPU와 DMA가 각각 연산과 입출력을 하려고 동시에 기억 장치를 접근할 때, CPU는 기억 장치 참조 사이클을 멈추게 하고 DMA가 우선적으로 기억장치 참조 사이클을 수행하여 입출력을 수행**하는 것이다.

즉 DMA에서의 데이터 전송은 기억 장치 버스를 통하여 수행되게 함으로써 빠르게 데이터 전송을 수행한다. CPU는 입출력 인터페이스에 기억 장치 시작 번지와 전송 데이터양을 전해줌으로써 기억 장치 사이클을 훔쳐서 전송이 수행되며 이때 CPU는 정지하거나 다른 일을 수행한다.

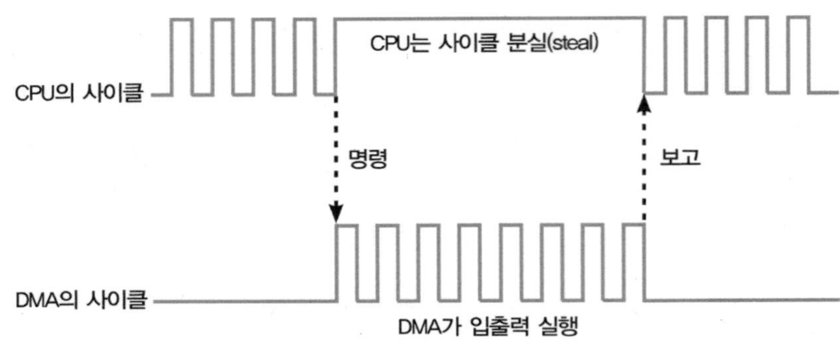

[그림 7-7] 사이클 스틸의 개념

2) 입출력 채널

I/O 장치들은 종류와 속도가 다양하고 제어 방법도 복잡하기 때문에, 간단한 구조를 가진 DMA 제어기로 지원하는 데는 한계가 있다. DMA 제어기로 디스크 쓰기 혹은 읽기 동작의 경우, 데이터 블록의 크기가 512 바이트 이상이기 때문에 그 데이터들을 버퍼링(임시 저장)하기 위한 내부 기억장치가 필요하다. 이를 위한 해결책이 전용 입출력 프로세서(I/O processor: IOP)를 사용하는 것이다. 이 프로세서를 **입출력 채널(I/O channel)**이라고 한다.

(1) 채널 구성도

입출력 채널은 가장 완벽한 입출력 방식이며 입출력은 독립된 입출력 프로세서인 채널이 대신하고 입출력을 수행하는 동안 CPU는 다른 프로그램을 실행함으로써 CPU의 효율을 향상시킬 수 있고 다중 프로그래밍을 할 수 있다.

입출력 채널은 I/O 명령어들을 실행할 수 있는 프로세서로, 데이터를 임시 저장할 수 있는 용량의 지역 기억장치(local memory)를 가지고 있으며, 보통 CPU와 기억 장치를 공유하고 있으며, 내부에 몇 개의 레지스터를 포함하고 있고 ALU는 없다.

보통 시스템 내에는 여러 대의 채널이 있으며 주변 장치의 특성에 따라 주변 장치를 연결하는 방식도 달라진다. 보통 한 컴퓨터 시스템에는 최대 8대의 채널을 둘 수 있으며, 채널당 최대 8대의 주변 장치들을 연결할 수 있다. [그림 7-8]은 입출력 프로세서가 연결된 시스템 구성도를 나타내고 있다.

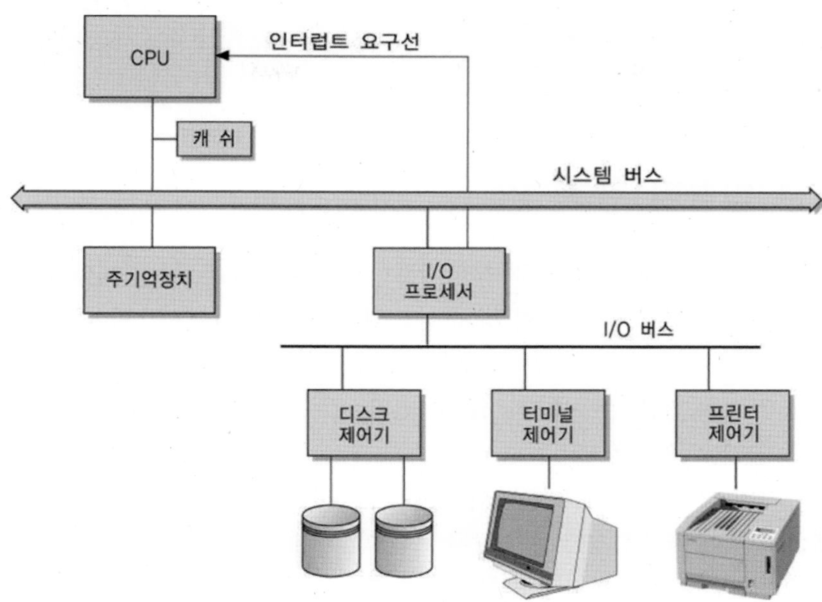

[그림 7-8] 입출력 프로세서가 연결된 시스템 구성도

(2) 입출력 채널의 종류

- 선택(selector) 채널 : 한 순간에 하나의 주변 장치만을 선택하여 연결하여 처리한다. 주로 디스크나 드럼과 같이 고속인 장치들을 연결한다.
- 멀티플렉서(multiplexor) 채널 : 일시에 여러 장치들을 연결하여 처리하고 주로 터미널, 카드 판독기, 프린터 같은 저속의 장치들을 연결한다.
- 블록 멀티플렉서(block multiplexor) 채널 : 주로 블록 단위로 입출력하는 테이프 같은 장치와 연결하여 처리하고 다수의 주변 장치들을 멀티플렉싱하며 동시에 처리한다.

2

커널 입출력 서브 시스템

2-1 커널 입출력 구조

현재 다양한 입출력 장치들이 존재하고 있고, 날마다 새로운 입출력 장치들이 출시되는데, **운영체제 변경없이 모든 입출력 장치들을 일관된 방법으로 시스템에 추가하는 방법이 필요하다.** 예를 들어, 응용 프로그램은 새로 출시된 디스크의 종류와 구조를 알 필요 없이 그 디스크에 있는 파일을 열수 있고, 쓸 수 있고, 기존 운영체제에 혼란을 주지 않고 시스템에 추가할 수 있어야 한다.

입출력 장치의 모델이나 제조사와 관계없이 공통적인 특징을 가진 입출력 장치를 접근하기 위해서 필요한 표준함수를 정의한다. 이러한 표준 함수를 응용 프로그램 인터페이스(API)라고 한다. **운영체제 커널내의 모듈들인 장치 드라이버(장치 구동기)는 각 입출력 장치들 별로 정의된 API 표준 함수들을 수행한다. 장치 드라이버는 여러 입출력 장치 하드웨어간의 차이를 숨기고, 간단한 표준 인터페이스 변환하여 상위의 커널 입출력 서브시스템에 제공한다.**

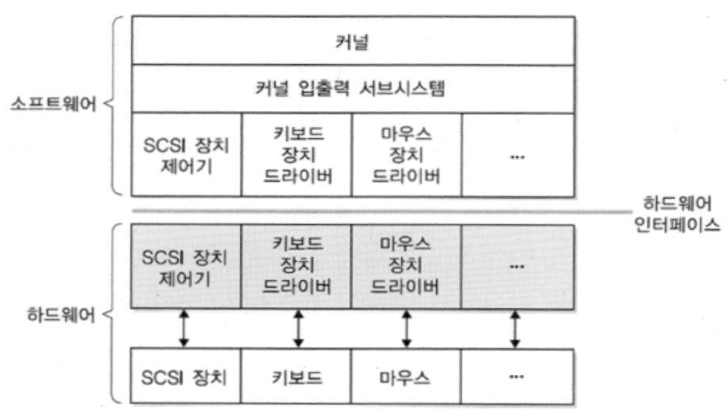

[그림 7-9] 커널의 입출력 구조

운영체제 커널은 컴퓨터의 효율성을 높이기 위해 주기억 장치나 디스크 등과 같은 기억장소를 이용하여 입출력과 관련된 많은 서비스를 제공하고 있다. 예를 들면, 입출력 스케줄링, 버퍼링, 캐싱, 스풀링, 장치 예약, 에러 처리 등 다양한 서비스를 제공한다. 이들 서비스는 하드웨어와 장치 드라이버 구조를 바탕으로 한다.

커널 입출력 서브시스템이 컴퓨터의 효율성을 증진시키는 방법 중의 하나가 입출력 스케줄링이고 또 다른 방법은 캐싱, 버퍼링, 스풀링 등 주기억장치나 디스크 등 저장 공간을 이용하는 방법이다.

1) 커널 입출력 스케줄링

운영체제 커널이 일련의 입출력 요구를 스케줄링 한다는 것은 그 요구들의 실행 순서를 결정한다는 것을 의미한다. 응용 프로그램이 입출력을 요청한 순서대로 스케줄링 할 경우 최상의 성능을 기대하기 어렵다. **입출력 스케줄링은 전반적인 시스템 성능을 향상시키면서 프로세스들의 요구를 공평하게 처리할 수 있도록 순서를 결정함으로써, 입출력 완료까지의 평균 대기시간을 줄일 수 있다.**

커널이 비동기적인 입출력을 제공하려면, 커널은 동시에 많은 입출력 요청을 추적해야 하는데, 이를 위해 운영체제는 장치 상태 테이블(device status table)에 대기큐를 연동한다.

장치 상태 테이블에는 장치의 종류, 주소, 장치 상태(예를 들어 유휴(idle), 동작(busy), 사용불가)등 각 입출력 장치에 대한 정보를 가지고 있다. 만약 장치가 요청을 처리하느라 '동작 중' 상태이면 같은 장치에 대한 요청은 테이블에 저장된다.

2) 오류 처리

운영체제 커널은 입출력장치나 네트워크 전송의 원인으로 발생되는 일시적인 오류를 효과적으로 극복할 수 있다. 그러나 하드웨어 구성 요소가 영구적인 자체 고장을 발생시키는 경우에는 오류를 완전히 극복하기는 힘들다.

3) 자료 관리

운영체제 커널은 입출력 구성에 대한 상태 정보를 유지한다. 입출력 서비스를 커널이 아닌 독립 프로그램이 담당할 경우 장치 드라이버와 커널의 정보공유로 인한 메시지 교환이 증가하여 오버헤드가 증가한다. 그러나 커널 입출력 구조를 도입하면 입출력 시스템의 구조와 설계가 간단해지며 운영체제 커널의 크기가 작아지고 유연성이 좋아진다. 따라서, 커널 입출력 서브시스템은 광범위한 서비스를 조정하고, 다음 사항을 관리한다.

- 장치의 이름 및 장치에 대한 액세스 제어 관리
- 장치 할당과 입출력 스케줄링 관리
- 버퍼링, 캐싱 및 스풀링 관리
- 장치 상태 모니터링과 오류 처리 및 고장 복구 관리

2-2 커널 입출력 캐싱

캐시는 다음 [그림 7-10]과 같이 명령어와 데이터를 캐시 메모리에 일시적으로 저장하여, 프로세서와 주기억 장치, 디스크 간의 접근 속도 차를 프로세서에 가깝게 단축시켜 컴퓨터의 성능을 향상시키는 방법이다. 캐시는 버퍼와 달리 자주 사용될 자료를 미리 복사하여 저장하는 빠른 메모리 영역이다. 즉 버퍼내의 자료는 유일하지만, 캐시는 다른 곳에 저장되어 있는 데이터의 복사본을 저장하는 장소이다.

커널이 데이터 입출력 요구를 받으면, 커널은 먼저 데이터가 캐시에 있는지 조사한다. 데이터가 캐시에 있으면 디스크 입출력을 생략하여, 입출력의 효율성을 높일 수 있다. 또한 기억 장치내에 버퍼를 사용하여 디스크 입출력 스케줄링을 효율적으로 수행하거나, 또는 프로세스들 간에 공유해야 하는 파일들을 위한 캐시로 사용 가능하다.

1) 캐시 메모리(cache memory)

주기억 장치의 접근 속도가 CPU에 비하여 현저히 느리기 때문에 주기억 장치로부터 데이터를 읽어오는 동안에 CPU가 오랫동안 기다려야 하는데, 그에 따른 성능 저하를 줄이기 위하여 CPU와 주기억장치 사이에 설치하는 고속의 반도체 기억장치이다. 마이크로프로세서 내에 존재하는 캐시를 온칩(on chip) 캐시라고 한다.

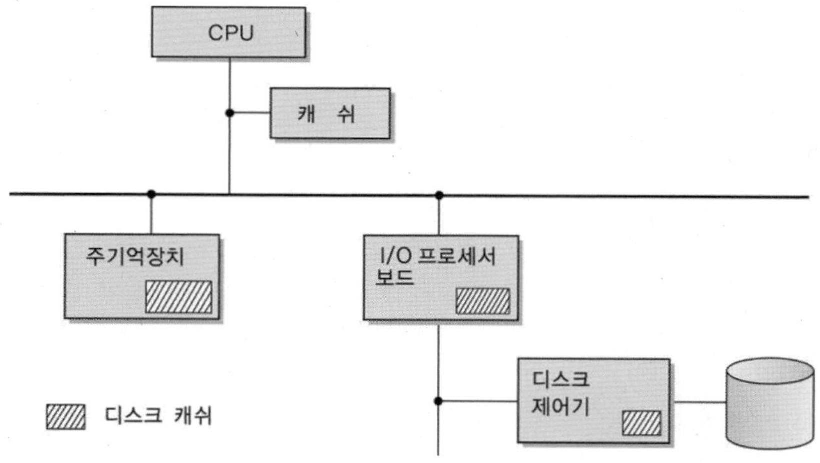

[그림 7-10] 캐시 및 디스크 캐시 구조.

2) 캐시의 특성

- **기억 장치 참조의 국부성** : 큰 기억 공간이 주어져 있어도 실제 접근하는 데이터는 국부적이다. 이렇게 자주 참조되는 프로그램과 데이터가 속도가 빠른 캐시 기억 장치에 저장되어 평균 기억 장치 접근 시간이 감소된다.
- **기억 장치 계층 구조 중 가장 빠르며 CPU의 속도에 근접한다.**
- 성능 평가 : 히트 율(hit ratio)로 측정한다. CPU가 기억 장치를 참조할 때 캐시에서 찾을 때를 HIT, 주기억 장치에 있을 때 MISS라 하는데 HIT율은 HIT의 수를 CPU에 의한 기억 장치 참조의 총수로 나눈 비율을 말한다.
- **사상 과정** : 주기억 장치로부터 캐시 기억 장치로 데이터를 전송하는 것을 말한다.

3) 디스크 캐시(disk cache)

디스크와 주기억 장치의 액세스 속도 차이를 줄이기 위하여 그 사이에 설치하는 반도체 기억장치이다. 주기억 장치로부터 디스크로 읽혀나갈(swap-out) 정보들을 일시적으로 저장하는 버퍼 역할하며, 디스크 캐시의 위치는 주기억 장치, I/O 프로세서 보드, 혹은 제어기 보드에 존재한다.

2-3 커널 입출력 버퍼링

버퍼는 입출력 장치와 응용 프로그램 사이에 자료가 전송되는 동안 그 자료를 임시로 저장하는 기억장치 공간이다. 버퍼링을 통해 송신측과 수신측의 전송 속도 차이 때문에 발생하는 시스템의 데이터 전송 지연 문제를 해결 가능하다.

또한, 버퍼링은 한 작업의 계산과 함께 입출력(I/O)을 동시에 수행하는 방법이다. **입력 버퍼링(input buffering)은 프로세스가 데이터를 요구하기 전에 입력장치에서 데이터를 주기억 장치에 복사하는 것이고, 출력 버퍼링(output buffering)은 데이터를 주기억 장치에 저장하고 그런 다음 프로세스가 실행을 계속하는 동안에 출력장치에 데이터를 기록하는 것**이다.

1개의 버퍼를 이용하는 때를 단일 버퍼링(single buffering), 2개의 버퍼를 이용하는 때를 이중 버퍼링(double buffering), 많은 버퍼들이 원형을 이루며 대기하는 때를 환형 버퍼링(circular buffering) 또는 다중 버퍼링(multiple buffering)이라고 한다.

1) 하드웨어 버퍼링

하드웨어 버퍼를 이용하는 이유는 프로세스가 I/O 연산을 요구하지 않는 동안에도 입출력 장치를 계속 바쁘게 유지시켜 I/O 장치와 CPU 연산을 중첩시키려고 장치 제어기에서 사용한다. 만약 CPU가 문자나 데이터 하나하나를 읽을 때마다 채널에게 SIO(Start I/O) 명령을 행한다면 매우 복잡하고 많은 작업량이 필요할 것이다. 따라서 버퍼를 사용하여 문자나 데이터를 미리 읽어온 후에 필요할 때마다 사용하게 한다면 훨씬 효율적일 것이다.

[그림 7-11]은 하드웨어 버퍼링의 개념를 나타낸다. [그림 7-11] (a)는 입출력 장치와 장치 제어기 사이의 순차적인 연산을 하려고 공유된 레지스터를 사용하고 있다. 프로세스가 다음 번 장치 구동기 읽기 read() 함수를 호출할 때 장치 구동기는 장치 제어기로 명령을 전달한다. 제어기는 입출력 장치로부터 다음 바이트 문자를 읽어 데이터 레지스터에 놓는다. 프로세스는 I/O 연산이 완료되기를 기다렸다가 데이터 레지스터로부터 문자를 가져간다.

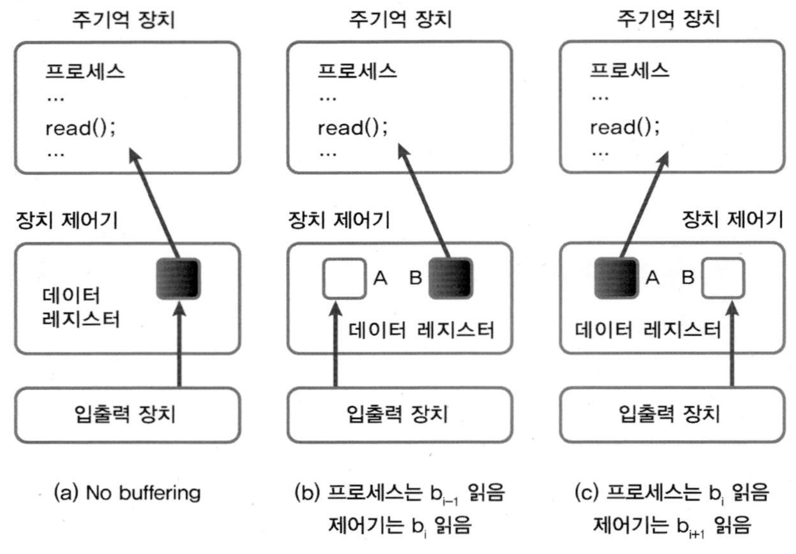

[그림 7-11] 하드웨어 버퍼링의 개요

[그림 7-11] (b), (c)는 **하드웨어 버퍼로 사용할 두 개의 데이터 레지스터 A, B를 가진 장치 제어기를 나타내고 있다. 이는 장치 제어기가 미리 한 바이트 문자를 읽어 놓는다면 프로세스가 하나의 문자를 기다려야 하는 시간을 실제로 줄일 수 있다.** 프로세스에서 읽혀질 다음 문자는 제어기로 이미 데이터 레지스터B에 들어있다. 두 번째 읽기 read()함수를 호출하지 않았지만 동시에 입출력 장치는 다음 문자를 읽어 데이터 레지스터A에 넣고 있다.

2) 단일 버퍼링

단일 버퍼링(single buffering)은 1개의 버퍼를 사용하는 때로 CPU는 채널이 버퍼를 채울 동안 기다리거나 다른 프로그램을 실행한다. 버퍼를 CPU와 채널이 동시에 사용할 수 없으면 이를 위해 상호 간에 통신이 필요하다. 즉 CPU는 버퍼가 채워져 있을 때만 버퍼의 데이터를 비울 수 있고 채널은 버퍼가 비어 있을 때만 버퍼에 데이터를 채울 수 있다. 다음은 단일 버퍼링의 특성을 설명하고 있다.

- 빠른 CPU와 늦은 I/O 장치의 속도를 보완하여 항상 바쁘게 하려는 것으로, 한 레코드가 읽혀 CPU가 그것의 연산을 시작함과 동시에 채널은 I/O 장치로부터 다음에 필요한 레코드를 미리 읽어서 주기억 장치에 저장하는 일련의 과정이다.
- 주기억 장치의 일부를 버퍼로 사용한다.
- CPU와 I/O 장치 간의 속도차이를 어느 정도 극복할 수 있다.
- 버퍼가 채워지거나 비워지는 동안 CPU는 다른 일을 할 수 없을 때가 있다.

[그림 7-12]은 단일 버퍼링에서의 실제 데이터 출력의 과정을 나타내고 있다.

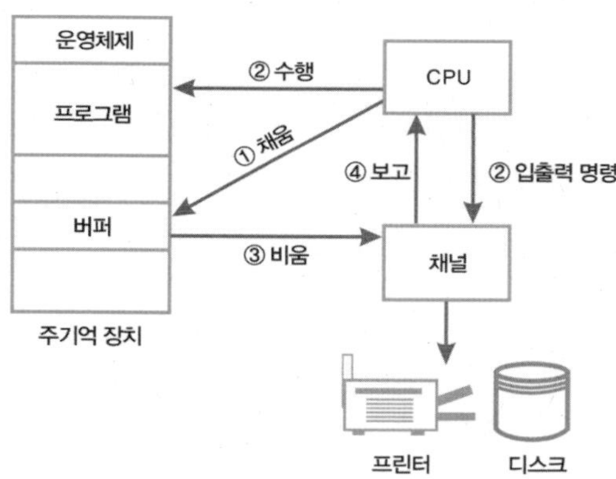

[그림 7-12] 단일 버퍼링에서의 데이터 출력

① CPU는 버퍼에 출력 데이터를 채운다. 이때 채널은 버퍼가 채워질 때까지 기다린다.
② 버퍼가 다 채워지면 채널에게 명령하고 CPU 자신은 기다리거나 다른 일을 한다.
③ 채널은 CPU와 독립적으로 버퍼를 비운다.
④ 채널은 버퍼를 다 비운 후에 CPU에 보고한다.

[그림 7-12]에서 CPU와 채널의 역할을 바꾸어 버퍼의 내용을 비우고 채우는 과정을 생각해 볼 수 있다.

3) 이중 버퍼링

이중 버퍼링(dual buffering)은 2개의 버퍼를 이용하여 단일 버퍼링의 단점을 보완하고 입출력과 CPU의 처리 성능을 높이는 방법이다. 2개의 버퍼를 사용하므로 입출력 작업과 처리 작업이 동시에 진행될 수 있으나 기억 장치의 낭비가 될 수 있다. 즉 채널이 데이터를 첫 번째 버퍼에 저장하는 동안 CPU는 두 번째 버퍼에 있는 데이터를 처리할 수 있고 이 데이터의 처리가 끝나면 곧이어 첫 번째 버퍼의 데이터를 처리한다.

[그림 7-13]은 이중 버퍼링을 사용한 출력 예를 보이고 있다. CPU는 채널에게 하나의 버퍼에 입출력을 명령하면 채널은 CPU의 명령을 받고 독자적인 입출력을 수행한다. 따라서 CPU는 더 이상 입출력에 관여하지 않고 다른 버퍼를 채우거나 또 다른 일을 할 수 있으므로 CPU의 효율이 증대된다. 여기서 CPU가 버퍼1을 채우고 채널이 버퍼2를 비우는 동작과 CPU가 버퍼2를 채우고 채널이 버퍼1을 비우는 동작은 시간상으로 동시에 발생할 수 있다.

① CPU가 버퍼1을 채운다.
② 다 채우면 CPU는 채널에게 입출력을 명령한다.
③ 동시에 CPU는 곧바로 버퍼2를 채운다.
④ CPU가 버퍼2를 채우는 동시에 채널은 버퍼1을 비운다.
⑤ 채널은 버퍼1을 다 비운 사실을 CPU에게 인터럽트를 걸어 보고한다.
⑥ CPU는 다시 버퍼1을 채우고 채널에 입출력을 명령하면 채널은 버퍼2를 비운다.

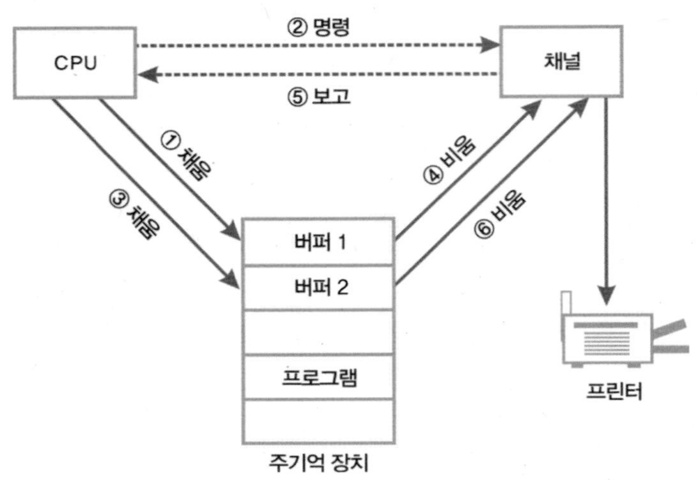

[그림 7-13] 이중 버퍼링을 사용한 출력

4) 다중 버퍼링

다중 버퍼링(multiple buffering)은 또는 환형 버버링은 여러 개의 버퍼를 원형으로 구성해서 입출력을 수행하는 방식이다. 다중 버퍼링은 CPU와 채널은 동시에 버퍼를 채우거나 비우는 자신의 일을 독립적으로 수행한다. 다중 버퍼링은 여러 개의 버퍼를 사용하므로 상당량의 기억 장치를 차지해서 기억 장치 낭비 요인이 될 수 있으므로 버퍼를 채우는 생산 비율과 버퍼를 비우는 소비 비율을 고려하여 버퍼의 개수를 산정해야 한다. 버퍼의 수가 많아지면 기억 장치가 낭비되고 버퍼의 수가 적으면 버퍼를 기다리는 프로세스의 수가 많아지게 되므로 버퍼의 수를 결정하는 일이 매우 중요하며 버퍼의 수가 성능을 좌우하는 중요한 요소가 된다.

[그림 7-14]은 다중 버퍼링의 예를 보이고 있다.

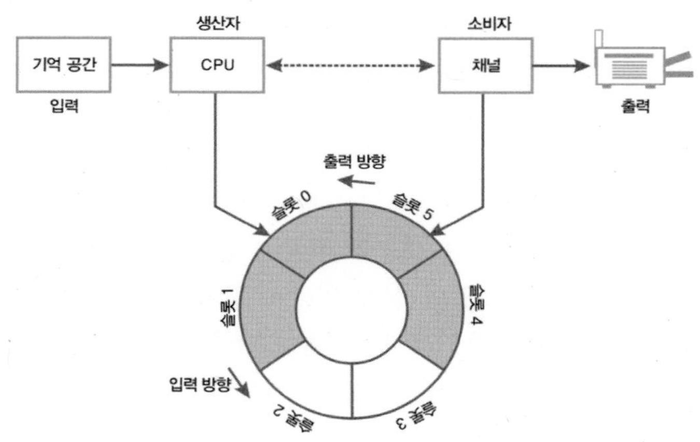

[그림 7-14] 다중 버퍼링의 예

보통 버퍼의 수를 결정하려고 버퍼를 사용하는 프로세스가 CPU 바운드(연산 위주: compute-bound) 프로세스인가 채널 바운드(입출력 위주: I/O-bound) 프로세스인가를 조사하여 결정하게 된다. CPU 바운드란 CPU를 사용한 연산이 많고 입출력 횟수가 적어 버퍼 사용 비율이 낮은 연산 위주의 프로세스를 의미하고, 채널 바운드란 CPU를 사용한 연산이 적고 입출력 횟수가 많아 버퍼 사용 비율이 높은 입출력 위주의 프로세스를 의미한다.

특히 다중 버퍼링은 다수의 버퍼를 많이 사용하는 방식이므로 버퍼 사용을 극대화하려고 연산 위주 프로세스와 입출력 위주 프로세스를 적당하게 혼합한 CPU 스케줄링이 필요하다. 또한, 버퍼의 용량을 고려하여 다중 프로그래밍의 정도를 조절함으로써 시스템의 성능을 높일 수 있게 해야 한다.

2-4 커널 입출력 스풀링

버퍼링에서는 주기억 장치의 일부를 버퍼로 사용하는 반면에, 스풀링(SPOOL : simultaneous peripheral operatic on-line)은 디스크의 일부를 스풀 공간으로 매우 큰 버퍼처럼 사용하는 방식이다. **디스크를 스풀 공간으로 사용하는 이유는 입출력 장치와 CPU의 속도 차이를 없애려는 것이다.** 즉 미리 입력 장치로부터 디스크로 레코드나 블록을 읽어 들이고 출력 장치로 레코드나 블록을 직접 출력하기 보다는 디스크 상에 출력 파일로 저장하고 나중에 출력할 수 있게 해서이다.

여러 응용 프로그램이 동시에 출력 데이터를 프린터로 전송 시 운영체제 커널은 각 출력이 다른 프로그램의 출력과 섞이지 않고 프린터로 출력되도록 관리한다. 각 응용 프로그램의 출력은 각각 대응되는 디스크 파일에 저장(스풀)된다. 스풀링 시스템은 응용 프로그램이 출력 데이터에 대한 작업을 종료하면 그때까지 모아 놓은 출력 데이터를 프린터 출력용 준비 큐에 삽입(이동)하여 스풀 파일을 한 번에 하나씩 프린터에 내보낸다. 이런 스풀링은 커널 스레드에 의해 처리된다.

스풀링 방법은 특히 다중 프로그래밍 환경에서 다수의 프로세스들이 입출력 장치를 서로 요구하거나 입출력 장치의 수가 제한되어 있을 때, 이들 장치가 공유할 수 있게 하여 각 프로세스에게 가상기억 장치인 디스크를 제공해 주는 개념이다. **스풀링은 프로세스들이 데이터의 입출력을 수행함에 있어 실제 입출력 장치를 통하지 않고 가상기억 장치인 디스크를 입출력 매체로 이용한 후, 이 데이터들을 나중에 실제의 입출력 장치로 입출력을 수행하게 한다. 이러한 모든 일들은 운영체제의 일부인 스풀러(SPOOLer)라고 하는 프로그램이 행하게 된다.**

가상기억 공간은 스풀러를 사용하여 디스크에 존재하는데, 다수의 프로세스들은 디스크를 공유함으로써 각 독립적인 입출력 장치를 갖는 셈이 된다.

3 인터럽트

3-1 일반적인 인터럽트 구조 및 처리

인터럽트는 입출력을 실행하는 기본적인 수단을 제공하고 있으며, 운영체제에서는 입출력 외에도 다양한 용도에서 인터럽트를 사용하고 있다. 따라서 인터럽트의 개념은 운영체제에 있어서 시스템의 각종 응급 상황에 통제 수단을 제공해 주는 처리 방법이며 특히 다중 프로그래밍 시스템에서는 자원의 할당과 회수 정책, 각종 스케줄링 기법에서 사용되는 필수적인 방법이다.

인터럽트는 CPU가 명령어를 수행하는 동안에 발생하는 시스템의 어떤 응급 상황에 대처하려는 일련의 조치를 의미한다. 운영체제는 인터럽트가 발생하는 원인에 따라 적절한 인터럽트 처리 루틴으로 최소한의 조치를 취하고, 인터럽트 서비스 루틴으로 발생한 응급 상황을 해결한다.

일반적으로 운영체제 커널은 인터럽트 발생 신호를 감지하면 프로그램 카운터의 내용과 CPU로 수행한 현재까지의 모든 프로그램 상태 정보를 저장한 후 인터럽트 서비스 루틴을 수행시키고 인터럽트 처리가 완료되면 발생하기 이전의 상태로 복귀하여 중단되었던 프로그램 수행을 재개한다. 이러한 일련의 과정은 [그림 7-15]에 보이고 있고 각 단계별 인터럽트를 처리하는 내용은 아래와 같다.

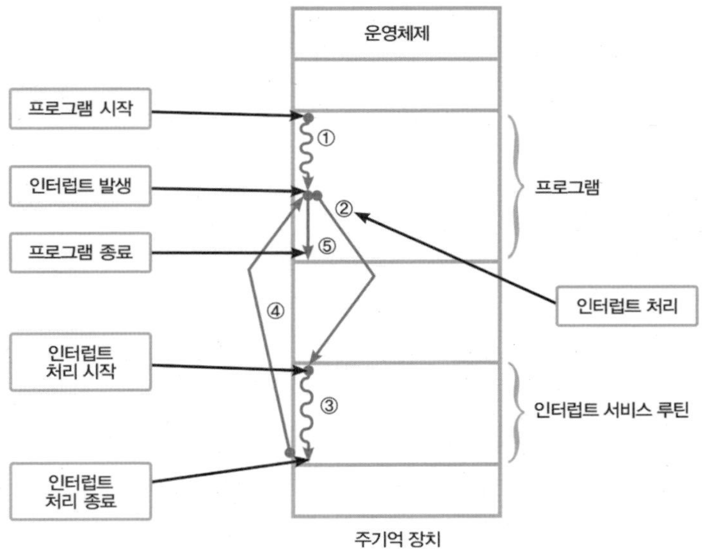

[그림 7-15] 인터럽트 처리 과정

① **인터럽트 발생** : CPU가 프로그램(프로세스)을 실행하는 도중 인터럽트가 발생한다.
② **인터럽트 처리** : 운영체제 커널은 현재까지 프로그램 수행 상태의 모든 정보를 주기억 장치의 스택과 같은 일정 구역에 저장한다.
③ **인터럽트 서비스** : 인터럽트 벡터에서 인터럽트 서비스 루틴의 주소를 찾아 해당 인터럽트에 대처하려는 인터럽트 서비스 루틴으로 제어를 이동시켜서 인터럽트를 해결한다.
④ **인터럽트 서비스종료 및 상태 복구** : 인터럽트 서비스 루틴의 수행이 완료되면 인터럽트가 발생했던 최초의 지점으로 복귀하여 ①에서 저장해 놓았던 프로그램(프로세스) 상태 정보를 복구한다.
⑤ **프로그램 재개** : 중단되었던 시점부터 재개하여 프로그램(프로세스)을 계속 수행한다.

3-2 인터럽트의 종류

인터럽트에는 다음과 같이 외부(external) 인터럽트, 입출력(I/O) 인터럽트, 슈퍼바이저 호출(SVC : supervisor call), 프로그램 검사(program check) 인터럽트, 기계 검사(machine check) 인터럽트, 재시작(restart) 인터럽트 등이 있다.

1) 입출력 인터럽트

해당 입출력 하드웨어가 주어진 입출력 동작을 완료하였거나 입출력도중 에러 등이 발생하였을 때 CPU에 요청하는 인터럽트이다. 또한, 불법 입출력 명령이나 채널에게 지시하는 입출력 시작(SIO), 입출력 테스트(TIO), 입출력 정지(HIO) 등도 포함된다.

2) 외부 인터럽트

CPU의 하드웨어 신호로 발생하고 프로그램의 외적인 상황에서 일어나며 프로그램과 비동기적인 인터럽트로서 입출력 장치, 타이밍 장치, 전원 등 외부적인 요인으로 발생하는 인터럽트를 말한다.

시스템의 타이머에서 프로세스들의 CPU 사용시간이 만료(timmer run out) 된 때나, 조작자가 콘솔 상에서 인터럽트 키(INT)를 누른 때와 다중처리 시스템에서 다른 CPU로부터 신호가 도착한 때와 같은 상황 등에 발생한다.

3) 슈퍼바이저 호출(SVC)

소프트웨어 인터럽트라고도 하며 프로그램 명령어 상에서 신호가 발생하고 명령어의 수행으로 발생하는 인터럽트로서 특수한 호출 명령으로 프로그래머가 프로그램 상의 원하는 위치에서 인터럽트를 일으킨다.

즉, 사용자 프로그램이 수행되는 과정에서 입출력 수행, 기억 장치 할당, 조작자의 개입 요구 등을 하려고 실행 중의 프로그램이 SVC 명령을 수행하는 때에 발생한다.

4) 프로그램 검사 인터럽트

CPU의 하드웨어 신호로 발생하고 프로그램 자체 내에서 발생하는 문제들로 일어나며, 프로그램과 동기적인 인터럽트로 내부 인터럽트라고도 한다. 이것은 프로그램 상의 불법적인 명령이나 데이터의 잘못 사용으로 발생하는 인터럽트로 흔히 트랩(trap)이라고 한다.

예를 들어, 0으로 나누는 때, 보호된 기억장소의 침범, 불법적인 명령어의 수행, 스택의 오버플로, 언더플로 같은 에러가 발생할 때 일어난다.

5) 기계 검사 인터럽트

컴퓨터 자체 내의 기계적인 장애나 에러 때문에 발생한다.

6) 재시작 인터럽트

조작자가 콘솔 상에서 재시작(RESET) 버튼이나 Ctrl + Alt + Delete 키를 누른 때에 발생한다.

3-3 트랩

인터럽트는 현재 수행되는 명령어에 대해 외부적인 원인으로 발생되는 프로세스의 문맥 교환으로 볼 수 있다. 인터럽트는 물리적으로 인터럽트 된 CPU에게 신호를 보내는 형태를 취하게 된다. 따라서 인터럽트는 최초 인터럽트 된 시점에서 CPU에게 현재 수행되는 프로그램을 중단하게 한다. 이 운영체제의 커널 프로그램을 인터럽트 핸들러 또는 인터럽트 처리 루틴이라고 한다.

트랩(trap)이나 슈퍼바이저 호출(supervisor call)은 현재 수행되는 명령어와 직접 연관되어 그 원인이 발생한다. 트랩은 인터럽트와 매우 유사하므로 "소프트웨어 인터럽트"라고

한다. 프로세스가 사용자모드에 있고 특권 명령어를 요구하는 연산을 수행하기를 원하면 프로세스는 트랩(trap) 명령어를 호출한다. 트랩은 명령어에 이상이 있고 명령어의 수행이 금지됨을 의미하므로 프로그램의 일정 지점에서 발생한다. 트랩의 원인은 다음과 같이 다양하다.

- 부정확한 데이터로 인해 명령어가 정확하게 실행될 수 없게 만들 때(연산 오버플로, 0으로 나누기 등)
- 보호 장치에 의해 보호되거나 금지된 동작을 실행하려고 시도할 때(기억 장치 보호 구역 침범, 사용자 모드에서 특권 명령의 실행 등)
- 실행할 명령이 없을 때(할당되지 않는 동작 코드, 기억 장치 범위를 벗어난 주소, 사용되는 컴퓨터 환경에 없는 옵션 형 장치들의 명령 등)

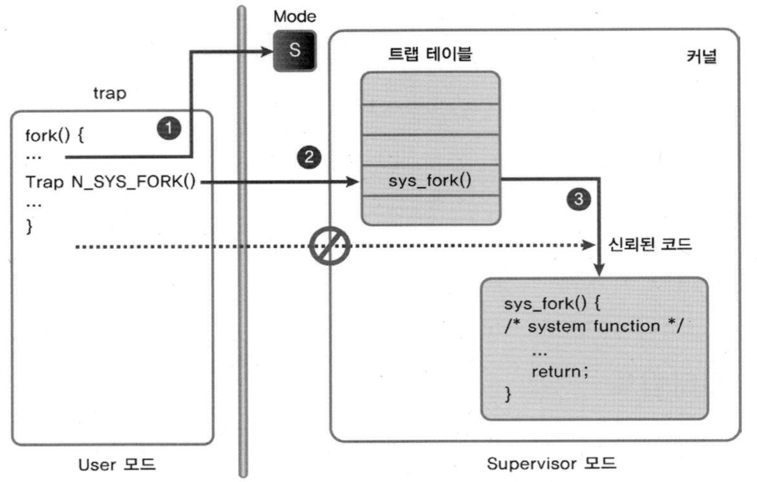

[그림 7-16] 트랩 처리 과정

[그림 7-16]은 트랩 명령어의 실행과정을 보여준다. 트랩은 CPU를 슈퍼바이저(감독자) 모드로 바꾸고 벡터 인터럽트에서와 같이 OS 트랩 테이블을 통해 간접적으로 분기한다. 이러한 단순 메커니즘은 CPU 모드 비트가 슈퍼바이저 모드로 전환될 때 사용자 모드 프로세스가 미리 정의된 소프트웨어만 수행하게 하는 안전한 방법이다.

예를 들어 fork() 시스템 호출은 라이브러리에 있는 fork()라고 하는 스텁(stub) 함수를 가진다. 이러한 각 스텁 함수에는 커널 트랩 테이블의 해당 항목을 경유하여 OS 함수로 향하게 하는 트랩 명령어가 포함되어 있다. 응용 프로그램이 스텁을 호출할 때 그 스텁이 하는 일은 올바른 피연산자(operand)를 가지고 trap 명령어를 실행하여 사용자 모드에서 슈퍼바이저 모드로 전환한 다음, 트랩 테이블을 통해 호출되어야 하는 함수로 분기한다.

디스크 구조

4-1 보조기억 장치의 평가 기준

컴퓨터 운영체제의 주요 목적은 프로그램을 효율적으로 수행하는 것이며, 이러한 프로그램들은 이상적으로는 프로그램들이 접근하는 데이터와 함께 주기억 장치 내에 계속 존재해야 한다. 그러나 모든 프로그램을 주기억 장치 내에 유지하는 것이 불가능하며, 보조기억 장치를 사용하여 저장하고 있다가, CPU가 참조할 때 마다, 주기억 장치로 적재하여 수행한다.

보조기억 장치의 평가 기준으로는 다음과 같은 종류가 있다.

1) 저장 장치 용량

고용량 저장 장치는 많은 복잡한 프로그램과 거대한 데이터베이스를 요구한다. 그러나 용량이 커지면 가격도 높아진다. 어떤 사용자들은 저장 장치 용량 문제를 경제적으로 해결하려고 압축 소프트웨어를 사용한다.

2) 접근 속도

접근 속도란 보조기억 장치 위에 정보를 가져다 놓는 데 걸리는 평균 시간을 의미한다. 접근 속도는 밀리세컨드(1초의 천 분의 일)로 측정된다. 하드디스크는 광디스크 보다 빠르고 광디스크는 디스켓보다 빠르다. 또한 디스크는 자기 테이프보다 빠르다. 그러나 느린 매체가 더 경제적이다.

3) 전송률

전송률은 데이터가 보조기억 장치에서 주기억 장치로 전송되는 데 걸리는 시간과 관계된 것이다. 초당 메가바이트 수로 측정된다.

4) 크기

어떤 상황에서는 작은 기억 장치가 휴대 가능성 때문에 필요하고 어떤 상황에서는 그렇지 않다. 사용자들은 그들이 어떤 옵션이 필요한지 알아야 한다.

5) 분리 가능성

일부 사용자들에게는 착탈식 하드디스크와 같은 분리 할 수 있는 기억 장치 매체가 필요할 수도 있다.

6) 비용

단가에 비해서 용량이 적으며 속도가 빠를수록 고가의 기억 장치이다.

4-2 자기 디스크 구조

1) 자기 디스크 구조

자기 디스크란 DASD(Direct Access Storage Device)인 기억 매체로 데이터 레코드는 주소가 식별하는 기억 장소에 기록된다. [그림 7-17]은 일반적인 디스크 구조를 보이고 있다. **원판을 플래터**(platter)라고 하며, 양면을 사용하고 각 면마다 읽기/쓰기 헤드가 존재한다. 중심 원을 따라 자화 표면에 있는 지정 비트를 **트랙**(track)이라 한다. 트랙은 섹터로 나뉘며 전달할 수 있는 최소의 정보량을 말한다. 즉, 부채꼴 모양으로 자르는 것처럼 나누어지는 구역을 **섹터**(sector)라 부르고, 섹터와 트랙의 교차점으로 둘러싸인 각각의 구역을 **블록**(block)이라 하며 보통 몇 개의 섹터를 모아 블록이라고 한다. **실린더**는 헤드가 한 번에 판독/기록할 수 있는 원통형의 트랙 군으로서, 디스크 팩에서 같은 인덱스 번호를 가진 트랙의 모임이다.

블록은 디스크 저장과 입출력의 기본 단위로 사용된다. 읽기/쓰기 헤드는 고정된 디스크 암(arm)을 좌우로 이동하게 되며 디스크가 회전하여 디스크의 표면에 헤드가 위치하여 정보를 읽어낸다. 이러한 동작은 디스크 제어기라 불리는 칩이 커널 내에 위치한 특수한 소프트웨어인 디스크 장치 구동기로부터 입출력 명령으로 수행된다.

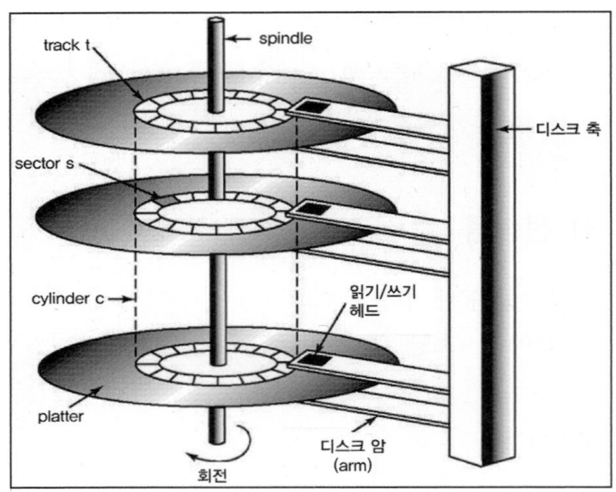

[그림 7-17] 디스크에서의 트랙, 섹터, 실린더

2) 자기 디스크 접근 시간

이동 헤드 디스크에서 데이터를 읽거나 쓸 때 소요되는 시간은 [그림 7-18]과 같이 크게 **탐색 시간**(seek time), **회전 지연 시간**(rotational latency), **전송 시간**(transmission time)으로 나뉠 수 있다. 자기 디스크의 접근 시간은 다음과 같다.

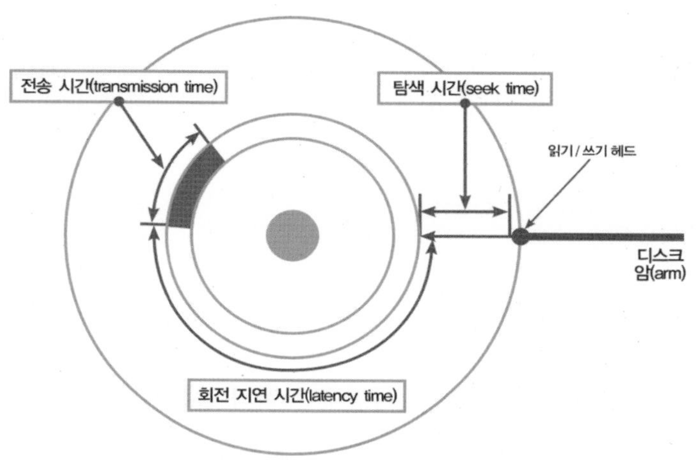

[그림 7-18] 디스크 접근의 요소

(1) 탐색 시간(Seek time)

헤드를 움직여서 적절한 실린더(트랙) 위에 갖다 놓는데 걸리는 시간을 말한다. 디스크 상의 원하는 블록에 접근하려고 시스템은 먼저 특정 트랙 또는 실린더에 헤드를 위치시키게 되는데 이러한 동작을 탐색이라 하고 이러한 동작을 완성하기까지 걸리는 시간을 탐색 시간이라 한다.

(2) 헤드 활성화 시간(Head activation time)

트랙을 찾는데 걸리는 시간을 말한다.

(3) 회전 지연 시간(Latency time 또는 rotational delay time)

헤드를 움직여 적절한 섹터 위에 갖다 놓는데 걸리는 시간이다. 일단 헤드가 지정된 트랙 상에 위치하였더라도 원하는 블록이 입출력 헤드 아래를 회전할 때까지 기다려야만 한다. 바로 이때 기다리는 시간이 회전 지연 시간이다

(4) 전송 시간(Transmission time)

데이터를 주고받는데 걸리는 시간이다. 즉, 디스크와 주기억 장치 사이에 정보의 실제적인 이동을 위하여 소요되는 시간을 전송 시간이라 한다.

(5) 디스크 총 접근시간

한 번의 디스크 요청을 처리하는 데 걸리는 총 접근 시간 δ rp는 탐색 시간 δ seek, 회전 지연 시간 δ rot, 전송 시간 δ trans의 합으로 다음 식과 같이 표현될 수 있다.

```
δ rq = δ seek + δ rot + δ trans
```

3) 디스크 인터리빙

디스크는 트랙과 섹터로 분할되므로 바깥쪽 트랙의 블록은 안쪽 트랙의 블록보다 면적이 크다. 디스크가 항상 같은 속도로 회전할 때, 바깥쪽 블록의 데이터 기록 밀도는 그 블록이 가진 면적에 비해 적다는 의미이다. 따라서 바깥쪽 트랙의 기억 공간은 많이 낭비되고 있는 셈이다.

이를 해결하려고 [그림 7-19]와 같이 최근에는 바깥 트랙의 블록의 수를 면적에 비례해 늘려줌으로써 디스크 전체에 걸쳐 같은 데이터 기록 밀도를 유지하게 하고 있고 읽기/쓰기 헤드가 디스크의 바깥쪽 트랙으로 움직이면 디스크의 회전속도를 감속시키거나 데이터의 전송 속도를 증가시키고 있다.

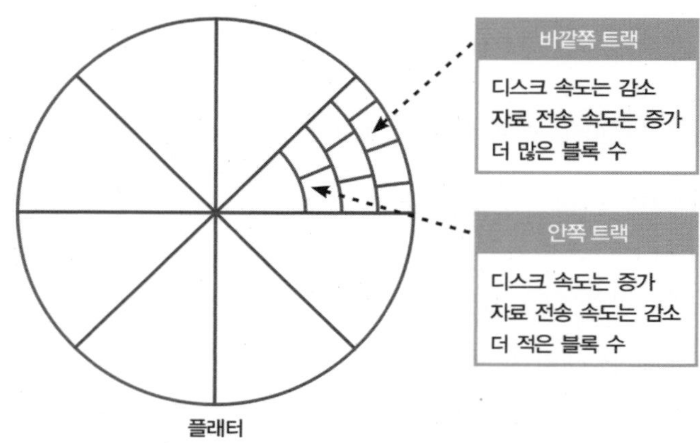

[그림 7-19] 디스크 기록 밀도 비교

디스크 인터리빙(interleaving)은 디스크의 입출력 성능에 중요한 역할을 한다. 데이터가 CPU에 의해 디스크 제어기로부터 기억 장치로 전송되는 동안 다음 섹터는 디스크 헤드 밑을 통과해 버리고 디스크 제어기에는 새로운 비트가 도착한다. 단순한 디스크 제어기는 동시에 입력과 출력을 소화해 내지 못한다. 그러므로 기억 장치 전송이 일어나고 있을 동안에 디스크 헤드 아래를 지나가는 섹터는 잃어버리게 된다.

좀 더 기술적으로 말하면 연속적으로 번호가 붙여진 디스크 블록을 순서적으로 읽을 때 디스크 제어기와 디스크 구동기 사이의 전송 부하 때문에 각 블록 사이의 지연 시간이 존재하게 되는데 지연 시간이 경과된 후에 헤드가 정확한 블록에 위치하게 논리적으로 연속된 블록들은 디스크 표면상에서 일정한 간격으로 건너뛰게 한다. 이처럼 지연 시간 때문에 인접한 디스크 블록 사이에 두는 일정한 간격을 인터리빙 계수(interleave factor)라고 부른다. 디스크의 블록 번호는 디스크가 포맷될 때 인터리빙 계수를 고려하여 매겨진다.

[그림 7-20]은 2개의 다른 인터리빙 계수의 예를 보이는 그림이다. 첫 번째 그림 (a)는 인터리빙 계수를 1로 하여 1 : 1 인터리빙한 디스크 블록 번호이고 두 번째 그림 (b)는 인터리빙 계수를 3으로 하여 3 : 1 인터리빙한 디스크 블록 번호를 보이고 있다. 속도 차이가 클수록 인터리빙 계수를 높이는 것이 바람직하다.

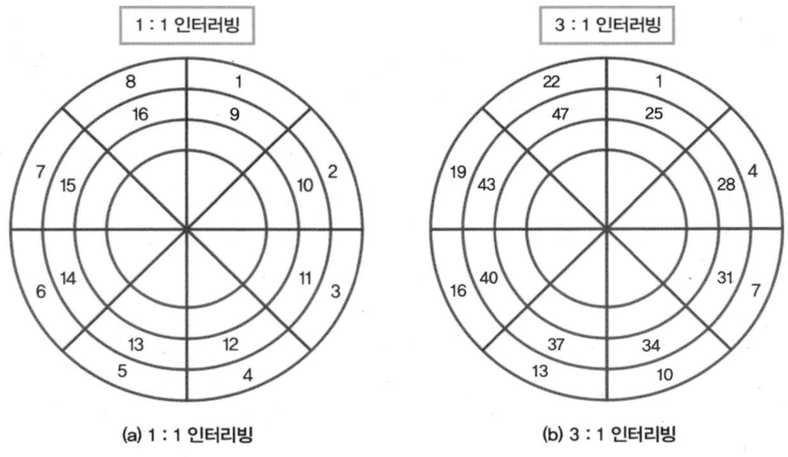

[그림 7-20] 디스크 인터리빙

4) 디스크 입출력 과정

디스크에서의 입출력은 항상 블록 단위로 수행된다. 여기서는 4K단위로 수행된다고 가정한다. 현재 수행 중인 사용자 프로세스가 디스크에 있는 파일로부터 블록을 읽어 들이려고 read() 시스템 호출을 한다면 입출력 인터럽트가 발생한다. [그림 7-21]은 11K 파일을 읽기 위해 read() 시스템 호출로 발생하는 입출력 과정을 나타내고 있다.

입출력 인터럽트 발생과 동시에 현재 수행 중인 프로세스는 잠시 수행을 멈추고 인터럽트를 처리하려고 제어는 사용자 모드에서 커널 모드로 전환된다. 디스크 구동기는 커널 버퍼로 첫 번째 블록을 읽어 오도록 디스크 제어기에게 입출력을 요청한다. 디스크 제어기는 디스크로부터 요구된 블록을 읽어와 커널 버퍼에 전달하면 디스크 구동기는 입출력을 요구한 프로세스를 위해 커널 버퍼로부터 블록을 기억 장치에 복사한다. 이러한 과정을 요구한 블록에 입출력이 전부 완료될 때까지 반복하게 된다.

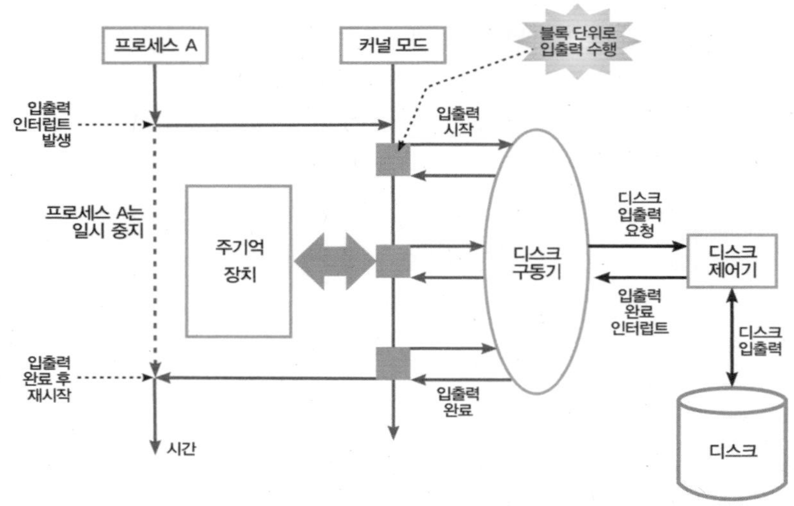

[그림 7-21] 디스크 입출력 과정

디스크 제어기는 한 번에 블록 단위 입출력을 처리할 수 있으며, 현재의 블록 입출력을 완료할 때마다 입출력의 완료 사실을 통보하기 위해 디스크 구동기에게 하드웨어 인터럽트를 발생시킨다는 점이다. 이때 디스크 구동기는 디스크 제어기가 입출력을 완료한 사실을 알고 다음번 블록 입출력을 요구하는 것이다.

그러므로 디스크 구동기와 디스크 제어기 사이에 데이터 전송 때에 약간의 지연 시간이 발생하고 디스크의 구동 속도가 데이터 전송 속도보다 늦을 때에는 상관없지만, 빠르다면 디스크 인터리빙이 필요하다.

5

디스크 스케줄링 기법

5-1 디스크 스케줄링의 목표

디스크 스케줄링 기능은 디스크나 드럼에서 찾고자 하는 데이터가 여러 곳에 흩어져 있을 때 과연 헤드를 어떻게 움직이느냐를 결정하는 것이다. 이러한 스케줄링은 헤드를 어떻게 움직이는 가를 지정하는 **탐색 시간 최적화 알고리즘**(seek time optimization algorithm) **과 회전 시간 최적화 알고리즘**(rotation time optimization algorithm)**으로 구분**할 수 있다. 회전 지연 시간은 크지 않아서 디스크 성능에 큰 영향을 미치지 못한다.

탐색 시간은 기계적인 헤드의 움직임이므로 회전 지연 시간보다 10배 이상의 많은 시간이 소요되며 디스크 성능을 좌우하고 있다. 따라서 일반적으로 디스크 스케줄링은 탐색 시간을 최적화하는데 목적을 두고 있다.

디스크 스케줄링의 목표는 다음과 같다.

- **처리율**(Throughput) : 처리율을 극대화시키는 것이다. 즉 단위 시간에 디스크의 헤드가 찾을 수 있는 데이터의 수를 최대화하는 것을 의미한다.
- **평균 반응 시간**(Mean response time) : 평균 반응 시간을 줄이는 것이다. 어떤 요청이 디스크 구동기에 전해질 때부터 그 결과가 나올 때까지의 시간(대기 시간 + 탐색 시간 + 회전 시간)의 평균 값을 줄이는 것이다.
- **평균 반응의 분산**(Variance of response time) : 평균 반응 시간을 줄이고 이를 예측할 수 있게 하는 것이다. 즉 데이터를 읽는 시간들의 차이가 작게 하는 것이다. 이러한 목표를 위해 여러 가지 알고리즘들이 존재한다.

디스크 구동기를 포함한 모든 입출력 장치는 일련의 요청을 위한 I/O 장치 큐 또는 요청 큐(request queue)를 가지고 있다. 어떤 프로세스가 디스크의 입출력을 요구 할 때마다 운영체제에게 시스템 호출을 보낸다. 이러한 입출력 요청은 다음과 같은 여러 가지의 필요한 정보를 가리키게 된다.

- 입출력의 종류 : 입력 동작이나 출력 동작 구분
- 디스크의 주소 : 디스크 구동기, 실린더, 표면, 블록 번호 등
- 주기억 장치 주소 : 적재할 주기억 장치의 주소
- 전송할 정보의 총량 : 읽어 들이거나 내보낼 바이트나 단어의 수

만일 디스크 구동기와 디스크 제어기를 동시에 사용할 수 있다면 디스크 요청은 즉시 처리(서비스)될 수 있지만 둘 중 어느 하나라도 어떤 프로세스가 사용하고 있을 때에는 마찬가지로 그것을 사용하고자 하는 다른 프로세스들과 함께 장치 큐에서 대기를 해야 한다.

많은 프로세스들이 함께 적재되는 다중 프로그래밍 시스템에서는 일반적으로 디스크 큐에 대기 중인 여러 프로세스들이 존재한다. 그러므로 하나의 요청이 완료되면 큐로부터 새로운 요청을 선정하여 처리한다. 결론적으로 디스크에 대한 요청의 처리 순서는 우선 원하는 트랙으로 헤드를 위치시키고 회전 지연만큼 기다리고 데이터의 전송을 끝낸다.

5-2 디스크 스케줄링 알고리즘

1) 선입 선처리(FCFS) 스케줄링

선입 선처리(FCFS: First Come First Served) **스케줄링은 가장 간단한 형태로서 먼저 도착한 요청이 우선적으로 서비스 받게 되는 기법**이며 다음과 같은 특징이 있다.

- 요청 큐에 먼저 도착한 요청이 우선적으로 서비스 받게 되므로 근본적인 공평성이 보장되고 프로그래밍하기도 쉽다.
- 높은 우선순위를 가진 요청이 도착하더라도 요청의 순서가 바뀌지 않는다.
- 탐색 패턴을 최적화하려는 시도가 없는 스케줄링 기법이다.
- 디스크 오버헤드가 적게 걸리는 때는 이 방법이 효율적이지만 FCFS를 사용하는 중에 오버헤드가 커지면 요청이 많아져 응답 시간이 길어지게 된다. 일반적으로 **효율이 낮다.**
- 대기 큐를 재배열하지 않는다. 즉 일단 요청이 도착하면 실행 예정 순서가 도착순으로 고정된다.

예를 들어 [그림 7-22]는 현재 헤드 위치가 53에 있고 요청 큐에는 98, 183, 37, 122, 14, 124, 65, 67번과 같은 순서로 접근할 트랙의 디스크 요청이 들어 있다고 가정할 때, FCFS 스케줄링 알고리즘으로 헤드의 이동과 요청을 서비스하는 과정을 보이고 있다. 따라서 총 헤드의 움직임은 640으로 매우 이동거리가 많다.

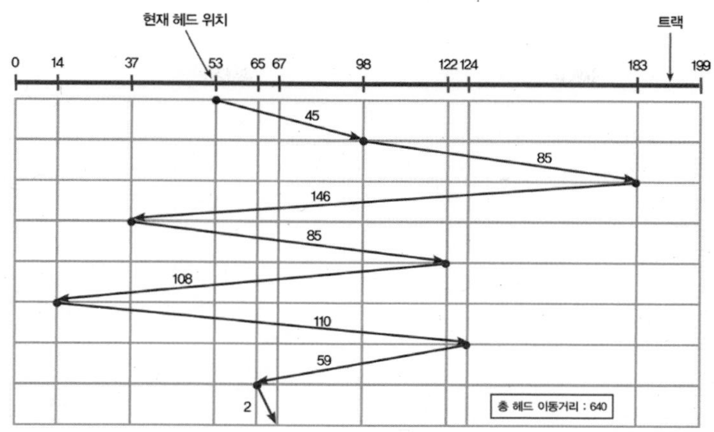

[그림 7-22] 선입 선처리(FCFS) 스케줄링

2) 최소탐색시간 우선(SSTF) 스케줄링

최소탐색시간 우선(SSTF: Shortest Seek Time First) 스케줄링은 탐색 거리가 가장 짧은 요청이 먼저 서비스를 받는 기법으로 다음과 같은 특징이 있다.

- 헤드가 어떤 요청들을 처리하려고 먼 곳까지 이동하기 전에 현재 헤드 위치에서 최소의 탐색 시간을 요하는 디스크 요청을 먼저 처리해 나가는 것이다.
- 이 방법은 특정 요청을 우선적으로 하게 된다. 그러므로 안쪽이나 바깥쪽의 트랙이 가운데 있는 트랙보다 훨씬 서비스를 덜 받게 될 수 있다. 그러므로 응답 시간에 큰 편차가 생길 수 있다.
- 실린더의 제일 안쪽과 바깥쪽에서 디스크 요청의 **기아(starvation) 상태가 발생**할 수 있다.
- FCFS 보다 처리량이 많고 평균 응답시간이 짧다.
- SSTF는 처리량이 큰 목표인 일괄 처리 시스템에 유용하고 응답 시간의 편차가 크므로 대화형 시스템에 부적합하다.

예를 들어 [그림 7-23]은 현재 헤드 위치가 53에 있고, 요청 큐에는 98, 183, 37, 122, 14, 124, 65, 67번과 같은 순서로 접근할 때 트랙의 디스크 요청이 들어 있다고 가정할 때, SSTF 스케줄링 알고리즘으로 헤드의 이동과 요청을 서비스하는 과정을 보이고 있다. 따라서 총 헤드의 움직임은 236으로 FCFS에 비해 $\frac{1}{3}$ 정도 응답 시간이 단축된다. 그러나 예를 들어서, 만약 124번 트랙을 처리하는 도중에 130, 134번 트랙의 요청이 계속 발생할 때에 183번 트랙의 요청은 오랜 시간을 대기하므로 기아 상태에 빠진다.

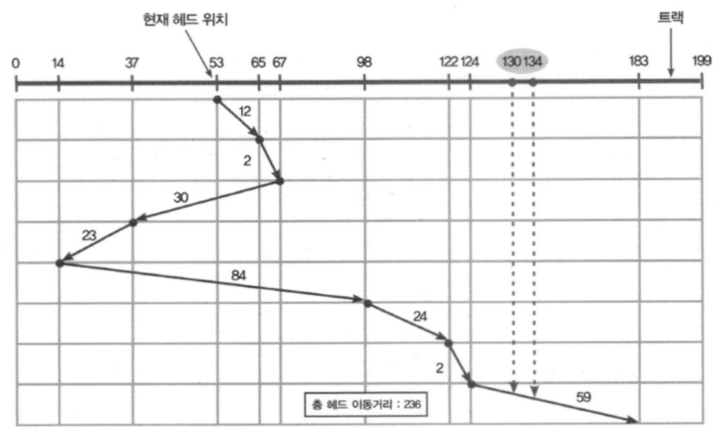

[그림 7-23] 최소탐색시간 우선(SSTF) 스케줄링

3) 스캔(SCAN) 스케줄링

스캔(SCAN) 스케줄링은 Denning이 SSTF가 갖는 응답 시간의 편차에 있어서 차별 대우와 큰 편차를 극복려고 개발한 것으로 **엘리베이터(elevator) 알고리즘**이라고도 한다. 이 기법은 **SSTF와 같이 동작을 하지만 헤드 진행 방향 상의 가장 짧은 거리에 있는 요청을 먼저 서비스하는 기법**으로 다음과 같은 특징이 있다.

- 대기 큐의 동적인 특성을 효율적으로 반영한 것으로서 진행 방향은 현재 헤드 위치에서 가장 짧은 거리의 방향의 요청을 처리해 나가며 끝까지 헤드가 가면 다시 반대쪽으로 끝까지 나가며 처리해 가는 방식이다.
- 처리량과 평균 응답 시간을 개선하였다는 점에서는 SSTF와 같지만 SSTF에서 발생하는 차별 대우를 많이 없애고 낮은 응답 시간 편차를 갖는다.
- 헤드 진행 도중 새로 도착한 요청도 함께 서비스를 받게 되므로 밖에 위치하는 트랙은 가운데 트랙보다 더 적은 서비스를 받을 수도 있다는 문제점이 있다.
- 각 디스크 요청에 대한 분포가 균일하다고 가정할 때 헤드가 한쪽 끝에 이르러 방향을 바꾸어야 할 시점에서 요청 밀도가 높은 쪽은 최초의 시작 부분이며 나중에 처리된 헤드 바로 뒷부분은 비교적 밀도가 낮다. 따라서 밀도가 높은 쪽의 요청은 상당히 오랜 시간을 대기한다.
- SSTF 방법의 헤드가 높은 편차를 갖고 움직이는 때가 없어 **기아(starvation) 상태가 발생하지 않는다.**
- 실제로 구현되는 대부분의 디스크 스케줄링의 기본 전략이 되어 왔다.

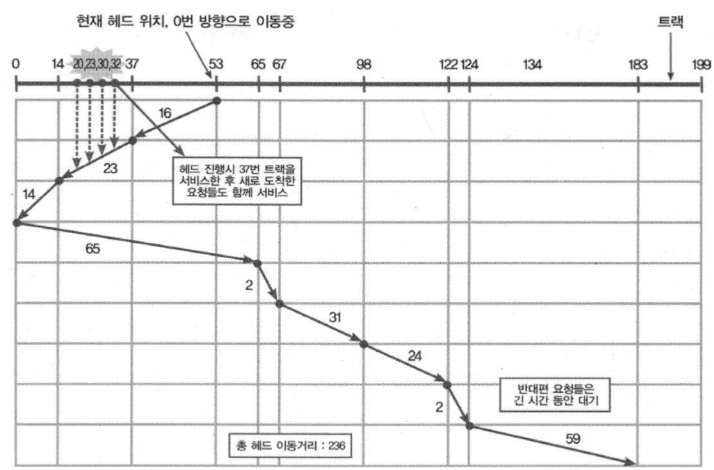

[그림 7-24] 스캔(SCAN) 스케줄링

예를 들어 [그림 7-24]는 현재 헤드 위치가 53개 있고, 트랙 0번 방향으로 이동하고 있고, 요청 큐에는 98, 183, 37, 122, 14, 124, 65, 67번과 같은 순서로 접근할 트랙의 디스크 요청이 들어 있다고 가정할 때, SCAN 스케줄링 알고리즘으로 헤드의 이동과 요청을 서비스하는 과정을 보이고 있다. 따라서 총 헤드의 움직임은 236이 된다.

그러나 예를 들어 만약 37번 트랙을 처리하는 도중에 32, 30, 23, 20 트랙에 새로운 디스크 요청이 계속 도착할 때에는 **현 헤드 진행 방향의 반대에 있는 183번 트랙요청은 오랜 시간 대기**하게 된다. SCAN은 헤드가 0번 트랙에서 마지막 199번 트랙까지 이동하지만 마지막 요청 트랙(183번)까지만 헤드가 이동하는 때를 **일명 룩(LOOK)**이라고 한다. 즉 현재 트랙을 넘어서 보류된 요청이 없는 트랙에 도달하면 그 방향으로의 스캔은 멈춘다.

4) 순환 스캔(C-SCAN: Circular-scan) 스케줄링

순환 스캔(C-SCAN: Circular-scan) 스케줄링은 SCAN에서의 불공평한 대기 시간을 좀 더 균등하게 하려고 변형을 가한 것으로 **헤드는 항상 바깥쪽 실린더에서 안쪽 실린더로 이동하면서 가장 짧은 탐색 시간을 갖는 요청을 서비스하는 기법**으로 다음과 같은 특징이 있다.

- 이 방법에서 헤드는 항상 같은 한쪽 방향(바깥에서 안쪽)으로 헤드를 이동해가면서 요청을 하지만 더 이상 그 방향에 요청이 없을 때에는 반대 방향으로 헤드를 이동하는 것이 아니라 다시 같은 방향으로 처음부터 처리를 진행하는 방법이다.
- 대기 시간을 균등화함으로써 SCAN 방식을 개선한 방법이다.

- 이 방법은 마치 처음과 마지막 트랙을 원형으로 연결한 것과 같은 환형(circular) 처리와 유사하다.
- 진행도중 도착한 요청은 다음 헤드 진행 때 서비스를 받는다.
- 이 방법은 가장 안쪽과 바깥쪽 간 실린더의 차별 대우를 완전히 제거하였고 응답 시간의 편차가 아주 작다.
- 회전수 최적화를 겸비한 C-SCAN 방법은 오버헤드가 많이 걸리는 때에 효과적이다.

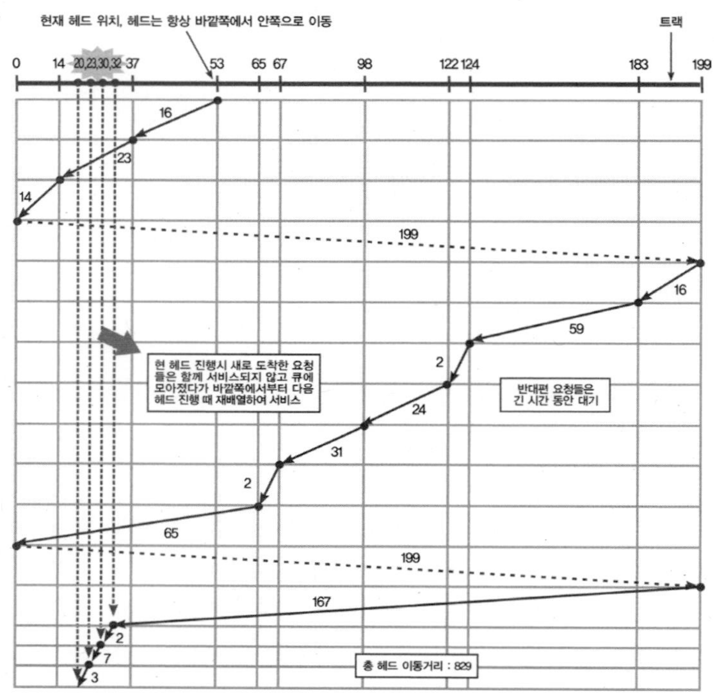

[그림 7-25] 순환 스캔(C-SCAN) 스케줄링

예를 들어 [그림 7-25]는 현재 헤드 위치가 53개 있고 요청 큐에는 98, 183, 37, 122, 14, 124, 65, 67번과 같은 순서로 접근할 트랙의 디스크 요청이 들어 있다고 가정할 때, C-SCAN 스케줄링 알고리즘으로 헤드의 이동과 요청을 서비스하는 과정을 보이고 있다. 따라서 총 헤드의 이동 움직임은 829가 된다.

만약 183번 트랙 진행도중 20, 23, 30, 32, 140, 141, 144, 149번 트랙의 요청이 도착했다면 다음 헤드 진행 때에 함께 서비스 된다. LOOK과 마찬가지로 **C-SCAN에서 헤드가 트랙 끝가지 이동하지 않고 마지막 요청 트랙(183번)까지 이동할 때 순환 룩**(C-LOOK)이라고 한다.

5) N-단계 스캔(N-step SCAN) 스케줄링

N-단계 스캔(N-step SCAN) 스케줄링은 헤드가 한쪽 방향으로 이동해 나가면서 요청으로 들어온 것만 서비스하다가 다시 반대쪽으로 오면서 이전에 도착했던 요청들을 서비스하는 기법으로 다음과 같은 특징이 있다.

- SCAN 스케줄링과의 차이점은 현재 큐에 대기 중인 요청만 처리된다.
- SSTF나 SCAN 방법보다 응답 시간의 편차가 작다.
- 현재 실린더에 많은 수의 요구가 도착할 때 무한한 지연이 발생하는 가능성을 제거하였다.
- 반대 방향 진행 때 서비스를 받기 위해 요청들을 대기 행렬에 저장시킨다.

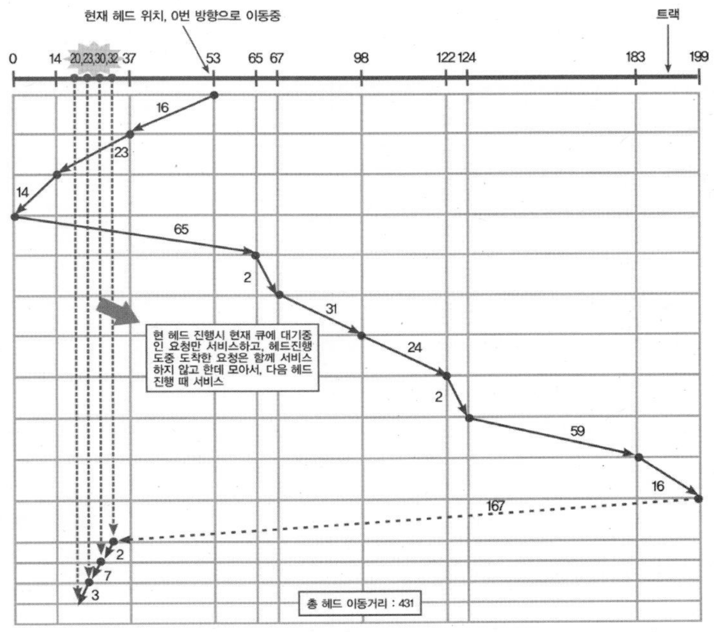

[그림 7-26] N-단계 스캔 스케줄링

예를 들어 [그림 7-26]은 현재 헤드 위치가 53에 있고, 바깥쪽 트랙 방향으로 이동하고 요청 큐에는 98, 183, 37, 122, 14, 124, 65, 67번과 같은 순서로 접근할 트랙의 디스크 요청이 들어 있으며 나중에 들어온 요청 큐는 20, 23, 30, 32번 트랙이라고 가정할 때 N-STEP 스케줄링 알고리즘으로 헤드의 이동과 요청을 서비스하는 과정을 보이고 있다. 따라서 총 헤드의 움직임은 431이 된다.

6) 에션바흐 기법

에션바흐 기법(Eschenbach scheme)**은 헤드는** C-SCAN**처럼 움직이는데 예외로 모든 실린더(또는 트랙)는 그 실린더에 요청이 있든지 없든지 전체 트랙이 한 바퀴 회전할 동안에 서비스를 하는 기법**이다.

- 한 실린더 내에서 회전 위치를 이용할 수 있게 요청 측을 재배열한다.
- 2개의 요청이 실린더에서 같은 섹터의 위치에 있으면 한 방향으로 진행 때 1개의 요청만을 서비스한다.
- 매우 부하가 큰 항공 예약 시스템을 위해 개발되었다.
- 탐색 시간뿐만 아니라 회전 지연 시간을 최적화하려고 했던 최초의 기법들 중의 하나이다.

7) 최소지연시간 우선(SLTF) 스케줄링

탐색 시간의 최적화는 SSTF 스케줄링으로 구현되고 **회전 시간의 최적화는 최소지연시간 우선**(SLTF: Shortest Latency Time First) **스케줄링**으로 구현된다.

- 회전 시간 최적화는 때때로 섹터 큐잉(sector queuing)이라고 부른다.
- [그림 7-27]에서와 같이 일단 디스크 헤드가 특정 실린더에 도착하면 그 실린더 내의 여러 트랙에 대한 많은 요청들이 있을 수 있다. 이런 모든 요청은 디스크 주의의 섹터 위치에 따라 대기 행렬에 정렬되고 가장 가까운 섹터가 우선적으로 서비스된다.
- 섹터 큐잉(sector queuing)은 주로 드럼과 같은 고정 헤드 장치를 스케줄링 할 때 사용한다. 즉 헤드의 이동이 거의 없을 때에 사용한다.

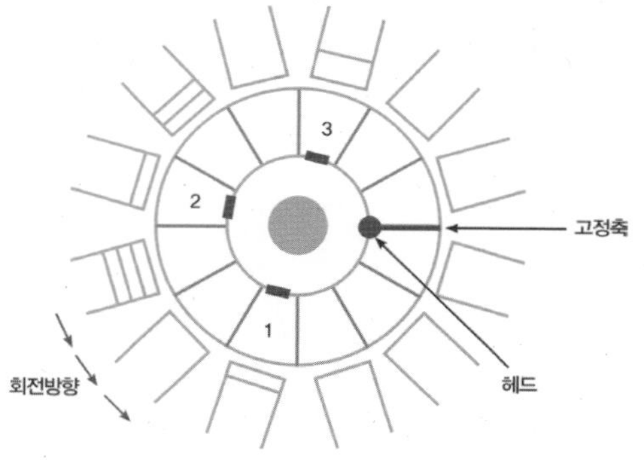

[그림 7-27] SLTF 스케줄링

■ 입출력 방식

CPU가 직접 주관하는 폴링방식의 직접 입출력 방법과 인터럽트 방식의 직접 입출력 방법, 그리고 입출력 채널과 DMA를 사용해 간접 입출력하는 방법

■ 입출력 시스템

컴퓨터 시스템의 입출력 장치와 입출력 모듈을 포함
물리적 입출력장치는 실제 입출력을 수행
입출력 모듈은 메모리나 프로세서, 레지스터 등 내부 저장 장치와 물리적 입출력 장치 사이의 2진 정보를 제공하기 위한 방법 제공

■ DMA

CPU의 개입 없이 I/O 장치와 주기억 장치 사이에 데이터를 전송하는 방식으로, 입출력 시에 기억장치의 사이클을 훔쳐서(cycle stealing) I/O 연산을 수행함. 즉, CPU가 주기억장치를 액세스하지 않는 시간즉, CPU가 내부적으로 명령어를 해독하거나 ALU 연산을 수행하는 시간 동안에 시스템 버스를 사용하여 입출력을 수행하는 것

■ 사이클 스틸

CPU와 DMA가 각각 연산과 입출력을 하려고 동시에 기억 장치를 접근할 때, CPU는 기억 장치 참조 사이클을 멈추게 하고 DMA가 우선적으로 기억장치 참조 사이클을 수행하여 입출력을 수행

■ 입출력 채널

가장 완벽한 입출력 방식이며 입출력은 독립된 입출력 프로세서인 채널이 대신하고 입출력을 수행하는 동안 CPU는 다른 프로그램을 실행함으로써 CPU의 효율을 향상시킬 수 있고 다중 프로그래밍을 할 수 있음

■ 버퍼링의 종류

1개의 버퍼를 이용하는 때를 단일 버퍼링(single buffering), 2개의 버퍼를 이용하는 때를 이중 버퍼링(double buffering), 많은 버퍼들이 원형을 이루며 대기하는 때를 환형 버퍼링(circular buffering) 또는 다중 버퍼링(multiple buffering)이라고 함

■ 스풀링

디스크의 일부를 스풀 공간으로 매우 큰 버퍼처럼 사용하는 방식. **디스크를 스풀 공간으로 사용하는 이유는 입출력 장치와 CPU의 속도 차이를 없애려는 것**

■ 인터럽트

CPU가 명령어를 수행하는 동안에 발생하는 시스템의 어떤 응급 상황에 대처하려는 일련의 조치를 의미. 운영체제는 인터럽트가 발생하는 원인에 따라 적절한 인터럽트 처리 루틴으로 최소한의 조치를 취하고, 인터럽트 서비스 루틴으로 발생한 응급 상황을 해결

■ 인터럽트 종류

외부(external) 인터럽트, 입출력(I/O) 인터럽트, 슈퍼바이저 호출(SVC : supervisor call), 프로그램 검사(program check) 인터럽트, 기계 검사(machine check) 인터럽트, 재시작(restart) 인터럽트 등

■ 디스크 접근 시간

이동 디스크의 데이터 액세스 시간은 '탐색시간+회전지연시간+전송시간'으로 표시
고정헤드 디스크 시스템은 탐색시간이 없어 '회전지연시간+전송시간'으로 표시

■ 디스크 스케줄링이란?

디스크 액세스 요청을 스케줄링하여 평균 디스크 처리시간을 향상시키는 방법
일반적인 스케줄링 유형은 탐색시간 최적화 알고리즘과 회전지연시간 최적화 알고리즘으로 구분

■ 디스크 탐색시간

탐색은 디스크 상의 원하는 섹터에 액세스하려면 시스템은 먼저 해당 트랙 또는 실린더에 헤드를 이동하여 위치
탐색에 걸리는 시간을 탐색시간(Seek Time)이라 함

■ 디스크 스케줄링 알고리즘

선입 선처리(FCFS), 최소탐색 우선(SSTF), 스캔(SCAN), 순환스캔(C-SCAN) 알고리즘 등이 있음

섹터 큐잉(Sector Queueing)은 드럼과 같은 고정헤드 장치를 위한 스케줄링 알고리즘

[객관식 연습문제]

1 인터럽트를 처리하려는 작업 순서로 올바른 것은 어느 것인가?

a. 운영체제가 제어권을 받는다.
b. 인터럽트 처리 루틴이 인터럽트를 처리한다.
c. 인터럽트 받은 프로세스의 상태를 저장한다.
d. 인터럽트 걸렸던 프로세스의 상태를 복구한다.

가. a–c–b–d　　나. b–c–a–d　　다. c–b–d–a　　라. c–b–a–d

2 입출력 수행, 기억장치 할당 및 오퍼레이터와의 대화 등을 하려고 발생하는 인터럽트는?

가. SVC 인터럽트(Supervisor Call Interrupt)
나. 입출력 인터럽트(I/O Interrupt)
다. 외부 인터럽트(External Interrupt)
라. 프로그램 검사 인터럽트(Program check Interrupt)

해설 SVC 인터럽트(supervisor call interrupt)는 프로그래머가 발생시키는 인터럽트로 입출력 수행, 기억 장치 할당 및 오퍼레이터와의 대화 등의 작업을 하려고 발생한다.

3 스풀링(spooling)의 설명으로 옳지 않는 것은?

가. "spooling"은 "simultaneous peripheral operation on–line"의 약자이다.
나. 스풀링은 주기억 장치를 버퍼로 사용한다.
다. 어떤 작업의 입/출력과 다른 작업의 계산을 병행 처리하는 기법이다.
라. 다중 프로그래밍 시스템의 성능 향상을 가져온다.

해설 SPOOLing(Simultaneous Peripheral Operation On–Line)은 컴퓨터 시스템에서 중앙처리 장치와 입출력 장치가 동시에 독립적으로 동작하는 것이다. 프린터 등의 입출력장치는 CPU에 비해 매우 느린 속도로 동작하며, 이때 CPU 시간이 낭비되는 결과를 낳는다. 따라서 프린터로 갈 데이터를 디스크 등의 보조기억 장치에 잠시 기억시켰다가 CPU가 다른 일을 처리하면서 사이사이에 조금씩 프린터로 보내주면 프린터가 인쇄를 하는 동안에 CPU는 다른 작업을 처리할 수 있으며 전체 작업의 효율을 향상시킬 수 있다.

4 인터럽트 처리과정을 순서대로 옳게 나열한 것은?

(가) 실행 중인 프로그램을 중단하고 프로세스의 상태 정보를 저장
(나) 운영체제가 인터럽트 신호를 감지
(다) 인터럽트의 처리
(라) 인터럽트 서비스 루틴을 수행
(마) 중단되었던 프로그램을 수행

가. (가)-(나)-(다)-(라)-(마)
나. (나)-(가)-(다)-(마)-(라)
다. (가)-(나)-(라)-(다)-(마)
라. (나)-(가)-(라)-(다)-(마)

해설 인터럽트(Interrupt)는 정상적으로 수행 중인 컴퓨터 시스템에서 긴급 상황이 발생할 때 현재 수행 중인 프로세스를 중단시키는 사건을 말한다. 인터럽트가 발생할 때 가장 먼저 수행되는 작업은 인터럽트 신호를 운영체제가 감지하는 것이다.

5 컴퓨터 자체 내의 기계적인 장애나 오류때문에 발생하는 인터럽트는?

가. 입출력 인터럽트
나. 외부 인터럽트
다. 기계 검사 인터럽트
라. 프로그램 검사 인터럽트

해설 기계 검사 인터럽트(machine check interrupt)는 기계에 고장이 발생하였을 때 발생한다.

6 터럽트의 설명으로 옳지 않은 것은?

가. 인터럽트 서비스 루틴(interrupt service routine)은 입력장치에 대하여 버퍼가 꽉 찬 (full) 상태인지를 조사한 후 입/출력 요청을 한다.
나. 인터럽트가 발생할 때 복귀주소(return address)는 시스템 큐에 저장한다.
다. 인터럽트를 처리하고 나서 인터럽트 당한 주소로 되돌아가면 인터럽트가 일어나지 않았던 것처럼 수행된다.
라. 입/출력 장치와 CPU를 전 속도(full speed)로 작동시키려고 인터럽트를 사용한다.

해설 인터럽트 복귀 주소는 스택에 저장한다.

7 퍼링과 스풀링의 설명으로 옳지 않은 것은?

가. 버퍼링은 저속의 입출력 장치와 고속의 CPU 간의 속도 차이를 해소하려고 나온 방법이다.
나. 스풀링은 디스크의 일부를 매우 큰 버퍼처럼 사용하는 방법이다.
다. 스풀링은 어떤 작업의 입/출력과 다른 작업의 계산을 병행 처리하는 기법이다.
라. 버퍼링은 보조기억 장치를 버퍼로 사용한다.

해설 버퍼는 주기억 장소를 이용하여 처리한다.

8 중앙처리장치와 입/출력장치가 동시에 주기억 장치에 접근하려고 할 때, 입/출력장치에 우선순위를 부여하여 주기억 장치를 액세스하는 동안, 중앙처리장치에서 주기억 장치에 대한 접근 작업을 양보하게 하는 기법은?

가. 폴링(polling)
나. 직접 메모리 액세스(direct memory access)
다. 기억 장치 인터리빙(storage interleaving)
라. 사이클 스틸링(cycle stealing)

해설 DMA는 주기억 장치와 주변장치(입출력장치) 사이에서 고속으로 블록 데이터를 전송하는 방법이며, 데이터 전송을 하려고 버스를 사용한다. DMA가 버스를 사용하는 동안에 CPU가 버스 사용권을 요청할 수 있으며, 이때 DMA에게 버스 사용권이 우선인 것을 사이클 스틸링 이라고 한다.

9 버퍼링(buffering)에 대한 설명 중 틀린 것은?

가. 디스크 전체를 매우 큰 버퍼처럼 사용한다.
나. 한 레코드를 읽어서 CPU가 그것의 작업을 시작함과 동시에 입/출력 장치가 필요한 레코드를 미리 읽어 CPU에 저장해 둔다.
다. CPU가 필요한 레코드를 읽으려고 기다리는 일이 없게 한다.
라. 저속의 입출력 장치와 고속의 CPU 간의 속도 차이를 해소하려고 사용된다.

해설 버퍼는 주기억 장치의 일부를 사용한다.

10 I/O 효율을 높이려고 I/O의 내용을 디스크 등에 모아두었다가 처리하는 방식은?

가. over lapping
나. Pipelining
다. Spooling
라. Relocating

해설 SPOOLing(Simultaneous Peripheral Operation On-Line)은 프린터 등의 입출력장치가 CPU에 비해 매우 느린 속도로 동작하며, 이때 CPU 시간이 낭비되는 결과를 낳는다. 따라서 프린터로 갈 데이터를 디스크 등의 보조 기억 장치에 잠시 기억시켰다가 CPU가 다른 일을 처리하면서 사이사이에 조금씩 프린터로 보내주면 프린터가 인쇄를 하는 동안에 CPU는 다른 작업을 처리할 수 있으며 전체 작업의 효율을 향상시킬 수 있다.

11 프로그램 수행 중에 인터럽트가 발생하였을 때 인터럽트의 처리 시기는?

가. 발생 즉시 처리한다.
나. 수행 중인 프로그램을 완료하고 처리한다.
다. 수행 중인 인스트럭션을 끝내고 처리한다.
라. 수행 중인 마이크로 오퍼레이션을 끝내고 처리한다.

해설 현재 수행 중인 프로그램을 잠시 중단하고 인터럽트를 처리하며 수행 중인 명령은 완료하고, 다음 명령 처리 전에 인터럽트를 처리한다.

12 캐시(cache) 기억 장치 설명 중 옳은 것은?

가. 중앙처리장치와 주기억 장치의 정보 교환을 위해 임시 보관하는 것
나. 중앙처리장치의 속도와 주기억 장치의 속도를 가능한 같게 하기 위한 것
다. 캐시와 주기억 장치 사이에 정보 교환을 위하여 임시 저장하는 것
라. 캐시와 주기억 장치의 속도를 같게 하기 위한 것

해설 현재 수행 중인 프로그램을 잠시 중단하고 인터럽트를 처리하며 수행 중인 명령은 완료하고, 다음 명령 처리 전에 인터럽트를 처리한다.

13 현재 헤드의 위치가 50에 있고, 요청 대기 열에는 다음과 같은 순서로 들어 있다고 가정할 때, C-SCAN(Circular-scan) 스케줄링 알고리즘으로 헤드의 총 이동거리는 얼마인가?

100, 180, 40, 120, 0, 130, 70, 80, 150, 200

가. 790　　나. 380
다. 370　　라. 250

해설 C-SCAN은 SCAN 방법의 변형으로 헤드는 항상 바깥쪽 실린더에서 안쪽 실린더로 이동하고, 가장 내 쪽 실린더에 도착한 다음에는 다시 바깥쪽부터 안쪽으로 진행하므로, 50, 40, 0, 200, 180, 150, 130, 120, 100, 80, 70순으로 처리한다. 그러므로 10 + 40 + 200 + 20 + 30 + 20 + 10 + 20 + 20 + 10을 모두 더한 380이 헤드 총 이동량이 된다.

14 탐색 거리(seek distance)가 가장 짧은 요청이 먼저 서비스를 받는 디스크 스케줄링 기법으로서 처리량이 주안점인 일괄 처리에는 유용하나 응답 시간의 편차가 커서 대화형 시스템에서는 부적합한 것은?

가. FIFO　　나. SSTF
다. SCAN　　라. C-SCAN

해설 SSTF(Shortest Seek Time-First) 기법은 현재 헤드의 위치에서 탐색 거리가 가장 짧은 요청이 먼저 서비스를 받는 방법이므로 전체적인 탐색 길이를 줄일 수 있어 FCFS 기법에 비해 처리량이 많고 평균 응답 시간이 짧으므로 일괄 처리에 적합하다.

15 다음의 디스크 스케줄링 중 현재 진행 중인 방향으로 가장 짧은 탐색 거리에 있는 요청을 먼저 서비스하는 기법은?

가. SSTF　　나. SCAN
다. C-SCAN　　라. FCFS

해설 SCAN은 진행 방향 상의 가장 짧은 거리에 있는 요청을 먼저 수행한다. SSTF는 진행 방향이 변경될 수 있다.

16 현재 헤드의 위치가 50에 있고 트랙 0번 방향으로 이동하며, 요청 대기 열에는 아래와 같은 순서로 들어 있다고 가정할 때 SSTF(Shortest Seek Time First) 스케줄링 알고리즘으로 헤드의 총 이동거리는 얼마인가?

100, 180, 40, 120, 0, 130, 70, 80, 150, 200

가. 790　　나. 380　　다. 370　　라. 250

해설 헤드는 50, 40을 수행하고, 0으로 가는 것이 아니라 70으로 이동한다. 이것은 40보다 30이 이동 거리가 적기 때문이다. 그러므로 50, 40, 70, 80, 100, 120, 130, 150, 1800, 200, 0의 순으로 진행하므로 헤드의 총 이동거리는 370이 된다.

17 어떤 방향의 진행이 시작될 당시에 대기 중이던 요청들만 서비스하고, 진행 도중 도착한 요청들은 한데 모여서 다음의 반대 방향 진행 때 최적으로 서비스할 수 있게 배열되는 디스크 스케줄링 기법은?

가. SSTF　　나. FCFS
다. N-step SCAN　　라. S-step SCAN

해설 N-step SCAN은 헤드가 한쪽 방향으로 이동하면서 이미 요청된 작업에 대해서만 서비스하고 끝 부분에 도달해서는 다시 반대쪽으로 오면서 이전에 도착했던 요청들을 서비스한다.

18 18. 디스크 스케줄링 기법 중에서 탐색 거리가 가장 짧은 요청이 먼저 서비스를 받는 기법이며 탐색 패턴이 편중되어 안쪽이나 바깥쪽 트랙이 가운데 트랙보다 서비스를 덜 받는 경향이 있는 기법은?

가. FCFS　　나. C-SCAN　　다. LOOK　　라. SSTF

해설 SSTF(Shortest Seek Time-First) 기법은 현재 헤드의 위치에서 탐색 거리가 가장 짧은 요청이 먼저 서비스를 받는 방법이므로 전체적인 탐색 길이를 줄일 수 있어 FCFS 기법에 비해 처리량이 많고 평균 응답 시간이 짧다.

19 디스크 스케줄링 기법 중 항상 바깥쪽 실린더에서 안쪽으로 움직이면서 가장 짧은 탐색 시간을 가지는 요청을 서비스하는 기법은?

가. FCFS　　나. SSTF　　다. SCAN　　라. C-SCAN

해설 C-SCAN은 SCAN 방법의 변형으로 헤드는 항상 바깥쪽 실린더에서 안쪽 실린더로 이동하면서 가장 짧은 탐색 시간을 갖는 요청을 서비스한다.

- 가장 안쪽과 바깥쪽의 실린더에 대한 차별 대우를 제거한 방법
- 응답 시간의 편차가 매우 작으며, 회전 시간 최적화(rotational optimization)를 겸비하여 부하가 많은 상황에 효과적

20 디스크 스케줄링에서 SSTF(Shortest Seek Time First)의 설명으로 옳지 않은 것은?

가. 탐색 거리가 가장 짧은 요청이 먼저 서비스를 맡는다.
나. 일괄 처리 시스템보다는 대화형 시스템에 적합하다.
다. 가운데 트랙이 안쪽이나 바깥쪽 트랙보다 서비스 모듈 확률이 높다.
라. 헤드에서 멀리 떨어진 요청은 기아 상태(starvation state)가 발생할 수 있다.

해설 SSTF(Shortest Seek Time–First) 기법은 현재 헤드의 위치에서 탐색 거리가 가장 짧은 요청이 먼저 서비스를 받는 방법이므로 전체적인 탐색 길이를 줄일 수 있어 FCFS 기법에 비해 처리량이 많고 평균 응답 시간이 짧으며, 일괄 처리 시스템에는 유용하다.

21 디스크 스케줄링 기법 중에서 현재 헤드 위치의 가까운 곳에 있는 모든 요구를 먼 곳보다 먼저 처리하게 하는 기법은?

가. FCFS　　나. C-SCAN
다. LOCK　　라. SSTF

해설 SSTF(Shortest Seek Time–First) 기법은 현재 헤드의 위치에서 탐색 거리가 가장 짧은 요청이 먼저 서비스를 받는 방법이다.

22 사용자가 요청한 디스크 입/출력 내용이 다음과 같이 순서대로 큐에 들어 있다. 이때 이를 모두 처리하는데 소용되는 시간이 가장 긴 스케줄링 기법은?(단 현재 디스크 헤드 위치는 53이고, 가장 안쪽이 1번, 가장 바깥쪽이 200번 트랙이라고 가정하자.)

큐의 내용 : 98 183 37 122 14 124 65 67

가. FCFS　　나. SSTF
다. SCAN　　라. C-SCAN

해설 FCFS는 요청 대기 큐에 먼저 들어온 요청이 먼저 서비스 제공되며, 탐색 패턴을 최적화하려는 시도가 없는 스케줄링이다. 문제에서 현재 디스크 헤드가 53이므로 가장 많은 시간이 소요된다.

23 23. 디스크에서 헤드가 70트랙을 처리하고 60트랙으로 이동해왔다. SCAN방식을 사용할 때 다음 디스크 큐에서 가장 먼저 처리되는 트랙은?

[20, 50, 80, 100]

가. 20　　나. 50　　다. 80　　라. 100

해설 SCAN은 헤드가 디스크의 한 끝에서 다른 끝으로 이동하고, 다른 한 쪽 끝에 도달하였을 때는 역방향으로 이동하면서 요청된 트랙의 처리를 수행한다.

[주관식 연습문제]

1 다음 용어들을 정의하고 설명하시오.

a. 채널
b. DMA
c. 인터럽트
d. 폴링

2 입출력 방식에서 직접 방식과 간접 방식의 차이점을 설명하시오.

3 [그림 7–3] 인터럽트 방식의 직접 입력(read 연산)을 참고하여, 인터럽트 방식의 직접 출력(write) 과정을 그림과 함께 설명하시오.

4 간접 입출력 방식에서 DMA 방식과 채널 방식을 비교하고 차이점을 논하시오.

5 채널을 이용한 입출력 방식에서 채널을 동작시키려고 CPU가 채널에게 지정하는 명령어는 무엇인지 설명하시오.

6 채널의 종류를 설명하고 실제 입출력하는 과정을 설명하시오.

7 [그림 7-12]단일 버퍼링을 사용한 출력과정을 참고하여 CPU와 채널의 역할을 바꾸어 CPU가 버퍼의 내용을 비우고 채널이 버퍼를 채우는 과정을 설명하시오.

8 [그림 7-13]은 이중 버퍼링을 사용한 출력과정을 참고하여 CPU가 버퍼의 내용을 비우고 채널이 버퍼를 채우는 과정을 설명하시오.

9 사이클 스틸링을 정의하고 사용 예를 보이시오.

10 디스크 스케줄링의 기본적인 목표는 무엇인지 기술하고 그 목표가 왜 중요한지 설명하시오.

11 디스크 가용 공간 관리 기법 4가지를 비교하여 설명하시오.

12 번호가 0번부터 199까지인 200개의 트랙을 가진 이동 헤드 디스크가 있다. 현재 헤드 위치는 143번을 처리하고 있고 바로 전에 125번 트랙의 요청을 끝냈다. 만일 디스크 요청 큐가 FIFO 큐에 84, 140, 178, 90, 149, 100, 170, 125 순서로 유지된다고 할 때, 다음 각 스케줄링에 이 요청을 만족하려는 헤드의 총 움직임은 얼마인지 계산하시오.

1) FCFS
2) SSTF
3) SCAN
4) C-SCAN
5) N-SCAN

13 SSTF는 실린더의 너무 안쪽이나 바깥쪽보다 중간에 위치한 요청의 서비스율이 좋다. 그 이유를 설명하시오.

14 디스크 스케줄링에서 일반적으로 지연 시간 최적화를 하지 않는 이유는 무엇인지 설명하시오.

15 FCFS를 제외한 모든 디스크 스케줄링 기법은 완벽하게 공정하지 못하고 기아 상태가 발생할 수 있다. 그 이유를 설명하고 이의 해결 방법을 기술하시오.

16 왜 SCAN이 SSTF보다 응답 시간의 편차가 적은지 그 이유를 설명하시오.

17 SCAN 스케줄링이 SSTF 스케줄링보다 공평한 이유와 C-SCAN 스케줄링이 SCAN 스케줄링보다 공평한 이유를 설명하시오.

18 회전 지연 시간 최적화를 할 수 있는 스케줄링 기법들은 무엇이 있는지 나열하고 각 기법을 설명하시오.

파일 시스템
File System

CHAPTER
08

8 CHAPTER

[학습목표]

- 파일의 종류, 파일 디스크립터, 파일 연산 등 파일 시스템에 대해 이해한다.
- 파일의 디스크 공간 할당 방법을 이해한다.
- 디스크 가용공간 관리 방법을 이해한다.
- 여러 가지 디렉터리 구조를 이해한다.

[주요 내용]

1. 파일 시스템 개요
2. 파일의 디스크 공간 할당 방법
3. 디스크 가용 공간 관리
4. 디렉터리 구조

[요약]

[연습문제]

1 파일 시스템 개요

파일 관리자(file manager)는 현대 운영체제의 가장 중요한 요소이다. 파일 관리자는 파일의 추상화, 파일을 조직하는 디렉터리, 디렉터리의 집합을 구성하는 파일 시스템 등을 실행하는 운영체제의 일부분이다. 파일 운용을 위하여 파일 관리자가 사용자에게 제공하는 기능은 파일의 생성, 삭제, 공유, 보호, 구성 형태, 사용자 인터페이스, 정보의 액세스, 백업과 복구 등의 기능을 제공한다.

1-1 파일의 개념

1) 파일 추상화

파일은 작성자가 정의한 상호 관련이 있는 정보의 집합체로서 보통 2차 기억 장치인 보조기억 장치의 기본적인 단위가 되고, 대개 프로그램(원시 프로그램과 목적 프로그램)과 데이터로 구성되어 있다. 자료 파일은 숫자, 문자 또는 문자 숫자로 구성되어 있고 텍스트 파일처럼 비정형화된 자유 형식일 수도 있고 엄격히 정형화된 형태일 수도 있다. 파일은 일반적으로 작성자와 사용자가 그 의미를 정의한 바이트-스트림의 연속체로 볼 수 있다.

저장 장치는 주소가 오직 선형으로 구성된 바이트 블록만을 수용하며, 파일 시스템은 [그림 8-1]과 같이 응용 프로그램에서 사용하기 알맞은 형태로 저장블록에서부터 자료 구조까지 추상화한다. 저수준 파일 시스템은 스트림 블록 변환(stream-block translation)이라고 하는 논리적인 정보의 집합을 저장 시스템의 블록에 연결해주는 추상화 작업을 해준다. 이러한 변환은 블록 기반의 저장 시스템에서 선형적으로 매핑된 바이트 스트림을 저장하거나 검색하는 것을 가능하게 한다.

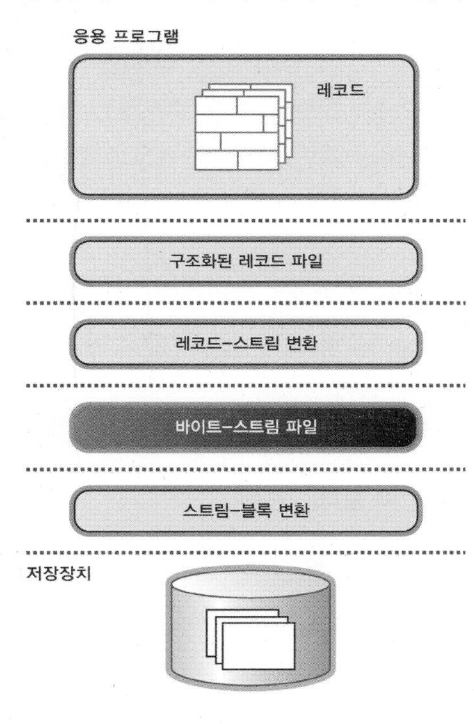

[그림 8-1] 파일의 추상화

윈도우와 유닉스 같은 운영체제처럼 단지 스트림 블록 변환(stream-block translation) 기능만을 제공한다면 이를 **저수준 파일 시스템(low-level file system)**이라고 하고 상업용 프로그램에서 사용하는 IBM MVS나 Mach. 같은 운영체제처럼 레코드 스트림 변환((record-stream translation) 기능을 제공한다면 **구조화된 파일 시스템(structured file system) 또는 고수준 파일 시스템(high-level file system)**이라고 한다.

바이트 스트림 파일 상의 전형적인 파일 단위 연산은 생성(create), 개방(open), 폐쇄(close), 삭제(delete), 복사(copy), 이름 바꾸기(rename), 목록 보기(list) 등이 있으며, 파일 내의 각 항목 단위로 이루어지는 작업들은 읽기(read), 쓰기(write), 갱신(update), 삽입(insert), 삭제(delete) 등과 같은 연산이 있다.

데이터나 프로그램을 파일로 구성하는 이유는 다음과 같이 3가지가 있다.

(1) 주기억 장치에 전부를 적재하기에는 너무 크다.

데이터나 프로그램 집합은 일반적으로 주기억 장치에 전부 유지하기에는 너무 크므로 한꺼번에 주기억 장치에 유지할 필요가 없이, 보조기억 장치에 파일로 저장함으로써 대량의 데이터를 기록해 둘 수 있다.

(2) CPU는 어느 순간에 프로그램이나 데이터 전부를 참조하지 않는다.

CPU는 프로그램을 수행하는 데 있어서 어느 특정 시간에 전체를 동시에 참조하는 것이 아니라, 일부만을 국부적으로 참조하는 경향이 있으므로 보조기억 장치에 파일로 분할하여 저장시키고 참조할 때마다 주기억 장치로 적재시킨다.

(3) 데이터의 독립성을 보장한다.

데이터를 특정 프로그램의 수행과는 독립적으로 보관함으로써, 데이터의 독립성을 유지하게 한다.

2) 파일의 종류

파일의 종류에는 시스템에서 수행되는 기능과 파일을 구성하는 방법에 따라 다음과 같이 크게 두 가지로 분류할 수 있다.

(1) 수행되는 기능에 따른 파일 분류

• 마스터 파일(Master file) : 한 조직체의 모든 면을 나타내는 데이터 파일

- 트랜잭션 파일(Transaction file) : 마스터 파일의 내용을 변경시키는 변경된 내용을 담은 데이터 파일
- 보고 파일(Report file) : 사용자에게 보여주려는 일정 양식을 갖춘 데이터 파일
- 작업 파일(Work file) : 작업의 중간에 생성된 파일로 다른 프로그램의 입력으로 사용하는 파일
- 프로그램 파일(Program file) : 프로그래밍 언어로 작성된 명령문을 포함하는 파일

(2) 파일 구성에 따른 파일 분류

- 순차 파일(sequential file)
  - 물리적인 바이트 스트림 순서로 저장된 파일
  - 레코드는 고정된 크기로 같은 수의 필드로 구성, 물리적 순서에 따라 저장됨
  - 순차 파일 구조는 테이프장치뿐만 아니라 디스크에 쉽게 저장되는 유일한 구조.
  - 파일의 순차적 탐색으로 레코드에 대한 액세스가 지연될 수 있으며 레코드 추가가 어려움

데이터 1	데이터 2	데이터 3	데이터 4	.....	데이터 n

[그림 8-2] 순차 파일

- 구조화된 순차 파일(structured sequential file) : 물리적인 레코드 순서로 저장된 파일
- 인덱스된 순차 파일(indexed sequential file) : 인덱스(색인)와 순차 파일로 구성되어 인덱스를 통해 임의 접근할 수 있는 파일

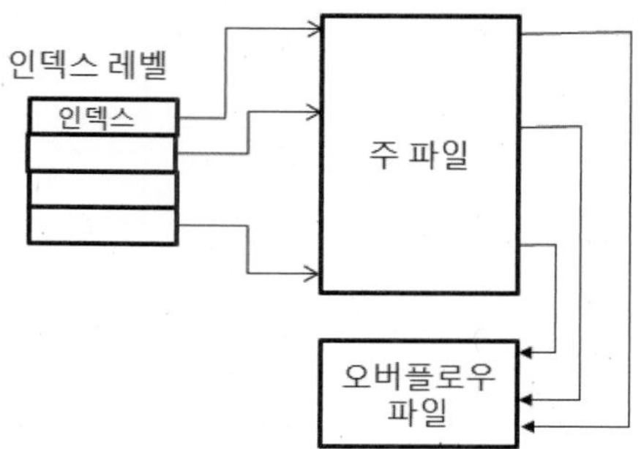

[그림 8-3] 인덱스된 순차 파일

- 인덱스 파일(index file)
  - 레코드들이 오직 인덱스를 통하여 접근되게 구성된 파일

– 순차 파일의 단점 극복을 위해 인덱스 순차 파일을 구성, 단일(키) 필드를 기반으로 순차적으로 구성
– 순차 파일의 특성을 유지하므로 키 필드 외에 다른 속성으로 검색이 필요한 경우 적합하지 않음
– 유연성을 제공하기 위한 파일 구조로 순차성과 단일 키의 개념을 없애고 레코드 자신의 인덱스를 통해 참조하는 방법

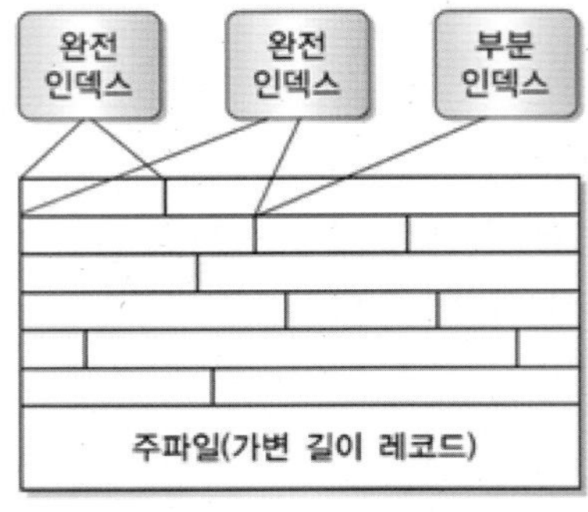

[그림 8-4] 인덱스 파일

- 직접 파일(direct file)
  – 해시 파일이라고도 하며, 레코드를 레코드 키로 주소 계산을 해 접근할 수 있게 구성한 파일
  – 레코드의 키를 입력하면 해싱 함수(Hashing Function)에 의해 주소가 계산, 물리적인 기억장치의 기억 장소에 대응됨

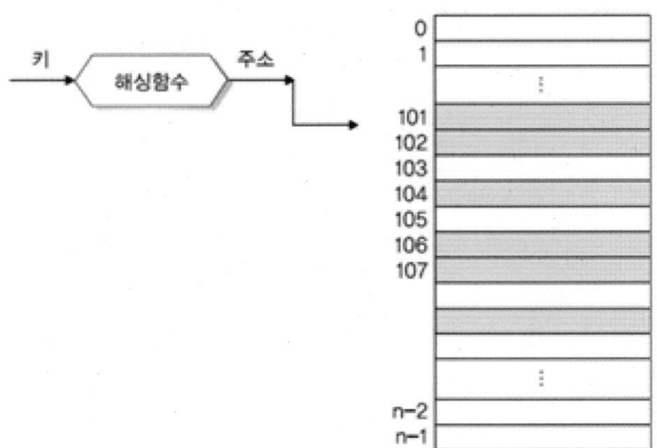

[그림 8-5] 직접 파일

1-2 파일 디스크립터(file descriptor)

컴퓨터 시스템에 파일을 만들 때 파일 관리자는 파일 디스크립터(또는 파일 서술자)라고 하는 자료 구조를 만든다. 이 파일 디스크립터는 파일과 함께 각각 저장 장치에 보관된다. **각 파일 디스크립터 정보는 운영체제마다 약간씩 다르며, 파일 디스크립터 상에서 서로 다른 파일 관리자는 다른 정보를 저장하지만, 대부분 다음의 정보를 가지고 있다.**

- 파일의 외부 이름(external name) : 명령어 라인이나 응용 프로그램에서 사용자가 사용하는 파일 스트링 이름이다.
- 공유정보(sharable) : 다수의 프로세스가 동시에 파일을 열 수 있는지를 알려주는 필드. 이 필드는 파일이 개인용도인지, 공유해서 읽거나, 공유해서 쓰거나, 실행될 수 있는지 등의 정보이다.
- 소유하고 있는 사용자(owner) : 파일을 만든 사용자의 프로세스와 관련된 식별자. 어떤 때에는 소유권이 다른 정책으로 할당될 수도 있으며, 파일 시스템은 소유권을 다른 사용자에게 넘겨주는 것을 허용한다.
- 보호 설정(protection setting) : 보호 설정은 소유자가 보호를 무시하고 파일을 읽거나 쓸 수 있게 할 것인지를 결정한다. 최소한의 보호 모드는 읽고 쓰는 것이고, 제2보호 모드는 다른 프로세스가 그 파일을 읽거나 쓸 수 있게 할 것인지 결정한다.
- 길이(length) : 파일에 포함된 바이트 수이다.
- 만든 시간(time of creation) : 파일이 만들어진 시스템 시간이다.
- 마지막 수정 시간(time of last modification) : 파일이 마지막으로 쓰여진 시스템 시간이다.
- 마지막 접근 시간(time of last access) : 파일이 마지막으로 읽거나 실행되거나 파일 상에서 다른 연산이 행하여진 시스템 시간이다.
- 참고 회수(reference count) : 디렉터리 시스템이 파일을 한 번 이상 나타날 수 있게 허용한 때에 파일이 나타난 디렉터리 수. 이것은 파일이 모든 디렉터리에서 삭제되어 파일의 공간이 사라져 버릴 때 탐지하려고 사용된다.
- 저장 장치 세부사항(storage device details) : 파일에 있는 블록이 어떻게 접근될 수 있는지 세부사항이 포함된 필드. 세부사항은 파일 관리자가 사용하는 저장 장치 블록 관리 방법에 크게 좌우된다.

1-3 파일 연산

파일 상에서 수행될 수 있는 연산들은 다음과 같다. 운영체제는 파일을 생성, 기록, 판독, 재설정, 삭제들을 하는 시스템 호출(system call)을 제공한다. 이들 파일 연산을 위해 운영체제가 해야 할 일이 무엇인가를 알아봄으로써 파일 이름변경(renaming)과 같은 유사한 연산들이 어떻게 구현되는지를 쉽게 알 수 있다.

1) 파일 생성

파일을 생성(create)하려면 2단계가 필요하다. 첫째, 생성할 파일을 위해 파일 시스템에 있는 파일 공간을 할당해야 한다. 둘째, 새로 생성된 파일의 항목을 디렉터리에 만들어야 하며, 이 디렉터리 항목은 파일의 이름과 파일 시스템 내의 위치를 기록한다. 대부분 파일이 레코드나 블록 단위로 구성된다.

2) 파일 개방

일반적인 운영체제의 파일 관리자는 프로세스가 정보를 저장 장치 상에 읽고 쓰게 하는 최소한의 기법을 제공하며, 다양한 저장 장치에 파일 인터페이스를 구현한다. 파일 관리자는 스트림-블록 변환을 구현하여 응용 프로그램이 순차적 바이트로 파일을 읽고 쓰게 한다. 다음 [그림 8-6]에 나타나 있듯이 파일을 읽고 쓰려고 open() 연산을 수행하는 과정을 살펴보자.

프로세스/스레드가 파일을 읽으려면 파일이 개방(open)되어야 한다. 그러려면 파일 관리자가 파일이 읽히거나 쓰일 수 있게 준비를 해야 한다. 저장 장치 시스템 상의 파일을 위치시키는 것은 디렉터리 연산이므로 뒤 절에서 설명한다. 일단 디렉터리 연산으로 파일이 저장 장치에 위치할 때 파일이 사용될 준비가 되는 단계를 끝내려고 파일 관리자는 외부 파일 디스크립터로부터의 정보를 이용한다.

먼저 파일 관리자는 프로세스/스레드가 파일을 접근할 권한이 있는지 검사를 한다. 이러한 권한 부여는 사용자/프로세스가 설정한된 보호키를 가진 파일을 위한 외부 파일 디스크립터와 보호 플래그(flag)를 비교하는 것이다. 만약 프로세스가 알맞은 파일 권한이 없는 파일을 열려고 시도한다면 권한 부여 프로시저는 open(0연산을 허락하지 않는다. 보호 권한과는 별개로 파일 관리자 또한 open()연산에서 다른 제약사항조건(예를 들어 접근이 승인된 것인지 확인하려고 파일 상의 읽기/쓰기 락(lock) 검사)을 검사한다.

파일 관리자는 일단 프로세스가 파일에 접근할 수 있는 권한이 있다고 판단되면 개방 파일 디스크립터(open file descriptor)라고 하는 내부 파일 디스크립터 버전을 스스로 만든다. 개방 파일 디스크립터는 파일 관리자가 정해놓은 파일 고유의 정보와 함께 외부 파일 디스크립터에 있는 모든 정보를 가지고 있는데 다음과 같은 필드를 가지고 있다.

- 락(lock) : 읽기 락은 현재 파일이 열려있다는 것을 의미하는 것이고, 파일이 공유된 것이라면 프로세스는 오직 읽기만을 위해 파일을 열 수 있다. 쓰기 락은 프로세스가 쓰기를 위해 파일이 열려있다는 것을 의미한다.
- 현재 상태(current status) : 프로세스에게 할당된 파일의 상태가 보관(archive), 읽기용 개방(open for reading), 쓰기용 개방(open for writing), 실행용 개방(open for execution), 첨부용 개방(open for appending) 등을 나타낸다.
- 사용자(user) : 현재 파일을 열어놓은 프로세스의 리스트이다. 만일 파일이 공유되지 않았다면 NULL 이거나 오직 하나의 프로세스만 있을 것이다.

그리고 다중 프로세스가 동시에 파일을 여는 때를 고려해야 한다. 이때 각 프로세스는 각각의 파일 위치를 갖는다. 그래서 파일이 열릴 때 파일 관리자는 파일을 가진 각 세션(session)을 나타내려고 추가적인 프로세스-파일 세션(프로세스와 파일 입출력 연산과의 관계) 자료 구조를 만들어야 한다.

마지막으로 open() 함수는 프로세스에 세션을 위한 프로세스-파일 세션 자료 구조를 참고 자료로 반환할 것이다. 프로세스의 파일 위치는 파일의 첫 번째 바이트 주소가 될 것이며, 프로세스는 열린 파일에 허용된 방법에 따라 파일에 읽고 쓰는 작업을 시작할 수 있다.

요약하면 파일 open()연산은 파일 관리자가 다음 단계를 수행한다.

① 저장장치에 파일 저장 : 파일과 파일의 외부 디스크립터를 저장 장치 상에 위치시킨다.
② 파일 접근권한 검사 : 프로세스가 파일 접근이 허락되었는지를 검사한다.
③ 파일관련 정보 추출 : 외부 파일 디스크립터에서 파일과 관련된 정보를 추출하고 프로세스 디스크립터에서 프로세스와 관련된 정보를 추출한다.
④ 열린 파일 디스크립터 생성 : 어떤 프로세스가 파일을 사용하고 있는지의 기본 정보를 유지하는 항목(entry)을 열린 파일 디스크립터 테이블 상에 만든다.
⑤ 프로세스-파일 세션 상태항목 생성 : 각 프로세스 파일과의 상호 관계를 계속 기록하려고 프로세스-파일 세션 자료 구조를 만든다.
⑥ 프로세스에 전달 : 프로세스에 프로세스-파일 세션 자료 구조를 반환한다.

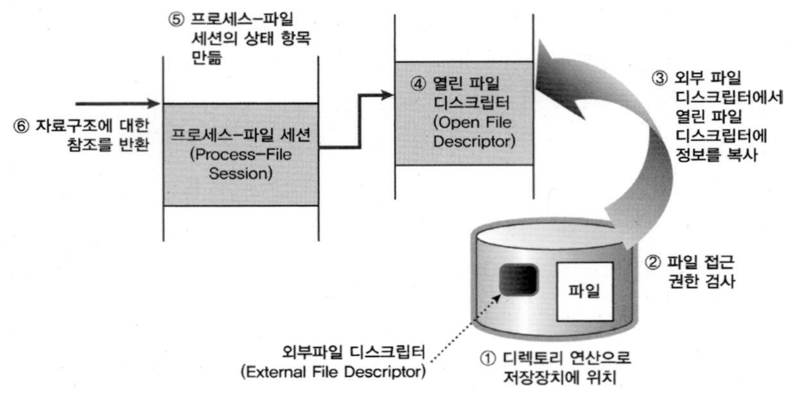

[그림 8-6] 파일 open()

파일 종료 close() 연산은 파일 관리자가 입출력 버퍼의 할당을 해제하거나 프로세스가 파일에 걸어놓은 락을 풀거나 외부 파일 디스크립터를 업데이트 하거나 파일 상태 테이블 항목을 재배치하거나 기억 장소에 상주하는 출력 버퍼를 지우는 등의 모든 진행 중인 연산을 마치게 한다.

3) 파일 쓰기

파일 쓰기write)를 하려면 파일명과 파일에 기록될 정보를 지정하는 시스템 호출을 수행한다. 파일명이 주어지면, 시스템은 파일의 위치를 알려고 디렉터리를 탐색한다. 디렉터리 항목에는 파일의 현재 블록의 파일 포인터를 기록할 필요가 있다. 이 파일 포인터를 사용하여 다음 블록의 주소를 계산할 수 있고 정보를 쓸 수 있다. 이때 기록하는 파일 포인터는 갱신된다. 이렇게 기록 조작들로 일련의 블록을 기록하는 데 사용될 수 있다.

4) 파일 읽기

파일 읽기(read)를 위해서 파일의 이름과 그 파일의 다음 블록이 옮겨져야 할 주기억 장소의 위치를 명시하는 시스템 호출을 행한다. 관련된 디렉터리 항목을 찾으려면 디렉터리를 탐색하고, 디렉터리에는 읽어 들일 다음 블록의 포인터가 필요하다. 일단 그 블록이 읽혀 들여지면 파일 포인터는 갱신된다.

파일은 읽혀지거나 쓰여 지므로, 2개의 파일 포인터 즉, 읽기 포인터와 쓰기 포인터를 가질 수 있으며, 대부분의 시스템은 하나의 현재 파일 포인터를 가진다. 읽기와 쓰기 조작은 이와 같은 파일 포인터를 사용함으로써 디렉터리 항목 내의 공간을 절약하고 시스템의 복잡성을 감소시킨다.

5) 파일 위치 재설정

디렉터리는 적합한 항목이 탐색되고 현재 파일 위치는 파일의 첫 부분으로 재설정된다. 파일 위치 재설정을 사용하며 파일 포인터를 찾는 fseek()와 같은 때 어떠한 실제적인 입출력을 포함할 필요가 없다. 파일 위치의 재설정은 파일 내의 특정 블록의 참조를 쉽게 할 수 있는 방법을 제공한다.

6) 파일 검색

파일에서 필요한 정보를 추출하려고 파일에 접근하는 작업을 검색(retrieval)이라고 한다. 파일 검색은 추출되는 정보의 양에 따라 조회와 보고서(report) 생성으로 나눈다. 대화 형식으로 검색하는 때에는 조회라고 하고, 배치형으로 검색되면 보고서 생성이라고도 한다. 조회는 질의어(query language)를 사용하여 수행되며 질의 조건에 따라 전체 검색과 부분 검색을 할 수 있다.

7) 파일 삭제

파일을 삭제(delete)하려면 지명된 파일을 디렉터리에서 찾는다. 관련 디렉터리 항목을 발견하면, 해당 파일의 모든 공간을 해제시키고 디렉터리 항목을 무효화시킨다. 물론 해제된 공간은 다른 파일로 재사용할 수 있게 된다.

1-4 파일 관리자와 파일 시스템

1) 파일 관리자 기능

컴퓨터 시스템에서 운영체제는 시스템 내의 여러 가지 자원을 효율적으로 관리하고 있다. **파일 관리자(좁은 의미의 파일 시스템을 포함)는 운영체제 중에서 기억 장치 관리 시스템의 한 부분으로서 주로 보조기억 장치 상의 파일을 총괄하여 관리한다.** 즉 파일 관리자는 적절한 제어 방식을 통해 정보를 보관하는 개인 저장 장소를 제공하고, 정보를 여러 사용자가 공동으로 이용할 수 있게 하는 수단을 제공한다.

파일 관리자는 사용자와 보조기억 장치 사이의 인터페이스를 제공하고, 실제 기억 장치 사용자의 논리적인 관점과 실제 기억 장치의 물리적인 관점을 연결하는 역할을 한다. 따라서 각 사용자는 직접 보조기억 장치를 취급하지 않고 운영체제 내의 파일 시스템을 이용함으로써 하드웨어적인 부분까지 고려하지 않고 보조기억 장치에 대한 단일하고 일관된 접근을 할 수 있게 한다. [그림 8-7]은 외부적 관점의 파일 관리자를 보이고 있다.

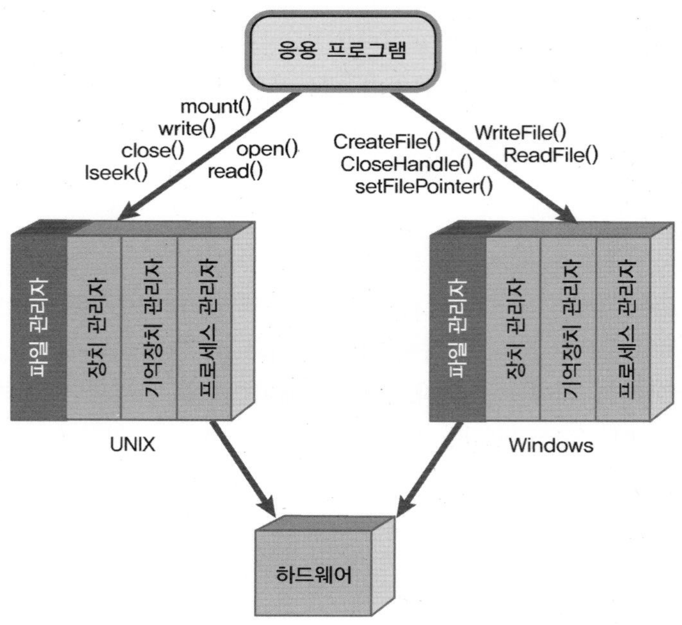

[그림 8-7] 외부적 관점의 파일 관리자

- 사용자가 이용하기 편리한 사용자 인터페이스(user friendly interface)를 제공하여야 한다는 점이다.
- 사용자가 파일을 생성, 수정, 제거할 수 있게 한다.
- 적절한 제어 방식을 통해 타인의 파일을 공동으로 사용할 수 있게 한다.
- 파일 공유 기법은 여러 종류의 접근 기법을 제공한다(읽기, 쓰기, 실행).
- 사용자가 적합한 구조로 파일을 구성할 수 있게 한다.
- 사용자가 파일 간에 정보 전송 명령을 지시 할 수 있다.
- 파일의 예비와 복구 등의 기능을 제공한다.
- 사용자가 물리적 장치 이름 대신 기호화된 이름을 사용한다(장치 독립성 유지).
- 정보를 암호화하고 해독할 수 있는 능력을 갖추어야 한다.
- 디렉터리를 생성하고 제공하여 사용자가 편리하게 사용하게 논리적 파일 상태를 보여준다.

2) 파티션과 마운팅

파일 시스템(file system)은 단일 루트 디렉터리를 가진 디렉터리와 파일들의 계층적인 집합이다. 모든 이동할 수 있는 미디어는 그 자신의 파일 시스템을 가지고 있고, 모든 디스크 파티션은 그 자신의 파일 시스템을 가지고 있다. 즉 이동할 수 있는 미디어 상의 파일의 집합과 정확히 일치하므로, 시스템 관리에 유용한 단위이다. 또한, 파일 시스템은 하나의 연산으로 저장이 되는 전체 2차 저장 시스템의 일부분이 될 수도 있다. MS-DOS FAT, CD-ROM에 적용하는 ISO 9660 파일 시스템이 그 예이다.

운영체제 파일 관리자는 다양한 장치 상에서 실행되는 파일 시스템을 완벽하게 연결하는 방법을 제공한다. 파일 시스템이 탑재된 후 소프트웨어는 장치, 파일 또는 디렉터리가 실제로 어디에 저장되어 있는지 걱정할 필요 없이 결과로 나온 시스템의 파일 계층을 경유할 수 있게 된다. 이동할 수 있는 저장 매체가 놓일 때마다 그 파일 시스템의 루트 디렉터리가 기본 파일 계층으로 접목하여 탑재할 수 있다.

유닉스 파일 관리자는 파일 시스템이 하나의 디렉터리 계층으로 묶일 수 있게 시스템 호출 마운트(mount) 명령을 사용한다. mount는 알맞은 교체가능 미디어(예를 들어 CD-ROM, 외장 디스크)가 시스템 상에 놓일 때 탑재할 수 있는 파일 시스템을 기본 파일 시스템 상의 디렉터리로 교체함으로써 이루어진다. 다음 [그림 8-8]은 유닉스에서 마운트 명령을 사용하여 파일 시스템 SJ를 탑재하여 루트 디렉터리가 기본 파일 시스템상의 디렉터리 link로 연결된 것을 알 수 있다.

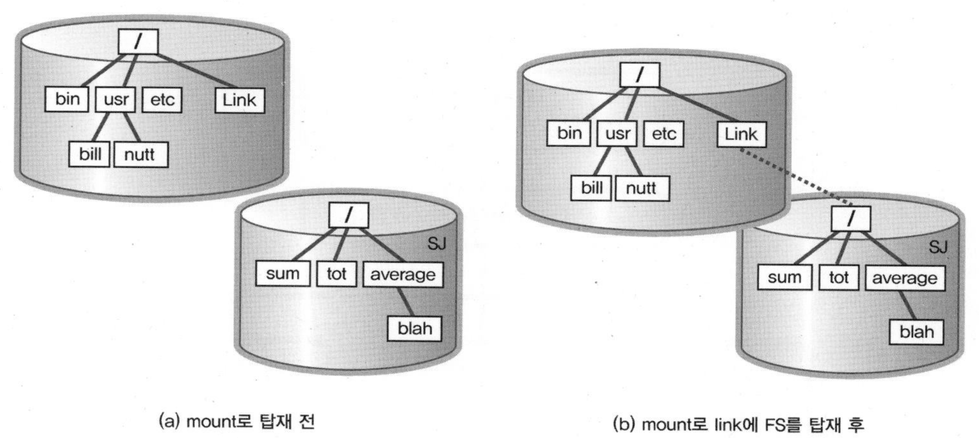

[그림 8-8] mount를 이용한 파일 시스템 탑재

이종 파일 시스템(heterogeneous file system)은 구성된 파일 시스템이 모든 같은 종류가 아니더라도 탑재할 수 있게 한다. CD-ROM 파일 시스템은 ISO 9660 파일 시스템 정의에 적합하게 정형화되었다. 예를 들어 디스크를 읽으려는 오디오 CD 플레이어, 파일에 접근하려는 컴퓨터 CD-ROM reader, 파일에 접근하려는 DVD 플레이어 등을 매킨토시, 윈도우, 유닉스 컴퓨터에서 접근할 수 있어야 한다.

3) 가상파일 시스템

리눅스 파일 관리자는 가상 파일 시스템(VFS: Virtual File System) 스위치(AT&T system V 초기 설계에서 기원된 이름)이라는 기술을 사용함으로써 이종 파일 시스템을 처리한다. 다음 [그림 8-9]에 나타나 있듯이 파일 관리자는 파일 시스템 의존 부분(dependent part)과 파일 시스템 독립 부분(independent part)으로 나누고, VFS 기반 파일 관리자의 파일 시스템 의존 부분은 컴퓨터에서 사용될 각각의 파일 시스템 형태를 위해 쓰였다. 예를 들어 리눅스 파일 관리자는 자신의 파일 시스템 EX2는 물론 MS-DOS 파일 시스템과, ISO 9660 파일 시스템에 의존하는 파일 시스템 의존 부분을 가지고 있다.

파일 관리자의 파일 시스템 의존 부분의 목적은 이종의 파일 시스템을 읽고 쓸 수 있게 하는 것이다. 모듈 의존적인 각각의 파일 시스템은 디스크 구성 정보를 읽고 외부 파일 디스크립터를 다루고, 파일의 형태와 디렉터리를 다룰 수 있는 함수의 집합을 정의해 놓고 필요할 때마다 파일 관리자의 파일 시스템 독립적인 부분에 등록하여 이러한 함수 API를 호출하여 처리하게 한다. 파일 시스템 독립 부분의 목적은 파일 관리의 일반적인 열거, 복사, 삭제, 탐색 등의 기능을 수행하려는 것이다.

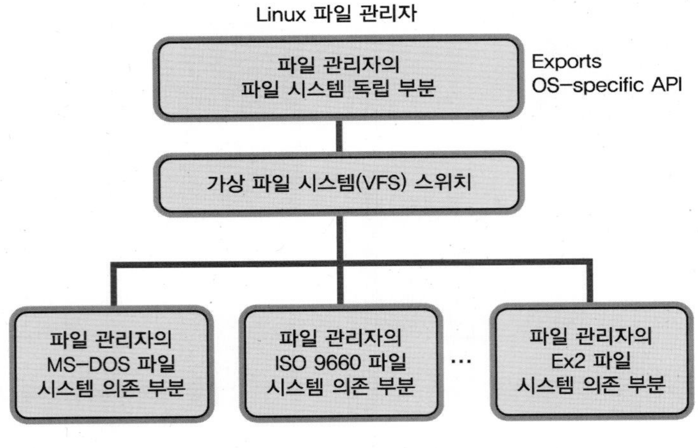

[그림 8-9] 리눅스의 이종 파일 시스템 탑재

2 파일의 디스크 공간 할당 방법

파일을 디스크에 저장할 때 어떤 파일을 어떻게 디스크 공간에 할당하고 효율적으로 디스크의 공간을 이용할 수 있으며 얼마나 빠르게 파일을 접근할 수 있게 할 것인가를 결정하는 것을 파일 공간 할당 기법이라고 한다.

디스크 공간을 할당하고 회수하는 일은 주기억 장치에서의 가변 분할 다중프로그래밍 기법에 의한 기억 공간 할당 방법과 거의 유사하다. 디스크에서는 파일들이 디스크 내에 인접해 있거나 연속된 장소에 저장되게 하려면 작은 공간들을 서로 모아 놓아야 한다. 그러나 파일들이 디스크 공간을 할당받고 남은 공간은 비워둔 채로 방치하게 되므로 작업 공간들로 단편화(fragment)가 발생하게 되고 시간이 지남에 따라 단편화된 공간들이 늘어난다. 이렇게 작은 단편화된 공간들은 다른 파일을 할당할 수 없게 되며, 파일을 할당하려면 주기적인 압축(compaction)을 통해 파일 할당 문제를 해결할 수 있다.

파일을 디스크 공간에 할당하는 방법에는 연속 할당과 연결 할당 및 색인 방법이 있다.

2-1 연속 할당(contiguous allocation)

연속 할당은 파일들이 보조기억 장치(디스크) 내의 연속적으로 인접된 공간에 할당되는 것을 말한다. 파일은 저장된 디스크의 첫 번째 블록의 주소와 크기로 정의된다. [그림 8-10]은 디스크 공간의 연속 할당 방법을 보이고 있다.

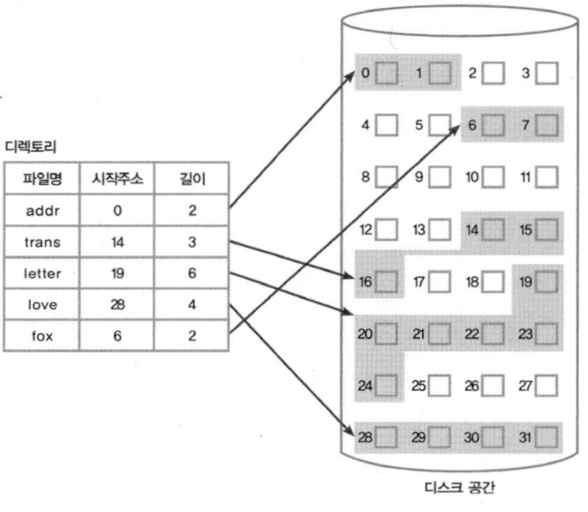

[그림 8-10] 디스크 공간의 연속 할당

1) 연속 할당의 장점

- 연속하는 논리적 블록들이 물리적으로 서로 인접하여 있다는 것인데, 이는 연속하는 논리적 블록들이 디스크 상의 전체에 분산되어 있는 시스템과 비교할 때 훨씬 빠른 액세스를 할 수 있다.
- 디렉터리에는 단순히 파일의 시작 주소와 파일 길이만 유지하면 되므로, 파일 디렉터리가 단순하다.

2) 연속 할당의 단점

- 사용자가 새로운 파일을 생성하려면 필요한 공간의 크기를 미리 명시해야 한다.
- 만약 원하는 만큼의 기억 공간이 확보되지 않으면 그 파일은 생성되지 못한다.
- 파일의 생성과 삭제가 반복되면서 가용 공간이 조각나서 단편화가 발생한다. 따라서, 주기적인 압축이 필요하다.
- 파일이 삭제되면 보조기억 장치 내에서 그 파일이 점유하고 있던 공간의 재반환이 요구되지만, 새로운 파일이 비어 있는 가용 공간의 크기보다 최소한 같거나 작아야 생성된다.
- 예상되는 파일의 크기 확장을 대비하려고 사용자는 필요한 공간보다 더 많은 여분의 공간을 확보하려고 하므로 기억 공간이 낭비된다.
- 디렉터리에서 각 파일의 시작 주소와 파일의 길이만 유지하므로 디렉터리의 구현이 쉬우나, 파일의 크기가 계속 변하는 때에는 구현하기가 어렵다.
- 한 파일이 디스크에 할당된 공간보다 클 때 그 파일은 들어갈 수 있는 새로운 영역으로 옮겨가야 한다.

2-2 연결 할당(linked allocation)

연결 할당은 연속 할당의 모든 문제점을 해결하는 방법이다. 파일은 시간이 지남에 따라 커지거나 작아지는 경향이 있으며, 사용자들은 파일이 얼마나 크게 될지 미리 알 수 없어서 연속 할당보다는 연결 할당을 선호하게 되었다. 연결 할당 방법은 각 파일이 디스크 블록의 리스트에 연결되는데 디스크 블록은 디스크 내의 어느 곳에 흩어져 있어도 액세스할 수 있는 동적 할당 기법이다.

디스크는 여러 개의 파일로 구성되어 있으며, 하나의 파일은 여러 개의 블록 단위로 구성되어 있다. 즉 같은 파일에 속해 있는 블록들이 서로 연결 리스트를 취하면서 다른 블록과 연결하는 포인터를 가지고 디스크 전체에 분산되어 있다. 디렉터리에는 처음 해당 파일이 시작되는 블록의 시작 주소와 마지막 주소의 포인터가 있다. [그림 8-11]은 디스크 공간의 연결 할당 방법을 보이고 있다.

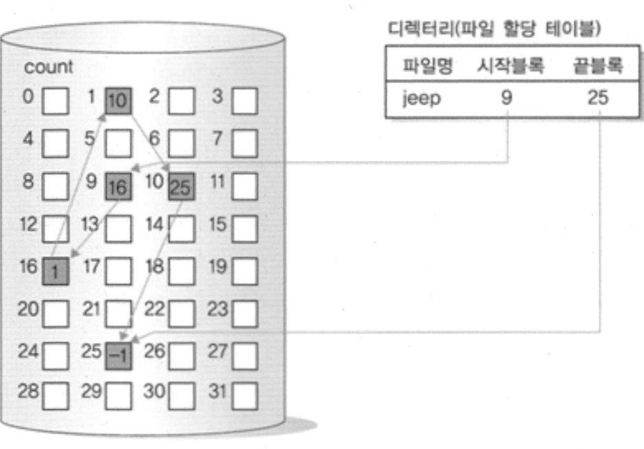

[그림 8-11] 디스크 공간의 연결 할당

1) 연결 할당의 장점

- 모든 블록의 크기가 같으므로, 가용 공간 리스트(free space list)상의 가용 상태 어떤 블록이든 사용가능하다.
- 파일이 더 확장되어야 할 때에는 가용 블록들을 사용하여 얼마든지 커질 수 있다.
- 파일 생성시 파일의 크기를 미리 고정할 필요가 없다.
- 연속 할당에서와 같은 외부 단편화가 없다. 압축은 더 이상 필요가 없다.
- 파일 블록의 삽입과 삭제는 포인터만 수정하면 되므로 간단하다.
- 작은 파일에 연속 할당을 적용하면 유리하다.

2) 연결 할당의 단점

- 파일의 블록들이 디스크 전체에 분산되어 있어서 논리적으로 연속된 블록들의 검색에는 긴 시간이 요구된다.
- 순차적 접근파일에만 효과적으로 사용할 수 있고, 직접접근 파일은 비효율적이다.
- 연결 리스트 구조를 유지하는데 필요한 시간이 추가적으로 걸린다.
- 연결된 리스트 내에 있는 포인터가 파일 데이터를 위한 가용 공간을 감소시킨다. 즉, 연속할당 방법보다 기억 장소의 낭비를 더 가져올 수도 있다.
- 각 블록들이 디스크 전체에 흩어져 있기 때문에 오류나, 하드웨어 고장으로 포인터를 잃어 버리게 되면 모든 자료를 잃어 버리게 된다.

4) 파일 할당 테이블(FAT) 사용

연결 할당의 단점 중, 각 블록들이 디스크 전체에 흩어져 있기 때문에 오류나, 하드웨어 고장으로 포인터를 잃어 버리게 되면 모든 자료를 잃어 버리게 된다. 따라서, 어떤 시스템에서는 블록을 이중 연결 리스트로 연결하여 전후 양방향으로 탐색함으로써 탐색 시간을 줄이고 있다.

연결 할당의 한가지 변형이 파일 할당 테이블(File Allocation Table)을 사용하는 것이다. 이 기법은 포인터를 사용하는 대신에 블록 번호를 사용하는 방법으로,. 블록 번호는 디스크 상의 기하학적인 평면 때문에 쉽게 실제의 블록 번지로 바뀌는데 하나의 파일 할당 테이블은 디스크 상의 모든 블록의 포인터를 포함하고 있다.

따라서 파일 내에 있는 모든 블록들은 그 파일 할당 테이블 내에 있는 다음 항목에 의해서 위치가 지정되며, 하나의 특정한 파일의 마지막 항목과 일치하는 파일 할당 테이블 내의 항목은 'NIL'과 같은 값을 넣음으로써 마지막 블록임을 나타낸다. [그림 8-12]는 파일 할당 테이블(FAT) 기법을 보이고 있다.

1) FAT의 장점

- 디스크의 물리적 인접성을 그대로 파일 할당 테이블에 반영할 수 있다.
- 새로운 블록을 할 당시에 그 파일이 차지하는 블록들과 가장 가까운 빈 블록을 찾아내는 것도 쉽다.
- 삽입과 삭제가 간단하다.

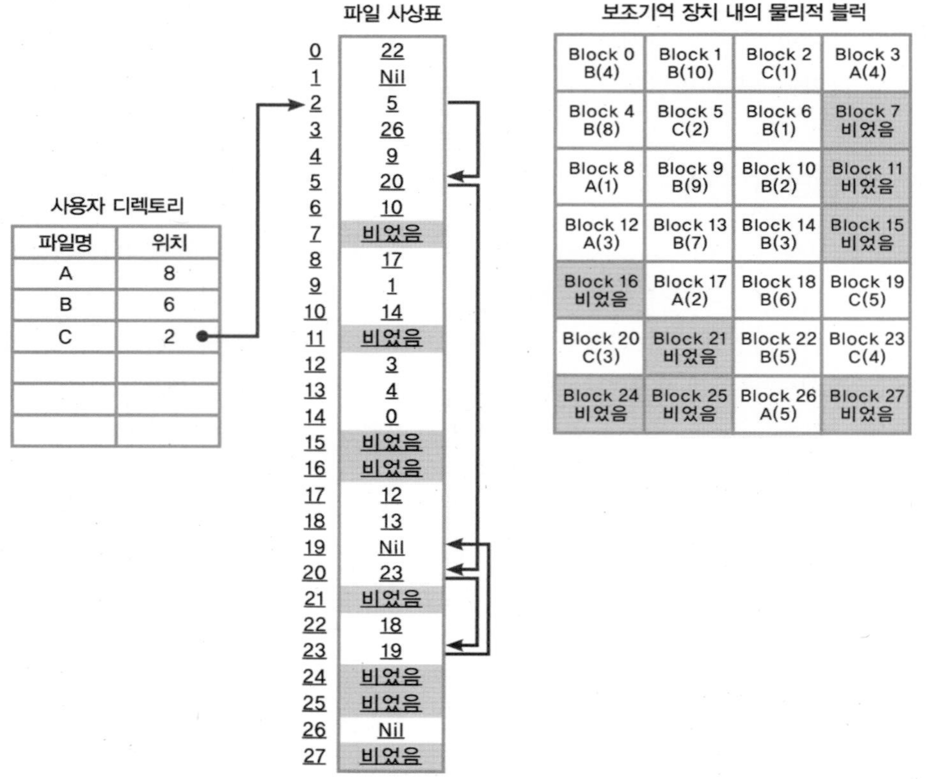

[그림 8–12] 파일 할당 테이블(FAT)

2) FAT의 단점

- FAT가 사전에 캐시 되지 않으면 상당한 수의 디스크 찾기를 유발한다.
- FAT를 읽기 해서 디스크 헤드를 반드시 파티션의 시작부분으로 움직여 찾고자하는 블록의 주소를 알아내고, 그 블록이 있는 곳으로 다시 이동해야 한다.
- 최악의 경우, 각 블록을 찾을 때 마다 두 번의 이동이 필요하다.

2-3 색인 할당

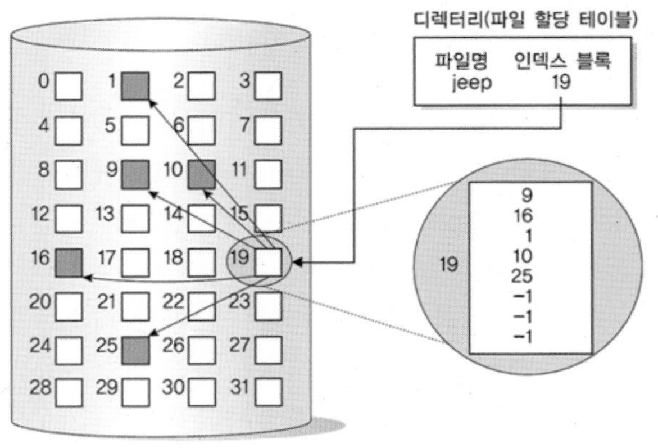

[그림 8-13] 디스크 공간의 색인 할당

색인 할당(indexed allocation)은 파일마다 하나의 색인(인덱스) 블록(indexed block)을 두고 여기에 파일의 블록 항목이 산재해 있는 주소의 포인터를 모아 두는 방법이다. 따라서 [그림 8-13]과 같이 각 파일의 색인 블록은 고정된 수의 항목들을 가지고 있으며, 또 항목은 블록 번호와 블록 포인터를 가지고 있어, 해당 블록에 직접 접근을 할 수 있다.

각 파일들은 디스크 블록(섹터) 주소의 배열인 자신의 인덱스 블록을 가진다. 색인 블록의 i번째 항목은 파일의 i번째 블록으로 연결되어 있다. 디렉터리는 각 항목의 색인 블록의 포인터를 가지고 있다. i번째 블록을 읽기 위해 i번째 색인 블록 항목을 블록 진입 내에 있는 포인터를 사용해 찾고 원하는 블록을 읽는다.

1) 색인 할당의 장점

- 탐색이 색인 블록 자체에서 일어나므로 빠르다.
- 탐색 시간을 줄이려고 색인 블록을 보조기억 장치에 연관성 있게 연결하거나 주기억 장치에 유지한다.
- 큰 파일에 색인 할당을 적용하면 유리하다.

2) 색인 할당의 단점

- 삽입하고자 할 때 색인 블록을 완전히 재구성해야 한다.
- 향후 삽입을 위하여 색인 블록을 비워둔 채로 남겨 놓기도 하므로 기억 장치가 낭비된다.
- 공간을 모두 사용하고 난 후에는 색인 블록 구조를 더 크게 재구성하는 것이 필요하다.
- 포인터를 구성하는 부하가 연결 할당 방법의 포인터 부하보다 크다.
- 각 파일들은 하나의 색인 블록들을 가져야 하며, 블록의 크기는 가능한 작은 것이 좋다.

3 디스크 가용 공간 관리

디스크의 공간은 제한되어 있어서 삭제된 파일로부터 새로운 파일들을 위하여 그 공간을 다시 사용할 필요가 있다. 디스크 공간의 빈 트랙들을 보존려고 시스템은 가용 공간 리스트(free space list)를 유지한다. 가용 공간 리스트에 비어 있는 모든 디스크의 블록들을 등록한다.

새로운 파일을 생성하려면 가용 공간 리스트를 탐색하고 새로운 파일들을 그 공간에 할당한다. 그리고 이 공간은 가용 공간 리스트로부터 삭제된다. 파일이 삭제되면 이 디스크 공간은 가용 공간 리스트에 추가된다.

3-1 비트 벡터

가용 공간 리스트는 비트 맵(bit map) 또는 비트 벡터(bit vector)로서 구현된다. 각 블록은 1비트로 표현된다. 만약에 블록이 비어 있다면 그 비트는 0이 되고 만약 블록이 할당되어 있다면 그 비트는 1이 된다.

- 비트 값이 0인 경우 : 디스크 블록이 비어 있다.
- 비트 값이 1인 경우 : 디스크 블록이 이미 할당되어 있다.

예를 들어 [표 8-1]과 같이 디스크에 블록이 2, 3, 4, 5, 8, 9, 11, 17, 18, 22, 23, 27이 비어 있고 나머지 블록들은 할당되어 있다고 가정할 때 그 가용 공간 비트맵은 110000 110010111110011100111011111…이 된다. 이러한 접근 방법의 장점은 간편하고 디스크 내에 연속적인 n개의 가용 블록들을 찾는데 효과적이다.

[표 8-1] 비트 벡터

블록 번호	1	2	3	4	5	6	7	8	9	10	11	12	13	14	15	16	17	18	19	20	21	22	23	24	25	26	27	28	…
비트 번호	1	0	0	0	0	1	1	0	0	1	0	1	1	1	1	1	0	0	1	1	1	0	0	1	1	1	0	1	…

인텔 80386과 모토로라 68020, 68030은 레지스터 내에 각 숫자 하나로 첫 번째 비트의 위치를 반환하는 명령어를 가지고 있다. 68020 하에서 수행되는 애플 매킨토시 운영체제는 디스크 공간을 할당하는 비트 벡터 방법을 사용한다. 그러나 비트 벡터는 전체 벡터가 대부분 접근을 위해서 주기억 장치 내에 존재해야 하는데 디스크에 기록하는 때에는

비효율적이 된다. 마이크로컴퓨터와 같은 때에는 주기억 장치 내에 보존할 수 있으나 대형 컴퓨터를 위해서는 보존할 수 없다.

3-2 연결 리스트

연결 리스트(Linked list) 방법은 모든 가용 공간 블록들을 함께 연결시키는 것인데 첫 번째 가용 블록 안에 포인터를 가진다. 이 블록은 다음 가용 디스크 블록의 포인터를 갖고 있고 계속 그런 방법으로 구현된다. 예를 들면, [그림 8-14]와 같이 첫 번째 가용 블록 내에 블록 2의 포인터를 가지고 있고 블록 2에는 블록 3의 포인터를 가지고 있고 블록 3은 블록 4의 포인터를 가지고 있다. 이러한 기법의 단점은 리스트를 탐색하는 데 있어서 모든 리스트를 거쳐야 하므로 효율적이지 못하다. 이는 각 블록을 모두 읽어야 하는데 그것은 실질적인 입출력을 요구하기 때문이다.

- 가용 블록 안에 포인터를 둔다.
- 블록은 다음 가용 디스크 블록의 포인터를 가지고 있으며 계속 이어진다.
- 리스트 탐색 때 모든 리스트를 탐색하므로 비효율적이다.

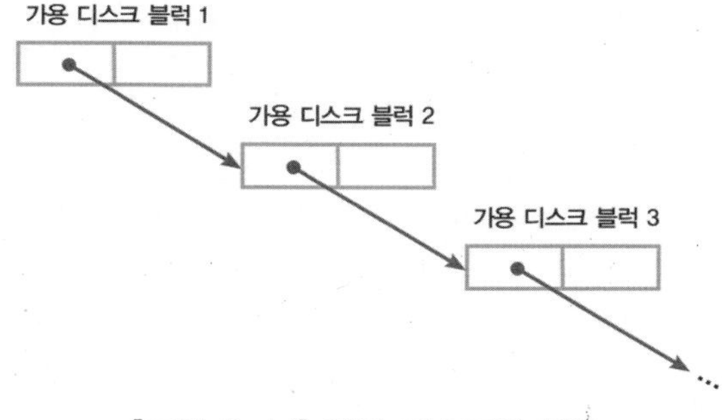

[그림 8-14] 연결 리스트의 구조

3-3 그룹화

그룹화(grouping)는 [그림 8-15]과 같이 첫 번째 가용 블록 내에 n개의 가용 블록들의 번지를 저장한다. 이것들의 처음 n-1개는 실제로 비어 있다. 마지막 1개는 다른 n개의 가용 블록들의 주소를 포함하는 다른 블록의 디스크 주소이다. 이 구현 방법의 중요한 점은 다수개의 가용 블록들의 주소들을 쉽게 찾을 수 있다는 점이다.

- 블록 1에서 처음 n-1개는 가용 디스크 블록 번지를 저장한다.
- 마지막 1개는 블록 2의 주소를 포함하고 있다. 블록 2는 다른 n개의 이용가능 블록 중의 하나이다.
- 장점은 여러 개의 가용 블록의 주소를 쉽게 찾을 수 있다.

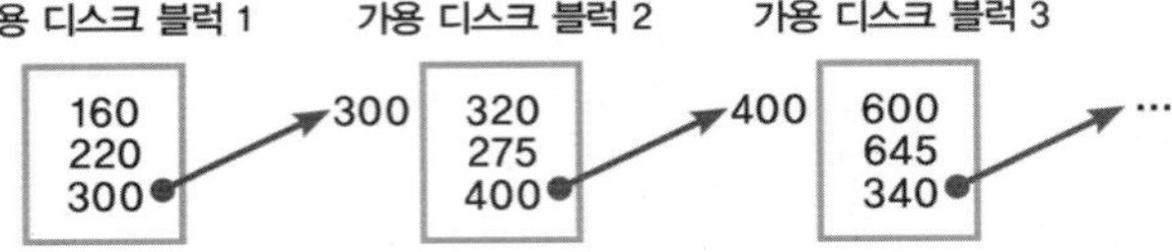

[그림 8-15] 그룹화의 구조

3-4 카운팅

카운팅(counting) 방법은 디스크의 연속 할당을 이용할 때 일반적으로 연속된 블록들이 동시에 할당되거나 해체된다는 장점을 이용하는 것이다. 그러므로 n개의 가용 디스크 주소 리스트를 보관하는 것보다 첫 번째 가용 블록의 주소와 그 첫 번째 블록에 연속된 가용 블록들의 개수를 보존하는 것이다.

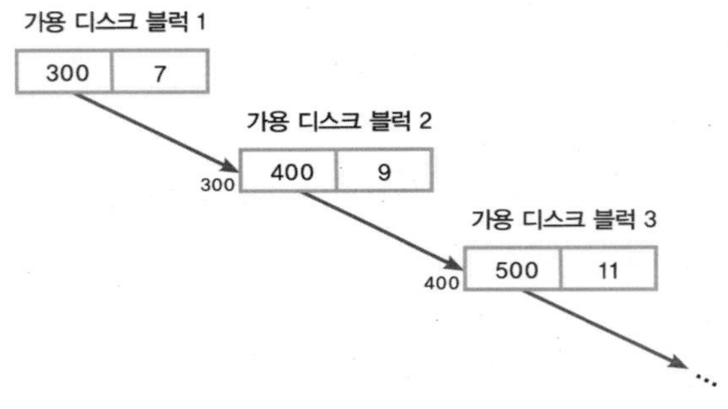

[그림 8-16] 카운팅의 구조

[그림 8-16]과 같이 가용 공간 리스트 내의 각 항목들은 디스크의 번지와 카운터로 구성되어 있다. 비록 각 항목들이 순환 디스크 번지들 보다 많은 공간을 요구 할지라도 계수 값이 일반적으로 1보다 클 때는 전체적인 리스트는 짧다.

- 첫 번째 가용 블록의 주소와 그 첫 번째 블록에 연속된 이용가능 블록의 개수를 보존한다.
- 가용 공간 리스트 내의 각 항목들은 디스크 번지와 계수로 구성한다.
- 장점은 계수 값이 1보다 클 때 전체 리스트는 짧아진다.

4
디렉터리 구조

4-1 디렉터리 개요

파일 관리자의 중요한 임무 중 하나는 사용자에게 쉬운 파일들의 집합을 관리하는 기능을 제공하는 것이다. 파일 디렉터리(directory)는 논리적으로 연관된 파일과 파일의 서브디렉터리 집합이다. 디랙토리는 사용자가 전체 시스템에 존재하는 파일의 집합을 구성하는 방법이고, 파일의 집합과 중첩된 디렉터리의 논리적인 저장고로 구성된다.

디렉터리는 시스템 내부에 있는 많은 파일들을 조직화하는 기법으로 여러 장치들 간을 서로 연결해 주며, 여러 가지 다른 디스크들을 포함한다. 이렇게 하여 사용자가 관심을 갖는 것은 다만 논리적인 디렉터리와 파일 구조이며 하드웨어적인 파일들의 기억 장치 배분 문제들은 파일 관리자가 담당하므로 무시할 수 있게 되는 것이다.

많은 시스템들은 2개의 분리된 디렉터리 구조 즉, 장치 디렉터리와 파일 디렉터리를 갖는다. 장치 디렉터리는 각 실제적인 장치에 저장되어 있으며 그 장치에 있는 모든 파일들의 정보를 포함한다. 장치 디렉터리의 각 항에 있는 이 정보들은 각 파일의 물리적인 성질 즉 위치, 길이, 디스크 할당 방식 등을 나타낸다. 파일 디렉터리의 항은 각 파일의 논리적인 성질 즉 파일 형태, 소유자, 계정 정보, 접근 보호 코드 등을 나타낸다.

파일 관리자는 사용자에게 디렉터리를 관리하려는 명령어를 제공하며, 디렉터리에 대하여 실행되는 연산들은 다음과 같다.

- 파일 탐색(traverse) : 특정 파일을 찾거나 파일들 상호 간의 연관성을 파악하려고 계층적인 서브디렉터리 사이를 탐색한다.
- 파일 리스트(listing) : 인식된 디렉터리가 참조하는 모든 파일과 중첩된 디렉터리의 리스트를 반환한다. 디렉터리 리스트 명령(유닉스의 ls, 윈도우의 탐색기, DOS의 dir)은 사용자 인터페이스 혹은 프로그램에게 파일 디스크립터를 반환할 때 사용한다.
- 파일의 복사(copy) : 존재하는 파일을 새롭게 중복해서 만든다.
- 파일의 삭제(delete) : 디렉터리에서 확인된 파일을 제거하고 파일 디스크립터를 포함하여 파일의 모든 블록을 제거한다.
- 이름 바꾸기(rename) : 존재하는 파일의 이름을 변경한다.
- 파일 검색(retrieval) : 파일에 포함된 정보를 추출하려고 조회를 통해 전체 혹은 부분 검색을 수행한다.

• 백업(backup)과 복구(recovery) : 불의의 사고로 파일의 내용이 파괴되거나 손실되는 것을 막으려고 원본을 테이프 같은 곳에 복사하여 저장하여 둔다.

4-2 1단계 디렉터리(single-level directory)

1 단계 디렉터리는 가장 간단한 형태의 디렉터리 구조로 모든 파일이 같은 디렉터리에 있어서 유지하고 이해하기가 쉽다. 그러나 1단계 디렉터리는 파일의 수가 증가하거나 사용자의 수가 많아질 때 모든 파일들이 같은 디렉터리 내에 있으므로 모두 유일한 이름을 가져야 하는 제약이 있다.

파일명은 보통 내용과 관련된 이름을 갖지만 시스템이 정하는 길이의 제한을 받는다. 또한, 사용자가 한 사람일지라도 파일의 수가 많을 때에는 새 파일을 생성하려고 모든 파일 이름을 기억하기 힘든 문제점도 있다. [그림 8-17]은 1단계 디렉터리의 구조를 보이고 있다.

• 유지와 이해를 쉽게 하려고 모든 파일들은 같은 디렉터리 내에 위치시킨다.
• 각 파일은 유일한 이름을 가져야 하는 문제점이 있다.

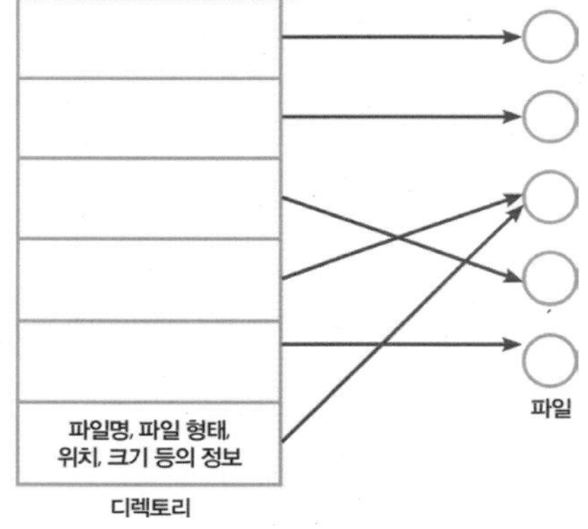

[그림 8-17] 1단계 디렉터리의 구조

4-3 2단계 디렉터리(two-level directory)

1단계 디렉터리의 단점인 서로 다른 사용자 간의 파일명 혼란을 막으려는 해결책으로 2단계 디렉터리에서는 각 사용자에게 서로 다른 디렉터리를 만들어 주는 방법이다. 모든 파일들은 물리적으로 같은 장치 상에 있게 되므로 대형 시스템에서는 이 사용자 디렉터리는 물리적이기 보다는 논리적인 구성을 갖게 된다. 따라서 한 사용자가 특별한 파일을 생성할 때 자신의 디렉터리만 탐색하므로 서로 다른 사용자들이 같은 파일 이름을 가질 수 있다. 물론 한 사용자는 같은 이름의 파일명을 가질 수 없고 운영체제는 이를 확인해야 한다.

파일을 삭제할 때는 운영체제가 같은 이름을 가진 다른 사용자의 파일을 보호하려고 삭제를 요구한 사용자의 디렉터리만 탐색한다. 그러나 2단계 디렉터리의 문제점은 한 사용자를 다른 사용자로부터 독립시킨다는 것이다. 이 구조는 사용자들이 어떤 일이 있어 서로 협력하거나 파일을 공유해서 사용하려 할 때 단점이 된다.

2단계 디렉터리에서 특정 파일을 지칭하려면 사용자 이름과 파일명을 주어야 한다. 2단계 디렉터리를 트리 구조로 생각하면 루트는 마스터 파일 디렉터리(MFD: master file directory)이고 그 아래에 사용자 파일 디렉터리(UFD: user file directory)가 있으며, 그 아래에 파일이 있다. 파일은 트리의 잎(leaf)이고 사용자 이름과 파일 이름을 명시하는 것은 트리에서 루트로부터 파일까지의 경로를 정의하는 것이므로 사용자 이름과 파일명은 경로명(path name)을 정의한다. 시스템 내의 모든 파일은 유일한 경로명을 가지고 있으며 파일을 공유하려면, 사용자는 원하는 파일의 경로명을 주어야 한다. [그림 8-18]는 2단계 디렉터리의 구조를 보이고 있다.

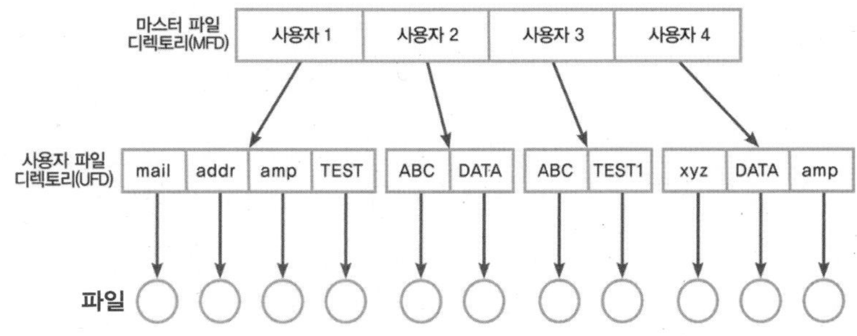

[그림 8-18] 2단계 디렉터리의 구조

- 각 사용자는 자신의 사용자 파일 디렉터리를 가지고, 각 사용자 디렉터리는 오직 한 사용자 파일만을 기술한다.
- 이름을 모두 달리해야 하는 단일 디렉터리의 문제점을 해결한다.
- 이 구조의 사용자가 다른 사용자로부터 독립된다는 점이다. 이는 장점이 될 수도 있지만 사용들이 어떤 업무에 있어서 협력하기를 원하거나 공유하며 사용하기를 원할 때는 단점이다.
- 특정 파일을 명시하려면 반드시 사용자 이름과 파일명을 준다. 따라서 파일의 이름이 길어진다는 단점이 있다.

- 2단계 트리를 생각할 수 있는데, 트리의 루트는 MFD이고 직계 자손은 UFD이며, UFD의 자손은 파일 자체이다.

4-4 트리 구조 디렉터리(tree-structured directory)

2단계 디렉터리 구조는 높이가 2인 트리인데, 디렉터리 구조를 확장하는 일반적인 방법이 트리 구조 디렉터리이다. 이것은 사용자들이 자신의 종속 디렉터리(subdirectory)를 생성하고 그것에 따라 자신의 파일을 구성한다. 디렉터리 또는 종속 디렉터리는 자신 밑에 파일이나 또 다른 종속 디렉터리를 가지고 있으며, 모든 디렉터리들은 내부적으로 똑같은 형식을 가지고 있다.

통상적으로 각 사용자는 현재 디렉터리를 가지고 있다. 현재 디렉터리 안에는 사용자가 현재 관심을 가진 대부분의 파일들이 들어 있을 것이다. 따라서 파일 참조가 일어나면 현재 디렉터리를 탐색한다. 그러나 현재 디렉터리에 없는 다른 곳에 파일을 사용하려면 경로명을 주거나 현재 디렉터리를 바꾸어야 한다. [그림 8-19]은 트리 구조 디렉터리를 보이고 있다.

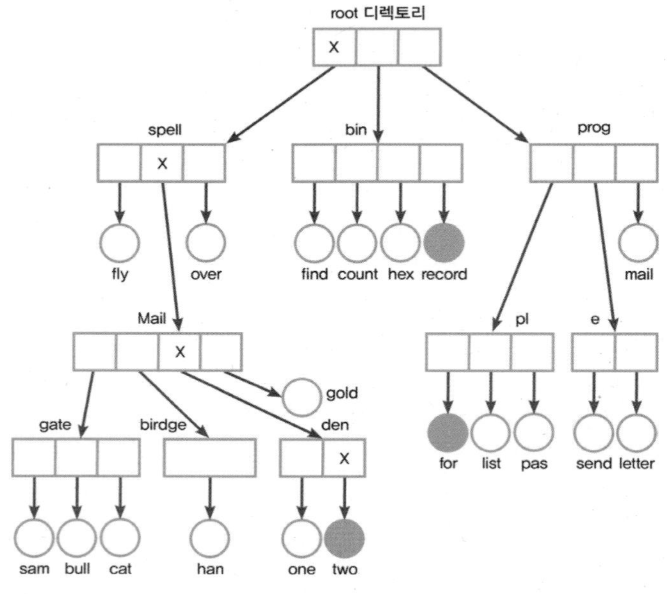

[그림 8-19] 트리 구조 디렉터리

트리 구조(Tree structure)에서 디렉터리의 삭제 시 디렉터리가 비어 있다면 그 디렉터리는 쉽게 삭제된다. 그러나 제거할 디렉터리가 파일들이나 다른 종속 디렉터리를 포함하고 있으면 삭제되지 않으므로, 그 디렉터리 내의 모든 내용을 삭제한 후에 대상 디렉터리를 삭제해야 한다. MS-DOS의 deltree 같은 명령은 삭제 요구가 있으면 디렉터리 내의 모든 파일뿐만 아니라 종속 디렉터리도 모두 제거되는 때도 있다.

- 2단계 디렉터리를 확장된 임의 트리로서 하나의 루트(root) 디렉터리와 다수의 종속 디렉터리로 구성된다.
- 디렉터리들의 탐색은 포인터로 이루어지고, 현재 탐색되는 위치를 현재 디렉터리라 한다.
- 주로 UNIX 운영체제에서 사용한다.
- 경로 이름의 유형
  - 완전 경로 이름(Complete path name) : 루트에서 시작하여 해당 파일이나 종속 디렉터리에 이르는 경로 상의 모든 디렉터리 이름을 정의한다.
  - 상대 경로 이름(Relative path name) : 현재 디렉터리에서부터 접근하고자 하는 파일까지의 경로를 정의하는 것이다.
- 장점은 쉽게 공유할 수 있다는 점과 삭제가 쉽다는 점이 있다. 단점은 각 디렉터리의 생성과 파괴가 쉽지 않다는 점이다.

4-5 비순환 구조 디렉터리(acyclic-graph directory)

트리 구조는 파일이나 디렉터리의 공유를 금지하고 있는 반면, 비순환 그래프 디렉터리들이 서브 디렉터리들과 파일들을 공유할 수 있게 허용하는 구조로써, 사용자가 자신의 디렉터리를 정의하게 하여 자신의 파일이 별도의 구조를 가질 수 있게 한다. 이 구조는 똑같은 파일이나 종속 디렉터리가 다른 디렉터리에 있을 수 있다. 비순환 그래프 디렉터리는 사이클이 없는 그래프로서 트리 구조 디렉터리 방식을 일반화하는 것으로 [그림 8-20]에 비주기 구조 디렉터리를 보이고 있다.

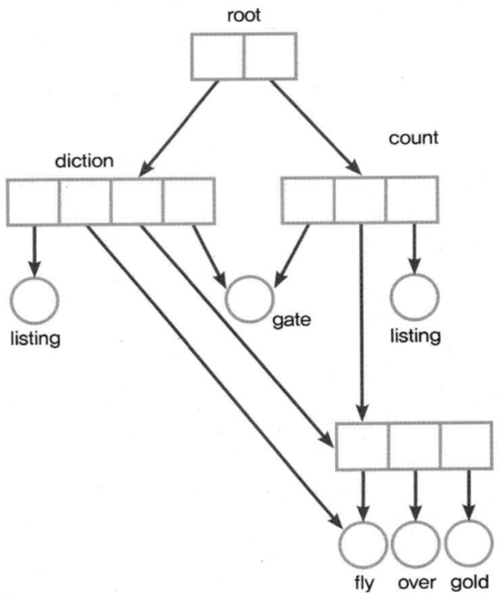

[그림 8-20] 비순환 구조 디렉터리

비순환 그래프 구조는 단순한 트리 구조보다는 융통성이 좋지만 복잡하므로 여러 가지 문제를 고려해야 한다. 파일의 경로명이 여러 개 있을 수 있으므로 서로 다른 경로명이 같은 파일을 가리킬 수도 있다. 이것은 프로그래밍 언어에서의 별명(alias) 문제와 비슷하다. 사용자가 전체 파일 시스템을 다 찾아보아야 할 때 공유된 파일이 두 번 이상 탐색되는 경우가 있으므로 중대한 문제가 된다.

또 다른 문제는 삭제 때 공유된 파일에 할당된 기억 장소를 언제 재사용할 수 있느냐 하는 문제이다. 파일의 삭제 명령이 들어올 때마다 삭제되면 되지만 잘못된 포인터들이 남게 되어 재사용될 때 이 필요 없는 포인터들은 다른 파일의 중간을 가리키게 되어 문제가 된다.

파일의 공유가 링크로 이루어지는 파일 시스템에서는 링크의 삭제는 링크만의 삭제이므로 원 파일에는 영향을 미치지 않는다. 파일 자체를 지우면 링크는 사용되지 않은 채 남게 된다. 이 링크를 추적할 링크 자체도 없앨 수 있으나 각 파일의 링크의 리스트가 없으면 힘들다. 다른 방법으로는 링크를 재사용할 때까지 그대로 둘 수도 있는데 이 때에는 파일이 존재하지 않는다는 것과 링크 이름 결정에 실패한 것을 알아야 한다.

파일 삭제의 또 다른 방안은 파일에 관한 모든 참조가 끝날 때까지 파일을 보존하는 것이다. 이렇게 하려면 파일의 마지막 참조를 결정하는 기법이 있어야 한다. 이는 파일의 모든 참조 목록을 링크로 구성하여 사용하는데 디렉터리 항목의 링크로 복사가 이루어지면 파일 참조 목록에 추가되고, 끝나면 목록에서 삭제하는 방식으로 목록이 비게 되면 파일을 삭제한다.

이 방법의 문제점도 목록의 크기가 가변적이고 너무 클 수 있다는 점이므로 전체 목록을 사용하지 않고 약식으로 참조 계수(reference counter)를 사용하여 파일 참조 작업이 수행되면 참조 계수를 증가시키고 끝나면 감소시켜 참조 계수가 0이 되면 파일을 삭제한다.

- 이 구조는 서브디렉터리를 공유할 수 있게 허용하고 주기(cycle)를 가지고 있지 않은 비순환 그래프로 구성되어 있다.
- 단순한 트리 구조보다 융통성은 좋으나 그 구조가 너무 복잡해서 여러 가지 문제를 조심스럽게 고려해야 하며 하나의 파일이 여러 개의 완전한 경로 이름을 가지고 있으므로 서로 다른 경로 이름이 같은 파일을 가리키는 때도 있다. 이것은 프로그래밍 언어의 aliasing문과 비슷한 성격을 가진다고 할 수 있다.
- 파일을 제거할 때에 고아가 된 포인터(dangling pointer) 같은 문제가 발생한다.

4-6 일반 그래프 디렉터리(general graph directory)

기존의 트리 구조 디렉터리에 링크를 첨가시키면 그 트리 구조는 파괴되고, 주기가 허용되는 보통의 그래프 구조가 된다. [그림 8-21]는 일반 그래프 디렉터리를 보이고 있다.

비순환 그래프의 주된 장점은 비순환 그래프를 전역 탐색하는 알고리즘이 비교적 간단하다는 것과 더 이상 파일을 참조할 것이 없을 때가 언제인가를 결정하는 알고리즘이 단순하다는 데 있다.

파일을 삭제하는 때에는 문제가 된다. 비순환 그래프와는 달리 파일의 참조가 끝났음에도 참조 계수는 0이 아닐 수 있는데 이 현상은 순환 때문에 자기 자신을 참조하는 때에 발생한다. 이때는 마지막 참조가 끝났음을 결정하고 기억 장소가 재할당 될 수 있는가를 결정하려고 쓰레기 수집(garbage collection)이 필요하다. 쓰레기 수집이란 전 파일 시스템을 탐색하여 접근할 수 있는 파일들(즉 사용하고 있는 파일들)에 표시를 하고 두 번째 탐색에서는 기억 장소를 사용할 수 있는 빈 공간 리스트에 첨가시키는 것이다. 그런데 디스크 시스템은 쓰레기 수집에 많은 시간이 소모되므로 잘 사용하지 않는다.

- 현존하는 트리 구조의 디렉터리에 링크를 첨가시키면 그 트리 구조는 파괴되고 간단한 그래프 구조가 생긴다. 주기가 허용되고 그래프 운행 알고리즘(graph traversal algorithm)도 간단해진다.
- 각 디렉터리마다 불필요한 파일의 제거를 위하여 쓰레기 수집(garbage collection)을 수행하고 이를 위하여 참조 계수(reference count)가 필요하다.
- 원하는 파일로 접근이 쉽다.

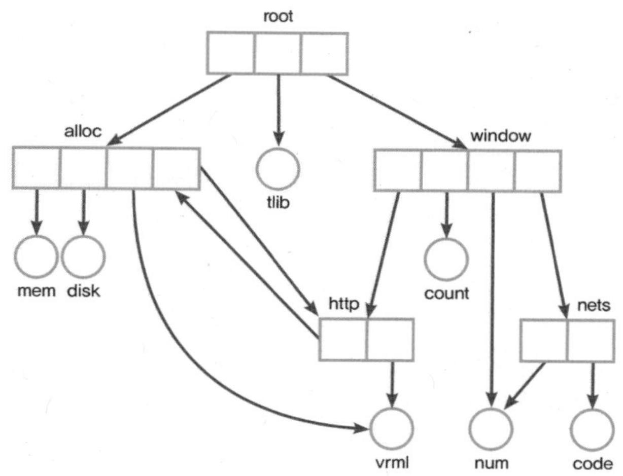

[그림 8-21] 일반적인 그래프 구조 디렉터리

■ 파일

- 운영체제에 의해 정의되고 구현되는 추상적인 데이터 형태
- 논리적인 레코드의 연속으로 바이트, 행(길이가 고정 또는 가변) 또는 복합적인 데이터 항목들
- 다양한 레코드 형을 사용자에게 제공 또는 사용자가 프로그램 상으로 직접 정의 가능

■ 파일 시스템

- 파일 시스템의 각 장치들은 각 항목의 내용을 가지는 볼륨 테이블 또는 장치 상의 파일의 위치를 가지는 장치 디렉터리를 가짐
- 파일을 구성하기 위한 디렉터리를 만드는 것이 유용함

■ 디렉터리

- 파일 시스템에서 다른 파일들의 이름과 위치 정보를 담고 있는 파일
- 사용자 데이터를 저장하지 않음
- 장치의 범위 확장 가능하고 다른 디스크 장치들을 포함할 수 있음

■ 디렉터리 구조

- 1단계 디렉터리 : 모든 파일이 고유한 이름을 가져야 하므로 파일 명칭의 충돌 발생
- 2단계 디렉터리 : 각 사용자에 대하여 분리된 디렉터리를 할당, 1단계 디렉터리의 문제 해결
- 트리 구조 디렉터리 : 2단계 디렉터리를 확장된 임의 트리로서 하나의 루트(root) 디렉터리와 다수의 종속 디렉터리로 구성
- 비순환 그래프 디렉터리 : 서브디렉터리를 공유할 수 있게 허용하고 주기(cycle)를 가지고 있지 않은 비순환 그래프로 서브 디렉터리들과 파일들을 공유할 수 있게 허용하는 구조

• 일반 그래프 디렉터리 : 트리 구조 디렉터리에 링크를 첨가시키면 그 트리 구조는 파괴되고 보통의 그래프 구조가

■ 파일 시스템의 사상

• 파일 시스템은 주로 계층적 혹은 모듈 구조로 구현
• 하위 레벨 : 메모리의 물리적 성질을 취급
• 중간 레벨 : 논리적인 파일 개념을 물리적 장치로 사상
• 상위 레벨 : 파일명과 파일의 논리적 성질을 다룸

■ 장치 디렉터리

• 어떤 파일들이 있는 지 표시
• 파일을 명칭에 의해 나타내며 파일이 디스크의 어느 곳에 있는지 길이, 형태, 소유주, 생성시간, 마지막 사용시간 등의 정보를 가짐

■ 디스크 할당

• 파일들은 디스크의 빈 공간에 3가지 방법으로 할당
• 연속 할당 : 외부 단편화의 문제가 있음
• 연결 할당 : 직접 액세스 파일은 지원할 수 없음
• 색인 할당 : 인덱스 블록으로 인해 실질적인 부담을 가짐

[객관식 연습문제]

1 직접 파일(direct file)의 설명으로 거리가 먼 것은?

가. 직접 접근 기억 장치의 물리적 주소를 통해 직접 레코드에 접근한다.
나. 키에 일정한 함수를 적용하여 상대 레코드 주소를 얻고 그 주소를 레코드에 저장하는 파일 구조이다.
다. 직접 접근 기억 장치의 물리적 구조의 지식이 필요하다.
라. 직접 파일에 적합한 장치로는 자기 테이프를 주로 사용한다.

해설 직접 파일은 Direct aceess method 방식이므로 자기 디스크 등을 사용한다.

2 파일 보호 기법 중 각 파일에 접근 목록을 두어 접근할 수 있는 사용자와 가능한 동작을 기록한 후, 이를 근거로 접근을 허용하는 기법은?

가. 파일의 명명(Naming)
나. 비밀번호(Password)
다. 접근 제어(Access control)
라. 암호화(Cryptography)

해설 액세스 제어 리스트(Access control list)는 컴퓨터 보안을 위해 시스템의 각 자원에 그 자원을 사용할 수 있는 사용자의 리스트를 유지하여 사용자들의 자원 액세스를 제한한다. 액세스 제어 행렬(Access control matrix)은 모든 자원과 사용자로 구성된 행렬을 만들고 각 사용자가 해당되는 자원의 행렬 엔트리가 특정한 값이 되어야 그 자원을 액세스 할 수 있게 제공한다.

3 파일 디스크립터의 내용으로 옳지 않은 것은?

가. 오류 발생 때 처리 방법
나. 보조기억 장치의 유형
다. 파일의 구조
라. 접근 제어 정보

해설 일반적으로 파일 디스크립터에 포함되는 내용은 다음과 같다.

- 파일의 이름
- 보조기억 장치 상의 파일의 위치
- 파일의 구조(순차적, 인덱스된 순차적 등)
- 보조기억 장치의 유형
- 액세스 제어 데이터
- 유형(데이터 파일, 목적 프로그램 등)
- 제거 시기(영구적, 임시적)
- 생성 날짜와 시간
- 제거 날짜
- 최종 수정 날짜와 시간
- 액세스 횟수

4 파일 디스크립터(file descripter)의 내용과 무관한 것은?

가. 파일 수정 시간　　나. 파일의 이름
다. 파일에 대한 접근 횟수　　라. 파일 오류 처리 방법

5 파일 시스템의 디렉터리 중 가장 간단한 디렉터리 구조로서 모든 파일들이 유일한 이름을 가지고 있으며, 같은 디렉터리 내에 위치하며 관리되는 디렉터리 구조는?

가. 일단계 구조 디렉터리　　나. 이단계 구조 디렉터리
다. 트리 구조 디렉터리　　라. 비주기 구조 디렉터리

해설 1단계 디렉터리 구조는 하나의 디렉터리에 모든 파일들을 관리한다.

6 디렉터리의 구조 중 중앙에 마스터 파일 디렉터리가 있고 하부에 사용자 파일 디렉터리가 있는 구조는?

가. 단일 디렉터리 구조　　나. 2단계 디렉터리 구조
다. 트리 디렉터리 구조　　라. 비순환 그래프 디렉터리 구조

해설 2단계 디렉터리 구조는 마스터 파일 디렉터리와 사용자 파일 디렉터리를 사용한다.

7 파일 시스템에서 중앙에 마스터 파일 디렉터리가 있고, 그 아래 사용자 파일 디렉터리가 있는 구조이며, 다른 사용자와의 파일 공유가 대체적으로 어렵고, 파일 이름이 보통 사용 이름, 파일 이름의 형태를 취하므로 파일 이름의 길이가 길어지는 디렉터리 구조는?

가. 단일 디렉터리 구조　　나. 2단계 디렉터리 구조
다. 트리형태 디렉터리 구조　　라. 비순환 그래프 디렉터리 구조

해설 2단계 디렉터리 구조는 마스터 파일 디렉터리와 사용자 파일 디렉터리를 사용한다.

8 순차 파일(sequential file)을 사용했을 때 얻을 수 있는 장점으로 가장 적합한 것은?

가. 원하는 레코드의 순차와 직접 접근 형태를 모두 지원할 수 있다.
나. 레코드들이 많이 삽입되면 주기적으로 블록 재구성이 필요하다.
다. 저장 매체의 효율이 매우 높다.
라. 한번 파일을 개방하면 읽기나 쓰기를 자유롭게 할 수 있다.

9 파일 시스템에서의 일반적인 디렉터리 구성 방식이 아닌 것은?

가. 일단계 디렉터리 구조　　나. 이단계 디렉터리 구조
다. 삼단계 디렉터리 구조　　라. 트리 디렉터리 구조

10 파일 디스크립터(file descriptor)의 설명으로 옳지 않은 것은?

가. 파일 관리를 위해 시스템이 요구하는 정보를 가지고 있다.
나. 보조기억 장치에 저장되어 있다가 파일이 개방(open)되면 주기억 장치로 이용된다.
다. 사용자가 파일 디스크립터를 직접 참조할 수 있다.
라. 파일 제어 블록(File Control Block)이라고도 한다.

해설 파일 디스크립터의 특징은 다음과 같다.
- 파일 디스크립터는 시스템에 따라 다른 구조를 가지며, 보조기억 장치에 저장되어 있다가, 파일이 개방될 때 주기억 장치로 이동
- 사용자가 직접 참조 불가

11 파일 시스템의 디렉터리 중 가장 간단한 디렉터리 구조로서 모든 파일들이 유일의 이름을 가지고 있으며, 같은 디렉터리 내에 위치하여 관리되는 디렉터리 구조는?

가. 일단계 구조 디렉터리 나. 이단계 구조 디렉터리
다. 트리 구조 디렉터리 라. 비주기 구조 디렉터리

12 파일 접근방식의 설명으로 옳은 것은?

가. 순차 접근은 디스크를 모형으로 한 것이다.
나. 순차 접근에서 기록은 파일의 임의 위치에서 할 수 있다.
다. 직접 접근 파일에서 파일을 구성하는 어떠한 블록도 직접 접근할 수 있어서, 판독이나 기록의 순서에는 제약이 없다.
라. 직접 접근 파일에서 파일을 구성하는 블록의 번호는 절대 블록 번호이어야 사용자가 자신의 파일이 아닌 부분을 접근하는 것을 운영체제가 방지할 수 있다.

해설 직접 파일(direct file) : 레코드의 키 값으로 계산된 주소를 이용해 직접 접근하게 구성된 파일이며, 대부분은 직접 찾아가지만 모든 블록을 한 번에 찾아갈 수는 없다.

13 디렉터리 구조 중에서 파일 또는 디렉터리의 공용이 허용될 수 있는 것은?

가. 2단계 디렉터리 나. 3단계 디렉터리
다. 트리구조 디렉터리 라. 비순환 그래프 디렉터리

해설 비주기 구조 디렉터리(비순환 그래프 디렉터리)는 서브디렉터리를 공동 사용하지만 구조가 복잡하다.

[주관식 연습문제]

1 다음 용어를 정의하고 설명하시오.

a. 파일/디렉터리
b. 파일 시스템
c. 물리적/논리적 레코드
d. 순차 접근/직접 접근
e. 파일 추상화
f. 파일 디스크립터
g. 파일 마운팅
h 가상파일 시스템

2 파일의 종류를 기술하고, 이 책에 없는 파일들의 종류에 대해서도 알아보시오.

3 디렉터리를 정의하고, 디렉터리에 포함되는 정보들은 무엇인지 기술하시오.

4 파일 시스템과 파일 관리자를 구별하여 설명하고 각각 제공하는 기능들은 무엇인지 기술하시오.

5 한 파일에 있는 데이터를 순차 접근과 직접 접근해야 하는 응용이 있다면 무엇인지 그 예를 들어 보시오.

6 순차 파일과 인덱스된 순차 파일, 직접 파일을 비교하고 각각의 장단점을 설명하시오.

7 파일 공간의 할당에서 연속 할당을 할 수 있는 파일은 어떤 파일들이 있으며, 불연속 할당이 더 나은 파일들은 어떤 파일들인지 설명하시오.

8 불연속 할당이 연속 할당보다 더 나은 점이 있다면 무엇인지 설명하시오.

9 불연속 할당 방법 3가지 중 가장 보편적으로 사용될 방법은 무엇이고, 그 이유는 무엇인지 설명하시오.

10 디스크 가용공간 관리 기법을 설명하시오.

11 디렉터리 구조에서 각 구조의 특성을 설명하고 가장 합리적인 디렉터리 구조는 무엇인지 설명하시오.

시스템 보호와 보안

System Protection and Security

CHAPTER

09

9 CHAPTER

[학습목표]

■ 보호 기법, 보호 정책, 여러 가지 인가에 대해 이해한다.
■ 보안과 위협의 종류를 이해하며 몇 가지 암호화 기법을 이해한다.
■ 사용자 인증 수단 및 인가 종류에 대해 이해한다.

[주요 내용]

1. 보호
2. 보안과 암호화
3. 사용자 인증

[요약]

[연습문제]

1
보호

1-1 개념

컴퓨터 시스템에 저장된 각종 정보는 컴퓨터와 네트워크를 통하여 모든 사람에게 서비스되고 있으며, 개인 정보 누설, 정보 시스템의 비인가 된 사용, 전산망의 해킹, 중요 데이터 파괴와 같은 역기능이 증대되어 심각한 문제를 낳고 있다. 따라서 저장 중이거나 전송 중인 각종 정보의 보호와 보안을 위한 여러 가지 방법들이 사용되고 있다. 본장에서 등장하는 보호(protection)와 보안(security), 인증(authentication), 인가(authorization), 암호화(cryptography)같은 용어들을 정의해 보자.

(1) 보호(protection)

보호란, 특정 주체(subject : 프로세스, 스레드, 사용자)들이 안전한 객체(object) 또는 개체(entity : 컴퓨터 시스템으로 정의된 자원)에 선택적으로 접근을 제어하는 기법을 말한다. 따라서 이러한 제어 기법으로 부과될 제어 지정 방법과 시행 방법 등을 운영체제가 제공해야 한다.

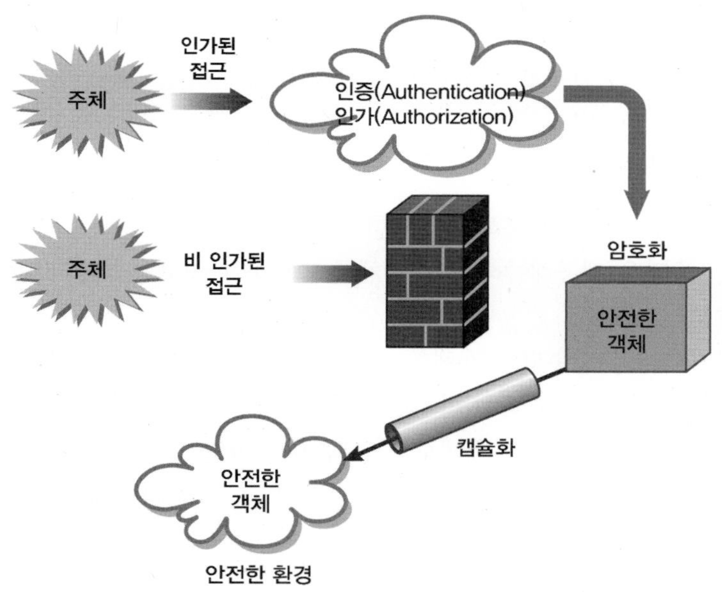

[그림 9-1] 인증, 인가된 접근

(2) 보안(security)

보안은 안전한 객체들이 결함이 없이 보존되게 신뢰성을 유지하는 기법으로 보호보다 훨씬 그 범위가 광범위하다. 불법적인 모든 접근으로부터 각 객체들을 안전하게 보호하려면 결론적으로 컴퓨터의 내부 시스템 보안과 결합하여 있는 물리적 보안이 된 객체에 권한을 갖는 주체들에게만 접근을 허용하는 것이다.

이런 보안의 측면은 먼저 안전한 객체에 접근하려는 주체들을 인증하는 작업과 그다음, 주체가 안전한 특정 객체에 접근할 수 있는 권한을 가지고 있는지를 판단하는 작업으로 구분된다.

(3) 인증(authentication)

인증(신분 확인)이란 [그림 9-1]에서 보여주듯이, 안전한 객체에 접근하려는 주체가 실제로 권리를 주장할 수 있는 주체인지를 보증하는 작업을 의미한다. 예를 들어 시스템 관리자가 administrator라고 한다면 시스템 인증 메커니즘은 책임지고 그 주체가 administrator라는 것을 확인해야 한다.

(4) 인가(authorization)

인가(접근 허가)란 주체의 신분을 확인 후, 그 주체가 안전한 객체에 접근할 권한을 가지고 있는지를 판단하는 작업을 의미한다. 시스템의 인가도구들은 주체가 그렇게 할 권한을 부여받았을 때에만 안전한 객체들에게 접근한다.

(5) 암호화(cryptography)

컴퓨터 시스템과 네트워크 통해서 객체를 전송하는 도중에 객체가 복제되거나 접근되지 않게 보장하는 수단을 제공해야하는데, 객체를 안전하게 인코딩(encoding)해서 캡슐화 하는 것을 암호화라고 한다.

이론적으로 제3자가 전송되는 객체를 우연히 또는 불법적으로 획득하더라도 획득한 정보를 해독할 수 없다. 즉 암호화는 안전한 객체를 논리적으로 캡슐화하여 컨테이너 내부에 숨겨서 안전한 객체가 불안전한 세계로 전송되거나, 파일 시스템과 같이 영구적인 저장장치에 저장되어 있는 동안 안전한 객체에 보호 장벽을 제공해준다.

1-2 보호 기법과 보안 정책

1) 보호 기법(protection mechanism)

보호 기법이란 인증, 인가, 암호화를 사용하여 안전한 객체에 대하여 주체의 접근을 통제하는 데 사용될 수 있는 도구로 간주될 수 있다. 보호 기법을 사용하는 동기는 다음과 같다.

- 주체가 객체에 대한 접근 제한을 의도적으로 위반하는 것을 방지한다.
- 시스템 내에서 동작 중인 각 프로그램 요소가 시스템 객체의 정해진 사용 정책대로 자원들을 사용하게 보장한다. 이는 시스템의 신뢰도를 위해 절대적으로 필요하다.
- 주변 시스템 간의 인터페이스에서의 잠재적인 오류를 검출함으로써 시스템의 신뢰도를 증가시킨다.
- 무자격 주체가 시스템의 객체들을 잘못 사용하는 것을 방지한다.
- 권한이 있는 주체와 권한이 없는 주체를 구별하는 수단을 제공한다.

2) 보안 정책(security policy)

보안 정책은 보호 기법을 어떻게 사용할 것인지를 판단하는 기준이다. 주체들 중 누가 안전한 객체에 접근할 수 있고, 접근할 수 없는지를 구별해야 한다. 운영체제 설계자는 특정 컴퓨터를 위한 보호 기법을 제공하고, 시스템 관리자는 그 컴퓨터에 사용될 보안 정책을 세운다. 보호 기법은 신뢰성 있는 소프트웨어여야 하므로 대부분 OS의 일부로서 구현된다.

객체의 보안 정책은 객체 사용을 시행하는 기법을 제공하는 것이다. 이러한 보안 정책은 다음과 같은 여러 가지 방법으로 설정될 수 있다.

- 시스템 설계 시에 결정
- 시스템 관리 중에 형성
- 각 주체의 파일이나 프로그램을 보호 하도록 개개의 주체로부터 정의

객체 사용의 보안 정책은 응용에 따라서 다양하며 시간의 변화에 영향을 받을 수 있다. 따라서 보호는 운영체제 설계자만이 관심을 갖는 문제가 아니라, 응용 프로그래머의 개발 도구로써 활용할 수 있어야 한다. 즉 응용 프로그래머들이 응용 서브 시스템이 만들어지거나 제공되는 객체들이 잘못 사용되지 않도록 보호 도구로써 이용될 수 있어야 한다.

응용 프로그래머가 자신의 응용 프로그램의 보호 도구로써 보호 기법을 이용 하려면, 운영체제가 이 보호 기법을 제공해야 하는데, 이 보호 기법은 어떻게 할 것인가를 결정하는 것이고, 보안 정책은 그것이 어떻게 행해질 것인가가 아니라, 무엇이 행해질 것인가를 결정하는 것이다. 따라서 보안 정책은 장소와 시간에 따라서 변화하며, 최악의 경우에는 기존 모든 정책의 변화를 초래할 수도 있다. 일반적으로 몇 개의 시스템 매개 변수나 테이블 수정만으로 보안 정책 변화를 가능하게 하는 기법이 바람직하다.

1-3 보호 영역(protection domain)

컴퓨터 시스템은 작업, 프로시저, 프로세스들과 같은 주체(subject)와 객체(object)들의 집합으로 구성된다. 주체는 컴퓨터 시스템의 사용자나 또는 사용자 시스템을 대표하는 객체이고, 객체는 시스템의 내부 자원들로, 이 객체는 시스템의 다른 모든 객체들과 구별할 수 있는 유일한 이름을 가지며, 명확한 조작을 통해서 접근될 수 있다. 객체는 본질적으로 추상 자료 형태(abstract data type)로 볼 수 있다. 보통 객체는 다음과 같이 하드웨어 객체와 소프트웨어 객체로 나누어 볼 수 있다.

- **하드웨어 객체 : 중앙처리장치, 기억 장치, 프린터, 터미널, 장치 제어기, 디스크, 트랙, 장치 구동기 등**
- **소프트웨어 객체 : 데이터, 파일, 프로그램, 버퍼, 디렉터리, 세마포어 등**

어느 한 객체의 연산은 그 객체에 의존된다. 예를 들어, CPU는 단지 프로세스의 실행만 할 수 있으며, 기억 장치는 판독과 기록을 할 수 있으나, 카드 판독기는 판독만 할 수 있으며 테이프 드라이버는 판독, 기록, 되감기 등을 할 수 있다. 파일은 생성, 개방, 판독, 기록, 폐쇄, 삭제 등을 할 수 있으나 프로그램은 판독, 기록, 실행만 할 수 있다.

따라서 프로세스들은 그들 자신에게 접근 권한이 부여된 자원들에 대해서만 접근할 수 있어야 하고, 프로세스가 자신의 일을 완료하려고 현재 요구하는 자원만을 접근할 수 있어야 한다. 이러한 요구를 need-to-know 원칙이라고 하며 이는 시스템에서 잘못된 프로세스가 일으킬 수 있는 피해를 최소화할 수 있다.

보호 영역(protection domain)의 개념은 다음과 같다. 한 프로세스는 1개의 보호 영역 내에서 동작한다. 이는 한 프로세스가 접근할 수 있는 자원을 의미하는 것이다. 각각의 영역은 객체의 집합과 그 객체에서 취할 수 있는 조작의 형태를 정의한다.

접근 권한(access right)은 어떤 주체가 어떤 객체를 이미 정해진 방법에 따라 접근할 수 있는 능력 즉 어떤 프로세스가 객체의 조작을 수행할 수 있는 능력을 말한다. 하나의 영역은 접근 권한의 집합이고, 이것의 각각은 <객체 이름, 권한 집합>의 순서쌍으로 되어 있다.

예를 들어 만약 영역 D가 <파일F, {읽기, 쓰기}>의 접근 권한을 갖는다면 이때 영역 D에서 수행되는 프로세스는 파일 F의 읽기, 쓰기를 할 수 있지만 그 객체에 대한 그 외의 다른 조작을 할 수 없다.

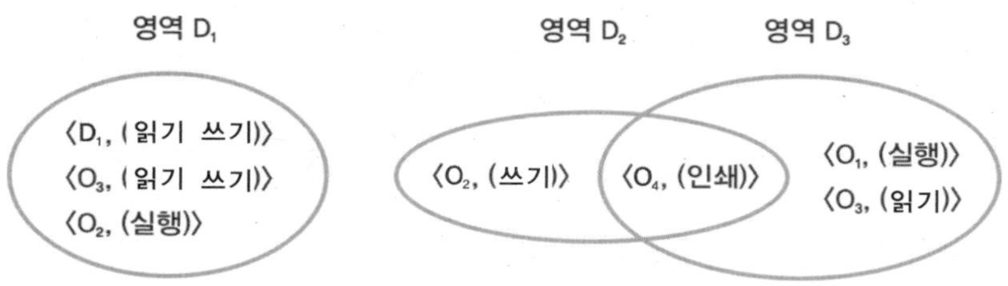

[그림 9-2] 3개의 보호 영역을 갖는 시스템

보호 영역은 어떤 주체가 시스템의 여러 가지 객체들에 대해 갖는 접근 권한을 정의한 것으로 한 주체에 속해 있는 자격의 집합이다. 이 영역은 서로 분리될 필요가 없고 접근 권한을 공유할 수 있다. 예를 들면, [그림 9-2]에서 3개의 영역 D_1, D_2, D_3이 있을 때, 접근 권한 O_4, {인쇄}>는 영역 D_2로 공유되며, 이들 두 영역 중의 하나하나에서 수행 중인 프로세스는 객체 O_4를 인쇄할 수 있다는 의미를 나타낸다. 객체 O_1을 읽기와 쓰기를 하려는 프로세스는 영역 D_1 내에서만 수행되어야 한다. 반면에 영역 D_3에 있는 프로세스만이 객체 O_1은 실행, O_3은 읽기를 할 수 있다.

1-4 인가 기법(authorization mechanism)

인가 기법은 보호 정책이 허용하는 범위에서 사용자, 프로세스, 스레드가 컴퓨터의 안전한 객체들을 사용하는 것을 보장하는 것이다. 인가는 특히 자원 공유와 같이 자원관리 업무의 일부분으로, 그 목적은 다른 프로세스의 행위로부터 한 프로세스의 자원을 보호하는 것이다. [그림 9-3]에 나타나 있는 것처럼 A 프로세스가 W, X, Y, Z 자원들을 가진다고 가정하자. 이 자원들 중 일부는 다른 프로세스들이 함께 공유한다.

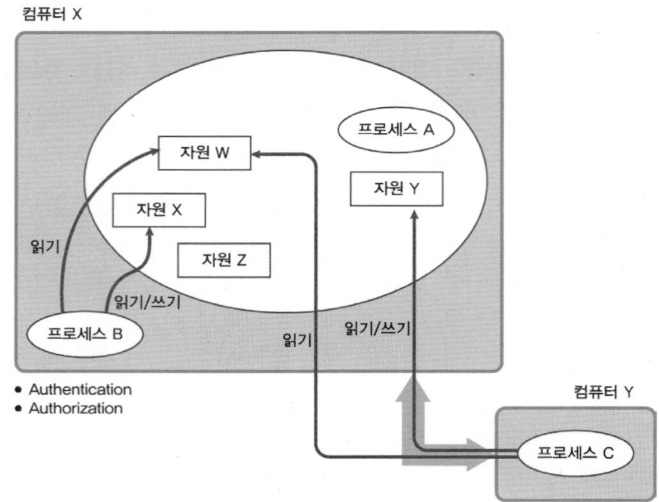

[그림 9-3] 자원 공유의 제어

- C 프로세스가 W의 읽기 권한을 가질 동안, B 프로세스는 W의 읽기 권한을 가진다.
- C 프로세스는 X에 대해 아무 권한이 없는 반면, B 프로세스는 X의 읽기/쓰기 권한을 가진다.
- B 프로세스가 Y에 대해 아무 권한이 없는 반면, C 프로세스는 Y의 읽기/쓰기 권한을 가진다.
- A 프로세스는 W, X, Y, Z에 대해 개인적인 접근(private access) 권한을 가진다.

프로세스가 안전한 객체에 접근하려 할 때, 인가 기법은 그 접근을 허가해야 할지 또는, 허가하지 않아야 할지를 결정하기 위해 시스템의 현재 허가 모드를 조사한다. A 프로세스가 W, X, Y, Z 자원들을 통제한다. B 프로세스는 W 자원의 읽기 권한만을 가지나, X에 대해서는 읽거나 쓸 수 있다. 또한, Y와 Z 자원에는 전혀 접근할 수 없다. C 프로세스는 W 자원에 원격 읽기 접근을 할 수 있고, Y 자원에는 원격으로 읽기, 쓰기 접근 권한을 갖지만 X와 Z자원에는 접근할 수 없다.

1) 접근 행렬(access matrix)

접근 행렬의 행은 영역을 나타내고, 열은 객체를 나타낸다. 접근 제어 행렬에서 각 항은 접근 권한의 집합으로 구성된다. 객체들은 행렬의 열로 정의되므로 접근 권한으로부터 객체 이름을 생략할 수 있다. 항목 접근 〈Di, Oj〉는 영역 Di에서 수행 중인 프로세스가 객체 Oj에 할 수 있는 조작의 집합을 의미한다.

[표 9-1]의 접근 제어 행렬을 보면 4개의 영역과 5개의 객체 즉 3개의 파일(F_1, F_2, F_3)과 디스크와 프린터가 각각 1대가 있다. 영역 D_1에서 어떤 프로세스가 수행 할 때 그 프로세스는 파일 F_1, F_3을 read할 수 있다. 영역 D_4에서 수행하는 프로세스는 영역 D_1에서와 똑같은 특권을 갖는 것 외에도 영역 D_4에서의 프로세스는 파일 F_1, F_3 상에 write할 수도 있다. 디스크와 프린터는 오직 영역 D_2에서 수행하는 프로세스로만 접근될 수 있다.

[표 9-1] 접근 제어 행렬

객체 영역	F_1	F_2	F_3	디스크	프린터
D_1	READ		READ		
D_2				READ	PRINT
D_3		READ	EXECUTE		
D_4	READ/WRITE		READ/WRITE		

2) 접근행렬의 구현

(1) 전역 테이블(global table)

접근 제어 행렬의 가장 단순한 구현은 [표 9-2]와 같이 3개의 순서쌍 〈영역, 객체, 권한 집합〉들의 집합으로 구성되는 전역 테이블이다. 어떤 조작 M이 영역 Di에서 객체 Oj에 대해 수행할 때마다 전역 테이블은 3개의 항목 〈Di, Oj, Rk〉을 탐색한다. 여기서 M ∈ Rk 이다. 만일 이러한 〈Di, Oj, Rk〉가 발견되면 조작은 계속되지만 발견되지 않으면 예외(오류) 조건이 발생한다.

[표 9-2] 전역 테이블

영역	객체	권한 집합
D1	F1	READ
D1	F2	WRITE
D1	F3	READ/WRITE
D2	디스크1	READ
D2	프린터	PRINT
D2	디스크2	–
D3	디스크3	READ/WRITE
D3	F3	EXECUTE
⋮	⋮	⋮
Dn	CD ROM	READ

- 테이블은 보통 매우 커서 주기억 장치에 보관할 수 없고, 주기억 장치에 보관할 경우 기억 공간을 낭비한다.
- 보조기억 장치로부터 추가적인 입출력이 필요하다(전역 테이블을 주기억 장치로 읽어 오려고).
- 어떤 객체와 영역이 잘 분류되어 있는 점을 이용하기가 어렵다. 예를 들면, 특정한 객체가 누구에게나 읽혀질 수 있으려면 모든 영역 내에 각각 별개의 항목을 가져야만 한다.

(2) 접근 제어 리스트(ACL : Access Control List)

접근 행렬에 있어서 각 항은 앞에서 설명하였던 각 파일과 디렉터리에 각 사용자의 이름과 접근 유형을 규정해 놓은 접근 리스트처럼 하나의 객체에 접근 제어 리스트로써 구현될 수 있다. 결과적으로 각 객체의 리스트는 [표 9-3]과 같이 〈영역, 권한 집합〉의 순서쌍으로 구성되는데 이것은 그 객체에 접근 권한을 갖는 모든 영역을 정의한다. 즉 접근 제어 리스트는 객체와 접근 행렬의 열을 결합한 것이다.

이 접근 제어 리스트는 객체에 접근할 수 있는 모든 영역을 포함하는 각 객체 리스트로 구성되어 있으며, 각 영역은 〈사용자명, 사용자 그룹명〉의 쌍으로 지정된다.

예를 들어 4명의 사용자 kim, lee, choi, jung이 있고 이들은 각각 다음과 같은 사용자 그룹이 교수, 학생, 연구원 그룹에 속해 있다면, 4개의 파일에 다음과 같이 ACL을 구성할 수 있다.

[표 9-3] 접근 제어 리스트

종류	접근 제어 리스트(ACL)
파일 0	(kim, *, RWX)
파일 1	(kim, 교수, RWX)
파일 2	(lee, *, Rw–), (choi, 연구원, R—), (jung, 학생, —X)
파일 3	(*, 학생, R–X)
파일 4	(jung, * ——), (*, 교수, R—)

[표 9-3]에서 '*'는 모든 사용자와 사용자 그룹을 의미한다. 따라서 위의 ACL의 의미는 다음과 같이 해석할 수 있다. 파일 0은 사용자 uid가 kim인 모든 사용자 그룹 gid를 갖는 프로세스로 읽기, 쓰기 수행을 할 수 있다. 파일 1은 단지 사용자 uid가 kim이고 사용자 그룹 gid가 교수를 갖는 프로세스만 읽기, 쓰기 수행을 할 수 있다. 파일 2는 사용자 uid가 lee이고 모든 사용자 그룹 gid를 갖는 프로세스는 읽기, 쓰기를 할 수 있고, 사용자 uid가 choi이고 사용자 그룹 gid가 연구원을 갖는 프로세스는 읽기를 할 수 있고, 사용자 uid가 jung이고 사용자 그룹 gid가 학생을 갖는 프로세스는 수행을 할 수 있다. 파일 3은 사용자 gid가 학생이면 누구든지 읽기와 실행을 할 수 있다. 파일 4는 어떤 사용자 그룹이든 사용자 uid가 jung이면 접근할 수 없고 교수 그룹에 속하는 사용자는 누구든지 읽을 수 있다.

객체의 소유자는 언제든지 자신의 ACL을 변경할 수 있으므로, 기존에 허용되어 있는 접근 권한을 금지할 수 있다. 이 방법의 단점은 ACL의 변경이 현재 객체를 사용하는 어떤 사용자에게도 영향을 미치지 못한다.

(3) 권한 리스트(capability list)

권한 리스트 또는 자격 리스트는 각 행을 해당 영역과 결합한 것이다. 한 영역의 권한 리스트는 [그림 9-4]과 같이 객체와 그 객체에 허용된 조작의 리스트이다. 객체는 권한이라 불리는 물리적 이름이나 주소로 표현되기도 한다. 객체 Oj에 권한(포인터)을 지정하여 조작 M을 수행한다. 권한의 소유는 접근 허용을 뜻한다.

권한 리스트는 영역과 결합되어 있으나 그 영역에서 수행 중인 프로세스가 직접 접근할 수 없다. 오히려 권한 리스트는 운영체제로 유지되며 사용자에 의해서 간접적으로만 접근되는 보호된 객체이다. 권한에 바탕을 둔 보호에서는 권한이 사용자의 프로세스로 직접 접근되어 변경될 수 있는 주소공간으로 절대 이동할 수 없다는 사실에 바탕을 두고 있다. 만일 모든 권한이 안전하다면, 그들이 보호하는 객체도 역시 권한이 없는 접근에 안전하다.

권한은 원래 다중 프로그래밍 시스템의 시대가 예측되면서 시스템 사용자의 관점에서 보았을 때, 시스템 자원 보호의 필요성에 따라 일종의 안전 포인터로서 제시되었다. 근본적으로 보호된 포인터는 응용 단계로까지 확장할 수 있는 보호 기법의 기본이 된다.

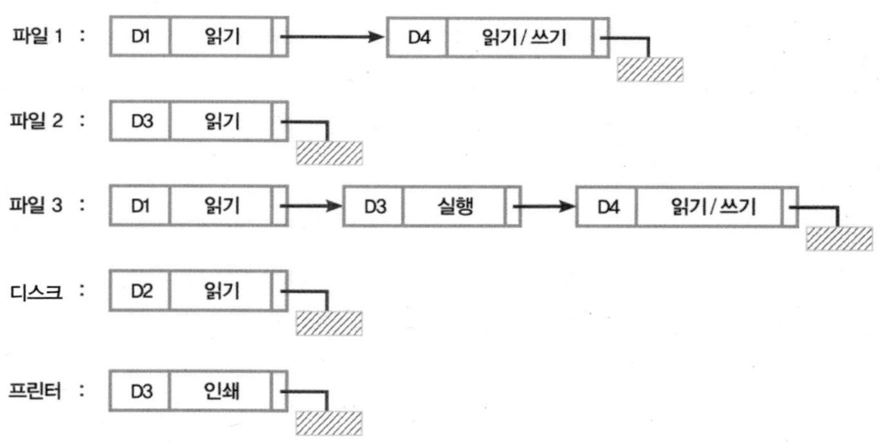

[그림 9-4] 권한 리스트 예 1

또한, 예로서 UNIX 운영체제에서 사용하는 전형적인 권한 리스트는 [표 9-4]와 같다. 각 권한은 객체의 종류를 가리키는 종류 필드와 그 종류의 객체 상에서 어떤 동작이 허용되는지를 비트맵으로 나타내는 권한 필드와 객체 그 자체의 포인터(객체의 i-node 같은)인 객체 필드를 갖는다.

[표 9-4] 권한 리스트 예 2

	종류	권한	객체
0	파일 3	R--	파일 3의 포인터
1	파일 4	RWX	파일 4의 포인터
2	파일 5	RW-	파일 5의 포인터
3	프린터	-W-	프린터의 포인터

권한 리스트는 객체 그 자체이고 다른 권한 리스트와 서로 포인터로 연결되어 있다. 따라서 부영역을 공유하는 기능을 갖는다. 보통 권한은 권한 리스트에 있는 자신의 위치로 참조된다. 한 프로세스가 "권한 2로 포인트된 파일로부터 1K를 읽어라"는 뜻은 유닉스에서 파일 서술자를 사용하라는 것과 비슷한 의미이다.

권한 리스트 혹은 C-list는 사용자들의 변경으로부터 보호해야 한다. 권한 리스트를 보호하는 방법은 세 가지가 있다. 첫 번째 방법은 태그 구조(tagged architecture)로 각 기억 장치 워드가 권한이 있는지 없는지를 나타내는 엑스트라(혹은 태그) 비트를 갖는 하드웨어 설계 방법이다. 태그 비트는 연산이나 비교 명령 등에서 사용되지 않고 단지 프로그램이 커널 모드에서 실행될 때 변경될 수 있다.

두 번째 방법은 Hydra가 1974년 사용한 방법으로 운영체제 내에 C-list를 유지하고 프로세스가 자신의 슬롯 번호로 권한 참조하는 방법이다. 세 번째 방법은 Amoeba가 1986년 사용한 방법으로 사용자 공간에 C-list를 유지하고 비밀 키를 갖고 각 권한을 허가되지 않은 사용자로부터 암호화시키는 방법이다. 이 방법은 특히 분산 시스템에 적합하다.

(4) 락 키(lock key) 기법

락 키 기법은 접근 리스트와 권한 리스트의 절충안이다. [그림 9-5]에서와 같이 각 객체는 락(lock)이라 불리는 유일하고 독특한 비트 패턴의 리스트를 갖고 있으며 이와 유사하게 각 영역은 키(key)라고 불리는 유일하고 독특한 비트 패턴의 리스트를 갖고 있다. 어떤 영역에서 수행 중인 프로세스는 그 영역이 여러 객체의 락(lock) 중의 하나와 일치하는 키를 가지고 있는 때에만 그 객체에 접근할 수 있다. 기억 장치 락 및 키 기법인 때도 마찬가지이다.

기억 장치 락은 할당할 수 있는 기억 장치 블록에 이진 비트패턴을 부여한다. 프로세스는 기억 장치 락과 같은 수의 비트패턴을 가진 락 키를 가지고 있다. 만약, 프로세스 키 비트 패턴이 기억 장치 락 비트 패턴과 같다면 프로세스는 그 블록에 접근할 수 있게 하는 것이다. 권한 리스트처럼 각 영역의 키들의 리스트는 운영체제가 관리해야 한다. 사용자들은 직접 키(또는 록)의 리스트를 조사하거나 수정할 수 없다.

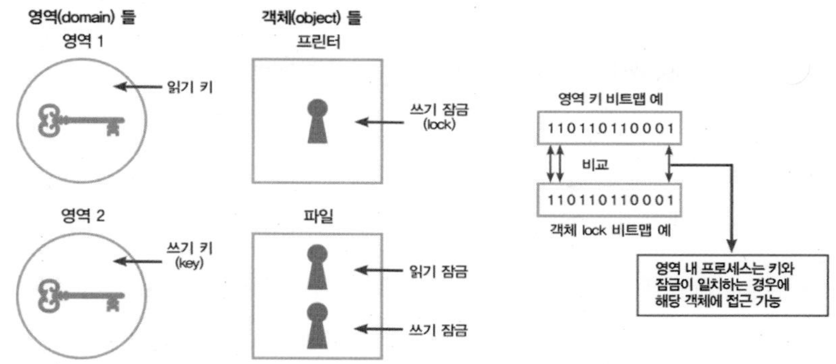

[그림 9-5] 락-키 기법

(5) 보호 시스템(protection system)

보호 시스템은 객체 집합, 주체 집합, 보호 정책을 표현하는 규칙들의 집합으로 구성된다. 보호 시스템은 주체에 의한 객체의 접근 가능성을 시스템의 보호 상태(protection status)로 정의한 것으로 표현한다. 시스템 주체 S로 X 객체에 각 접근을 위해 보호 상태가 점검된다. 보호 상태는 접근 행렬로 표현될 수 있으며, 접근 행렬은 보호 상태를 구현하는 구체적인 방법이다. 접근 행렬 A는 주체당 한 개의 행을, 객체 당 한 개의 열을 가진다. 프로세스는 다른 프로세스를 제어할 수 있어야 하므로 주체나 객체가 될 수 있다. 각 항목 A[S, X]는 객체 X에 대해 주체 S가 보유한 접근 권한을 표현하는 집합이다. 다음 [그림 9-6]에 나타나 있듯이 각 접근은 다음 단계를 포함한다.

① 주체 S는 객체 X에 α 타입 접근을 시도한다.
② 보호 시스템은 S를 인증하고 S를 위해 (S, α, X)를 생성한다. 인증 메커니즘이 신원 정보(identity)를 제공하므로, 주체는 주체의 신원을 위조할 수 없다.
③ 객체 X의 모니터는 A[S, X]를 조사한다. 만약 $\alpha \in$ A[S, X]이면 접근이 유효하고 $\alpha \notin$ A[S, X]이면 무효이다.

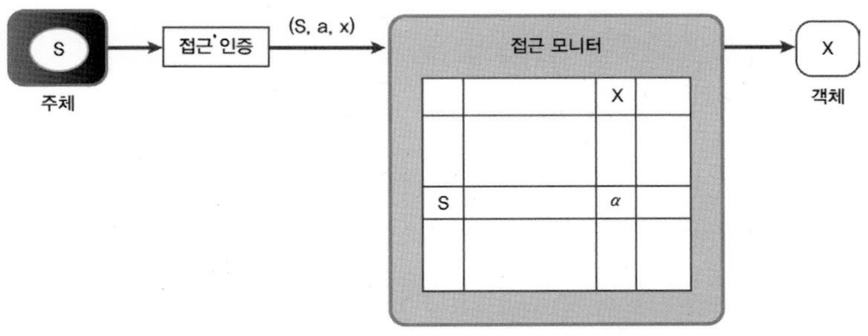

[그림 9-6] 접근 행렬로 보호 상태 표현

예를 들어, 시스템이 다음과 같이 구성되었다고 가정하자. 여기서 F1, F2는 파일이고 D1, D2는 장치이다.

- 주체 ={S1, S2, S3}
- 객체 = 주체 ∪ {F1,F2, D1, D2}

다음 [표 9-5]는 시스템의 보호 상태를 표현하는 접근 행렬의 예를 보여준다. 각 주체는 자기 자신에게 control 특권을 가진다. S1은 S2에 block, wakeup, owner 특권을 가지고 있고, S3에 control과 owner 특권을 가진다. S1은 F1 파일에 대해 read*, write* 접근 권한을 가지며 S2는 D1의 owner이고, S3은 F1에 delete 권한을 갖는다.

[표 9-5] 보호 상태의 예

	S_1	S_2	S_3	F_1	F_2	D_1	D_2
S_1	control	block wakeup owner	control owner	read* write*		seek	owner
S_2		control	stop	Owner	update	owner	seek*
S_3			control	delete	execute owner		

[표 9-5]에 나타난 것처럼 보호 상태의 예가 주어졌을 때, S2가 F2를 갱신하고자 한다면, 인가 메커니즘은 그 시도를 가로채 그것이 허가된 것인지를 검사한다. S2가 갱신 연산을 실행하였을 때 이는 S2를 인증한 다음 (S2, update, F2)를 생성하여 보호 상태를 위해 접근 모니터에 전달한다. [표 9-5]과 같이 접근 모니터는 S2가 F2에 어떤 종류의 권한을 갖는지를 알아보려고 A[S2, F2]를 조사한다. update ∈ A[S2, F2]이므로 그 접근은 유효하며 주체는 파일 객체를 갱신할 수 있다.

2
보안과 암호화

2-1 보안(security)

보안은 안전한 객체들이 결함이 없이 보존되게 신뢰성을 유지하는 기법으로 보호보다 훨씬 그 범위가 광범위하다. 불법적인 모든 접근으로부터 각 객체들을 안전하게 보호하려면 결론적으로 컴퓨터의 내부 시스템 보안과 결합하여 있는 물리적 보안이 된 객체에 권한을 갖는 주체들에게만 접근을 허용하는 것이다.

이런 보안의 측면은 먼저 안전한 객체에 접근하려는 주체들을 인증하는 작업과 그다음, 주체가 안전한 특정 객체에 접근할 수 있는 권한을 가지고 있는지를 판단하는 작업으로 구분된다.

보안은 컴퓨터 시스템 내에 저장된 프로그램과 데이터에 통제된 접근 방식을 어떻게 제공할 것인가를 다루는 문제이다. 운영체제에서의 보안 문제는 대부분이 시스템에 들어오게 할 것인지 못 들어오게 할 것인지 인증하는 문제이다.

보안은 시스템뿐만 아니라 시스템이 작동하는 외부 환경과 더불어 내부 조직의 구성원 액세스 제한도 포함한다. 따라서 보안은 광범위하고 물리적, 관리적 제어뿐만 아니라 자동화된 제어도 포함된다. 보안은 기술적 보안, 관리적 보안, 물리적 보안으로 구분한다.

(1) 기술적 보안

- 불법 공격을 막기 위한 각종 하드웨어 및 소프트웨어 조치와 정보(데이터) 보호를 위한 액세스 제어에 사용되는 기술, 정책, 절차를 포함
- 대상 : 서버, 네트워크, 데이터베이스(DB), 어플리케이션, PC등
- 네트워크에 대한 액세스 제어, 암호화, 정보유출방지
- 시스템(서버, DB, 어플리케이션)에 대한 사용자 인증, 암호화, 액세스 제어, 침입 차단/탐지

(2) 물리적 보안

- 시설에 대해 허가하지 않은 접근(사용)을 차단, 모니터링하기 위한 활동
- 물리적 시설에 대한 출입 제어
- 기술적 제어 : 스마트 카드, 감사 추적, 접근 이력 관리, 침입 탐지 관리 등

(3) 관리적 보안

• 조직 내부의 정보보호 체계를 정립하고 절차, 감시 조직, 사고 대책 등 절차적 보안을 뜻함

다음 [그림 9-7]는 기술적 보안을 중심으로 컴퓨터 시스템의 보안 범위를 보이고 있다. 시스템은 신속 정확한 정보 제공을 위해 정보 이동 통로인 LAN 등의 통신 네트워크를 통해 데이터를 전송한다. 네트워크를 통해 액세스할 경우 사용자 인증 절차를 거친 뒤 해당 서버에 액세스가 이루어지도록하고, 데이터는 안전하게 전송되도록 제어해야 한다.

또한 어플리케이션의 불법 사용으로 허위 정보 입력 또는 데이터의 훼손, 유출, 삭제, 변경 등으로 데이터 무결성 유지의 어려움을 막기 위해 비인가자의 액세스를 봉쇄(사용자 인증)해야 한다. 그리고 시스템 소프트웨어의 손상 및 침해를 막기 위해 철저한 데이터 액세스 제어가 필요하다. 또한 데이터베이스를 비롯한 파일의 보호를 위한 별도의 보안 대책이 요구된다.

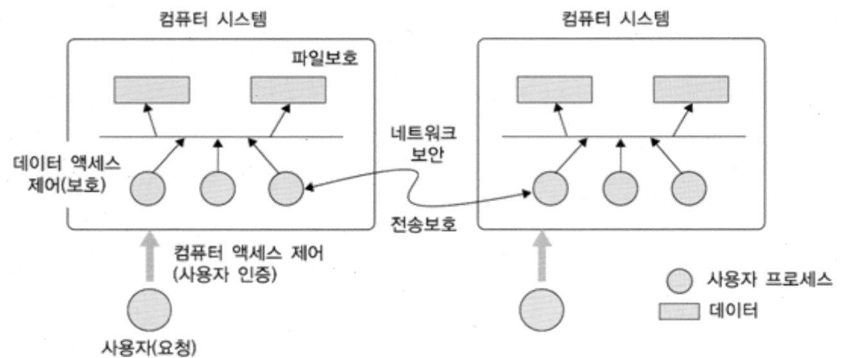

[그림 9-7] 컴퓨터 시스템의 보안 범위

2-2 위협(threat)

1) 위협의 요구 조건

국제 표준화 규격 협회인 ISO(International Organization for Standardization)는 시스템 상호 연결 때 보안성을 강조하고 있는데 그 배경은 다음과 같으며 이러한 동향에 부응하여 시스템의 보안성 유지는 중요한 기능으로 인식되고 있다.

- 첫째, 사회 전반적으로 컴퓨터 의존도가 증가하여 시스템 사용이나 정보 교환 때 여러 형태의 위협으로부터 보호가 필요하게 되었다.
- 둘째, 여러 나라의 헌법에 데이터 보호의 법령이 등장함으로써 시스템 공급자에게 시스템 무결성(integrity)과 비밀성, 가용성 등을 요구하게 되었다.
- 셋째, OSI(open system interconnection) 표준 규격을 사용하는 여러 단체들이 보다 좀더 향상된 보안 시스템을 갖추거나 미래의 보안 시스템에 대비하려고 가능한 한 현 시점에서의 최상의 보안성을 추구하게 되었다.

보안성 유지는 귀중한 자산이나 자원들이 외부 공격에 사용될 수 있는 약점(vulnerability)을 최대한 줄이는 것을 나타내며, 그 취약점이란 시스템이나 시스템에 포함된 정보를 파괴할 때 사용될 수 있는 허점을 의미한다. 또한, 위협은 이러한 보안성 유지를 방해하는 요소를 뜻한다.

보안 위협을 이해하려면 보안 요구조건을 생각해 보아야 한다. **컴퓨터와 네트워크 보안은 다음과 같은 세 가지 보안 요구조건이 있다.**

(1) 비밀성(secrecy)

비밀성은 컴퓨터 시스템 내의 정보는 오직 인가받은 사용자만이 접근할 수 있도록 보장되어야 함을 의미한다. 접근에는 읽기, 쓰기, 인쇄하기 등이 있으며, 어떤 정보의 존재 사실 자체도 노출되어서는 안 된다.

(2) 무결성(integrity)

무결성은 컴퓨터 시스템 정보는 오직 인가받은 사용자만이 수정할 수 있도록 보장되어야 함을 의미한다. 수정에는 써 넣기, 내용 변경하기, 지우기, 새로 만들어 넣기 등이 포함된다.

(3) 가용성(availability)

가용성은 컴퓨터 시스템 정보는 오직 인가받은 사용자만이 사용할 수 있고 언제나 사용 가능하도록 보장되어야 함을 의미한다.

2) 위협의 형태

정상적인 정보의 흐름을 방해하는 몇 가지 형태의 위협 요소들이 있다. 정상적인 정보의 흐름이란 정보가 정당한 송신자로부터 정당한 수신자에게까지 도청이나 변조 등 어떠한 방해도 받지 않고 정확하게 전송되는 경우를 의미한다. 다음 [그림 9-16]에 위협의 형태 중 4가지를 나타내고 있다.

(1) 흐름 차단(interruption), 중단

흐름 차단은 시스템의 일부가 파괴되거나 사용할 수 없게 된 상태이다. 이는 보안 요구 조건 중 가용성에 대한 위협이다. 예를 들면 하드디스크의 파괴, 통신 회선의 절단, 파일 관리 시스템의 무력화 등이 있다.

(2) 가로채기(interception), 도청

가로채기는 인가받지 않은 제3자가 컴퓨터 자원에 접근하는 경우이다. 이는 보안 요구 조건 중 비밀성에 관한 위협이다. 인가받지 않은 제3자란 사람 외에도 프로그램, 다른 컴퓨터일 수도 있다.

(3) 변조(modification), 수정

변조는 인가받지 않은 제3자가 자원에 접근할 뿐만 아니라 내용을 고치기까지 하는 경우를 의미한다. 이는 보안 요구 조건 중 무결성에 대한 위협이다. 예를 들면 데이터 파일의 값을 바꾸거나 프로그램이 다르게 동작하도록 수정하거나, 네트워크에 전송 중인 메시지의 내용을 변조하는 경우이다.

(4) 위조(fabrication), 조작

위조는 인가받지 않은 제3자가 시스템에 위조물(counterfeit object)을 삽입하는 경우를 의미한다. 이는 보안 위협 요소 중 무결성에 대한 위협이다. 예를 들면 네트워크에서 가짜 파일에 가짜 레코드를 추가하는 경우이다.

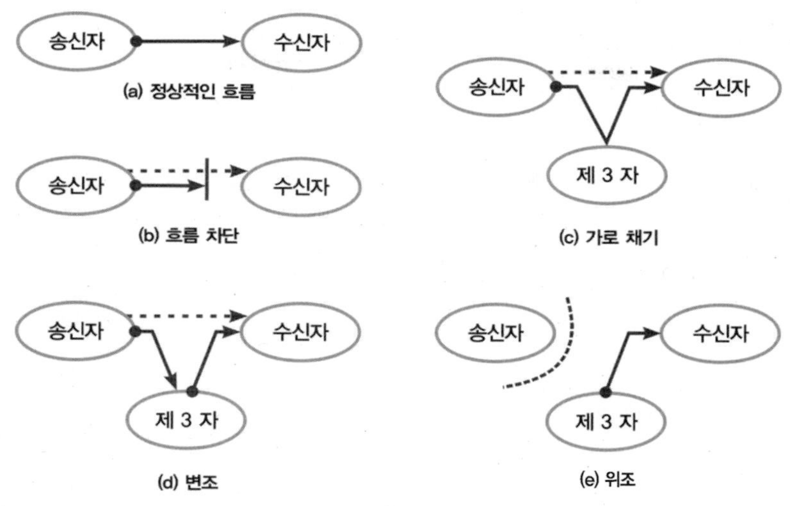

[그림 9-8] 보안 위협 유형의 4가지 형태

(5) 폭로(exposure)

내부자가 의도적으로 신용카드 번호와 같은 민감한 정보를 외부에 공개 하는 것으로 고의로 발생할 수도 있고, 사람, 하드웨어, 소프트웨어, 오류에 의한 결과일 수도 있다. 민감한 정보가 권한 없는 개체에게 직접 공개되는 것이다.

(6) 추론(inference)

권한이 없는 개체가 통신의 특성이나 통신량 분석 등으로 추론함으로써, 민감한 정보를 간접적으로 얻는 위협행동이다.

(7) 침입(intrusion)

권한이 없는 개체가 시스템의 보안보호를 우회함으로써, 민감한 자료에 대한 접근을 얻는 것이다.

(8) 위장(masquerade)

권한이 없는 사용자가 시스템에 대한 접근을 얻거나 권한이 있는 사용자처럼 하면서 악의있는 행동을 수행하는 것이다. 다른 사람의 아이디와 패스워드를 도용하거나, 트로이목마와 같은 악의있는 로직을 실행하도록 속인다.

2-3 암호화(Encryption)

1) 암호화의 기능

암호화는 신뢰할 수 없는 링크를 통해 전송되는 정보를 보호하는 방법으로, 가장 널리 사용되는 기법이다. 정보가 전송되기 전 암호화되고 목적지에 도달해 미리 제공된 비밀키에 의해 데이터가 복호화 된다면 안정된 정보 전송이 이루어 진다. 이때, 암호화된 정보에 허가 받지 않은 사람이 액세스하더라도 복호화가 불가능하므로 안전하며, 해독하기 어려운 암호화 기법을 개발하는 것이 중요하다.

암호화의 기능은 다음과 같다.

- **비밀성 : 통신망을 통한 정보의 전송이나 시스템에 저장되어 있을 때 정보의 노출 방지**
- **인증 : 액세스하려는 사용자의 확인 및 시스템 액세스 권한이 있는지를 보증**
- **무결성 검사 : 메시지나 파일이 변조나 수정되지 않았음을 보장**
- **전자 서명 : 메시지나 파일이 인증 및 무결성 검사 기능에 의해 신원 확인과 정보가 보호 상태에서 생성되고 전송되었음을 보장**

IBM에서 만든 데이터 암호화 시스템(DES: Data Encryption System) 기법은 미상무성 표준국(NBS : national bureau standards)에서 1977년 정부 표준 암호 시스템으로 확정하였다. 그 후 1980년에 ANSI에서, 1983년에 ISO에서 각각 표준안으로 채택하였다.

DES는 64비트의 평문을 암호문으로 만드는 블록 암호 시스템으로 4비트의 키를 사용한다. 64비트의 키(외부키) 중 56비트는 실제키(내부키)가 되고 1바이트 당 1비트는 패리티 비트로 사용된다. DES는 16라운드(round)의 반복적인 암호화 과정을 가지고 있으며 각 라운드 마다 56비트의 내부키에서 나온 48비트의 키가 섞여서 암호문을 만든다. 복호화는 암호화 과정과 같으나 라운드 키만 역순으로 적용시키면 된다. 평문을 2등분하여 32비트 단위의 블록을 처리하게 되어 있는데 왼쪽 32비트 블록과 오른쪽 32비트 블록을 자리바꿈해 가면서 처리하고 오른쪽 32비트 블록은 라운드 키와 f 함수라고 하는 비선형 동작 연산을 통과하게 된다.

암호화 수행 방법은 전통적인 암호화 기법의 대칭키 알고리즘과 비대칭키의 공개키 알고리즘으로 구분된다.

2) 비밀키 암호화(secret key cryptography) 방법

많은 암호 시스템들은 암호화 키가 주어지면 복호화 키를 쉽게 찾을 수 있고 또 반대로 복호화 키가 주어지면 암호화 키를 찾을 수 있는 성질을 갖고 있다. 이러한 시스템을 비밀키 암호화 또는 대칭 키 암호화(symmetrickey cryptography)라 부른다.

비밀키 암호 시스템에서는 [그림 9-9 (a)]와 같이 암호화 키와 복호화 키가 같으며, 키를 반드시 비밀로 유지하여야 암호 시스템이 안정된다. 따라서 송수신이 이루어지기 전에 송수신자 간에 비밀 키를 공유할 수 있게 키 분배 방법을 약속하여야 한다.

비밀 키 시스템은 메시지를 암호화하고 해독하는데 필요한 컴퓨팅 시간이 적당하여 효율적이다. 그러나 이 시스템에는 단점이 있다. 즉 송신자(sender)와 수신자(receiver) 모두 공유되고 있는 비밀 키를 가지고 있어야 한다. 이렇게 하기 위해서는 비밀키를 전달받기 위해 둘이 직접 마주치며 만나야 할지도 모른다.

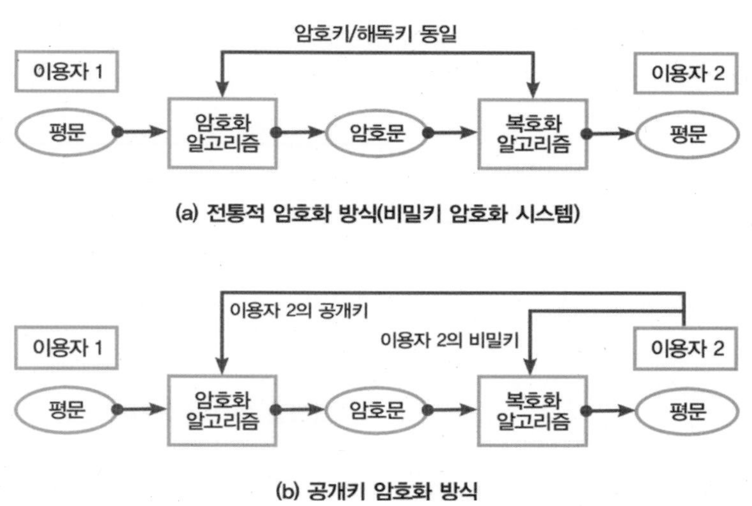

(a) 전통적 암호화 방식(비밀키 암호화 시스템)

(b) 공개키 암호화 방식

[그림 9-9] 비밀키 암호화와 공개키 암호화 방식

3) 공개키 암호화(public key cryptography) 방식

공개 키 암호화(Diffie and Hellman, 1976) 방식은 암호화와 해독을 위해 별개의 키를 사용한다는 특징을 갖고 있다. 다만 암호화 키를 적절히 잘 고르기만 하면 해독 키를 알아내기란 거의 불가능에 가깝다. 이러한 상황이라면 암호화 키는 공개하고 해독 키만 비밀로 관리하면 된다.

공개키 암호화 방법은 [그림 9-9(b)]와 같이 암호화와 복호화에 서로 다른 키를 사용하는 방법이다. 공개키 암호화 방법에서는 한 쌍으로 된 2개의 키 중 하나는 공개하고 하나는 공개하지 않는다. 2개의 키 중 하나를 공개하지만 공개된 키로부터 비밀 키를 유추하는 것은 수학적으로 거의 불가능에 가깝다.

공개키 암호화 방법은 관리해야 할 키의 개수가 전통적인 암호화 방법에 비해 적은 장점이 있으나 연산 소요 시간이 많이 걸리는 단점이 있다. 그러나 점차 연산 속도가 개선되는 알고리즘이 등장하고 있고 비밀 강도(strength of secrecy)가 높아서 많이 쓰이고 있으며, 디지털 서명에도 이용할 수 있다. 공개키 암호화 방법은 일반적으로 RSA 기법(Rivest, Shamir, and Adleman Scheme)을 사용한다.

4) 메시지 인증 코드(MAC : Message Authentication Code) 기법

메시지의 암호화로도 서로 상대방이 정당한 사용자인지 인증할 수 있으나 메시지 인증 코드를 사용하는 방법도 많이 사용된다. 인증 교환 기법(authentication exchange mechanism)을 사용하면 수신자가 메시지 전송도중에 변경되지 않았음을 확인할 수 있으며 메시지가 정당한 상대방으로부터 온 것임을 확인할 수 있다. [그림 9-10]는 메시지 인증 기법을 보이고 있다.

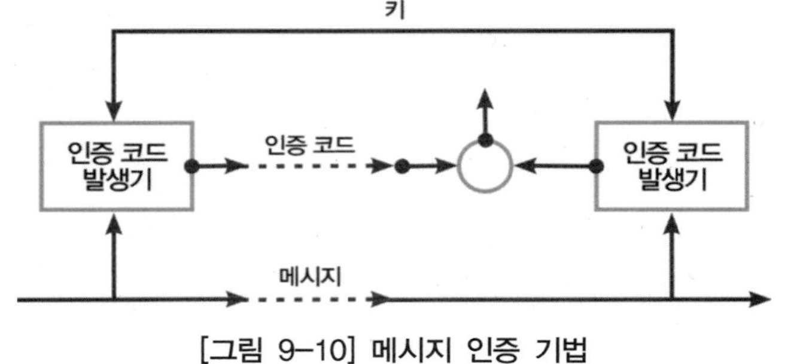

[그림 9-10] 메시지 인증 기법

인증 교환 기법은 주어진 여건에 따라 다르다. 첫째로, 통신 개체와 통신 수단이 모두 안전한 때 패스워드만을 이용하여 확인 절차를 실행할 수 있다. 이때 패스워드 사용은 우발적인 에러의 경우 데이터 보호를 획득할 수 있지만, 의도적인 공격이 존재할 때는 그 효력을 상실한다. 반면 직접적인 패스워드 사용으로 양쪽의 인증을 쉽게 수행할 수 있다.

둘째로, 각각의 통신 개체는 신임되지만 통신 수단이 안전하지 못할 때 패스워드와 더불어 암호화를 사용하면 의도적인 공격 발생 하에서 데이터를 보호할 수 있다. 이때 암호기법도 사용할 수 있다. 재반복 공격에 대한 보호책으로서 보호 파라미터를 사용하는 2방향 핸드셰이크 방식(two-way handshakes) 또는 시간 함수 부착(time stamping) 등의 방법이 있다. 재반복 공격에 강구책과 상호 인증을 함께 실현하려면 3방향 핸드셰이크 방식(three-way handshakes)을 사용할 수 있다.

마지막은, 각각의 통신 개체와 통신 수단이 모두 안전하지 않을 때, 부인 봉쇄 서비스의 사용을 추가할 수 있다. 이러한 부인 봉쇄 서비스는 디지털 서명과 공증 기법을 조합하여 구현할 수 있다.

5) 디지털 서명(digital signature mechanism) 기법

디지털 서명은 부인 봉쇄나 인증 등의 보안 서비스를 위해 사용된다. 디지털 서명은 비대칭형 암호 알고리즘의 사용을 전제로 하는데 근본적으로 비밀 키를 가진 자만이 데이터에 상응되는 서명을 생성한다. 비밀 키를 갖고 있지 않는 자는 서명을 포함한 데이터를 생성하지는 못하지만 공개키를 이용하여 데이터 서명자(비밀 키의 소유자)를 확인할 수는 있다. 인증 절차 종료 후 통신 관계자 사이에 분쟁이 발생하면 제 3기관을 통해 데이터 서명자를 확인할 수 있다. 제 3기관(중재자)은 서명된 데이터의 확실성을 증명한다. 이러한 형태의 디지털 서명을 직접 서명 방식이라 한다. 송신자(서명자)가 자신이 발행한 서명 데이터를 거절하지 못하게 하려고 제 3기관은 수신자에게 데이터의 송신자와 서명의 무결성을 증명하는데 이를 중재된 디지털 서명이라 한다.

[그림 9-11]와 같이 공개키 암호 시스템을 쓰면 디지털 서명을 구현할 수 있다. 송신자는 서명이 된 효과를 갖는 메시지를 생성하려고 개인키를 사용하고 수신자는 그 송신자의 공용키로써 그 메시지를 해독한다.

그러나 이 방법에는 치명적인 결함이 있다. 즉 송신자의 공용키만 입수하면 누구나가 그 원문을 알아볼 수 있는 것이다. 그러나 이것을 해결하는 쉬운 방법이 있다. 즉 송신자가 이미 암호화 된 메시지에다 다시 수신자의 공용키를 사용하여 또 한 번 암호화하면 된다. 그러면 수신자는 자기의 개인키를 사용하여 서명된 암호 메시지를 만들어내고 이어 송신자의 공용키를 사용하여 원문을 만들어 낼 수 있다.

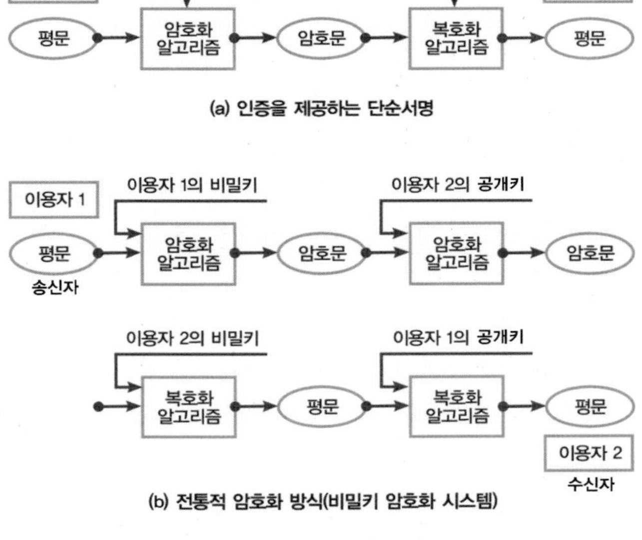

[그림 9-11] 공개키를 이용한 직접 서명 방식

2-4 최신 보안 기법

1) 신뢰할 수 있는 플랫폼 모듈(Trusted Platform Modules)

모든 암호화는 키를 필요로 한다. 키가 노출되면 이들에 의존하는 보안 방식들은 모두 노출되고 만다. 따라서 키를 안전하게 보호하는 것은 필수적이다. 이제 안전하지 않은 시스템에서 어떻게 키들을 안전하게 저장해 두는지가 문제이다.

이 문제를 해결하기 위한 한 방안으로 산업체에서 TPM(Trusted Platform Modules)이라는 칩을 고안해 냈다. 이 칩은 키를 위한 비휘발성 저장장치를 가지고 있는 암호화 처리기(crypto processor)이다. TPM은 주기억장치에 있는 평문을 암호화하거나 암호문을 해독하는 일과 같은 암호화 연산들을 수행할 수 있다. 뿐만 아니라 디지털 서명도 인증할 수 있다. 이러한 연산들을 특수 하드웨어에서 수행함에 따라 연산 속도가 빨라지고, 따라서 그 활용도도 높아질 가능성이 커진다. 새로 출시되는 컴퓨터들 중에는 벌써 TPM 칩을 탑재하는 경우가 있으며 미래에는 이러한 컴퓨터들이 점점 더 많아질 것으로 예상된다.

그러나 TPM은 아직도 많은 논란에 휩싸여 있다. 누가 TPM을 조정할 수 있고 무엇으로부터 보호를 받도록 해야 할지, 이견이 분분한 상태이다. 마이크로소프트사가 이 개념을 적극 지원하고 있고 이를 활용하기 위해 Palladium, NGSCB, BitLocker를 포함한 여러 기술들을 개발했다. 이들의 관점에서는 운영체제가 TPM을 제어하여 허용되지 않은 소프트웨어가 실행되지 않도록 하는 역할을 담당해야 한다. 여기서 "허용되지 않은 소프트웨어"란 해적판 (예를 들어 불법 복제된) 소프트웨어 일 수도 있고 그냥 운영체제가 허용하지 않은 소프트웨어일 수도 있다.

만약 TPM이 부팅과정에 관여한다면, TPM 제작자가 (마이크로소프트와 같은) 특정 운영체제 제작사에게만 알려 준 특정 위치에 비밀 키를 넣어 두어, 이러한 운영체제만 시작할 수 있도록 강제할 수 있다. 이렇게 하여 컴퓨터 제작자가 허용하는 소프트웨어만 사용자가 사용할 수 있도록 선택 범위를 좁혀 놓을 수도 있다.

TPM을 저작물에 대한 도용을 막기 위해 사용할 수 있기 때문에 음악과 영화 기업체들도 이에 대해 큰 관심을 갖고 있다. TPM을 통해 새로운 사업 모델도 가능해진다. 예를 들어 음악이나 영화를 대여하되 일정 날짜가 지나고 나면 내용물이 해독되지 않도록 할 수 있다.

TPM의 다른 용도들도 많이 있으나 여기서 다 다루기가 힘들어 더 이상 설명하지 않기로 한다. 그러나 재미있는 것은 TPM은 외부의 공격으로부터 컴퓨터를 더 안전하게 만들어 주지는 않는다는 것이다. TPM이 하는 일은 TPM을 제어하는 누군가가 직접적으로나 간접적으로 허용하지 않은 일을 사용자들이 하지 못하도록 암호화를 활용하는데 초점을 두고 있다. 이 주제에 대해 더 알고 싶다면 Wikipedia에서 Trusted Computing을 찾아볼 것을 권장한다.

2) 신뢰성 있는 시스템(trusted system) 기반

보안 분야에 종사하는 사람들은 안전한 시스템(safe system)보다는 신뢰할 수 있는 시스템에 대해 더 관심이 많다. 이 시스템은 보안에 관한 요구사항이 정식으로 명시되어 있고, 이러한 요구사항을 만족하는 시스템이다.

신뢰할 수 있는 시스템(trusted system)의 중심에는 모든 보안 규정을 만족시키는데 필요한 최소한의 하드웨어와 소프트웨어로 구성된, 소위 신뢰성 있는 컴퓨팅 기반(TCB: Trusted Computing Base) 이라는 것이 있다. 만약 TCB가 요구사항에 맞춰 작동하고 있다면 다른 어떠한 문제가 발생한다 하더라도 시스템의 보안은 침해되지 않는다.

일반적으로 TCB는 대부분의 하드웨어(보안에 영향을 미치지 않는 I/O 장치는 제외), 운영체제 커널의 일부분, 그리고 슈퍼 유저(superuser) 권한을 갖는 대부분 사용자, 모든 사용자 프로그램(예를 들어, UNIX에서 SETUID root 프로그램들)으로 구성된다. TCB의 일부분에 속해야 하는 운영체제 기능들로는 프로세스 생성, 프로세스간 전환(process switch), 메모리 맵(memory map) 관리, 그리고 파일과 I/O 관리의 일부분을 들 수 있다. 안전한 설계에서는 TCB의 크기를 최소화하고 정확성(correctness)을 확증하기 위해 운영체제의 다른 부분들과 별개로 만드는 경우가 많다.

지금 보안 분야의 연구 목표 중 하나는 신뢰할 수 있는 컴퓨팅 기반(trusted computing base)의 코드를 수백만 줄에서 수만 줄로 줄이는 것이다.

3

사용자 인증

3-1 인증(authentication) 수단

인증은 주체가 누구라고 주장하는가를 판단하는 절차이다. 컴퓨터 보호에서 내부 인증 및 외부 인증을 위해 두 가지 기술이 사용된다.

외부 인증(external authentication) 또는 사용자 인증은 사용자 자신이 주장하는 사람이 맞는지를 판단하는 것으로 예들 들어, 어떤 사람이 특정 계정 이름으로 시스템에 로그인 했을 때, 기본적인 외부 인증 메커니즘은 로그인하려는 사람이 실제로 그 계정을 사용할 수 있는 그 사람인지를 확인하기 위해 조사를 할 것이다.

내부 인증(internal authentication)은 실행 중인 프로세스나 스레드가 진정한 소유자 이외의 사용자가 소유하지 않도록 보장하는 것이다. 내부 인증이 없다면, 한 사용자는 한 프로세스 내에 또 다른 사용자에 속하는 스레드인 것처럼 작동하게 함으로써 가장 효과적인 외부 인증 메커니즘조차도 쉽게 피해갈 것이다.

사용자의 신원을 인증하는 수단은 다음과 같은 다섯까지 인증 정보로 나눌 수 있으며, 이것들을 단독으로 사용하거나 복합적으로 구성하여 인증 교환 방법론을 사용된다.

- 개인이 아는 비밀 정보(패스워드, 잠금 조합)
- 개인이 가지고 있는 특정의 물건(전자 키 카드, 스마트 카드, 신분증, 열쇠)
- 생리학적 특성(얼굴 사진, 지문, 홍채, 정맥 인식, 필기체 특성, 음성 패턴 인식)
- 제 3기관(보안 관련 기능 수행 때 다른 개체에 의해 신임되는 권한 소유자 및 그 중계인)
- 상황 정보 등이 있다.

이동통신의 경우 가입자가 서비스를 요구할 때 신청된 가입자인가를 확인하는 인증 절차가 필요하다. 이러한 인증 절차는 가입자의 비밀 정보를 채택하여 수행되는데 이동통신의 경우 가입자 신원의 비밀 정보가 전파 매체를 통하는 과정에서 그대로 혹은 간단한 변형으로 노출될 수 있는 형태로 전달되어서는 안 된다.

따라서 암호 알고리즘을 사용하여 가입자의 비밀정보인 신원 정보를 안전하게 전송할 수 있다. 가입자가 암호 알고리즘을 사용하여 자신의 신원 정보를 암호문으로 바꾸어 보내면 네트워크에서는 미리 저장되어 있던 가입자의 비밀 정보를 이용하여 전달문을 확인함으로써 인증이 수행된다.

네트워크의 경우 비밀 키를 안전 보안이 유지되도록 관리해야 하며, 키를 저장하는 데이터베이스의 안전도, 키가 전달되는 과정에서의 채널의 안전도, 키 생성 환경의 보안도 등의 사항들을 고려해야 한다. 이러한 고려 사항들은 네트워크의 보안 정책(security policy) 수립을 요구하지만 기존 시스템에 안전 보안성을 부가하면 시스템의 가격뿐만 아니라 시스템의 효율성이 저하된다. 그러므로 보안 정책은 충분한 환경 분석과 대책 수립, 그리고 비용 계산을 통하여 수립된다.

3-2 패스워드를 사용한 인증

인증 방법으로 가장 많이 사용되는 것은 사용자에게 로그인 이름과 패스워드를 입력하도록 하는 방법이다. 패스워드 보호는 이해하기 쉽고 구현하기도 쉽다. 가장 단순한 방법으로는 (로그인 이름, 패스워드) 쌍을 중앙에서 관리하는 방법이다. 로그인 이름이 입력되면 이 이름을 관리하는 명부에서 찾아 보고 이에 따라 패스워드를 확인하면 된다.

이들이 맞는다면 로그인이 허용된다. 맞지 않으면 로그인은 거절된다. 너무나 당연한 얘기겠지만 모니터 근처에서 훔쳐보는 눈들이 있을 수 있으므로 패스워드가 입력되고 있을 때에는 이 내용이 컴퓨터 모니터에 나타나서는 안된다. Windows에서는 각 문자의 입력에 따라 별 표시가 나타난다. UNIX에서는 패스워드가 입력되는 동안에는 아무런 표시가 나타나지 않는다.

이 방법들은 서로 다른 성질을 갖는다. Windows의 방식에서는 정신이 오락가락하는 사람들에게 자기가 지금까지 몇 글자를 입력했는지를 알려주는 반면, 훔쳐보는 이에게 자기 패스워드의 길이를 알려주는 셈이 된다. 보안의 관점에서 보면 침묵이 금이다.

3-3 물리적 물체를 이용한 인증

사용자를 인증하기 위한 두 번째 방법은 그들이 알고 있는 무엇인가를 물어보는 것이 아니라 그들이 어떠한 물리적 물체를 갖고 있는지를 확인하는 방법이다. 자물쇠는 이러한 목적으로 지난 수백 년 동안 사용되었다.

플라스틱 카드는 컴퓨터와 연계된 리더(reader)에 삽입되어 읽히며, 일반적으로 도난이나 분실에 대비하기 위해 삽입하는 것과 함께 패스워드를 입력하도록 되어 있다. 이러한 관점에서 본다면 현금지급기를 사용하는 것은 은행 컴퓨터라는 원격 컴퓨터로(현금지급기) 플라스틱 카드와 패스워드를 사용하여 로그인 하는 과정이다.

정보를 담고 있는 플라스틱 카드에는 마그네틱 띠(magnetic stripe) 카드와 칩 카드 두 가지 형태가 있다. 마그네틱 띠 카드는 카드 뒤편에 약 140바이트의 정보를 담을 수 있는 마그네틱 테이프가 붙여져 있다. 이 정보는 터미널에서 읽혀져서 중앙 컴퓨터로 보내지게 된다. 보통 이 정보에는 사용자의 패스워드가(예를 들어 4자리 비밀번호) 포함되어 있어 중앙 컴퓨터까지의 연결선이 끊어지더라도 사용자의 신원을 확인할 수 있다. 일반적으로 이 패스워드는 은행만이 아는 특정 키로 암호화되어 있다.

그런데 마그네틱 띠 카드를 읽거나 쓰는 장비들이 저렴하고 많이 보급되어 있기 때문에 이것을 사용자의 신원 확인에 사용하는 것은 위험할 수 있다

스마트 카드에는 다양한 방식의 인증 기법들이 사용될 수 있다. 이 중 특별히 간단한 과제-응답 기법 하나는 다음과 같다. 서버는 512비트 크기의 임의의 수를 스마트 카드에게 보내고 스마트 카드는 ROM에 기록되어 있는 512비트 크기의 패스워드를 받은 수에 더한다. 이 결과를 제곱하여 그 결과의 중간 512비트를 서버에게 보낸다. 서버는 사용자의 패스워드를 알고 있으므로 같은 계산을 할 수 있고, 그 결과와 받은 수를 비교하여 일치하는 지를 확인할 수 있다.

만약 도청하는 자가 있어 오가는 모든 메시지를 받아 보더라도 이들이 무슨 정보를 주고 받는지 알 수 있는 방법이 없다. 뿐만 아니라 매 로그인 마다 새로운 512비트 크기의 임의의 수를 사용하기 때문에 도청한 정보를 저장해 두어도 별 의미가 없다. 물론 실제 시스템에서는 수를 제곱하는 방식보다 더 복잡한 방식을 쓰는 것이 일반적이다.

또한, 특정 암호화 프로토콜(cryptographic protocol)을 사용하게 되면 시간이 지남에 따라 결국 누군가가 암호를 깰 수 있게 되어 스마트 카드가 무의미해 질 수 있다는 단점을 갖는다. 이러한 문제를 해결하기 위한 방법으로는 카드에 있는 ROM을 암호화 프로토콜(cryptographic protocol)을 위해 사용하는 대신 Java 인터프리터를 위해 사용하는 것이다.

그리고는 실제 암호화 프로토콜(cryptographic protocol)은 Java 이진(binary) 프로그램 형태로 다운 받아 실행한다. 이렇게 하면 프로토콜이 깨질 경우 전세계적으로 새로운 것이 다음과 같은 간단한 방식으로 설치되어 사용될 수 있다. 즉 카드가 다음에 사용될 때 새로운 소프트웨어가 설치되면 된다.

이 방식의 단점은 이미 느린 카드를 더 느리게 만든다는 점이다. 그러나 기술 발전에 아주 잘 적응한다는 장점이 있다. 스마트 카드의 또 다른 단점으로 이를 도난당하거나 잃어 버렸을 경우 전력-소비 분석 공격(power analysis attack)과 같은 측면-채널 공격(side-channel attack)이 가능하다는 점이다.

적절한 장치를 보유한 전문가라면 반복되는 암호화 연산에서 소비되는 전력을 분석하여 키를 추측할 수 있는데 이런 것이 전력-소비 분석 공격이다. 또한 고심하여 고른 특정 키들이 암호화되는 시간을 측정하면 키에 대한 중요한 정보를 유추해 낼 수도 있다.

3-4 생체 인증(FIDO: Fast IDentity Online)

생체 인증 방법은 위조하기 어려운 사용자의 신체적 특성을 활용하는 방법이다. 이러한 방법을 생체 측정(biometrics)이라고도 한다. 예를 들어, 사용자의 신원 확인을 위해 지문 홍채 얼굴 음성 등 개인의 고유한 생체정보를 이용하여 사용자의 신원을 확인할 수 있다.

생체측정 시스템은 일반적으로 등록과 검증 두 부분으로 나누어진다. 등록 때에는 사용자의 특성들이 측정되고 그 결과가 디지털화된다. 그리고 이들 중 의미 있는 특성이 추출되고 이는 사용자와 연계되어 있는 레코드에 저장된다. 이 레코드는 중앙 데이터베이스에 저장되기도 하고 (예를 들어 원격 컴퓨터에 로그인하기 위해), 또는 사용자가 들고 다니며 필요할 때 원격 리더기에 (예를 들어 현금 지급기 같은) 삽입할 수 있는 스마트 카드에 저장될 수 있다.

둘째 부분은 검증이다. 사용자가 나타나서 로그인 이름을 댄다. 그럼 시스템은 다시 한 번 측정을 한다. 이번에 측정한 값이 등록 때 저장해 두었던 측정치와 같으면 로그인이 허락되고 그렇지 않으면 거절된다. 이때 로그인 이름이 필요한 이유는 측정치가 항상 정확하게 떨어지는 것이 아니어서 이를 이용하여 색인(index)을 하고 이 색인을 이용하여 탐색하는 것이 어렵기 때문이다. 뿐만 아니라 다른 두 사람이 같은 특성을 가질 경우도 있어 측정치가 특정 사용자에게 맞는지를 확인하는 것이 측정치에 맞는 사용자를 찾는 것보다 더 정확한 방법이 된다.

다른 생체 측정은 홍채인식이다. 어느 사람도 같은 홍채를 갖고 있는 사람은 없다. 홍채인식은 지문인식과 같은 효과를 내면서도 보다 쉽게 자동화할 수 있다. 홍채인식은 다음과 같이 작동한다. 사람이 1미터 이내의 거리에서 카메라를 들여다보면 카메라는 사람의 눈을 찍고 이로부터 gabor wavelet 변환을 통해 특정 특성들을 추출해 내고, 이를 256바이트 결과물로 압축한다. 이 결과물을 등록 때 저장해 둔 측정치와 비교하여 둘의 Hamming 거리(distance)가 특정 임계치 안에 들면 그 사람은 인증된다. 두 개의 비트스트링의 Hamming 거리는 하나의 값을 다른 값으로 변화시키기 위한 최소 수의 비트변화를 의미한다.

이미지를 활용하는 기법은 언제나 속임수의 대상이 된다. 예를 들어 어떤 사람이 다른 사람의 눈 사진이 달려 있는 검은 안경을 쓰고 인증 장치에 (예를 들어 현금지급기에 달려 있는 카메라) 다가 설 수 있다. 만약 현금지급기에 달려 있는 카메라가 1미터 거리에서 홍채의 사진을 잘 찍을 수 있다면 다른 사람들 역시 그런 사진을 찍을 수 있을 뿐만 아니라 먼 거리에서 망원 렌즈 카메라로도 찍을 수 있다. 이러한 이유 때문에 대안이 필요하다. 예를 들어 사진을 찍을 때 플래시를 터트리게 할 수 있는데 이는 어둠을 밝히기 위해서가 아니라 과연 눈동자가 반응하는지 아니면 플래시를 터트리면서 사진을 찍을 때 나타나는 홍안 효과(red-eye effect)가 과연 나타나는지 등을 확인하기 위해서다. Amsterdam 공항은 이러한 홍채인식 기술을 2001년부터 사용하기 시작해서 자주 여행하는 사람들에게 입출국 수속의 번거로움을 피할 수 있게 하고 있다.

또 다른 기법이 서명 분석(signature analysis)이다. 사용자는 특수 펜으로 자기 서명을 하게 되고 컴퓨터는 온라인으로 또는 스마트 카드에 저장되어 있는 여러 표본들을 대상과 비교한다. 보다 나은 방식은 서명 자체를 비교하는 것이 아니라 서명할 때에 일어나는 펜의 움직임과 압력을 비교하는 것이다. 위조를 훌륭하게 하는 사람은 서명을 잘 위조할 수 있을지 모르지만 서명할 때 일어나는 펜의 움직임 순서나 속도 변화, 압력 등을 정확히 알아내기란 정말 어려울 것이다.

3-5 윈도우 사용자 인증

윈도우는 매우 단순한 인증부터 매우 엄격한 인증까지 수행할 수 있는 포괄적인 사용자 인증 기법을 제공한다. 기본연산은 로그온 콘솔 상에서 수행된다. 보호 메커니즘의 기본 구성 요소는 지역적인 보안 허가 시스템(Lsass), 즉 보안 참조 모니터(SRM) 및 다른 임무 중 사용자 인증을 관리하는 사용자 공간 프로그램이다. SRM은 OS 커널의 일부로, 커널객체들의 접근 권한을 조사하여 이들 객체에 대한 접근 권한들을 집행, 관리한다.

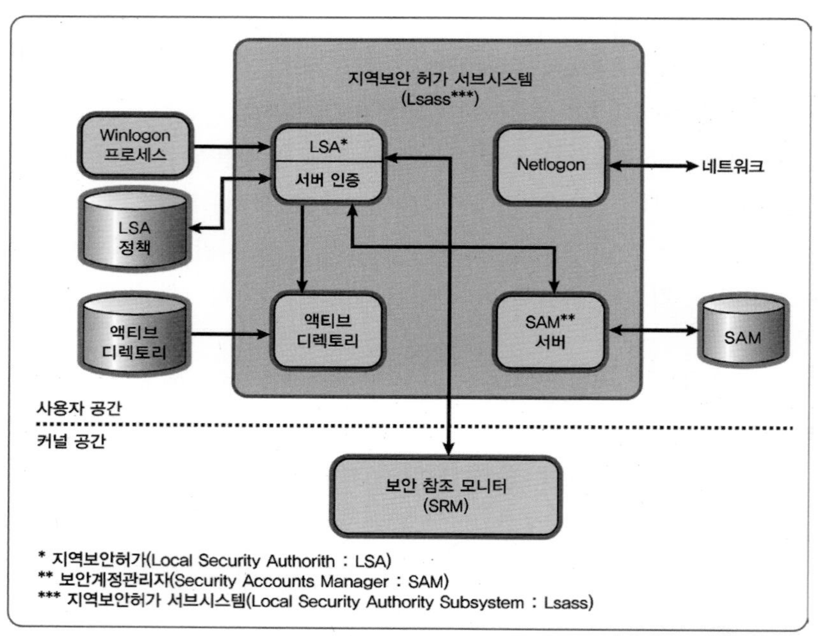

[그림 9-12] 윈도우 2000 사용자 인증

[그림 9-12]에 보이듯이 Lsass는 지역 보안 허가(LSA: Local Security Authority) 서버, 보안 계정 관리자(SAM:security accounts manager), 액티브 디렉터리(active directory), Netlogon으로 구성되고, 보안 참조 모니터(SRM :Security Reference Monitor), Win- logon 프로세스 등의 지원을 받는다.
윈도우 2000의 사용자 인증 절차를 요약하면 다음과 같다.

- Winlogon 프로세스는 자신의 내부 상태에 따라 다른 화면을 표시할 책임을 갖는다. 특히 Ctrl + Alt + Delete 키를 누르면 로그온 화면을 표시하여 인증을 위해 사용자 로그인 및 패스워드를 받아들일 준비를 한다. 로그온 하면은 Winlogon만이 접근할 수 있는데, 이는 로그온 화면이 표시되면 그 어떤 프로세스도 그 데스크톱에 관여할 수 없음을 의미한다.
- 로그온과 패스워드 정보를 획득한 후 여러 인증 알고리즘(기본 알고리즘은 MSV 1.0 이라는 MS의 지역 인증 또는 다중 머신 윈도우 2003도메인에 사용되는 Kerberos 라는 인증 메커니즘)의 하나를 이용하여 사용자를 인증하려고 시도한다. MSV 1.0은 보안 정책인 SAM 데이터베이스를 검색하여 진정한 사용자인지 판단한다. 만일 존재하는 사용자라면 SAM 레코드에는 패스워드, 사용자가 속해있는 그룹, 시스템 관리자가 그 사용자를 위해 설정했을지도 모르는 어떤 접근 제한 등을 저장해놓고 있다. Kerberos 기반의 로그온 절차도 MSV 1.0과 같은 인증 절차를 수행한다. 그러나 Kerberos는 SAM DB 대신 액티브 디렉터리로부터 보안 정책을 얻는다.
- 사용자 인증이 이루어지는 동안 Lsass는 사용자의 접근 토큰(access token)을 생성한다. 접근 토큰은 커널수준 코드 즉 SRM에 의해 관리되고 생성된다.
- 인증절차가 성공적으로 완료된 후, Lsass는 사용자를 위한 토큰이 생성되도록 요청한다. 이 토큰은 사용자 로그온으로 생성된 모든 프로세스 및 스레드에 의해 사용될 키(key)로서 효과적으로 작동한다. 새로운 프로세스 및 스레드들이 생성될 때마다 이 토큰을 상속받는다.

3-6 내부 인증

현대의 내부 인증 메커니즘들은 일반적으로 OS 프로세스 관리자의 정확성(correctness)에 의존한다. 각각의 스레드/프로세스는 프로세스관리자에 의해 유지되는 자신의 디스크립터를 갖는다. OS 다른 부분에서는 스레드/프로세스 디스크립터를 읽고 쓰는 것이 가능하지만, 일반적으로 사용자 영역의 프로그램들은 스레드/프로세스 디스크립터 내용에 접근할 수 없다.

내부 인증은 디스크립터를 관리해주는 신뢰성 있는 소프트웨어(trusted software)에 의존하며 스레드/프로세스가 내부 정보나 자원에 접근하려고 할 때마다, 프로세스 관리자는 프로세스/스레드의 일부로서 위조 불가능한 식별(unforgeable identification) 기능을 제공한다. 내부 인증 메커니즘이 직접 그 스크립터에 접근하기 위해서는 스레드/프로세스 식별자(ID)를 이용하는데 이를 통해 인증 메커니즘은 스레드/프로세스에 대해 OS가 아는 모든 정보를 획득할 수 있다.

인증에 도움을 주려고 대부분의 현대 OS들은 매 문맥 교환마다 값이 변경되는 프로세스 상태 레지스터(process status register)를 지원한다. 스레드 기반 운영체제에서 프로세스 상태 레지스터는 위조 불가능한 유일한 프로세스 식별자를 포함하며 고전적인 단일 스레드 프로세스 시스템에서 이 프로세스 상태 레지스터 프로세스의 식별자를 포함한다.

■ 보호(protection)

보호란, 특정 주체(subject : 프로세스, 스레드, 사용자)들이 안전한 객체(object) 또는 개체(entity : 컴퓨터 시스템으로 정의된 자원)에 선택적으로 접근을 제어하는 기법

■ 보안(security)

보안은 안전한 객체들이 결함이 없이 보존되게 신뢰성을 유지하는 기법

■ 인증(authentication)

인증(신분 확인)은 안전한 객체에 접근하려는 주체가 실제로 권리를 주장할 수 있는 주체인지를 보증하는 작업

■ 인가(authorization)

인가(접근 허가)란 주체의 신분을 확인 후, 그 주체가 안전한 객체에 접근할 권한을 가지고 있는지를 판단하는 작업

■ 암호화(cryptography)

객체를 안전하게 인코딩(encoding)해서 캡슐화 하는 것

■ 객체

- 하드웨어 객체 : 중앙처리장치, 기억 장치, 프린터, 터미널, 장치 제어기, 디스크, 트랙, 장치 구동기 등
- 소프트웨어 객체 : 데이터, 파일, 프로그램, 버퍼, 디렉터리, 세마포어 등

■ 접근행렬의 구현 방법

- c전역 테이블
- 접근 제어 리스트

- 권한 리스트
- 락-키 기법
- 보호 시스템

■ 위협의 종류

- 흐름 차단(interruption), 중단 : 시스템의 일부가 파괴되거나 사용할 수 없게 된 상태. 예를 들면 하드디스크의 파괴, 통신 회선의 절단, 파일관리 시스템의 무력화 등
- 가로채기(interception), 도청 : 인가받지 않은 제3자가 컴퓨터 자원에 접근하는 경우. 인가받지 않은 제3자란 사람 외에도 프로그램, 다른 컴퓨터일 수도 있음
- 변조(modification), 수정 : 변조는 인가받지 않은 제3자가 자원에 접근할 뿐만 아니라 내용을 고치기까지 하는 경우를 의미. 예를 들면 데이터 파일의 값을 바꾸거나 프로그램이 다르게 동작하도록 수정하거나, 네트워크에 전송 중인 메시지의 내용을 변조
- 위조(fabrication), 조작 : 위조는 인가받지 않은 제3자가 시스템에 위조물(counterfeit object)을 삽입하는 경우를 의미. 예를 들면 네트워크에서 가짜 파일에 가짜 레코드를 추가하는 경우
- 폭로(exposure) : 내부자가 의도적으로 신용카드 번호와 같은 민감한 정보를 외부에 공개 하는 것으로 고의로 발생할 수도 있고, 사람, 하드웨어, 소프트웨어, 오류에 의한 결과일 수도 있음
- 추론(inference) : 권한이 없는 개체가 통신의 특성이나 통신량 분석 등으로 추론함으로써, 민감한 정보를 간접적으로 얻는 위협 행동

■ 침입(intrusion)

권한이 없는 개체가 시스템의 보안보호를 우회함으로써, 민감한 자료에 대한 접근을 얻는 것

■ 위장(masquerade)

권한이 없는 사용자가 시스템에 대한 접근을 얻거나 권한이 있는 사용자처럼 하면서 악의 있는 행동을 수행하는 것

연습문제

[객관식 연습문제]

1 컴퓨터 시스템에서 사용되는 자원들(파일, 프로세스, 메모리 등)에 대하여 불법적인 접근 방지와 손상 발생 방지를 목적으로 하는 자원보호 방법의 일반적인 기법이 아닌 것은?

가. 접근 제어 리스트(access control list)
나. 접근 제어 행렬(access control matrix)
다. 권한 리스트(capability list)
라. 권한 제어 행렬(capability control matrix)

해설 자원 보호 기법에는 액세스 제어 행렬(access control matrix), 액세스 제어 리스트(access control list), 권한 리스트(capability list)가 있다.

2 암호화 기법 중 암호화 알고리즘과 암호화 키는 공개해서 누구든지 평문을 암호문으로 만들 수 있지만, 해독 알고리즘과 해독키는 비밀로 유지하는 기법을 무엇이라 하는가?

가. DES(Data Encryption Standard) 기법
나. 공개키(public–key) 암호화 기법
다. 대체(substitution) 암호화 기법
라. 전치(transposed) 암호화 기법

해설 공개키 시스템(Public key system)은 암호화와 복호화로 다른 키를 사용해서 암호키는 공개하고, 복호키는 비밀로 유지한다.

3 자원 보호 기법에 해당하지 않는 것은?

가. 자격 제어 행렬(Capability control matrix)
나. 접근 제어 리스트(Access control list)
다. 접근 제어 행렬(Access control matrix)
라. 자격 리스트(Capability list)

해설 자원보호 기법에는 액세스 제어 행렬(access control matrix), 액세스 제어 리스트(access control list), 권한 리스트(capability list)가 있다.

4 수신자가 메시지 전송도중에 변경되지 않았음을 확인할 수 있으며, 메시지가 정당한 상대방으로부터 전달된 것임을 확인할 수 있는 기법은?

가. 디지털 서명 기법(digital signature mechanism)
나. 인증 교환 기법(authentication exchange mechanism)
다. 여분 정보 삽입기법(traffic padding mechanism)
라. 접근 제어 기법(access control mechanism)

해설 인증은 사용자 및 메시지의 정확성을 검증하는 것이다.

5 컴퓨터 시스템에서 사용되는 자원들(파일, 프로세스, 메모리 등)에 대하여 불법적인 접근 방지와 손상 발생 방지를 목적으로 하는 자원보호 방법의 일반적인 기법이 아닌 것은?

가. 접근 제어 리스트(access control list)
나. 접근 제어 행렬(access control matrix)
다. 권한 리스트(capability list)
라. 권한 제어 행렬(capability control matrix)

해설 자원보호 기법에는 액세스 제어 행렬(access control matrix), 액세스 제어 리스트(access control list), 권한 리스트(capability list)가 있다.

6 데이터를 암호화하는데 사용되는 RSA 기법에 대한 설명으로 옳지 않은 것은?

가. 암호화키와 해독키를 별도로 사용한다.
나. 암호화키를 일반적으로 공중키라고도 한다.
다. 해독키는 반드시 비밀로 보호되어야 한다.
라. 암호화키를 사용하여 해독키를 유도하는 것은 가능하다.

해설 공개키 시스템(RSA)에서는 암호키 E와 해독키 D를 서로 독립적으로 사용하며, 암호키는 공개되어 있고, E에서 D를 유추해 내는 것은 거의 불가능하도록 되어 있다. 반면에 DES는 전통적인 암호화 기법을 이용한 것으로 일정한 규칙에 따라 다른 문자로 치환하고 자리바꿈을 사용한 기법으로 하나의 키에 의해 암호화되고 해독된다.

7 공개키 시스템에 대한 설명으로 옳지 않은 것은?

가. 암호와 해독에 다른 키를 사용한다.
나. 암호키는 공개되어 있어 누구나 사용할 수 있다.
다. 해독키는 당사자만 알고 있다.
라. 키 분배가 비밀키 시스템보다 어렵다.

해설 비밀키 시스템 방식은 하나의 키에 의해 암호화되고 해독되며, 암호화와 복호화에 같은 키를 이용하며, 통신하는 모든 사용자에게 각각 다른 암호를 사용해야 하는 단점을 가진다.

[주관식 연습문제]

1 다음 용어를 정의하고 설명하시오.

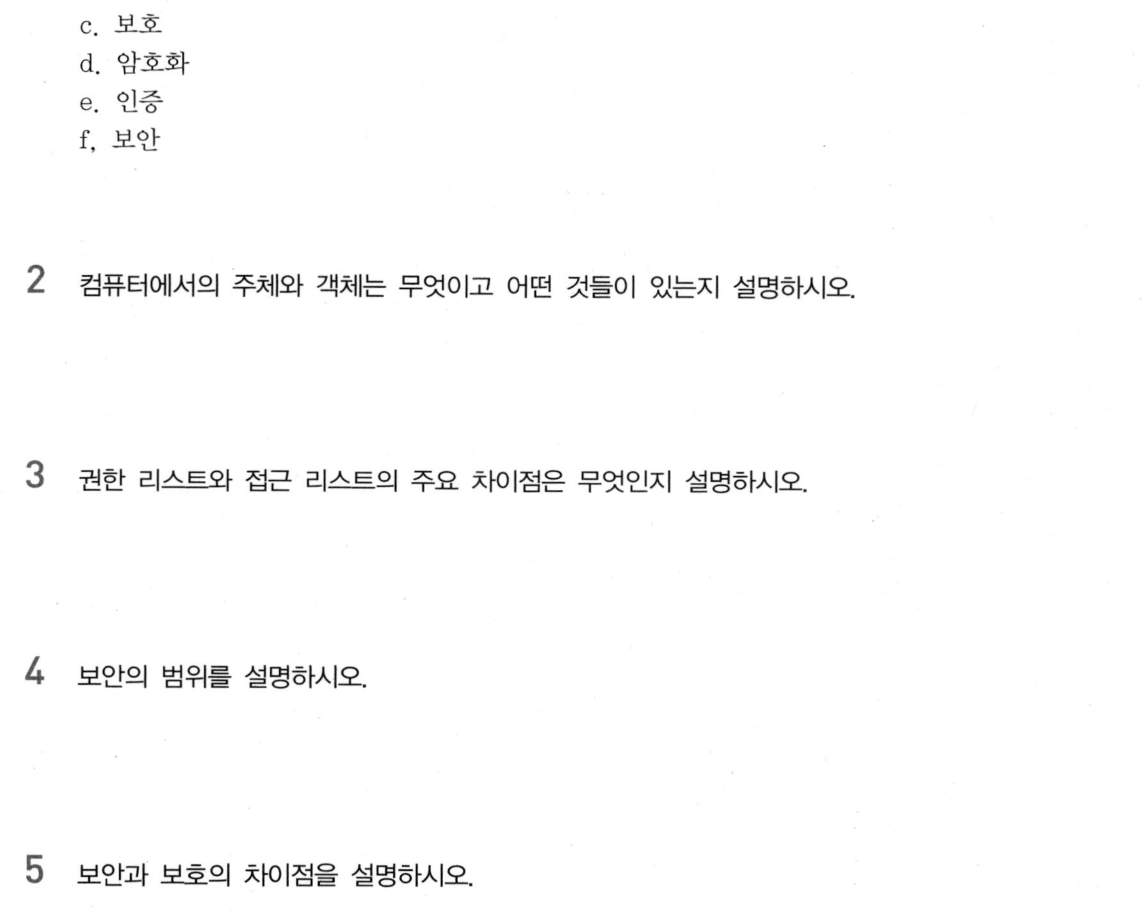

a. 보호기법/보호정책
b. 인가
c. 보호
d. 암호화
e. 인증
f, 보안

2 컴퓨터에서의 주체와 객체는 무엇이고 어떤 것들이 있는지 설명하시오.

3 권한 리스트와 접근 리스트의 주요 차이점은 무엇인지 설명하시오.

4 보안의 범위를 설명하시오.

5 보안과 보호의 차이점을 설명하시오.

6 운영체제에서 발생하는 결함들은 무엇인가 조사하여 기술하시오.

7 현실 세계에서 운영체제에 침투한 사례들을 찾아보시오.

8 인가와 인증의 차이점을 비교 설명하시오.

9 보안의 종류와 요구 조건을 조사하여 기술하시오.

10 위협의 형태를 설명하시오.

11 암호화 기법을 조사하여 기술하시오.

12 신뢰할 수 있는 플랫폼(TPM)에 대하여 조사하여 기술하시오.

13 사용자 인증수단을 설명하시오.

임베디드 시스템
Embedded System

CHAPTER
10

10 CHAPTER

[학습목표]

■ 임베디드 시스템의 하드웨어, 소프트웨어 구성요소에 대해 이해한다.
■ 임베디드 운영체제 기술동향을 이해한다.
■ RTOS 종류 및 임베디드 운영체제 종류를 이해한다.
■ 차세대 모바일 플랫폼의 종류를 이해한다.

[주요 내용]

1. 임베디드 시스템 개요
2. 임베디드 시스템 구성
3. RTOS 및 임베디드 운영체제
4. 차세대 모바일 플랫폼

[요약]

[연습문제]

1 임베디드 시스템 개요

1-1 임베디드 시스템(embedded system) 정의

임베디드 시스템은 일반적으로 사람의 간섭 없이 독자적 기능을 수행할 수 있는 시스템으로 하드웨어와 소프트웨어로 구성되어 있다. 보통 마이크로프로세서와 소프트웨어가 들어 있는 롬으로 구성되며 전원이 켜지자마자 목적을 가진 어플리케이션이 동작하고, 이 어플리케이션은 전원을 끌 때까지 멈추지 않는다.

임베디드 시스템을 정의하면, 마이크로프로세서 혹은 마이크로 컨트롤러를 내장(embedded)하여 원래 제작자가 지정한 기능만을 수행하는 장치를 의미하며, 일반적으로 더 큰 시스템의 일부로서 특별한 목적의 업무를 수행하려는 하드웨어와 소프트웨어를 포함하는 특정한 응용 시스템을 의미한다.

임베디드 시스템은 인터페이스로 키보드, 모니터, 시리얼 통신, 큰 저장 매체 등의 장비들을 모두 포함하고 있는 것은 아니며, 이들 중 시스템에 필요한 용도의 인터페이스만을 제공한다. 때때로 실시간(Real Time) 응답이 요구되기도 한다.

우리 생활에서 쓰이는 각종 전자기기, 가전제품, 제어 장치 등이 단순히 회로로만 구성된 것이 아니라 마이크로프로세서가 내장되어 있고 그 마이크로 시스템을 구동하여 특정한 기능을 수행하도록 프로그램이 내장된 시스템을 가리키는 것이다. 즉 컴퓨터가 아니면서도 컴퓨터와 유사한 기능을 할 수 있도록 하드웨어와 소프트웨어를 갖춘 전자 제품을 의미한다.

임베디드 시스템은 [그림 10-1]과 같이 구성된다.

- **임베디드 H/W : 마이크로프로세서, 컨트롤러, 메모리, I/O, 네트워크**
- **임베디드 S/W : 커널, 디바이스 드라이버, 시스템 S/W, 응용 S/W, 네트워크 응용 등**

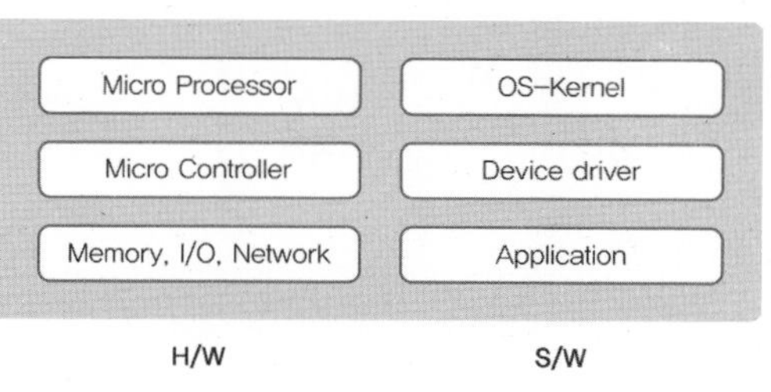

[그림 10-1] 임베디드 시스템의 구성요소

임베디드 시스템은 전기, 전자, 정보통신, 컴퓨터 기술들이 빠르게 발전하면서 이들 기술을 이용한 다양한 제품들이 출시되어 우리의 생활 주변에서 쉽게 접할 수 있다. **이러한 시스템에 사용되는 운영체제중 하나가 임베디드 리눅스(embedded linux)이다.**

임베디드 시스템의 적용분야는 다음과 같다.

- 제어분야 : 공장자동화, 가정자동화, 로봇 제어, 공정제어 등
- 단말기기 : 핸드폰, PDA, 스마트 폰, LBS 등
- 정보 가전기기 : 프린터, 인터넷 냉장고, 게임기, HDTV 등
- 네트워크기기 : 교환기, Router, 홈 서버, 홈 게이트웨이 등

1-2 임베디드 시스템 하드웨어 구성

임베디드 시스템 하드웨어 플랫폼은 다양한 플랫폼이 존재하며 특정한 목적을 수행하기에 적합한 프로세서와 메모리 등을 선정하면 된다. 최소한의 성능을 갖는 프로세서와 최소한의 용량을 갖는 메모리(필요 시 플래시 메모리를 사용), 최소한의 주변장치를 사용하여 구성된다. [그림 10- 2]은 임베디드 시스템의 전체 구성을 나타내고 있다.

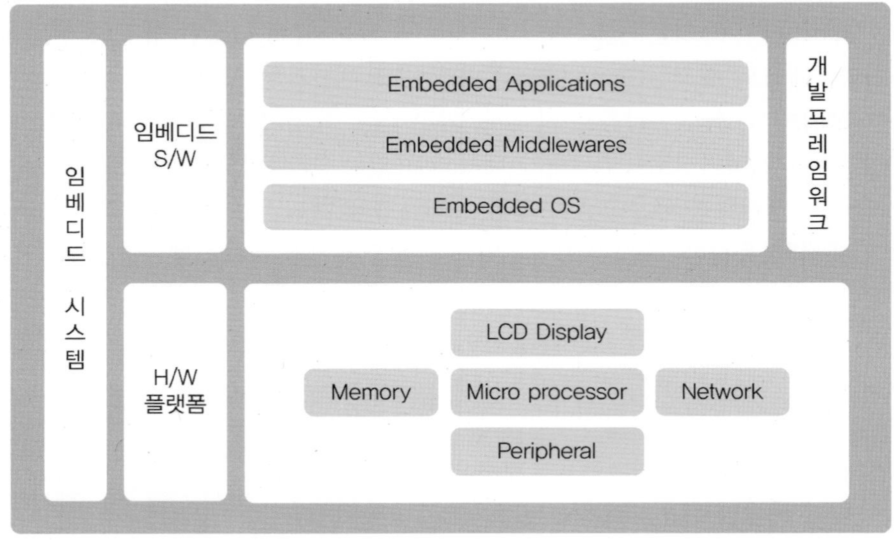

[그림 10-2] 임베디드 시스템의 구성

- 프로세서 : 프로그램의 명령어 처리
- 메모리 : 프로그램과 데이터 저장
- 주변장치 : 시스템과 외부 장치(External Devices)들을 연결
- 네트워크 장치

1) 프로세서

프로세서는 임베디드 시스템의 제일 중요한 부분으로서 반도체 회사에서 각각 많은 종류의 제품들을 시판하고 있다. 프로세서의 속도는 수 MHz에서 수십 혹은 수백 MHz의 클럭 속도를 가지며 데이터 버스의 크기와 기본 연산의 단위에 따라서 비트, 16비트, 32비트, 그리고 64비트 단위로 선택한다.

PC를 설계할 때는 프로세서는 Intel or AMD를 선택하지만 임베디드 시스템은 기능의 복잡도(complexity) 및 시스템의 크기 면에서 매우 다양하다. 마이크로프로세서는 데이터부와 제어부로 구성된 CPU core만 포함되고, 마이크로컨트롤러는 CPU core에 여러 종류 크기의 메모리와 다양한 주변 장치들까지도 포함된다. 많은 종류의 마이크로프로세서 및 마이크로컨트롤러들 중에서 가격 대비 성능이 최적인 제품을 찾아내는 것은 중요하다.

- ppc850, ppc860 (Motorola PowerPC, IBM PowerPC)계열
  - 32 비트, RISC 구조, 50MIPS 정도
  - 각종 통신용 입출력 장치 기능, 가상기억 장치 관리 모듈 내장
  - 통신 장비 구현용
- ARM(ARM7/9, StrongARM) ARM7 및 확장 칩 계열
  - 32비트, RISC 구조, 100~200MIPS 정도
  - 입출력 기능 및 가상기억 장치 기능 없음
  - 핸드폰, PDA 등의 단말기에 사용
- MIPS 계열
  - PlayStation2, cable set-top box, 프린터, 라우터 등
- x86 계열

2) 메모리

임베디드 시스템의 메모리의 선택은 운영체제와 응용 소프트웨어에 따라 사용하게 될 메모리의 종류 및 크기를 선택한다. 메모리의 주요 역할은 프로그램과 데이터를 저장하며 ROM은 비휘발성 메모리로 전원이 차단된 경우에도 메모리의 프로그램 또는 데이터가 없어지면 안 되는 경우에 사용하며, ROM(Read Only Memory), PROM (Programmable Read Only Memory), EP-ROM(Erasable Programmable Read Only Memory), FLASH 메모리가 있다. PC에서는 BIOS(Basic Input Output System)가 EPROM에 저장되어 있다. Booting 때 전원이 처음으로 PC에 공급될 때 시작되어 PC의 각종 입출력 장치 등의 주변 장치들을 초기화하는 데 사용된다. 그 이후에 BIOS는 운영체제를 디스켓

이나 하드디스크에서 읽어서 RAM에 저장하고 그 이후에는 운영체제가 RAM에서 실행을 시작한다. 부팅이 되고 난 이후에 PC는 운영체제가 시작되고 각종 응용 프로그램이 실행되어 사용자의 입력을 기다리는 상태가 된다.

RAM은 큰 용량의 프로그램이나 데이터를 저장하는 데 주로 사용한다. DRAM(Dynamic Random Access Memory)은 대용량이 필요한 경우에 많이 사용하고 SRAM(Static Random Access Memory)은 일반적으로 소용량이다. 캐시 메모리는 고속으로 읽고 써야 하는 경우에 주로 사용한다. 임의 접근(Random Access)은 기억 장치의 주소를 CD나 하드디스크처럼 순서대로(serial) 읽지 않고 원하는 주소를 마음대로 읽을 수 있다는 의미이다.

3) 입출력 장치

임베디드 시스템에서 입출력 장치의 동작 형태는 외부 입력에 반응하여 정해진 작업을 실행하며 지정된 출력을 발생시킨다. 임베디드 시스템의 사용방법은 폴링(Polling)과 인터럽트(Interrupt)방식에 의해 구현한다.

입력 장치는 키보드, 마우스, 마이크, 센서(sensor)를 많이 활용한다. 센서는 외부에서 발생한 물리적인 현상, 즉 온도, 빛, 위치 등의 값 (또는 변화량)들을 임베디드 시스템으로 읽어 들이는 역할을 수행한다.

입출력 장치 사용 예로써, 온도 센서와 히터(heater)를 이용하여 용액의 온도를 70℃로 일정하게 유지하는 간단한 임베디드 시스템의 경우를 가정해 보자. 용액의 온도가 65℃로 떨어진 경우에 온도의 변화량을 센서가 감지하게 되며 이 신호를 프로세서에 입력하고 프로세서는 온도가 내려갔으므로 히터를 가동시킨 뒤 계속 온도를 감시하다가 온도가 70℃가 되었을 때에 히터의 가동을 중지시킨다. 이때 사용되는 입출력 신호는 다음과 같다.

- 디지털 입출력 신호 : binary 신호
- 입력 온도센서와 출력 히터 신호에 각각 한 비트를 할당
- 입력 온도 센서에서는 센서에서 지정된 온도보다 작은 온도가 검출되는 경우에는 '1'신호를 발생
- 온도가 70℃를 유지하는 경우에 '0' 신호를 발생하는 회로
- 출력 히터 신호는 '1'인 경우에 히터 가동 '0'인 경우에 히터 정지
- 용액의 온도가 떨어지면 입력 온도 센서 값이 '1'이 되고 제어 프로그램은 히터로의 출력신호를 '1'로 만들어서 히터의 가동을 시작
- 나중에 온도가 올라가서 온도 센서의 값으로 '0'이 입력되면 제어 프로그램은 출력 히터 신호를 '0'으로 만들어서 히터의 동작을 정지

1-3 임베디드 시스템 소프트웨어 구성

임베디드 시스템은 특정 목적으로 구성된 하드웨어 위에 소프트웨어를 내장하여 최적화 시킨 시스템이다. 이러한 소프트웨어는 임베디드 시스템에 탑재되는 시스템 소프트웨어, 미들웨어, 응용 소프트웨어를 총칭한다. **임베디드 시스템 소프트웨어는 다음과 같이 구성된다.**

- OS : 실시간운영체제(RTOS), Embedded Linux
- 시스템 S/W: OS API, 디바이스 드라이버, Network API
- 응용 S/W: 각 분야, 용도 별 응용 프로그램 및 미들웨어

1) 임베디드 운영체제

Linux, Microsoft Windows XP 혹은 2000pro 등의 데스크톱 운영체제는 범용 운영체제로써 다양한 프로그램을 지원하고 다양한 장치와 다양한 작업들을 수행하며 기본적으로 대용량 메모리를 요구한다. 반면 임베디드 시스템용 운영체제는 가격 경쟁력을 갖추어야 하며 필요에 따라 실시간 처리가 가능해야 함은 물론이고 빠른 부팅속도와 작은 크기의 메모리에도 원활하게 동작해야 하며 적응형 RTOS(Real Time OS), Win CE, Embedded Linux, VxWorks, pSOS와 국산 실시간 운영체제인 Q+ 등이 있다.

2) 임베디드 시스템 소프트웨어

시스템 S/W는 컴퓨터 하드웨어를 관리하고 응용 소프트웨어를 실행하는 데 필요한 프로그램들로서 운영체제를 포함하여 메모리 상주 DBMS, 각종 하드웨어 및 주변 장치들을 구동하는 데 필요한 디바이스 드라이버 프로그램과 TCP/IP 프로토콜을 비롯하여 시스템을 네트워크로 연결하는 데 필요한 각종 소프트웨어를 의미한다. 프로그램을 개발하는 여러 프로그래밍 언어(Ex. C, C++, 어셈블리 언어) 컴파일러, 디버거, 모니터, 쉘 스크립트 등이 포함되며 프로그램 개발 도구는 Visual Studio, Esto, Eclipse, Timesys' Timestorm 등이 있다.

3) 임베디드 응용 소프트웨어

임베디드 응용 소프트웨어는 실제 임베디드 시스템의 용도와 특징을 결정하는 요소를 가지고 있고, 편의성을 위한 사용자 인터페이스를 제공하고 운영체제와 시스템 소프트웨

어를 이용하여 사용자에게 유익한 작업을 수행하는 소프트웨어들을 의미한다. 이러한 응용 소프트웨어의 예는 멀티미디어 재생기, MAP Viewer, 브라우저, PIM(Personal Information Management) 응용, 게임, 모바일 숍, CNS(GPS, GIS) 등이 있다.

임베디드 미들웨어는 JVM, CORBA, COM, 무선 인터넷 플랫폼(Brew), 각종 통신 프로토콜 관리기 등이 있다. 또한, 임베디드 시스템 소프트웨어로는 적응형 RTOS(Real Time OS), 메모리 상주 DBMS, 디바이스 드라이버 등이 있다.

현재 경량 미들웨어 종류는 다음과 같다.

- MULTE-ORB: 프로토콜 프레임워크에 기반한 적응형 멀티미디어 ORB
- Open-ORB: 컴포넌트 기반의 reflective 미들웨어
- GOPI(Generic Object Platform Infrastructure): QoS 제공으로 멀티미디어 응용을 지원하는 분산 객체기반 미들웨어
- TMOSM/WTMOS/LTMOS: 실시간 객체 모델인 TMO(Time-triggered Message triggered Object)의 분산 실시간 실행을 지원하는 미들웨어
- TAO: 실시간 QoS와 고성능 기능을 고려한 미들웨어
- HAVi: 디지털 정보 가전 기기의 상호 운용성을 위한 표준으로 이를 미들웨어 형태로 여러 곳에서 개발 중

임베디드 소프트웨어를 개발하기 위해서는 여러 가지 개발 환경이 필요하며, 컴파일러, 디버거, 모바일 환경에 적합한 각종 시뮬레이터, 실시간 모니터, 이동 모니터 등을 포함하여 임베디드 소프트웨어 프레임워크라고 한다.

임베디드 S/W 개발 도구 분야에서 임베디드 시스템 개발을 지원하는 전통적인 통합 개발 환경은 많이 있지만 특정 임베디드 OS 만을 지원하는 경우가 대부분인 실정이다. WindRiver사의 Tornado는 VxWorks RTOS를 지원하며 GNU 툴킷, Interactive shell, WindView 등의 도구들이 통합된 편리한 사용자 인터페이스를 제공하여 세계 시장 1위를 점유하고 있다. 한편, Borland, IBM, Merant, QNX, Rational Software, RedHat, SuSE 등이 공동으로 eclipse 개발 환경을 개발하였는데, eclipse는 데스크톱용으로 공개되어 있고, 조만간 임베디드 개발 환경까지도 지원할 것으로 보인다. 임베디드 S/W의 소프트웨어 특성상 분산 환경을 고려한 임베디드 개발 도구도 조만간 개발되어야 할 것이다.

2
RTOS 및 임베디드 운영체제

2-1 개요

RTOS(Real Time OS)는 **임베디드 시스템이 가지는 특성 중 실시간적인 요소를 충족하도록 나온 운영체제로써, RTOS는 임베디드 시스템의 근간이 되는 운영체제인 셈이다.**

실시간 운영체제라고 하면 일반적으로 말하는 운영체제(windows계열, UNIX, LINUX)와 임베디드 운영체제는 특별하게 다른 것은 없다. 일반 OS들이 수행하는 태스크 스케줄링, 태스크 간의 통신, 메모리 관리, I/O, 인터럽트 등 이러한 요소들을 RTOS도 같이 지원한다.

RTOS와 일반 OS와 차이점은 시간 제약의 차이, 신뢰성, 범용성과 특수성에 있다. 예를 들어 windows 환경 하에서 어떤 프로그램을 실행하였는데 어느 때는 빨리 실행되고 어느 때는 늦게 실행된다고 해서 큰 문제될 것은 없다. 혹, 수행하는 프로그램이 잘못 수행되어 시스템이 다운되는 경우가 발생할 수도 있다. 그러나 RTOS 환경 하에서 실행되는 작업들은 정해진 시간이 큰 문제가 발생할 수 있다. 따라서 임베디드 시스템이 정해진 시간 내에 수행하는 능력과 신뢰성은 일반 OS보다 가혹하게 지켜져야 하는 규약과도 같은 것이다. 또한, 일반 OS(예를 들어 UNIX, Windows)들은 PC환경에서 여러 가지 작업들을 수행할 수 있으나, RTOS는 작업 환경이 Embedded System으로 제한을 받고 있으며 그 시스템 또한 보통 한 가지 목적으로 개발되어 있다. 그러기에 RTOS 역시 그 한 가지 목적을 위해 최적화되어 있다.

임베디드 OS와 RTOS와는 어느 정도 구별이 필요하다. 임베디드 시스템이 실시간적인 요소를 가지는 것은 사실이지만 모든 임베디드 OS가 RTOS인 것은 아니다. 가장 적당한 예로 PDA에 들어가는 OS가 적절하다. 즉, 임베디드 OS내에 RTOS가 포함된다고 보는 편이 좋다.

임베디드 소프트웨어 중 가장 개발이 치열한 분야는 임베디드 운영체제(OS)분야로 특정 OS가 시장을 독점하지 않고 있으며, 적용제품의 종류, 규모에 따라 여러 종류의 상용 및 비상용 제품들이 다양하게 존재하고 있다. 특히 임베디드 OS 및 플랫폼과 응용 시장을 놓고 VxWorks, 윈도CE, 임베디드 리눅스, 썬의 Java, 일본의 Tron 진영 간에 불꽃 튀는 경쟁을 하고 있다. 최근 임베디드 OS 세계시장은 WinCE와 임베디드 리눅스가 기존의 RTOS 보다 시장 점유율이 높아졌다.

실시간 시스템에서의 운영체제는 비교적 간단하고 단순한 순차적인 작업에 적합하므로 순차적인 프로그램만으로 기능을 충분하게 구현하였다. 주로 8bit, 16bit 마이크로프로세서 및 마이크로 콘트롤러를 사용하였다. 그러나 임베디드 시스템에서의 운영체제는 시스템 자체가 실시간 시스템에 비해 대형화되고 복잡하다. 32bit RISC 마이크로프로세서를 사용하고 상호 네트워크로 연결하여 GUI 환경이 강화되었다. 따라서 기능이 많아지고 복잡해짐에 따라 순차적인 프로그램 작성만으로는 불가능하다.

2-2 임베디드 운영체제 기술

1) 임베디드 운영체제 커널의 특징

임베디드 시스템에서 정보 가전기기 분야의 비중이 커짐에 따라서 임베디드 운영체제는 인터넷 솔루션과 GUI 기능, 그리고 모바일 디바이스 지원 기능이 더욱 중요해지고 있다. 이에 따라 유 · 무선 통신 기능, 경량 TCP/IP 스택 지원, 경량 그래픽 윈도우 시스템 지원, 객체지향 언어 지원, 멀티미디어 스트림의 효율적인 처리, 웹 서비스 지원 기술 등이 필요하다. 특히 모바일 디바이스를 위해서는 저 전력 지원과 소형 LCD에 적합한 그래픽 윈도우 시스템에 대한 기술이 필요하며, 빠르게 변하는 시장에 대응하기 위하여 이식성과 조립성이 우수해야 한다.

임베디드 운영체제는 **스레드 기반 운영체제와 프로세스 기반 운영체제**로 나눌 수 있다. 스레드 기반 운영체제란 시스템(커널) 프로세스와 응용(사용자) 프로세스가 구분되지 않고 같은 기준으로 수행되는 것으로서 응용 프로그램의 오류가 시스템 전체를 멈추게 할 수 있다. 프로세스 기반 운영체제란 시스템 프로세스와 응용 프로세스가 별도의 기준으로 수행되는 것으로서 응용 프로그램의 오류가 시스템 프로세스의 동작에 영향을 미치지 않는다. 대표적인 스레드 기반 운영체제로는 윈드리버의 VxWorks가 있고 프로세스 기반 운영체제로는 임베디드 리눅스가 있다.

임베디드 운영체제 커널은 응용 분야에 따라서 내장형 및 소형이라는 특성의 요구사항과 실시간적 조건이 주어지는 응용의 요구사항을 제공하는 커널 기술들로 분류할 수 있다.

임베디드 운영체제 커널의 특징은 다음과 같다.

- 범용 운영체제에 비해 비교적 작은 크기이다.
- 컴포넌트 방식의 구성으로 목표 시스템(Target System)에 따라 손쉽게 구성을 달리 할 수 있는 컴포넌트 기반 운영체제이다.
- 빠른 부팅, 저전력 지원, 비 디스크(Non-Disk) 방식의 운용이 필요하다.
- 다양한 또는 저가의 프로세서에 대한 지원이 필요하다.
- 간결한 구조에 의한 빠른 응답이 필요하다.

- 메모리 기반의 파일 또는 데이터베이스 시스템이다.
- 임베디드 운영체제가 무기 분야나 각종 제어 분야처럼 실시간성이 강하게 요구되는 응용 분야에 사용될 때에는 다음과 같은 기능이 필요하다.
  - 빠른 인터럽트 서비스
  - 멀티태스크(태스크/프로세스 또는 스레드) 환경에서의 연성 및 경성 실시간 스케줄링
  - 실시간 자원 관리
  - QoS 기능

2) 임베디드 운영체제의 주요 기술 요소

(1) 실시간 멀티태스킹 지원 기술

실시간 스케줄링과 함께 실시간 서비스의 보장성과 예측성을 높이려면 실시간 동기화 메커니즘, 실시간 자원 관리 등의 기술이 필요하다. 이러한 멀티태스킹 조건에서 실시간 스케줄링 기술, 실시간 동기화 기술, 실시간 자원관리 기술 등을 실시간 멀티태스킹 지원 기술이라 한다.

(2) 메모리 관리 기술

메모리는 임베디드 시스템에서 가장 효율적으로 관리되어야 할 자원이다. 마이크로컨트롤러 수준의 작은 응용에서는 MMU(Memory Management Unit)가 없는 경우가 많으므로 가상 메모리(VM: Virtual Memory) 지원이 없고 대신 메모리의 단편화(fragmentation)로 인한 사용성의 저하를 최소화하는 관리 알고리즘이 필요하다. 더 복잡한 응용에서는 태스크들 간 혹은 커널과 사용자 간의 메모리 영역 보호 기능은 시스템의 안정성과 프로그램 개발 및 디버깅에 중요한 역할을 수행한다.

임베디드 메모리 관리 기술은 이러한 다양한 메모리 관련 요구에 대해 최적의 관리 환경을 지원하는 기술이다. 요소 기술로는 컴포넌트 기반의 경량 가상 메모리 관리(VMM : Virtual Memory Management) 기술과, 실시간 보장을 위한 메모리 잠금(memory lock) 기술이 있다.

임베디드 시스템은 응용에 따라 효율적인 경량의 VM 시스템이 기본적으로 요구되는 경우가 많으며 경량 VM 시스템은 모듈 혹은 컴포넌트의 형태로 탈착이 가능한 구조여야 한다.

이 VMM 기술에는 기본적으로 MMU를 이용한 페이지 관리 기술이 제공되며 디스크 혹은 플래시 메모리와 같은 보조기억 장치를 스왑(swap) 디바이스로 관리하는 기술을 포

함한다. 가상 메모리 환경에서 실시간 태스크의 메모리 영역이 보조기억 장치로 스왑 아웃(swap out)되는 경우 실시간성을 만족하기 어려워지기 때문에 특정 영역의 스왑을 방지하는 메모리 잠금 기술이 필요하다.

(3) 임베디드 시스템용 파일 시스템

고정 또는 동적 착탈 가능한 플래시 메모리를 이용한 파일 시스템 기술은 정보 가전, 휴대통신기기, 셋탑 박스 등의 임베디드 시스템에서 파일 형태의 데이터를 저장하고 관리하기 위해 필요하며 데이터 크기의 급속한 증가와 함께 매우 중요한 기술로 부각되고 있다. 주요 기술은 다음과 같다.

- 콤팩트 플래시, 스마트 미디어, SDMMC, 메모리스틱, SD(Secure Digital) 카드 등 모든 규격의 메모리 카드를 지원
- 멀티미디어용 플래시 파일 시스템
- 지우기 회수가 제한되어 있는 플래시 메모리의 효과적인 지움 기술
- 예상치 못한 전원 단절 시 발생하는 오류 복구 기술
- USB에 연결되는 플래시 메모리 드라이브 기술

(4) 부팅 지원 기술

부팅이란 전원이 들어왔을 때부터 원래 기기의 목적에 맞는 응용 프로그램이 동작하기까지 일어나는 일련의 과정으로서 펌웨어(firmware), 운영체제 커널, 기본 시스템 소프트웨어 로딩으로 나누어 볼 수 있다. 임베디드 시스템에 사용되는 하드웨어 및 운영체제가 복잡해짐에 따라 이 과정에서 소요되는 시간은 무시할 수 없게 되었으며 이러한 긴 부팅 시간은 임베디드 시스템, 특히 정보 가전기기가 일반 사용자들에게 받아들여지는 것을 어렵게 만드는 큰 장애 요인 중 하나가 되고 있다. 가전기기의 스위치를 켬과 동시에 서비스가 동작하는 것처럼 부팅에 걸리는 시간을 빠르게 하는 기술이 패스트 부트(fast boot) 기술이다.

이를 위해서

- 커널을 적재하기 위한 최소한의 작업만을 수행하도록 펌웨어를 하드웨어에 최적화시키는 펌웨어 최적화 기술
- 커널 구조를 모듈화하여 기능상 필요한 모듈만을 커널 구성에 포함시키고 나아가서는 다른 기능 모듈들은 요구에 따라 필요 때 로딩(on-demand loading)시킴으로써 커널 크기를 최소화하고 파일 시스템 초기화 시간 및 복구 시간의 최적화 등을 수행하는

커널 최적화 기술

- Busy Box, Tiny Login 등과 같이 데스크톱에서 사용하던 기본 명령어들을 공통 라이브러리로 단일화시켜서 크기를 줄이는 등의 기본 시스템 소프트웨어 최적화 기술

등이 필요하다.

(5) XIP 기술

XIP(eXecution-In-Place) 기술은 커널을 메모리에 로드하여 실행하는 대신 플래시에서 직접 수행하는 기술이다. 일반 시스템에 비해 제한된 리소스를 가지는 임베디드 시스템의 특징 때문에 보조기억 장치인 하드디스크를 임베디드 시스템에서는 대부분 플래시 메모리로 대체하고 있다. 플래시 메모리는 하드디스크에 비해 저장 공간 대비 가격이 월등히 높기 때문에 적은 용량을 탑재한다. 1차 저장 장치인 주메모리 역시 제한을 가지는 것이 일반적이다.

이러한 내장형 시스템의 제한된 메모리 자원을 극복하기 위해 XIP 기술이 등장하였다. CPU가 저장 매체의 명령을 수행하기 위해서는 워드 단위의 명령어를 디스패치 해야 하므로 워드 단위의 액세스가 가능한 플래시 디바이스 상에서만 XIP 적용이 가능하다. XIP를 적용할 때 프로세스 이미지에 할당될 메모리를 가용 메모리로 활용하므로 큰 절감 효과를 얻을 수 있다.

(6) 저 전력 지원 기술

저 전력 지원 기술은 임베디드 시스템, 특히 모바일 시스템에서 시스템의 설계나 운영 때 전력소모를 최소화하기 위한 기술이다. 모바일 시스템은 전원을 배터리에 의존하는데 이 배터리는 용량이 제한적이고 따라서 사용 시간도 제한적이다. 전력소모의 최소화는 시스템의 사용 시간을 최대화하는 것 외에도 시스템의 발열을 줄임으로써 시스템을 안정화할 수 있고 별도의 팬(fan) 사용을 요구하지 않으므로 시스템의 소음을 줄이는 효과도 볼 수 있다.

시스템의 운영에 있어서 전력소모를 줄이기 위해서는 기기의 전력 단계 및 성능을 시스템 및 응용 프로그램의 요구에 맞추어 동적으로 변환시킴으로써 효율적인 전력관리를 수행해야 한다. 임베디드 운영체제상의 저 전력 기술은 크게 전력관리 기술 및 동적 전압 변동 기술로 분류할 수 있다.

- **전력관리 기술** : 전력관리 기술은 기본적으로 시스템에서 사용되지 않는 기기를 저 전력 상태로 천이시킴으로써 에너지 소모를 줄이는 기술이다. 저 전력 상태는 시스템에 따라 여러 단계일 수 있으며 각 단계는 에너지 소모와 성능에 의해 나뉘는데 일반적으

로 에너지 소모가 적을수록 성능은 저하된다. 여기서의 성능은 기기에 따라서 작업을 하는 속도일 수도 있고 정상 동작 상태로 회복하는 데 필요한 지연시간(latency)일 수도 있다.

이 기술의 핵심은 전력 상태의 천이를 얼마나 효율적으로 하는가에 있다. 기기의 사용이 어떤 식으로 이루어지는지, 응용 프로그램 또는 사용자가 어떤 성능을 원하는지에 대한 예측과 성능, 그리고 지연시간 등에 대한 종합적인 고려를 통하여 시스템 상태의 천이를 결정해야 한다.

- **동적 전압 변동 기술** : 동적 전압 변동 기술은 시스템 컴포넌트 중 가장 전력소모가 큰 기기 중 하나인 프로세서에 적용되는 기술로서 프로세서의 전력소모는 동작 주파수에 비례한다는 특징을 이용한 것이다. 동작 주파수를 낮추면 단위 시간당 전력소모를 줄일 수 있으나 프로그램 수행 시간이 그에 반비례하여 늘어나므로 하나의 작업을 수행하는 데 요구되는 전력소모는 일정하게 된다. 그러나 프로세서의 동작 주파수를 줄이면 그에 비례하여 프로세서의 구동 전압도 줄일 수 있으며 전력소모는 구동전압의 제곱에 비례하므로 많은 에너지를 절약할 수 있다.

  응용 프로그램의 요구에 따라 프로그램 수행 중에 동적으로 프로세서의 전압 및 주파수를 조절해 줌으로써 전체적인 성능의 감소는 최소화하면서 전력소모를 최소화하는 기술이다. 효율적인 동적 전압 변동을 위해서 요구되는 시스템 성능을 정확히 예측하는 것이 필수적이며 특히 요구하는 성능의 변화가 큰 멀티미디어 응용 프로그램 성능의 예측을 위하여 효율적인 전압 변동 알고리즘이 필요하다.

(7) 자원 관리 기술

임베디드 운영체제에서 자원 관리는 주로 장치 관리를 의미하며 PnP(Plug-and-Play)에 의한 장치 관리 기술이 핵심이다. PnP는 장치 드라이버들에게 어디에서 모뎀, 네트워크 카드, 사운드 카드 등의 각종 장치를 찾아야 하는지를 자동으로 알려주는 기술로서 장치와 그를 조작하는 장치 드라이버를 서로 일치시키고 각 장치와 그 드라이버 사이에 통신 채널들을 만들기 위해 버스자원(bus resources)을 드라이버와 하드웨어 양쪽에 할당한다. I/O주소, IRQ, DMA 채널(ISA 버스의 경우에만 해당됨), 메모리 영역 등이 버스 자원에 포함되며 일차적 자원이라고도 한다.

임베디드 시스템 설계 구조상 IRQ, DMA 채널, I/O주소, 메모리 영역의 수에는 제한이 있으나 오늘날 사용되는 장치들은 종류도 많고,같은 종류의 장치를 여러 개 장착하는 경우도 발생한다. 따라서 장치는 어떤 주소나 IRQ로 지정이 가능해서 충돌을 피할 수 있는 유연성을 갖추어야 하며 동시에 클록이나 키보드에 대한 IRQ 및 주소 할당과 같이 이미 사실상 표준이 된 몇몇 IRQ와 주소도 지원해야 한다.

(8) 임베디드용 그래픽/윈도우 시스템 기술

임베디드 시스템에서 활용될 GUI는 크기가 작아야 하고 프레임 버퍼 사용으로 실행 시간이 빨라야 하며 GDK나 윈도 API 등의 표준 환경을 지원해야 한다.

(9) 네트워크 및 통신 기술

인터넷의 대중화와 더불어 각종 임베디드 시스템들은 초고속 인터넷 서비스를 이용하여 인터넷망에 접속할 수 있어야 하며, 기기 간에도 IEEE 1394, 블루투스, USB와 같은 다양한 유무선 인터페이스를 지원해야 한다.

(10) 멀티미디어 지원

정보 가전기기나 카 서버 등은 오디오 · 비디오를 포함하는 동영상 응용 및 게임 등과 같은 멀티미디어 서비스 지원을 요구한다. 따라서 운영체제에서 이러한 서비스 지원을 위한 처리 모듈과 응용 프로그램에서 요구하는 최소한의 성능을 보장하여야 한다.

2-3 주요 RTOS 종류

현재의 RTOS(Real-Time OS)들을 열거하면 지금은 WindRiver와 통합된 ISI의 pSOSystem, WindRiver의 VxWorks, Lynx Real-Time Systems사의 Lynx OS, 마이크로텍의 VRTX, 마이크로웨어의 OS-9 등의 상용 RTOS와 교육용으로 나온 uCOS Real-Time Kernel이 있다.

상용 RTOS는 일반 운영체제와 같은 업무를 수행하며 시간 제약성, 신뢰성 등을 일반 운영체제 보다 중요시하고 있다. 전통적인 임베디드 시스템은 원자력 잠수함이나 스페이스 셔틀 및 군사적 목적의 시스템 등에 적용되므로 보수적 속성상 개발 및 발전 속도가 지체되었다.

그러나 최근의 임베디드 시스템은 정보 가전을 축으로 폭발적인 성장이 지속되고 있으며 TV 세톱 박스, 홈서버, DTV 등 다양한 응용분야에 적용되고 있다. 상용 RTOS를 포함하여 마이크로 소프트의 윈도우 CE, 임베디드 Linux, 썬마이크로 시스템의 임베디드 JAVA가 주류를 이루고 있고 유럽의 ePOC, 일본의 xTRON이 가세하고 있다.

임베디드 운영체제는 다양한 종류의 하드웨어 플랫폼과 제품사양 및 요구사항이 다양화되고 상용 RTOS 마다 특유의 개발 툴을 사용하기 때문에 개발자들은 사용하고자 하는 시스템에 최적화된 OS를 채택하여 자신에게 익숙한 개발 환경을 선택하는 경우가 많다.

[표 10-1]은 국내에 유통되는 상용 실시간 운영체제들의 종류를 나타내고 있다.

[표 10-1] 상용 실시간 운영체제들과 특징

운영체제	제조회사	국내대리점	로열티 정책	구조
VxWorks	WindRiver	WindRiver Korea	○	Multi Thread
OSE	Enea OSE Systems	트라이콤텍	△	Multi Thread
WRTX	Mentor Graphic	다산인터네트	○	Multi Thread
PSoS	Windriver	WindRiver Korea	○	Multi Thread
Nucleus Plus	Accelerated Thchnology	ATI Korea	×	Multi Thread
Super Task	US Software	아라전자	×	Multi Thread
μ C/OS II	Micrium	디오이즈	×	Multi Thread
QNX	QNX Software Systems	다산인터네트	○	Multi Thread
OS-9	Microware	Microware Korea	○	Multi Thread
LynxOS	LinuxWorks	●	△	Multi Thread
RTLinux	Finite State Machine Labs	●	△	Multi Thread
Windows CE	MicroSoft	MicroSoft	○	Multi Thread

주) ○는 로열티를 받음, △는 명확하지 않음, ×는 로열티를 받지 않음

2-4 임베디드 OS의 종류

1) 윈도우 CE

Windows CE는 32bit Windows OS와 호환성이 있는 임베디드 OS로서 여러 RTOS 처럼 모듈화되어 있어 필요한 부분만 선택하여 사용할 수 있다. 또한, 커널은 선점형 멀티 스레딩을 지원한다. Windows CE는 기본적으로 32개의 프로세서를 가질 수가 있고 하나의 프로세서는 8개의 스레드를 가질 수가 있다. 이 스레드는 스케줄링의 기본이 된다. 32bit Windows와 호환성이 있기 때문에 win32API를 이용하여 쉽게 프로그램을 포팅할 수 있다. 개발 툴은 Platformbuilder 2.11, Windows CE for VC++6.0, Windows CE for VB6.0이며, 섬세한 제어 분야가 아니고 엔드 유저를 지향하는 비주얼한 제품에 상당히 유리하다. 또한, TCP/IP, PPP와 IrDA와 같은 프로토콜을 가지고 있어 다른 Windows 시스템에 쉽게 연결할 수 있고 Win32 Serial APIs, TAPI, Winlnet등을 지원한다.

실제 WindowsCE가 가장 많이 쓰이는 시장은 PDA시장이다. 그러나 아직까지는 PDA 시장은 Palm OS가 많이 점유하고 있고 이런 현실에 마이크로소프트웨어는 포켓 PC라고 명하고 있는 새로운 기능을 첨가한 WindowsCE를 개발하고 있다. 그 내용을 살펴보면 Color Display를 지원하고 Outlook, Excel, Windows Media Player, Internet Explorer, eBook reader, Word and Money와 같은 어플리케이션 프로그램을 탑재하며 휴대폰과 연계해 wireless기능까지 구현하고 있다.

(1) WinCE 기능 및 특징

Microsoft Windows CE는 Microsoft가 PDA 시장을 겨냥하여 개발한 Embedded OS 이다. 기존의 윈도우 플랫폼상의 PC와 Embedded 시스템과의 호환성을 강조하였고 닷넷 (.Net) 전략을 발표하며 윈도우 Embedded 사업에 박차를 가하였다.

- 윈도우 및 윈도우 응용프로그램의 사용 친숙도가 높음
- MS사에서 임베디드 시스템을 위하여 제공하는 운영체제
- 기존의 데스크톱 PC와 같은 윈도우 환경 제공
- 데스크톱 윈도우 및 응용 프로그램과의 호환성 우수
- 프로그램 개발 환경이 아주 우수. (특히, GUI 개발 환경 우수)
- 실행 환경에서 요구되는 H/W 사양이 높고, 가격이 비쌈
- 사용할 때 많은 양의 메모리를 요구
- MS사에서 제공되는 라이브러리에 종속적, 자유로운 개발 어려움

(2) WinCE.NET 기능 및 특징

Windows CE.net은 Windows CE 3.0의 차기 버전으로 강력한 멀티미디어 기능과 다양한 인터넷 연결 기능을 제공한다. 또한, 스마트 모바일 디바이스를 위한 실시간 OS로 WinXPe (Windows XP Embedded)가 있으며 Windows NT Embedded 4.0의 차기 버전으로 안정된 성능과 보안기술 제공하며 개선된 멀티미디어 및 Embedded 기능을 제공한다.

- Windows CE .NET은 Microsoft사에서 실시간 운영체제 시장 및 임베디드 시스템 시장을 위하여 개발, 제공하는 Windows CE 3.0의 후속 버전
- Windows CE .NET에는 모바일 장치가 기존의 인프라에 유연하게 접속할 수 있도록 하려는 Bluetooth, 802.1x/Zero Configuration, OBEX(Object Exchange) 프로토콜, Media-Sense, 실시간 공동 작업 및 통신(RTC/SIP)과 같은 무선 기술을 지원한다.

- 적은 메모리 점유율, 엔터프라이즈 수준의 보안, 다양한 CPU 지원.
- 실시간성 지원 : 256개의 우선순위 수준과 중첩 인터럽트 지원을 통해 시스템 자원 사용량이 많은 주요 응용 프로그램에 대한 실시간 처리를 지원
- 에뮬레이션 기술, 다양한 플랫폼 마법사
- 관리되는 코드 및 원시 코드 지원
- 기존의 MS Windows 시스템 및 애플리케이션과 호환성이 우수

이 외에도 임베디드 시스템을 위하여 다양한 기능이 추가되었다. 하드디스크뿐만 아니라 CD ROM, 플래시 메모리, CF 등의 다양한 매체를 지원하고 원격 서버에서 운영체제 이미지를 네트워크를 통해 내려받을 수 있는 원격 부팅도 지원한다. 또한, 타rpt에 포팅된 이미지를 원격에서 관리하기 위한 원격 업데이트 에이전트, 작성된 운영체제 이미지를 다수의 장비에 편리하게 설치할 수 있도록 해주는 클로닝(Cloning), 그리고 모니터와 키보드와 같은 장치가 필요 없는 헤드리스(Headless) 장비를 위한 다양한 기능을 제공한다.

2) FSMLabs사의 RT-Linux

기존의 리눅스는 Time-slice에 의한 스케줄링 방식을 가지고 있다. 따라서 지금 수행하고 있는 프로세서보다 다음에 수행될 프로세서가 우선순위가 높더라도 바로 지금 수행되는 프로세서가 중단되는 것이 아니고 time-out이 되어야만 현재의 프로세서가 CPU를 놓아준다. 또한, 현재 수행되는 프로세서가 다른 프로세서보다 우선순위가 높다고 해서 계속 수행되는 것이 아니라 역시 time-out이 일어나면 다른 프로세서에게 CPU를 양보해야만 한다. 이런 이유로 인해서 기존의 리눅스가 Real-Time 기능이 떨어지는 것이다.

RT-Linux는 New Mexico Tech의 Victor Yodaiken에 의해서 시작된 것으로 기존의 리눅스에 Real-Time 기능을 부과하였다. 리눅스는 커널자체가 Real-Time 기능이 떨어지기 때문에 이를 대신할 리얼 타임 커널을 만들었다. 여기서 기존의 커널을 그대로 두고 새로이 리얼 타임 커널을 추가했다.

리얼타임 커널은 리얼 타임 태스크를 생성, 스케줄링해서 실행하고 기존의 리눅스 커널은 자신의 태스크를 관리하고 자신의 인터럽트를 처리한다. 리얼타임 커널의 스케줄링은 선점 스케줄러로써 태스크의 우선순위를 두고 스케줄링을 실시한다. 따라서 커널이 선점형 커널이 되어야 하므로 기존의 리눅스 커널이 제공하는 시스템 콜을 리얼타임 태스크나 인터럽터가 이용하지 못하게 함으로써 이를 해결하고 있다. RT-Linux는 기존 리눅스에 비해 리얼타임 기능이 향상된 것은 사실이지만 기존의 리눅스 커널에다 새로이 리얼타임 커널을 추가한 열악한 임베디드용으로 OS의 덩치가 큰 것이 단점이다.

3) 몬타비스타 리눅스(Montavista Linux)

몬타비스타 리눅스는 x86/IA-32, 파워PC, Strong ARM, MIPS, SH, ARM, Xscale, MIPS, SH 등을 포함하는 6개의 대표적인 프로세서 아키텍처를 사용하는 20여 개 이상의 프로세서와 이들 CPU를 사용한 18개의 새로운 보드를 포함하여 60여 개 이상의 보드를 지원한다.

몬타비스타 리눅스는 임베디드 시스템 개발에 필수인 교차개발 성능에도 초점을 맞추어 Red Hat, Yellow Dog Linux, SuSE, Mandrake, Solaris 및 윈도NT/2000 상에서 동작하는 VMWare 등이 포함된 14개 주요 개발 호스트 환경에 맞는 개발 툴을 제공한다.

임베디드 시스템에서 필수적인 실시간성을 지원하기 위해 선점형 커널을 개발하여 실시간 기능을 제공한다. 또한, 몬타비스타 리눅스는 15개의 새로운 임베디드 응용 프로그램 패키지도 제공하는데, 이들 추가적인 패키지에는 더 작은 메모리를 사용하는 임베디드 서버인 thttpd 지원, 802.11b 무선통신표준 지원 등이 포함되어 있다.

x86과 파워PC에서 사용 가능한 향상된 리눅스 트레이스 툴이 추가되었고 저널링 파일시스템의 보완판인 ext3가 새롭게 추가되어 Reiser와 JFFS를 함께 사용할 수 있다.

4) TimeSys Linux

TimeSys Linux는 경성 실시간 시스템에도 사용될 수 있는 실시간 성능을 보장하는 로열티 없는 리눅스 운영체제이다. 또한, 툴 체인, 디바이스 드라이버, 리눅스 유틸리티 및 라이브러리, 그리고 부트 로더가 포함된 SDK(Software Development Kit)를 사용하면 8개 프로세서 아키텍처(파워PC, ARM, StrongARM, SuperH, MIPS, XScale, Ultra-SPARC, X86)에 기반한 35가지의 프로세서를 사용하는 70여 개의 타깃보드에서 TimeSys Linux를 바로 사용할 수 있다.

5) TRON

도쿄대학 사카무라 겐 교수가 1984년 개발하기 시작한 운영체제이다. 규격을 무료로 공개하여 이용 기업들이 자유롭게 개량 및 변경이 가능하다. 프로그램의 사이즈가 작아서 처리 속도가 빠르다. 현재 TRON은 휴대폰, 자동차, 산업기계 등의 OS에서는 제조업체가 토론을 바탕으로 개량한 OS가 폭넓게 쓰이고 있다.

2002년 6월에 T엔진포럼이 결성, 표준 플랫폼인 ‘T-엔진’을 준거로 한 주기판이 속속 제품화되고 있다.

T-엔진 시리즈는 크게 휴대정보기기용인 '표준버전 T-엔진', 가전기기용인 '마이크로버전 T-엔진', 소형가전기기 및 각종 센서용인 'n(나노)버전 T-엔진', 조명기기나 스위치 등 소형기기용인 'p(피코)버전 T-엔진' 등으로 나뉜다. 히타치제작소는 표준 T-엔진인 'h101', 미쓰비시전기는 마이크로 T-엔진인 'm301', NEC가 표준 T-엔진인 'n101'과 마이크로 T-엔진인 'n301'을 시판 혹은 시장에 선보일 계획이다.

6) 임베디드 자바(Embeded Java)

자바는 최근 들어서 다양한 하드웨어 이식성 때문에 임베디드 운영체제의 대안으로 부상하고 있다. 자바는 당초 네트워크화한 컴퓨팅 환경에서 적합한 작업을 수행할 수 있도록 설계됐다. 자바는 자체 파일을 만들지 않고 가상 메모리를 차지하지 않는다는 이점이 있다. 더 나아가 임베디드 시스템에서 자바는 하드웨어 플랫폼에 대해 독립적인 수행환경을 제공한다. 이 같은 플랫폼 독립성은 네트워크 컴퓨팅 환경에서 프로그램을 옮겨다니면서 작업을 수행할 수 있도록 하기 위한 것이다.

자바는 또 네트워크를 통해 자바 애플릿 같은 자바 프로그램을 다운로드 할 수 있으며 자바 클래스를 로딩할 수 있다. 자바는 이 같은 장점에 기반을 두고 고기능 컴퓨터뿐만 아니라 프린터, 전기밥솥, 냉장고, 셋톱박스 등 저기능 CPU와 적은 메모리를 갖는 임베디드 시스템에서 활발히 응용되고 있다.

그러나, 자바 버추얼머신(JVM)에 의해 작업이 수행되기 때문에 컴파일된 프로그램에 비해 수행속도가 다소 늦다. 이 같은 단점은 고성능 임베디드 칩들이 개발되면서 상당부분 해결되고 있다. 자바는 리눅스 윈도CE, VxWorks 등에서 수행될 수 있으며 자바프로그램 하나로 여러 플랫폼에서 컴파일 없이 작업을 수행할 수 있어 다른 운용체계들과 경쟁관계라기보다는 보완관계에 있다.

임베디드 시스템에 적합한 자바 응용 환경은 자바 카드(Java Card), 임베디드 자바(Embedded Java), 퍼스널 자바(Personal Java) 등을 들 수 있다.

(1) 자바 카드

자바 카드는 스마트카드가 작동하는 데 필요한 환경만을 제공한다. 임베디드 자바는 전화, 무선호출기, 프린터 등 사용자에게 제공되는 화면이 문자위주인 가전기기 및 제어 장치 등에 적합한 환경을 제공한다. 또 퍼스널 자바는 문자위주의 화면이 아닌 그림, 윈도 환경 등 복잡한 화면을 구성하는 인터넷TV, 영상전화, 개인휴대단말기(PDA) 등의 기기와 자바가 제공하는 기능보다 더 많은 기능을 요구하는 기기에 적합하다. 이 같은 실행 환경 구분을 통해 각 시스템에 포팅되는 버추얼 머신의 능력과 메모리 점유율이 각각 달라진다.

(2) 퍼스널 자바

퍼스널 자바는 가정, 사무실, 이동통신 환경에서 사용되는 제품에서 작동하는 네트워크에 연결되는 응용제품을 제작하기 위해 고안된 자바 응용 환경으로 JVM, 클래스라이브러리 및 자바에서 제공하는 핵심 API와 선택적 API를 포함하는 자바의 부분집합으로 구성된다. 그리고 자원이 한정돼 있는 환경에서 작동하는 데 필요한 특수기능을 가지고 있다. 특히 메모리와 프로세서 요구사항이 기존 자바 응용 환경보다 작다는 점이 특징이다.

(3) 임베디드 자바

임베디드 자바는 퍼스널 자바와 유사한 JVM과 자바 API로 구성돼 있다. 다만 퍼스널 자바와 달리 네트워크 연결성을 지원하지 않는 임베디드 시스템을 겨냥해 설계됐다. 즉 응용 프로그램 자체가 내장돼 상당기간 사용될 수 있기 때문에 계속해서 네트워크를 이용해 응용프로그램을 다운로드하지 않아도 된다는 말이다. 임베디드 자바는 무선호출기, 저수준 전화기, 프린터, 팩스 등 일반적으로 접할 수 있는 기기들에 적합하다. 임베디드 자바는 또 퍼스널 자바와 달리 애플릿을 지원하지 않는다. 불필요한 기능을 제거하고 필요한 기능만 제공하려는 시스템을 위해 설계된 것이다.

(4) 자바 카드

자바 카드는 스마트카드를 겨냥해 설계된 새로운 자바 응용 환경으로 임베디드 자바와 퍼스널 자바보다도 훨씬 낮은 환경에서 실행된다. 자바 카드 프로그램은 일반 자바 개발도구에 의해 사용되며 스마트카드에 삽입돼 동작한다. 또한, 스마트카드에 적합한 환경을 제공하도록 고안됐기 때문에 자바 내 여러 기능이 지원되지 않는다.

7) J2ME

J2ME는 소비자 가전과 임베디드 디바이스를 위한 자바 2 플랫폼, 다시 말해, 포스트 PC 시대의 컴퓨팅 환경을 위한 자바 기술의 집합이라고 볼 수 있다. 스크린 폰, 셋톱박스 등을 중심으로 사용이 확산되고 있으며 주로 퍼스널 자바를 이용하고 있다. 휴대폰 등 이동 서비스를 위해 K자바 기반의 KVM(Kilobyte Virtual Machine) 기술을 적용하였다.

자바 카드(JavaCard)와 지니(Jini), 자바 임베디드 서버(Java Embedded Server) 등은 그 경계선이 애매한 위치에 존재한다. 그래서 어디까지가 J2ME 영역이라고 확실하게 선을 그을 수 있는 방법은 없다.

Embedded Java와 더불어 전 세계 무선 시장에서 무선 자바 기술인 J2ME (Java 2

Plat-form, Micro Edition)가 급속히 확산되고 있다. Post-PC에 최적화 될 수 있도록 경량화, 실시간, 성능을 고려한 컴포넌트 개발이 가능하고 JAVA를 이용한 임베디드 인터넷 개발(인터넷을 통한 분산 제어 같은, Embedded 인터넷 어플리케이션 개발)이 가능하다.

J2ME는 기존 자바 기술을 가전제품이나 모바일 기기 등에 적합하도록 개발한 Sun의 자바 어플리케이션 환경을 말한다. 경량 미들웨어 및 컴포넌트 기반의 미들웨어로써 시스템 독립성, 이식성, 확장성을 제공하고, 핵심 컴포넌트인 KVM을 셀룰러 폰, 호출기, PDA 등의 단말기에 적용 가능하다.

8) 임베디드 리눅스

(1) 임베디드 리눅스의 출현

임베디드 리눅스는 일반 리눅스 일반 데스크톱 환경인 고성능 프로세서와 대용량 메모리 환경에서 동작하는 범용 컴퓨터용 리눅스를 말한다. 즉 HPC, PDA, 핸드폰 등과 같은 모바일 컴퓨팅 기기나 마이크로프로세서를 보유한 가전제품, 공장자동화 기기와 같은 임베디드 시스템을 위한 운영시스템으로 쓰이는 리눅스를 의미하며 적은 메모리와 느린 CPU에서 동작해야 하고 실시간 요구를 어느 정도 충족시켜야 한다. 따라서 필요에 따라 그래픽 사용자 인터페이스(GUI)를 탑재하기도 한다.

이러한 임베디드 리눅스 출현 배경은 H/W의 발전으로 32bit, 64bit 고성능 CPU가 출현하고, S/W의 많은 기능이 요구됨에 따라 OS의 기능이 중요하게 되었고 안정된 운영체제의 제공(멀티태스킹의 제공)이 필요하게 되었다. 또한, 임베디드 리눅스만이 갖는 특징인 강력하고 다양한 네트워크 환경의 제공과 다양한 형태의 파일 시스템과 실행파일 포맷 지원, 확장성의 다양함과 쉬움의 제공, Free Software라는 점 등 다음과 같은 이유로 임베디드 시스템용으로 리눅스를 채택하게 된 것이다.

3 차세대 모바일 OS(플랫폼)

3-1 차세대 모바일 플랫폼의 종류

플랫폼은 응용 프로그램을 작동시킬 때 기반이 되는 일관된 환경을 말하며, 운영체제 또한 플랫폼의 일부라고 볼 수 있다. 과거 휴대폰은 인터페이스 격인 운영체제보다는 플랫폼 개념으로 설계되어 왔다. 스마트폰에서는 그 범위에 차이점을 가짐에도 불구하고 플랫폼과 운영체제가 같은 개념으로 사용되고 있다.

모바일 운영체제는 다음 [표 10-2]와 같이 현재 일부개발중인 OS와 개발이 중단된 OS들을 포함하여 매우 다양한 형태가 존재한다.

[표 10-2] 모바일 OS(플랫폼) 종류

OS 계열		모바일 운영체제 종류
유닉스 계열	리눅스 기반	**안드로이드**, 미고(모블린, 마에모, Qt 익스텐디드), 바다, 액세스 리눅스 플랫폼, 오픈, 오픈모코 리눅스(Qt 익스텐디드 임프루브드), 한컴 리눅스 모바일, SHR
	기타	iOS, 블랙베리 태블릿 OS,
	개발 중단	모빌리눅스, 모토막스, 아이팟 리눅스, 우분투 모바일, 웹OS, 퍼밀리어 리눅스, DS리눅스
기타 계열	기타	**블랙베리 OS**, **심비안**(시리즈 60, 80, 90, MOAP, UIQ) **OS**, **윈도 CE(윈도 모바일, 윈도 폰)**, 노키아 OS(시리즈 30, 40), 닌텐도 DSi 시스템 소프트웨어, 닌텐도 3DS 시스템 소프트웨어, 플레이스테이션 포터블 시스템 소프트웨어, GEOS
	개발 중단	사바지, 팜 OS

본절에서 현재 스마트폰에 자주 사용되는 종류 중에서 심비안(symbian OS), 림 블랙베리(RIM BlackBerry), 윈도우 폰(Window Phohe), 애플 iOS(Apple iOS), 안드로이드(Android), 리모(LiMo: Linux Mobile) 등 5가지 운영체제에 대하여 플랫폼들의 특징 및 현황에 대하여 알아본다.

3-2 심비안 OS

심비안 OS는 마이크로 커널 아키텍처와 32bit 멀티태스킹 운영체제로 실시간 스케줄링 기능을 제공한다.

구글의 안드로이드 OS와는 달리 심비안 OS는 개발초기부터 2009년까지는 개발자를 위한 플랫폼의 소스를 공개하지 않았으나, 애플과 구글 등 강력한 후발주자의 등장으로 경쟁력 확보를 위해 2010년 2월부터 소스 코드를 공개하고 있다.

1980년 데이비드 포터가 설립한 사이언(PSION) 사로부터 유래하여, 2009년 Symbian Foundation 설립, 심비안 재단은 로열티 없는 오픈소스 모바일 운영체제를 만들 목적으로 운영되었다. 노키아를 비롯해 삼성전자, LG전자, AT&T, NTT도코모, 모토로라, 소니 에릭슨, 보다폰 등이 참여하기로 하였지만, 모토롤라와 LG전자는 사실상 불참하였다. 심비안과 다른 변경 플랫폼들을 통합하고 노키아가 심비안 OS의 모든 지분을 회수하여 모든 권리를 가진 끝에 2010년 2월부터 노키아에 의해 EPL 1.0이라는 오픈소스 라이선스로 배포하였다.

심비안 시스템 모델은 다음과 같은 계층을 가지고 있다.

- UI 프레임워크 계층
- 응용 프로그램 서비스 계층
- 자바 ME
- 운영 체제 서비스 계층
- 일반 운영 체제 서비스
- 통신 서비스
- 멀티미디어 및 그래픽스 서비스
- 연결 서비스
- 기본 서비스 계층
- 널 서비스 및 하드웨어 인터페이스 계층

3-3 림 블랙베리

블랙베리 OS(BlackBerry OS)는 리서치 인 모션(Research In Motion Limited, RIM)이 블랙베리 스마트폰을 위해 만든 소프트웨어 플랫폼이다. 이 운영 체제는 멀티태스킹을 제공하고, RIM에 의해 채택된 트랙윌, 트랙볼, 트랙패드, 터치스크린 같은 특화된 입력 장치들을 지원한다.

애플 iOS와 구글 안드로이드가 소비자 시장에서 급격히 시장을 장악함에도 불구하고 블랙베리가 2,3위 자리를 수성하는 비결은 기업 시장에서 특화된 플랫폼이기 때문이다.

블랙베리의 최대강점은 이메일 관리 기능과 강력한 보안성에 있다.

이메일 관리기능은 Push 전송 기술을 사용한다. [그림 10-3]과 같이 BIS(Blackberry Internet Service) 혹은 BES(Blackberry Enterprise Server)를 통해 이메일이 도착하면 자동으로 스마트폰으로 전송이 되어, 이메일을 마치 SMS/MMS를 받아보듯 간편하게 확인 가능하다. 이점이 다른 스마트폰이 동기화 과정에서 많은 시간을 소비하는 것에 비하여 매우 강력한 장점으로 작용하며, 또한, MS-Office 등으로 실행할 수 있는 첨부파일도 바로 확인 가능하다.

블랙베리의 보안성은 다른 플랫폼에 비해 매우 강력하다. 블랙베리의 핵심 보안 솔루션은 AES(Advanced Encryption Standard) 암호화 알고리즘을 통해 데이터를 보호한다. AES를 통해 전송 과정에서 모두 암호화 유지하도록 설계되어서, 블랙베리 서버만 전송한 데이터에 접근 가능하며, 전송 도중 제3자는 접근 할 수 없다.

또한 RSA 안전 솔루션과 블랙베리 엔터프라이즈 솔루션을 통합하여 장치의 보안을 향상시켰다. RSA 시큐리티는 기관의 개인정보를 보호하고, 사용가능한 비밀번호를 자동으로 60초마다 변경하여 더욱 안전하게 서비스를 받을 수 있도록 한다. 사용자는 소프트웨어 인증으로 별도의 하드웨어적 인증은 수행하지 않는 장점이 있다.

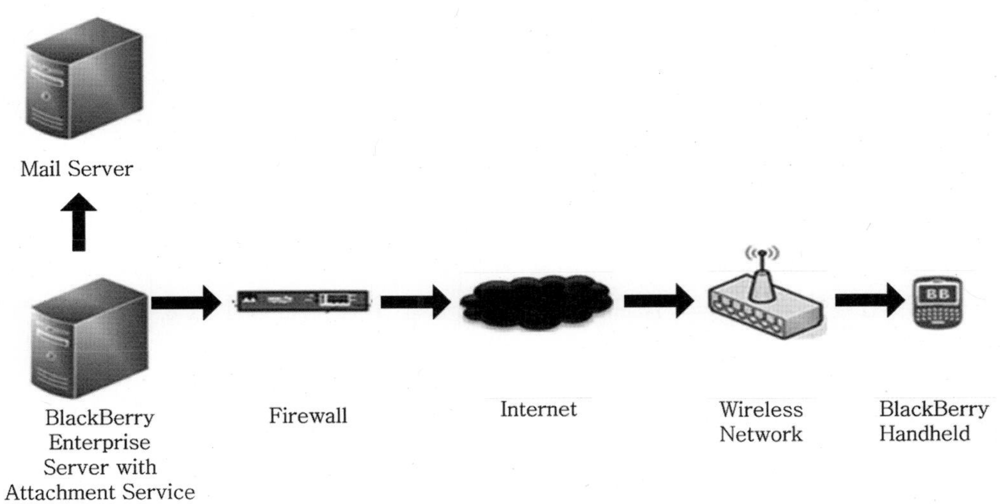

[그림 10-3] 블랙베리 네트워크 구성

3-4 Apple iOS

1) iOS의 구조

iOS (2010년 6월 이전까진 iPhone OS)는 애플의 스마트폰인 아이폰과 PDA(PMP)인 아이팟 터치, 태블릿 PC인 아이패드에 내장되어 있는 모바일 운영 체제이다.

iOS는 Mac OS X의 요소인 코코아, 코어 애니메이션 등의 애플리케이션 프레임워크를 포함하고 있다. 여기에 멀티 터치를 비롯하여 종래의 휴대 전화 및 스마트폰에는 없었던 저만의 사용자 인터페이스를 구현하고 있다. 다시 말해, 아이폰 운영 체제는 네 개의 추상화 계층을 가지고 있다. 이를테면 코어 OS 계층(Core OS layer), 코어 서비스 계층(Core services layer), 미디어 계층(Media layer), 코코아 터치 계층이라는 네 개의 계층을 가지고 있다. iOS는 플래시 메모리에 설치할 수 있으며 대략 500 메가바이트 (MB) 이하의 용량을 차지한다.

처음 공개되었을 당시에는 사용자가 개발한 애플리케이션의 추가가 허용되지 않았었으나, 2008년 6월 이래 iOS 상에서 소프트웨어를 개발할 수 있는 도구인 SDK가 공개되어, 2.0 버전부터는 애플의 앱 스토어를 통해 자유롭게 사용자 애플리케이션을 공개하고 판매할 수 있게 되었다.

2009년 6월 17일 SDK 지원을 대폭 늘렸고 아이팟 터치에서 블루투스 기능을 추가한 3.0 버전이 출시되었으며, 2009년 9월 9일 3.1 버전이 공개되었다. 개발 도구의 언어로는 오브젝티브-C가 제공되고 있다.

iOs는 기본적으로 프레임워크가 조금 다를 뿐 Mac OS X와 동일하다. Mac OS X가 매킨토시를 위한 운영체제라면, iOS는 아이폰 뿐만 아니라 아이팟, 아이패드와 같은 임베디드 기기에서 사용하기 위한 운영체제이기 때문에 프레임워크가 다르다. 따라서, iOS를 통해 동일한 SDK를 이용하여 이들 기기를 위한 응용을 개발할 수 있다. 다음 [그림 10-4]은 iOS의 간략한 구조를 보여준다 이구조는 응용을 위한 기본적인 환경과 화면을 띄우고 기기를 동작시키기 위한 서비스를 제공한다.

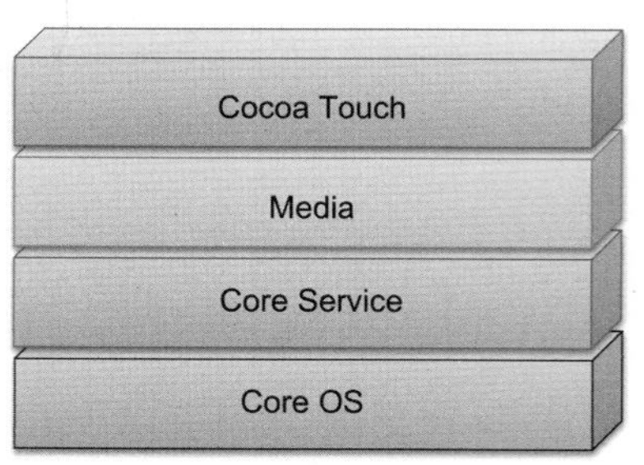

[그림 10-4] iOS 플랫폼의 구조

2) iOS 사용자 인터페이스

iOS의 사용자 인터페이스 사용자 인터페이스는 멀티 터치 제스처에 의한 직접 조작 개념에 기반하고 있다. 인터페이스 컨트롤들은 슬라이더, 스위치, 버튼 등의 요소를 이루고 있다. 사용자에 입력에 대한 반응은 비교적 즉각적인데 이는 부드러운 인터페이스를 제공하기 위한 것이다. iOS와 사용자 간의 상호 작용(인터액션) 제스처 종류에는 스와이핑(옆으로 넘기기), 태핑(두드리기), 핀칭(두 손가락으로 집기), 리버스 핀칭(두 손가락으로 집었다가 펼치기) 등이 있다. 또한, 일부 응용 소프트웨어들은 내장된 가속도계를 이용, 기기를 가로로 돌리거나 세로로 돌리면 화면을 그것에 따라 가로로 돌리거나 세로로 돌리는 기능을 제공하고 있다.

홈 스크린(home screen)의 이름은 스프링보드이다. 스프링보드에는 응용 소프트웨어 아이콘들이 나열되어 있으며, 또한 사용자가 가장 많이 실행하는 응용 소프트웨어 아이콘들을 나열하는 독(dock)이 화면 아래쪽에 붙어 있다. 또한 화면 상단에는 상태 표시줄이 붙어 있다. 상태 표시줄은 시간, 배터리 수준, 신호 세기 등을 보여 준다. 이뿐 아니라 화면의 나머지 공간은 실행되는 응용 소프트웨어를 위한 공간이 된다. 홈 버튼(home button)을 두번 눌러 응용 소프트웨어를 강제로 종료시킬 수도 있다.

3.0 소프트웨어 업데이트부터는 응용 소프트웨어가 애플의 서버로부터 통지(notification)를 받는 것이 가능해졌다. 많은 응용 프로그램들이 서로 상호 작용하여 작동되도록 설계되었다. 데이터를 공유하거나 한 응용 소프트웨어로부터 다른 응용 소프트웨어로 데이터를 전달하는 것이 가능하다. (예를 들면, 이메일 응용 소프트웨어에서 전화 번호를 선택한 뒤, 전화번호부에 저장한 후, 전화를 걸 수 있다.)

3) 응용 프로그램 지원

아이폰과 아이팟 터치에 내장된 중앙 처리 장치는 ARM 기반 프로세서이다. 아이폰과 아이팟에는 또한 OpenGL ES 1.1 버전 소프트웨어가 내장되었고, 파워 VR 3D 그래픽스 하드웨어 액셀러레이터 코-프로세서에 의해 구동된다. Mac OS 10 응용 소프트웨어는 iOS 디바이스로 복사되어 실행될 수 없다. iOS와 ARM 아키텍처에 맞게 컴파일된 응용 소프트웨어만이 iOS 디바이스에서 구동된다. 아이폰 OS 2.0 이후, 네이티브(native) 서드-파티(third party) 응용 소프트웨어는 애플로부터의 허가만 있으면 애플의 앱 스토어를 통해 iOS 기기에 설치될 수 있게 되었다.

(1) 내장 응용 소프트웨어

아이폰 OS 2.2 버전은 다음과 같은 응용 소프트웨어를 포함하고 있다. SMS (문자 메시지), 달력, 사진, 카메라, 유튜브, 주식, 지도 (지원 측위 GPS(Assisted GPS) 기능을 활용하는 구글 지도), 날씨, 시계, 계산기, 노트, 설정, 아이튠즈(아이튠즈 스토어 및 아이튠즈 팟캐스트 디렉터리로 접속할 수 있다), 앱 스토어 및 전화번호부 등이다. 또한, 다음과 같은 주 기능 소프트웨어 4 종을 포함하고 있다. 전화, 메일, 사파리 (웹 브라우저), 아이팟 등이다.

아이팟 터치에도 비슷한 종의 응용 소프트웨어가 기본적으로 들어가 있다. 대신, 전화(phone), SMS(텍스트 메시지), 카메라 프로그램이 빠졌다. 아이폰에 들어간 아이팟(iPod) 프로그램은 "뮤직"(Music)과 "비디오"(Video) 두 가지로 나뉘었다. 화면 아래 단에는 "뮤직", "비디오", "사진", "아이튠즈" 네 개의 주 기능 소프트웨어 4 종의 아이콘이 표시된다.

(2) 웹 애플리케이션

2007년도 애플 WWDC에서 애플은 아이폰과 아이팟이 사파리 웹 브라우저를 통해 서드파티 애플리케이션을 지원할 것이라고 발표하였다. 이들은 웹 애플리케이션이라고 불린다. 웹 애플리케이션은 Ajax와 같은 웹 기술을 가지고 생성될 수 있다.

(3) 비인가 응용 소프트웨어

현재, 아이폰과 아이팟 터치에는 공식적으로 인허가 받아 앱 스토어에 올라온 응용 소프트웨어만이 설치될 수 있다. 하지만, 버전 1.0부터 비인가 서드 파티 네이티브 애플리케이션을 실행시킬 수 있었다. 비록 애플이 iOS 업데이트로 인해 순수한 응용 프로그램들이 오작동할 일은 없을 것(SIM 락 응용 프로그램은 예외)이라고 언급하고 있지만, 이러한 종류의 응용 프로그램은 iOS를 업데이트하면 손상될 수 있다.

3-5 안드로이드 플랫폼

1) 안드로이드 특징

개방형 휴대단말기를 위한 협력 단체인 OHA(Open Handset Alliance)는 구글, HTC, 인텔, 모토롤라, 삼성전자 등 약 30개 이상의 회사로 형성된 개발 플랫폼이다.

안드로이드는 “open software, open device, open ecosystem”을 지향하는 리눅스 기반 소프트웨어가 내장된 모바일 개방형 플랫폼을 말한다.

(1) 개방성

- 오픈 리눅스 커널 기반
- 모바일 환경에서 메모리와 하드웨어 자원을 최적화하기 위해 설계된 맞춤형 가상머신 (Dalvik 가상머신)을 활용
- 오픈 소스이며 자유롭게 확장 가능

(2) 모두 동등하게 만들어진 어플리케이션

- 휴대폰 핵심 어플리케이션과 부가적인 어플리케이션을 동등하게 취급
- 단말기가 제공하는 성능에 모두 동등하게 접근 가능
- 안드로이드 플랫폼으로 만든 장치를 이용하여 개인의 취향에 맞게 단말기 디자인가능
- 사용자들은 단말기의 홈 스크린, 다이얼러 스타일 및 어플리케이션 변경가능

(3) 허물어진 어플리케이션의 경계

- 어플리케이션을 통해 웹 혹은 위치 기반의 서비스 제공 가능

(4) 빠르고 쉬운 어플리케이션 개발

- 유용한 라이브러리 및 도구들의 광범위한 접근 제공
- 장치의 위치를 얻고, 장치들이 서로 통신 할 수 있는 소셜 어플리케이션 개발 가능

2) 안드로이드의 구조

안드로이드는 운영체제, 미들웨어, 자바언어로 개발되는 어플리케이션들을 포함하고 있다. 안드로이드 플랫폼의 전반적인 시스템 아키텍처는 다음 [그림 10-5]와 같다. 안드로이는 리눅스 커널기반으로 운영되며, 상위계층에 라이브러리들과 안드로이드 런타임(runtime) 라이브러리를 제공한다. 그리고 라이브러리 상위계층에 개발자들의 어플리케이션 개발을 위한 프레임워크와 사용자들이 주로 사용하는 어플리케이션을 제공한다. 안드로이드는 개발자가 실제 단말기 없이도 어플리케이션을 개발하여 시험할 수 있는 SDK를 함께 제공한다.

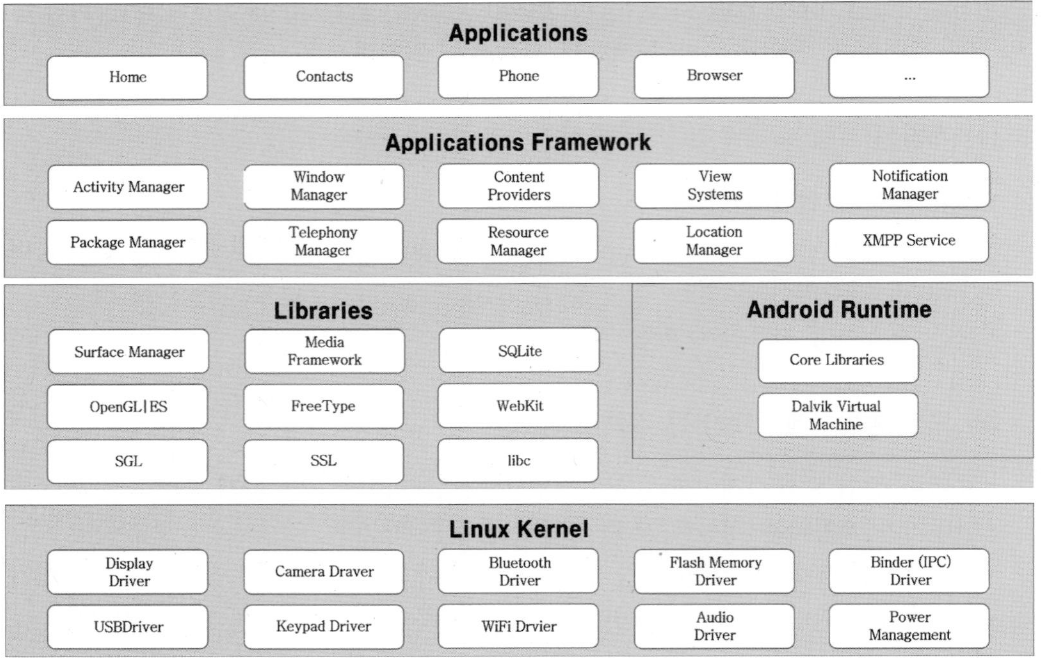

[그림 10-5] 안드로이드의 플랫폼의 구조

3) 안드로이드의 구성 및 특징

안드로이드는 처음 출시된 뒤로 여러 번의 업데이트가 있었다. 업데이트의 내용은 주로 오류 수정이나 새로운 기능 추가로 구성된다. 참고로, 안드로이드의 각 버전들은 알파벳 첫 글자를 오름 차수에 맞춘 음식 이름(디저트)을 코드명으로 삼고 있다.

안드로이드의 전체구조는 구글 및 OHA의 주도로 이루어지지만, 플랫폼에 포함되어 있는 라이브러리들은 지속적으로 업그레이드되어 릴리즈 되었다. 다음 [표 10-3]은 버전 별 새로운 기능을 보여준다.

[표 10-3] 안드로이드 구성 및 특징

구성 및 특징	주요 내용
핸드셋 레이아웃	• 플랫폼은 VGA, 2D 그래픽스 라이브러리, OpenGL ES 1.0에 기반을 둔 3D 그래픽스 라이브러리를 확장하기에 적응적임
저장소	• 데이터 저장 목적의 SQLite 데이터베이스 소프트웨어가 사용됨
통신	• 안드로이드는 GSM/EDGE, CDMA, EV-DO, UMTS, 블루투스, 와이파이를 포함하는 커넥션 기술을 지원

구성 및 특징	주요 내용
메시징	• SMS와 MMS가 가능
웹 브라우저	• 오픈 소스인 웹키트 응용 프로그램 프레임워크 기반의 브라우저 지원.
자바	• 지원 자바로 작성된 소프트웨어는 달빅 가상 머신에서 실행 가능한 코드로 컴파일됨. • 달빅 가상 머신은 표준 자바 가상 머신은 아니지만 모바일 기기를 위해 설계된 스택 기반의 가상 머신임
미디어 지원	• 안드로이드는 다음의 오디오/비디오/이미지 포맷을 지원: H.263, H.264 (3GP 또는 MP4 컨테이너), MPEG-4 SP, AMR, AMR-WB (3GP 컨테이너), AAC, HE-AAC (MP4 또는 3GP 컨테이너), MP3, 미디, OGG Vorbis, WAV, JPEG, PNG, GIF, BMP
추가 하드웨어 지원	• 안드로이드는 카메라, 터치스크린, GPS, 가속도 센서, 나침반 센서, 트랙볼 2D 그래픽 가속, 3D 그래픽 가속을 활용가능
개발 환경	• 기기 에뮬레이터, 디버깅 도구, 메모리와 성능 프로파일링을 포함하는 이클립스 IDE 플러그인인 ADT
마켓	• iOS의 앱 스토어와 유사한 안드로이드 마켓은 PC 사용 없이 무선으로 대상 하드웨어로 다운로드와 설치가 가능한 응용 프로그램 목록을 제공 • 2011년 2월 허니컴 발표와 함께 웹을 통한 마켓 이용이 가능 • 원래 프리웨어만 지원 되었으나 2009년 2월 19일 부터 유료 애플리케이션도 제공별도의 라이선싱, 애플리케이션 내에서의 유료 구매를 위한 SDK가 함께 발표
멀티 터치	• 안드로이드는 멀티 터치를 네이티브로 지원하지만 (애플의 터치스크린 기술 특허 침해를 피하기 위해) 커널 수준에서 비활성화됨 • 멀티 터치를 가능하게 하는 비공식 변형이 개발되었지만 장치에 접근하기 위해 슈퍼 사용자 권한이 요구됨 • 미국 이외 국가의 안드로이드 기기들은 멀티터치가 가능함.(애플 사의 멀티터치 특허권이 미국에 한정되기 때문이며, 대표적인 예로써 안드로이드의 유럽형 버전인 마일스톤(Milestone)은 핀치 크기 조절이 가능함)
블루투스	• 블루투스를 통한 파일 전송이 버전 2.0에 추가
영상통화	• 안드로이드는 영상통화를 지원하지 않음. 하지만, 전화기에 UI 및 프로그램을 추가하여 사용할 수 있음 • HTC Evo4G에서는 HTC 자체의 센스(Sense) UI를 사용하여 영상통화를 지원 • HTC가 아니라도 제조사가 영상통화를 지원하게 한다면 가능. 허니컴부터 GTalk를 통한 영상 통화를 지원하기 시작

3-6 Windows Mobile

1) 개요와 특징

윈도우 모바일 운영체제는 기존 모바일 시리즈와는 달리 완전히 변화된 운영 체제이며, 커널부터 UI까지 많은 부분이 바뀌었다. 커널은 윈도 CE를 계승한 윈도 임베디드 컴팩트 7 기반으로 알려져 있으며, UI는 메트로(마이크로소프트의 UI 중 하나) UI를 사용하였다. 음악/동영상 서비스로는 준을 채용하였으며, 마이크로소프트의 검색 엔진인 빙 (Bing)과 엑스박스 라이브 등이 기본적으로 탑재되어 있다. 또한 주소록은 페이스북 같은 SNS와 연동이 되도록 설계하였다.

(1) '허브'를 통한 통합된 서비스의 제공

윈도 폰 7이 적용된 삼성 옴니아 7의 모습윈도 폰 7 의 핵심 기능 중 하나로 통합된 경험(Integrated experience)의 제공을 내세우고 있다. 기존의 응용 소프트웨어 위주의 스마트폰 UI 환경에서 탈피하여 '허브'(Hub)를 통해 응용 프로그램들의 수많은 기능을 통합하도록 사용자 경험 디자인을 하였다.

(2) 라이브 타일을 통한 한눈에 들어오는 초기화면

다른 스마트폰과 차별화 되는 사용자 경험으로는 한눈에 들어오는 초기화면(Glance-and-Go)이 있다. 다른 스마트폰과 달리 윈도 폰에는 바탕화면에 아이콘 대신 '라이브 타일'(Live Tile)이라는 UI가 배치되어 다른 스마트폰에서 보이는 바탕화면 아이콘의 기능을 대신하고 있다.

이 특징을 활용한 여러 가지 애플리케이션들이 개발되었으며, 그중 일부는 날씨상태, 교통상태, 시세정보, 주식변동 등을 바로바로 알아볼 수 있게 하였다. 또한 이 UI는 마이크로소프트나 애플의 직원이 아닌 외부 개발자들에 의해 iOS에도 이식되었다. 이 기능은 더욱 발전되어 차기버전에 '딥 링크'(Deep Link)라는 기능을 추가하여 애플리케이션의 특정 부분부터 실행할 수 있도록 업데이트 한 기능이 MIX11(매년 4월에 개최되는 마이크로소프트의 콘퍼런스)을 통해 공개되었다.

(3) 엑스박스 라이브

윈도 폰 7에는 게임기능으로 엑스박스 라이브가 탑재되어 있다. XNA를 기반으로 개발하게 되어 있으며, 기존의 엑스박스 기반의 콘솔 서비스를 윈도 폰 7에서도 사용할 수 있게 하였으며, 기본 허브로 탑재되어 있다

2) 구조

(1) 하드웨어

하드웨어 설계가 하드웨어 업체별로 자유로웠던 윈도 모바일 6.5 이전과는 달리, 윈도 폰 7에서는 마이크로소프트에서 제시한 가이드라인과 최소 사양을 만족해야 한다. 최소사양은 다음과 같다.

- ARM v7 기반의 프로세서
- A다이렉트X API를 지원하는 하드웨어 가속기
- A정전식 멀티터치 스크린
- A5백만 화소 이상의 디지털 카메라
- A블루투스 지원
- A와이파이
- AFM 라디오 수신기
- AA-GPS
- A가속도 측정기, 지자기 센서, 조도 센서, 소형 조명

다음 [그림 10-6]은 윈도우폰 플랫폼의 구조를 보이고 있다.

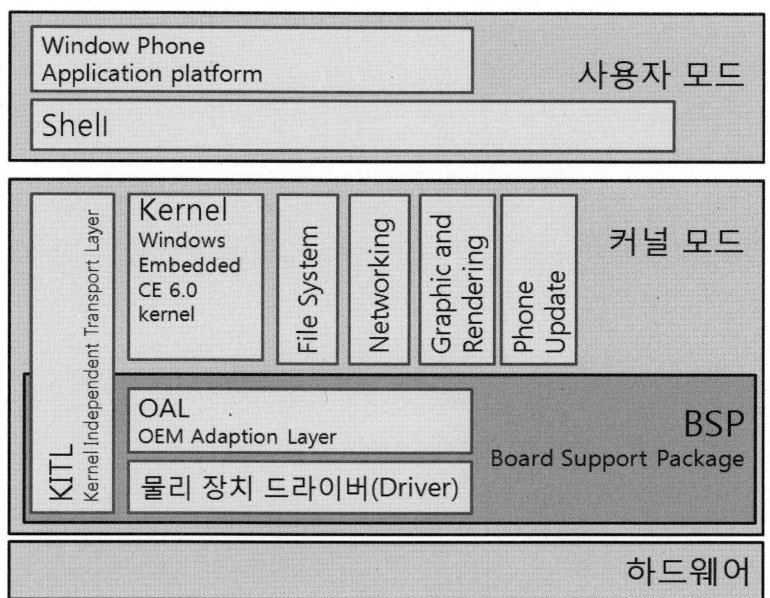

[그림 10-6] 윈도우 폰 플랫폼의 구조

(2) 소프트웨어

소프트웨어는 크게 커널모드와 유저모드로 나눌 수 있다. 커널모드는 다시 BSP(Board Support Package)와 나머지 모듈들로 나눌 수 있는데, BSP는 하드웨어 제조 업체에서 하드웨어와 운영 체제를 연결하기 위해 만드는 소프트웨어 계층이며, 커널모드의 나머지 모듈들은 일반적인 운영 체제와 기능이 유사하다

3) 개발 환경

윈도 폰 7 의 개발 환경은 C#과 VB.NET (Silverlight 4.0, XNA 4.0)에 기반 한다. 또한 비주얼 스튜디오 2010에서는 윈도폰7 시리즈의 개발을 위한 기능이 탑재될 예정이다. 또한 윈도폰 7에 기본 탑재되는 엑스박스 라이브의 경우 멀티 플랫폼을 지향하여, 하나의 프로젝트 진행만으로 윈도폰7, PC, 엑스박스에서 모두 구현 가능하도록 개발 중이다. 지원되는 프로그래밍 언어로는 C#이 현재 지원되고 있으며, Managed Code만이 지원되어 Native API를 통한 개발은 불가능하다. C++ 개발환경은 지원되지 않으며, 비주얼 베이직 닷넷 개발지원은 고려중이라고 밝혔다가 2010년 9월 22일 CTP를 출시하였다. 현재 C#용 개발도구는 RTM(정식버전)이 공개되어 있으며, VB.NET용 개발도구는 CTP(베타)가 공개되어 있다.

개발 프로그램은 윈도 비스타, 윈도 7 운영 체제를 기반으로 하여야 하며, Visual Studio Express for Windows Phone 7 외에 Visual Studio 2010, Expression Blend 4의 애드인으로 설치가 가능하다.

■ 임베디드 시스템(embedded system)

- 사람의 간섭 없이 독자적 기능을 수행할 수 있는 시스템으로 하드웨어와 소프트웨어로 구성되어 있고, 보통 마이크로프로세서와 소프트웨어가 들어 있는 롬으로 구성
- 임베디드 H/W : 마이크로프로세서, 컨트롤러, 메모리, I/O, 네트워크
- 임베디드 S/W : 커널, 디바이스 드라이버, 시스템 S/W, 응용 S/W, 네트워크 응용 등

■ 임베디드 시스템의 적용분야

- 제어분야 : 공장자동화, 가정자동화, 로봇 제어, 공정제어 등
- 단말기기 : 핸드폰, PDA, 스마트 폰, LBS 등
- 정보 가전기기 : 프린터, 인터넷 냉장고, 게임기, HDTV 등
- 네트워크기기 : 교환기, Router, 홈 서버, 홈 게이트웨이 등

■ 임베디드 시스템 하드웨어 구성

- 프로세서 : 프로그램의 명령어 처리
- 메모리 : 프로그램과 데이터 저장
- 주변장치 : 시스템과 외부 장치(External Devices)들을 연결
- 네트워크 장치

■ 임베디드 시스템 소프트웨어 구성

- OS : RTOS, Embedded Linux 등
- 시스템 S/W: OS API, 디바이스 드라이버, Network API
- 응용 S/W: 각 분야, 용도 별 응용 프로그램 및 미들웨어

■ RTOS(Real Time OS)

- 임베디드 시스템이 가지는 특성 중 실시간적인 요소를 충족하도록 나온 운영체제로써, RTOS는 임베디드 시스템의 근간이 되는 운영체제
- 실시간 운영체제도 일반 OS들이 수행하는 태스크 스케줄링, 태스크 간의 통신, 메모리 관리, I/O, 인터럽트 등 이러한 요소들을 같이 지원
- 일반 OS와 차이점은 시간 제약의 차이, 신뢰성, 범용성과 특수성에 있음

■ 임베디드 운영체제

- 인터넷 솔루션과 GUI 기능, 그리고 모바일 디바이스 지원 기능, 유·무선 통신 기능, 경량 TCP/IP 스택 지원, 경량 그래픽 윈도우 시스템 지원, 객체지향 언어 지원, 멀티미디어 스트림의 효율적인 처리, 웹 서비스 지원 기술 등이 필요
- 모바일 디바이스를 위해서는 저 전력 지원과 소형 LCD에 적합한 그래픽 윈도우 시스템에 대한 기술이 필요하고, 이식성과 조립성이 좋아야 함

■ 임베디드 운영체제 종류

- 스레드 기반 운영체제 : 시스템(커널) 프로세스와 응용(사용자) 프로세스가 구분되지 않고 같은 기준으로 수행되는 것으로서 응용 프로그램의 오류가 시스템 전체를 멈추게 할 수 있음. 스레드 기반 운영체제로는 윈드리버의 VxWorks임
- 프로세스 기반 운영체제 : 시스템 프로세스와 응용 프로세스가 별도의 기준으로 수행되는 것으로서 응용 프로그램의 오류가 시스템 프로세스의 동작에 영향을 미치지 않음. 프로세스 기반 운영체제로는 임베디드 리눅스임

■ 차세대 모바일 플랫폼

- 플랫폼은 응용 프로그램을 작동시킬 때 기반이 되는 일관된 환경이며, 운영체제 또한 플랫폼의 일부
- 스마트폰에서는 플랫폼과 운영체제가 같은 개념으로 사용

■ 스마트폰에 사용되는 주요 플랫폼

스마트폰에 사용되는 주요 플랫폼으로는 심비안(symbian OS), 림 블랙베리(RIM Black-Berry), 윈도우 폰(Window Phohe), 애플 iOS(Apple iOS), 안드로이드(Android)등이 있음

[주관식 연습문제]

1 다음 용어를 조사하여 정의하고 설명하시오.

a. Embedded OS
b. RTOS
c. API
d. XIP
e. J2ME
f. PIM
g. Middleware
h. CORBA

2 임베디드 시스템을 정의하고 임베디드 시스템의 구조와 각 구성요소를 설명하시오.

3 임베디드 시스템의 적용사례를 구체적으로 설명하시오.

4 임베디드 운영체제란 무엇인지 실시간 OS와 비교하여 설명하시오.

5 임베디드 운영체제의 여러 기술요소 중 중요하다고 생각되는 기술 5가지만 선택하고 그 이유를 설명하시오.

6 국내외에 현재 사용되고 있거나 새로이 개발되고 있는 임베디드 운영체제를 조사하여 설명하시오.

7 MS의 닷넷(.net) 플랫폼에 대해 조사하고 설명하시오.

8 임베디드 시스템의 개발 과정을 조사하여 설명하시오.

9 차세대 모바일 운영체제들 중, 미고, 바다, 아이팟 리눅스, 웹 OS, GEOS(지오웍스) 등을 조사하여 설명하시오.

다중처리 시스템
Multiprocessing System

CHAPTER
11

11 CHAPTER

[학습목표]

- 여러 가지 컴퓨터 분류와 파이프라인, 배열 프로세서에 대해 이해한다.
- 기억장치 결합에 따른 다중프로세서 시스템들을 이해한다.
- 주종, 분리 실행, 대칭적 처리 등 3가지 다중처리 운영체제를 이해한다.

[주요 내용]

1. 다중 프로세서 분류
2. 기억장치 결합에 따른 다중 프로세서
3. 다중처리 운영체제

[요약]

[연습문제]

1
다중 프로세서 분류

1-1 다중처리 개요

일반적으로 다중처리(multiprocessing) 또는 병렬처리(parallel processing)의 의미는 다수의 프로세서들이 여러 개의 프로그램들 혹은 한 프로그램의 분할된 부분들을 분담하여 동시에 처리하는 기술이다. 오늘날에는 마이크로프로세서의 발전으로 향후 수백, 수천 개의 마이크로프로세서로 구성된 다중처리기 구성도 가능할 것이다.

병렬 슈퍼 컴퓨터 성능은 립스(LIPS : Logical Inference Per Second)로 측정되는데 1립스를 1초에 1000개의 명령을 수행하는 것과 같다고 할 경우, 5세대 컴퓨터는 1초당 1조(giga) 개의 명령을 수행하는 것을 목표로 한다. 오늘날의 슈퍼컴퓨터는 기가 플롭스(GIGA FLOPS : billion Floating Point Operations Per Second)로 1초당 1조 번의 부동 소수점 연산의 기계가 사용 가능하다.

병렬처리를 위한 선결 조건은 다음과 같다.

- 첫째, 많은 수의 프로세서들로 하나의 시스템을 구성할 수 있도록, 작고 저렴하며 고속인 프로세서들의 사용이 가능해야 한다. 이 조건은 VLSI 집적도 향상으로 가능해졌다.
- 둘째, 한 프로그램을 여러 개의 작은 부분들로 분할하는 것이 가능해야 하며, 분할된 부분들을 병렬로 처리한 결과가 전체 프로그램을 순차적으로 처리한 경우와 동일한 결과를 얻을 수 있어야 한다. 이 조건은 다음과 같은 문제들을 해결해야 한다.
  - 문제 분할(problem partition)이란 병렬처리를 위하여 문제(혹은 프로그램)를 여러 개로 나누는 것임
  - 프로세서간 통신(inter processor communication)은 분할된 부분을 나누어 처리하는 프로세서간의 데이터 교환을 위한 기법임
  - 기타 필요한 관련 기술들
    . 알고리즘의 병렬성을 표현해줄 수 있는 병렬 프로그램 언어와 컴파일러의 개발이 필요함
    . 프로세서간 자원을 상호 배타적으로 공유할 수 있는 상호 배제(mutual exclusion)가 지원되어야 함
    . 공유자원들에 대한 경합(contention)을 줄이고 이용률을 극대화할 수 있는 운영체제의 개발도 필요함

다중처리기(multiprocessor)의 일반적인 특징은 다음과 같다.

- 각 프로세스는 자체 계산 능력을 가지고 있다.
- 각 프로세서들이 하나의 공통 기억 장소나 전용 기억 장소를 가진다.
- 각 프로세스들은 프로세서나 주변 장치 등을 공동 사용한다.
- 전체 시스템이 독립된 운영체제나 한 운영체제에 의해 운영될 수 있다.

1-2 Flynn에 의한 컴퓨터의 분류

1) 개요

Flynn의 분류(Flynn's classification)는 구조적 특징에 따른 분류 방식이다. 프로세서들이 처리하는 명령어스트림과 데이터 스트림의 수에 컴퓨터를 4가지로 분류한다. 명령어스트림(instruction stream)은 프로세서에 의해 실행되기 위하여 순서대로 나열된 명령어 코드들의 집합을 의미하고, 데이터 스트림(data stream)은 그 명령어들을 실행하는 데 필요한 순서대로 나열된 데이터들의 집합을 의미한다.

- 단일 명령어 스트림 – 단일 데이터 스트림 (SISD)
- 단일 명령어 스트림 – 복수 데이터 스트림 (SIMD)
- 복수 명령어 스트림 – 단일 데이터 스트림 (MISD)
- 복수 명령어 스트림 – 복수 데이터 스트림 (MIMD)

[표 11-1]은 Flynn에 의하여 컴퓨터를 네 가지 종류로 분류한 예를 보이고 있다.

[표 11-1] Flyne에 의한 분류

약어	의미	명령어 스트림	데이터 스트림	컴퓨터의 예
SISD	single instruction stream single data stream	1	1	IBM 370, DEC, VAX MACINTOSH
SIMD	single instruction stream multiple data stream	1	>1	ILLIAC IV, CONNECTION MACINE, NASA'S MPP
MISD	multiple instruction stream single data stream	>1	1	not used
MIMD	multiple instruction stream multiple data stream	>1	>1	Cray X/MP, Cedar, Buterfly

1) SISD

이 구조는 Von Neumann 방식으로써 한 번에 하나의 명령어만을 수행하는 단일 프로세서 컴퓨터로서 단일 자료 흐름으로 자료를 처리한다.

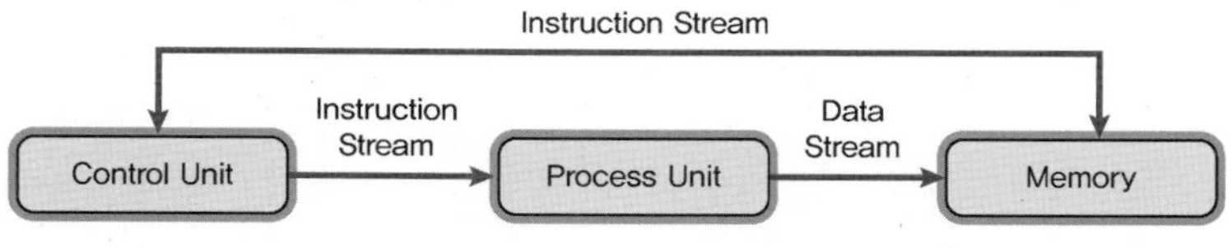

[그림 11-1] SISD 컴퓨터의 구조

현재의 마이크로컴퓨터는 대부분 이러한 구조로 되어 있다. 이러한 형태의 컴퓨터에서는 명령어가 순차적으로 하나씩 수행된다. 그러나 명령어를 수행할 때 여러 수행 단계로 나누어서 중첩 수행 혹은 파이프라인에 의한 수행을 할 수도 있다.

2) SIMD

이 구조는 어레이 프로세서라고도 하는데 어레이의 각 항목에 대해서 동시에 같은 연산을 수행한다. 때때로 벡터 프로세서와 파이프라인 프로세서도 이 범주에 속한다.

SIMD 컴퓨터는 다수의 처리기들이 배열 형태로 연결되어 하나의 제어장치에 의해 제어되어 수행되는 컴퓨터로 [그림 11-2]과 같은 형태를 갖는다. 이러한 방식의 컴퓨터는 각각의 데이터를 인출하기 위한 명령어를 각각의 프로세서가 따로 인출할 필요가 없기 때문에 시간 낭비를 줄일 수 있고 모든 명령을 데이터에 병행해서 수행할 수 있으므로 폰 노이만형인 SISD보다 빠르게 수행할 수 있다. 이 구조는 주로 데이터 행렬 또는 배열의 벡터 연산을 위해 설계되므로 MIMD에 비해서 응용 분야가 한정되어 있다.

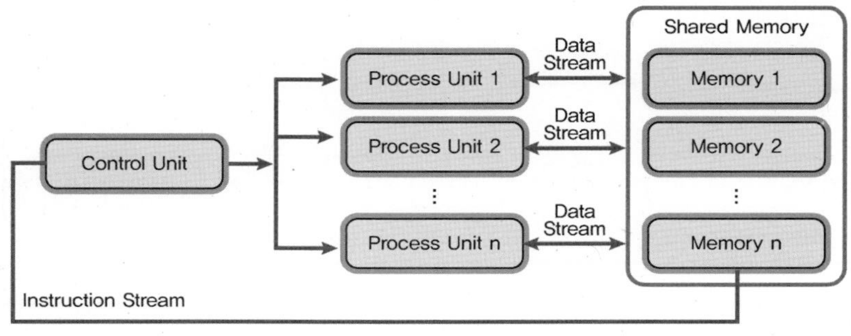

[그림 11-2] SIMD의 구조

3) MISD

이 구조는 여러 프로세서들에 의해 각각의 명령들이 하나의 데이터에 적용되는 것으로, 하나의 처리기에서 처리한 결과가 다른 처리기에 입력되는 형태인데 실제로 이러한 구조를 가지는 컴퓨터는 없다.

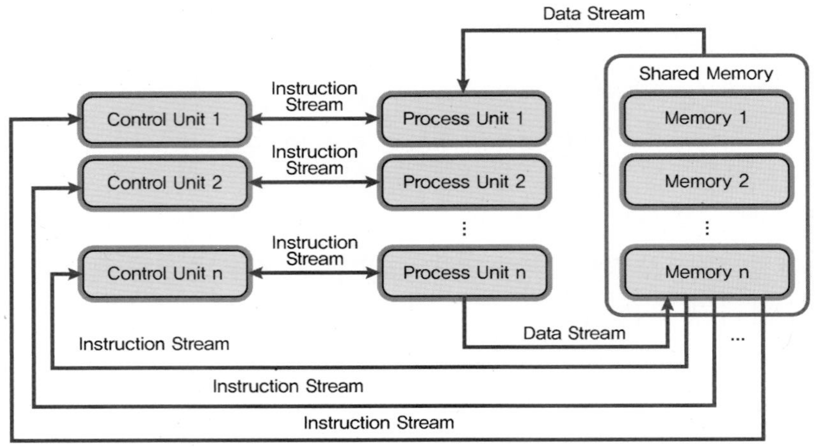

[그림 11-3] MISD 컴퓨터의 구조

4) MIMD

이 구조는 여러 명령 배열을 여러 데이터 스트림에서 각각 동작하게 하는 것으로서 서로 다른 명령어와 데이터 스트림 사이에는 다양한 형태의 상호 작용이 존재한다. 이 구조는 진정한 의미에 있어서 병렬(parallel) 프로세서로서 다중 프로세서라고도 한다.

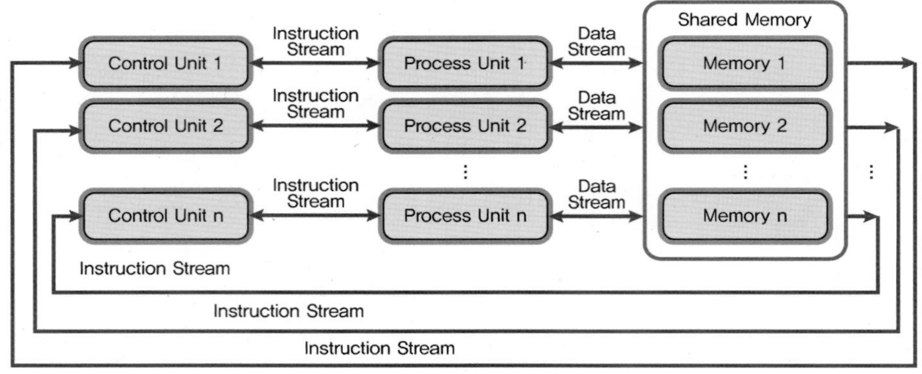

[그림 11-4] MIMD 컴퓨터의 구조

[프로세서들 간의 상호작용 정도에 따라 두 가지로 분류]

- 강 결합(tightly-coupled) 다중처리기는 공유-기억장치 시스템(shared-memory system) 이라하며, 모든 프로세서가 기억장치를 공유하는 다중프로세서 시스템(multiprocessor system)이라 부른다.
- 약 결합(loosely-coupled) 다중처리기는 지역 기억장치(local memory)를 가진 독립적인 컴퓨터 모듈로 구성되고, 프로세서간 통신은 메세지(message-passing) 방식을 이용하는 구조로 분산-기억장치 시스템(distributed-memory system)이라 하며, 다중컴퓨터 시스템(multiple-computer system)이라 부른다.

1-3 첨단 프로세서 구조

1) 파이프라인 프로세서

파이프라인 프로세서(pipeline processor)는 하나의 프로세서를 서로 다른 기능을 가진 여러 개의 부 프로세서(sub processor)로 나누어 각 부 프로세서가 동시에 서로 다른 데이터를 취급하도록 하는 기법이다.

[그림 11-5]의 (a)와 같이 컴퓨터가 프로그램을 수행 중인 파이프라인은 쉬지 않고 작동되기 때문에 파이프라인 방식을 채택하지 않은 일반적인 컴퓨터에서의 명령어 수행 과정은 [그림 11-5] (c)와 같다. 그러나 파이프라인 방식을 채택한 시스템에서의 명령어 수행은 [그림 11-5] (b)와 같이 4개의 단위 시간이 경과한 다음부터 매 단위 시간마다 하나의 명령어가 수행되어 수행 속도가 4배로 증가하는 효과를 얻을 수 있다. 이상에서 언급한 것은 명령어 파이프라인에 관한 것이나 파이프라인은 중앙처리장치 내에서의 명령어 수행(EX) 단계에도 적용될 수 있다. 즉 EX 단계에서 연산 파이프라인을 구성할 수도 있다.

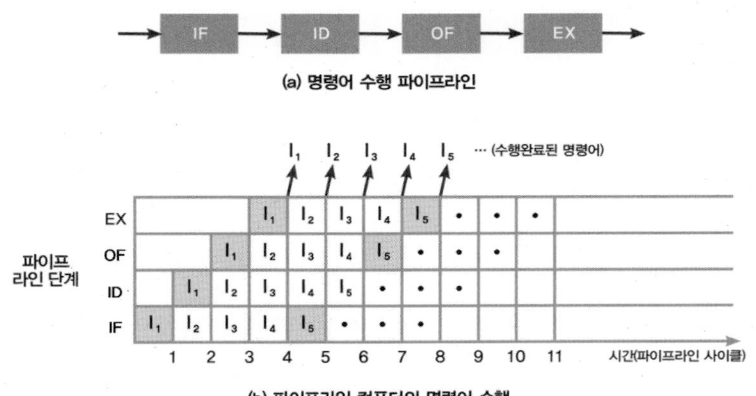

(b) 파이프라인 컴퓨터의 명령어 수행

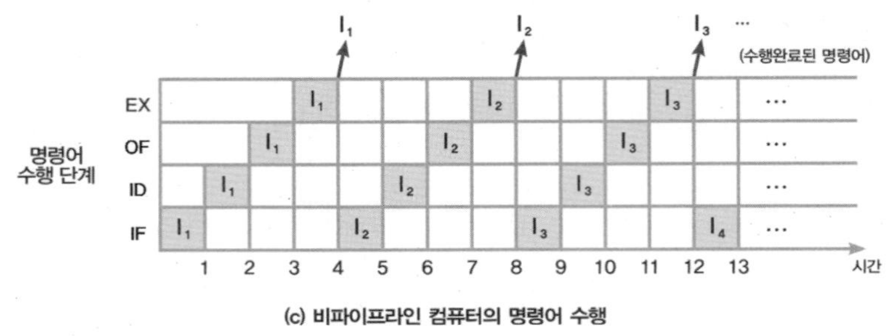

(c) 비파이프라인 컴퓨터의 명령어 수행

[그림 11-5] 파이프라인과 비 파이프라인에서의 명령어 수행

이때 하나의 명령어가 IF 단계에서 EX 단계까지 수행되는데 걸리는 시간을 명령어 사이클(instruction cycle)이라 하며 하나의 명령어가 거쳐야 하는 네 단계 중 각 단계를 거치는데 걸리는 시간을 파이프라인 사이클(pipeline cycle)이라 한다. [그림 11-5] (b)는 모든 명령어의 파이프라인 사이클이 같다는 가정하에서 파이프라인 단계들을 시스템 클록(system clock)과 동기적으로 동작시킬 경우의 예로써 실제로는 각 명령어에 따라 파이프라인 사이클은 일정하지 않을 수 있는데 이러한 경우에는 각 단계 사이에 버퍼를 두어 비동기적으로 해결할 수 있다.

일반적으로 이상과 같은 파이프라인 프로세서는 같은 처리를 요하는 수많은 데이터를 반복하여 처리하는데 효과적으로 적용될 수 있으며 따라서 오늘날 존재하는 대부분의 파이프라인 프로세서는 행렬 계산 및 처리에 쉽게 적용되고 있다.

[그림 11-6]은 전형적인 파이프라인 프로세서 구조로서 EX 단계에 스칼라(scalar) 산술 연산과 벡터(vector) 산술 연산을 위한 파이프라인을 별도로 가지고 있으며 OF 단계도 두 가지 형태로 구성되어 있는데 그 중 하나는 스칼라 피연산자를 다른 하나는 벡터 연산자를 각각 주기억 장치로부터 가져오는 것이다.

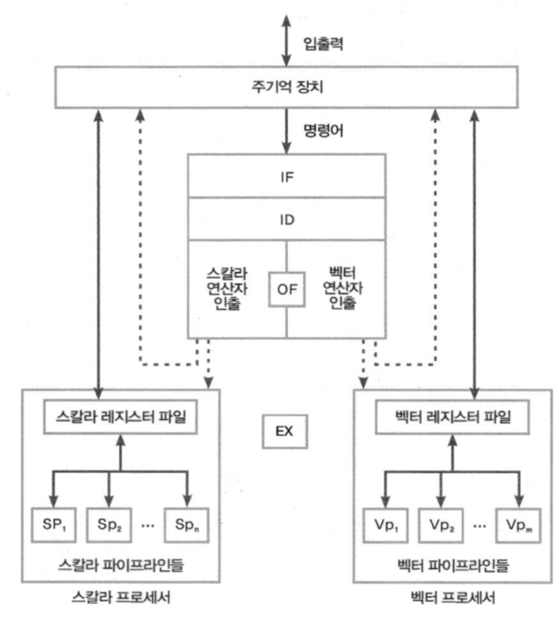

[그림 11-6] 파이프라인 프로세서

• 하나의 명령어는 컴퓨터에서 다음과 같은 네 단계의 과정으로 수행된다.
ⓐ IF(Instruction fetch) : 수행할 명령어를 주기억 장치로부터 인출
ⓑ ID(Instruction decode) : 수행될 연산을 식별하기 위한 명령어 코드

ⓒ OF(Operand fetch) : 연산에 필요한 피연산자를 주기억 장치로부터 인출
ⓓ EX(Execution) : 연산을 수행

- 명령어 사이클 : 하나의 명령어가 IF 단계에서 EX 단계까지 수행되는데 걸리는 시간이다.
- 파이프라인 사이클 : 하나의 명령어가 거쳐야 하는데 4단계 중 각 단계를 거치는데 걸리는 시간이다.

2) 배열 프로세서

배열 프로세서(array processor)는 하나의 중앙제어장치 아래에 병렬 수행되는 PE(Processing Element)들의 배열로 구성되어 있다. 파이프라인의 구조와는 달리 수평적인 병렬 구조를 뚜렷하게 가진 공간 병렬성의 SIMD 병렬 프로세서 구조로서 여러 데이터에 대하여 서로 다른 PE가 동시에 하나의 제어 장치에 의해 동기화하여 동시에 하나의 명령을 처리하는 구조를 말한다.

[그림 11-7]은 대표적인 어레이 프로세서 구조로서 제어 장치 내의 제어 프로세서는 제어 형태의 명령문을 직접 수행하며 제어 기억 장치 및 지역 기억 장치로부터의 명령어 인출과 디코딩을 수행한다. 각 PE는 일시적인 데이터를 기억하기 위한 여러개의 레지스터 및 연산 장치(ALU)와 지역 기억 장치(local memory)로 구성되어 있고 이들 간의 데이터 교환은 상호 연결 네트워크(inter-PE connection network)에 의한다. PE에서 사용되는 피연산자들은 PE의 지역 기억 장치로부터 인출되고 지역적으로 수행된다.

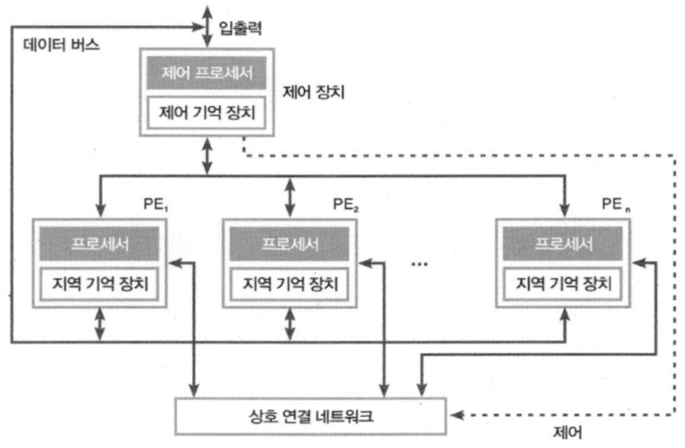

[그림 11-7] 배열 프로세서 입출력 버스트의 순환

여러 PE에 걸쳐서 수행되어야 하는 벡터 명령문의 피연산자는 지역 기억 장치로부터 인출되는데 PE는 명령문의 디코딩 능력이 없는 단순한 수동적 장치로서 지역 기억 장치나

제어 기억 장치에서의 명령어 인출과 이들의 디코딩은 제어 프로세서에 의해 수행된다.

PE간의 상호 연결 네트워크(interconnection network) 토폴로지(topology)는 다음 [그림 11-8]와 같이 1차원 토폴로지는 선형 배열(linear array)이 있고, 2차원 토폴로지에는 원형(ring), 성형(star), 나무(tree), 매쉬(mesh), 시스톨릭(systolic array) 구조가 있다. 그리고 3차원 토폴로지로는 완전연결(completely connected) 구조, 코달 원형(chordal ring) 구조, 3차원큐브가 있다.

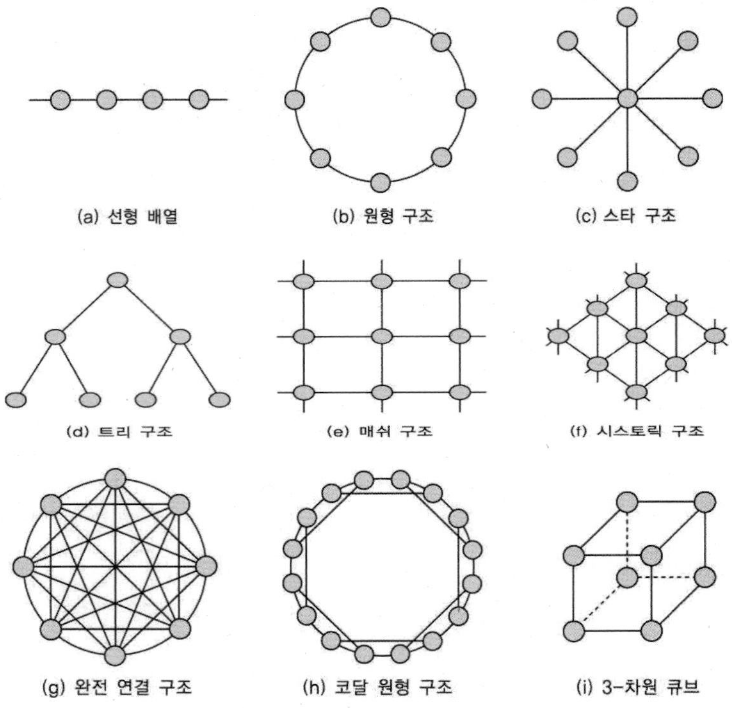

[그림 11-8] PE간 상호연결 네트워크 토폴로지

- PE라고 불리는 처리를 위한 처리 단위를 여러 개 가지는 동기적 병렬 컴퓨터 시스템을 말한다.
- PE는 동시에 같은 기능을 동기적으로 수행하도록 되어 있다.
- 병렬처리를 위해서는 PE들 간에는 적절한 통신 즉 데이터 교환이 이루어져야 한다.
- PE에서 사용되는 피연산자들은 PE의 지역 기억 장치로부터 인출되고 지역적으로 수행된다.
- PE에 걸쳐서 수행되어야 하는 명령문의 피연산자는 지역 기억 장치로부터 인출되는데 PE는 명령문의 디코딩 능력이 없는 단순한 수동적 장치로서 지역 기억 장치나 제어 기억 장치에서의 명령어 인출과 이들의 디코딩은 제어 프로세서에 의해 수행된다.

2

기억장치 결합에 따른 다중 프로세서

2-1 개요

파이프라인 프로세서는 시간적 병렬성(temporal parallelism)을 위해 중첩하여 처리를 행하며 어레이 프로세서는 공간적 병렬성(spatial parallelism)을 위해 다수의 동기화된 프로세서들을 사용한다.

반면 다중처리 시스템은 기억 장치나 데이터베이스 등의 자원을 공유하며 상호 작용하는 다중 프로세서들을 통하여 비동기적 병렬성(asynchronous parallelism)을 얻는다. 이를 위하여 다중처리 시스템 설계 시, 비동기적으로 동작하는 다중 프로세서들과 입출력 프로세서들을 독립적으로 접근 가능한 기억 장치 모듈과 결합하는 방법과 제어하는 방법이 가장 중요한 문제이다.

이 구조는 Flynn 의 MIMD 조직에 해당하는 분류로 기억 장치가 결합되는 방법에 의해 다음과 같이 공유 기억 장치(shared memory) 시스템과 분산 기억 장치(distributed memory) 시스템 두 가지로 분류한다.

- 공유 기억장치 시스템은 강 결합(tightly coupled), 또는 밀착된 결합 다중처리기라고 하며, 모든 프로세서가 기억장치를 공유하는 구조로, 다중프로세서 시스템(multiprocessor system)이라 부른다.
- 분산 기억장치 시스템은 약 결합(loosely coupled), 또는 느슨한 결합 다중처리기라고 하며, 지역 기억장치(local memory)를 가진 독립적인 컴퓨터 모듈로 구성되고, 프로세서간 통신은 메시지 전달(message passing) 방식을 이용하는 구조로, 다중 컴퓨터 시스템(multiple computer system)이라 부른다.

2-2 공유 기억장치 시스템

공유 기억장치 시스템 또는 강 결합 다중처리기는 모든 기억 장치 모듈이 동등하게 처리기로부터 접근 가능하고 그 속도는 매우 빠르고 일정하다. 이 구조는 [그림 11-9]과 같이 연산소자 사이의 통신 방법으로 공유변수를 사용하므로 동기화 문제가 발생한다. 공유 기억 장치가 여러 처리기에 대해 병목으로서 작용하기 때문에 처리기의 수에 제한을 받는다.

강 결합 다중처리에서는 여러 처리기들 간에 하나의 저장 장치를 공유하며 하나의 운영체제가 모든 처리기들과 시스템 하드웨어를 제어한다. 통신은 공유 저장 장치에 의한다. 강 결합 시스템에서의 주요 관심사는 공유 저장 장치에 대한 경쟁이다. 결합 스위치(combining switch)라 불리는 하드웨어 기법이 단일 위치에 대한 다중 참조를 그 저장 장소에 대해 단일 액세스를 요구하는 것처럼 취급할 수 있게 한다.

[그림 11-9] 강 결합 다중처리기

- 공용의 기억 장치를 상호 연결하고 I/O 시스템의 자원을 공용하는 다중 프로세서 시스템. CPU, IOP, I/O 장치와 같은 근거리 통신을 하는 경우를 말한다.
- 하나의 운영체제 아래에서 공유 기억 장치를 사용한다.
- 공유 기억 장치에서 경쟁을 최소화하도록 하드웨어적 방법인 교환 결합 방식을 이용한다. 이는 기억 장소에 오직 하나의 접근만을 받아들임으로써 한 기억 장소에 대한 다중 참조를 처리한다.

[장점]
- 프로세서들이 공통으로 사용하는 데이터들이 공유 기억장치에 저장되므로 별도의 프로세서간 데이터 교환 메커니즘이 필요하지 않음
- 프로그램 실행시간 동안에 각 프로세서들이 처리할 작업들을 동적으로 균등하게 할당할 수 있으므로 프로세서 이용률을 극대화할 수 있어서 시스템 효율을 높일 수 있음

[단점]
- 프로세서들과 기억장치들 간의 통로(버스 또는 상호연결망)상에 통신량이 많아지기 때문에 경합으로 인한 지연 시간이 길어질 수 있음
- 두 개 이상의 프로세서들이 공유자원(기억장치 모듈 또는 입출력장치)을 동시에 사용하려는 경우에 한 개 이외의 프로세서들은 대기해야 함
- 프로세서 수가 증가해도 선형적으로 성능 향상 불가능하며 고속 상호연결망과 캐시를 사용하여 보완함

1) 공유버스 다중처리기

공유버스 다중처리기는 프로세서, 기억 장치 및 입출력 프로세서들 사이에 단일 경로를 이용하는 것으로서 이 경우의 공유 버스는 본질적으로 수동적 장치이며 각 장치 간의 자료 전송은 장치 자체의 버스 인터페이스에 의하여 제어된다.

공유 버스 접속 구조는 [그림 11-10]과 같이 모든 입력 단자들이 모든 출력 단자들을 동등하게 접근할 수 있도록 한다. 주어진 일정 시간에 오직 1개의 단자가 버스를 점유하여 출력장치에 접근한다. 이 구조는 30개 이하의 처리기를 가지고 있는 공유 기억 장치 컴퓨터에 주로 사용된다. 버스 접속 구조의 문제점은 기억 장치와 처리기 사이의 데이터 이동이 버스를 포화시켜 처리기 기아(starvation) 현상을 가져온다. 즉 버스가 병목화(bottleneck) 된다.

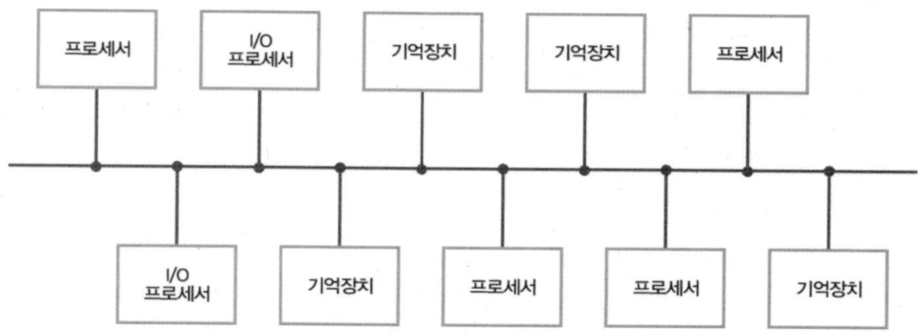

[그림 11-10] 공유 버스 다중처리기

(1) 특성

- 공통 버스 : 프로세서는 다수의 CPU가 공통의 버스를 통하여 기억 장치에 연결된 시스템이다.
- 오직 하나의 CPU만 전송할 수 있으며 전송을 원하는 다른 프로세서는 먼저 버스가 유용한지를 조사한다.
- 하나의 공통 버스를 모든 CPU가 공용하고 있으므로 접근 충돌이 발생한다(우선순위에 의해 해결할 수 있다).
- 단일 프로세서나 다중 프로세서에서 시분할 버스를 사용하는 방법이다.
- 어느 한 순간에 한 프로세서만 버스를 사용할 수 있다.
- 버스에 문제가 발생할 때 전체 시스템에 문제가 발생한다.

(2) 장점

- 버스에 장치들을 직접 부착시킴으로써 쉽게 추가하기 쉽다.
- 경제적으로 단순하며 융통성이 있다.

(3) 단점

- 버스가 고장을 일으킬 경우 전체 시스템은 중단되어야 한다.
- 시스템의 전송률은 버스의 전송률에 의해 제한된다.
- 바쁜 시스템 내에서 그 버스를 이용하려는 경쟁은 실행의 저하를 야기할 수 있다.

2) 크로스바 스위치 다중처리기

크로스바 스위치(crossbar switch) 다중처리기 구조는 2개 이상의 입력 장치가 같은 출력 장치에 접근하려고 하지 않는 한 모든 입력단자가 모든 출력단자들에 접근할 수 있도록 한다. 이 구조는 작은 규모와 높은 성능을 나타내는 시스템에 사용되며, 최고 한도로 16 × 16의 구조를 갖는다. 예를 들면 Alliant FX/8은 처리기와 캐시 모듈사이에 8 × 4의 구조를 갖고 Convex는 처리기와 기억 장치 모듈 사이에 4 × 8의 구조를 갖는다. 크로스바 구조는 [그림 11-11]와 같이 CPU 버스와 기억 장치 모듈 통로 간의 교차점에 위치한 다수의 교차점(cross point) 으로 구성되어 있다.

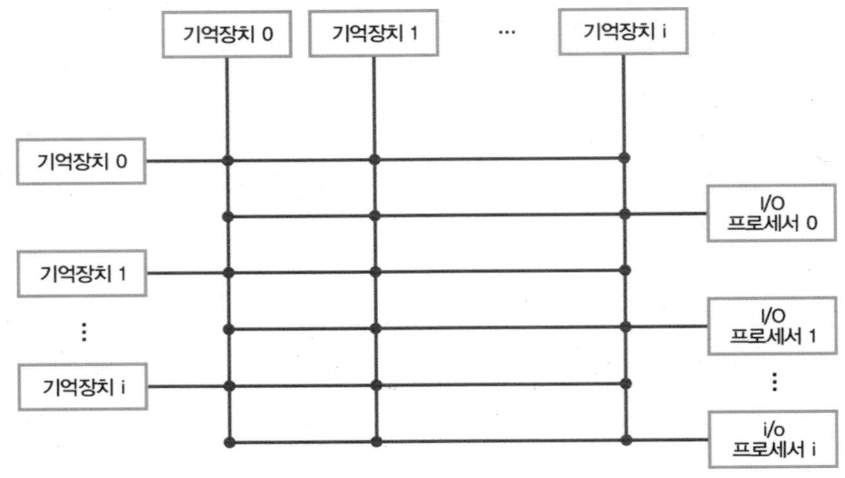

[그림 11-11] 크로스바 스위치 다중처리기

(1) 특성

- 공유 버스 시스템 내의 버스의 수를 기억 장치의 수만큼 증가시킨 시스템이다.
- 교차점의 정사각형은 프로세서와 기억 장치 모듈 간의 통로를 결정하는 스위치이다.
- 모든 기억 장치에 대한 동시 전송을 가능하게 하는 것으로서 전화 교환 시스템에서 처음으로 사용되었다.
- 교환기의 복잡성은 실제에 있어 각종 장치들의 인터페이스를 훨씬 더 간단하게 만드는 결과를 가져온다.
- 다양한 전송 경로들은 전송률을 높인다.
- 전송 경로의 다중화는 그 시스템의 분할을 더욱 쉽게 하며 성능이 좋지 못한 장치는 전체적인 시스템의 기능을 유지하면서 쉽게 제거할 수도 있다.

(2) 장단점

- 장점 : 이 방법은 모든 기억 장치 모듈로 동시 전송을 가능하게 한다.
- 단점 : 스위치를 구성하기 위한 하드웨어가 너무 크고 복잡하다.

3) 다단계 상호접속 다중처리기

다단계 상호접속(multistage interconnection) 다중처리기 구조는 많은 수의 스위치들로 이루어진다. N(=Kn)개의 단자를 연결하기 위해서는 n단계를 필요로 하며, 각 단계는 $\frac{N}{2}$개의 K × K 스위치로 구성되어 있다.

- 스위칭 소자의 접속방식(connection mode)
  - 직진(straight) : 같은 위치의 입출력 단자들이 서로 접속
  - 교차(swap) : 서로 다른 위치의 입출력 단자들이 접속
  - 하위 방송(lower broadcast) : 하단의 입력단자가 모든 출력단자들로 접속
  - 상위 방송(upper broadcast) : 상단의 입력단자가 모든 출력단자들로 접속

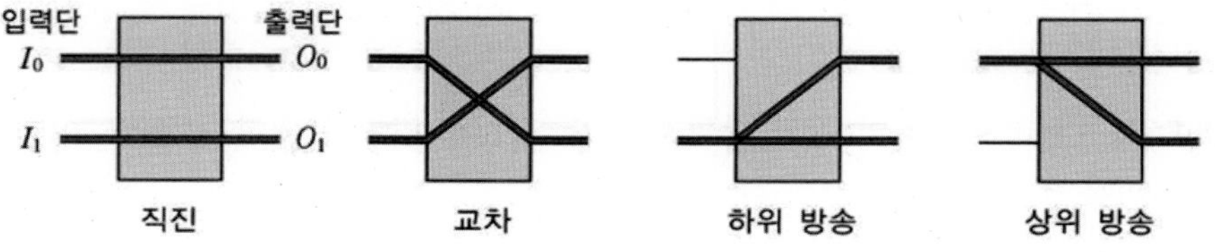

[그림 11-12] 스위칭 소자 접속방식

- 예를 들어, 근원지 노드(source node)의 주소를 SRC, 목적지 노드(destination node)의 주소를 DST라고 할 때

  SRC = sn−1, ⋯, s1, s0

  DST = dn−1, ⋯, d1, d0

  – 만약,di ≠ si 이면, i번째 단계의 스위치는 교차 접속하고
  – 만약,di = si 이면, i번째 단계의 스위치는 직진 접속함.
- 예를 들어, SRC = 1 (001)과 DST = 7 (111) 사이의 경로설정 시 다음과 같음.
  – (s2 = 0) (d2 = 1) = 1 이므로, 스위치 B 교차 접속
  – (s1 = 0) (d1 = 1) = 1 이므로, 스위치 H 교차 접속
  – (s0 = 1) (d0 = 1) = 0 이므로, 스위치 L 직진 접속

다음 [그림 11−13]의 Omega Network의 경우 8개의 단자를 연결하기 위해서는 3단계가 필요하며 각 단계는 4개의 2 × 2 스위치로 이루어진다.

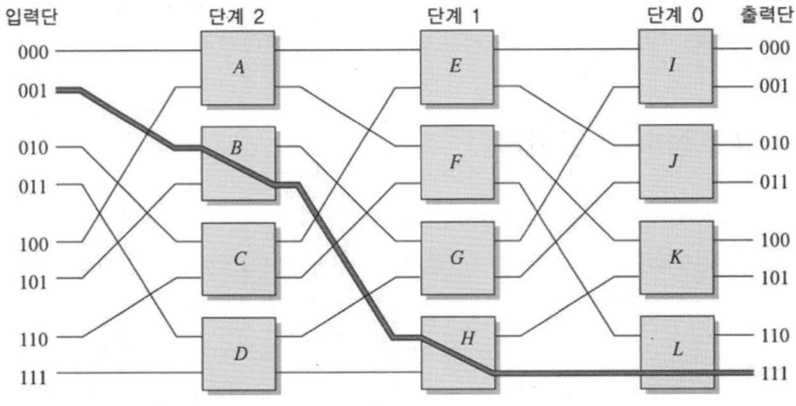

[그림 11−13] 오메가 네트워크

모든 단자들을 쌍으로 연결하였을 경우 어떠한 두 단자들 사이의 거리는 항상 일정하다. 다단계 상호접속 기법에 있어서 한 가지 흥미로운 사실은 여러 기억 장치에 대한 액세스를 입출력 프로세서나 몇몇 프로세서들이 특정 집합으로 제어할 수 있다는 것이며 이로써 어떤 개별적인 기억 장치를 만들 수 있는데 이는 특히 보안성을 요하는 시스템을 설계할 때 유용한 것이다.

그러나 모든 프로세서들이 기억 장치를 액세스할 수 있거나 제한될 경우, 이러한 연결에 필요한 케이블의 양은 다른 기법에서보다 크다.

(1) 특성

- 다단계 상호접속 다중처리기는 동시에 기억 장치에 액세스하고자 하는 장치들 간에 대립을 해결하도록 우선순위를 할당한다.
- 크로스바 교환 행렬 구조의 주된 단점은 많은 노드가 연결될 경우 급속도로 비용이 증가한다. 이러한 단점을 보완하기 위해 다단계 상호접속 네트워크는 한 노드가 어떠한 다른 노드에라도 연결될 수 있도록 함으로써 많은 수의 프로세서의 연결을 쉽게 할 수 있다.
- 이 시스템은 크로스바 교환 행렬 구조보다 더 오래 걸리게 하나 교환기의 수는 훨씬 작으며 연결되는 프로세스의 수가 많을 때는 더욱 그렇다. 이 구조는 전체 네트워크의 단일 경로를 제공하나 다양한 연결이 가능하다.

(2) 장 · 단점

- 교환기의 수가 매우 적다
- 단일 경로이나 다양한 연결이 가능하다.
- 교환 네트워크의 비용을 증가시킨다.
- 전송 시간이 비교적 느리다.

4) 분산 기억장치 시스템

분산 기억장치 시스템 또는 약 결합 다중처리기는 각 프로세서들이 지역 기억 장치(local memory)를 가지고 있다. 다른 프로세서들과의 통신은 메시지 전달(message passing)을 사용한다. 지역 기억 장치의 접근은 네트워크를 사용해야 하므로 전송 잠재 시간이 매우 느리다.

약 결합 다중처리 시스템에서는 [그림 11-14]와 같이 2개 이상의 독립된 컴퓨터 시스템들을 통신선을 통하여 서로 통신하는 다중 컴퓨터를 말한다. 각 시스템은 자신의 운영체제와 저장 장치를 갖고 있으며 독립적으로 운영되고 필요할 때 통신을 한다. 이 시스템들은 통신선을 통하여 서로 다른 시스템의 파일을 참조할 수도 있으며 어떤 경우에는 각 시스템의 부하를 조절하기 위하여 부하가 적은 처리기로 작업을 보낼 수도 있다. 처리기 간의 통신은 메시지 전달이나 원격 프로시저 호출로 수행된다.

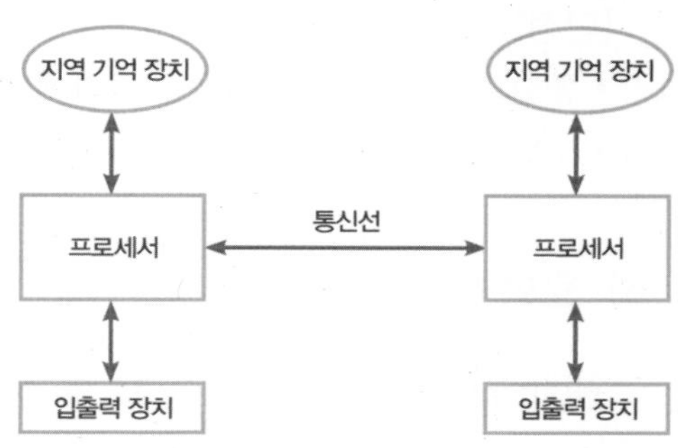

[그림 11-14] 약 결합 다중처리기

[장점]
- 각 프로세서들이 실행할 프로그램이 컴파일 단계에서부터 작성되어 지역 기억장치에 적재
- 프로세서들에 의해 공유되는 데이터만 서로교환
- 공유자원에 대한 경합 감소

[단점]
- 프로세스 간 통신 시 메시지 전달을 사용하므로 통신 프로토콜에 의한 지연 시간 증가

5) 선형 배열 구조

선형 배열(linear array) 구조는 [그림 11-15]과 같이 N 개의 노드들이 N-1 개의 링크에 의해서 순차적으로 연결된 형태이다. 이 구조의 네트워크 지름이 N-1로서, 다른 구조들에 비하여 가장 길다.

- 네트워크 지름(network diameter) : 네트워크 내에서 가장 멀리 떨어져 있는 노드들 간의 거리(즉, 링크의 수)

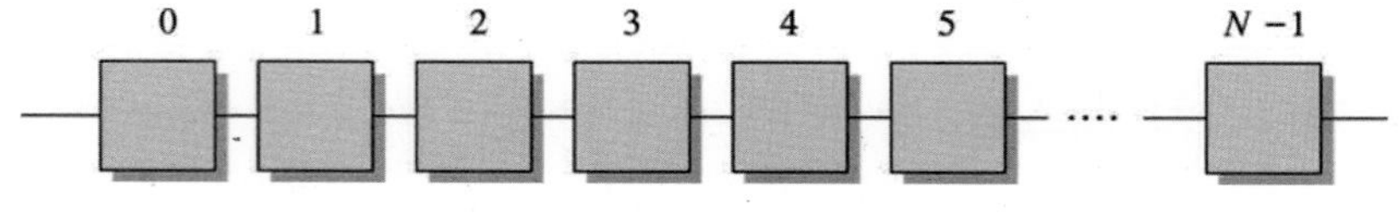

[그림 11-15] 선형구조

[장점]
- 연결 토폴로지가 간단하다.
- 버스 구조 보다 동시성이 더 높다

[단점]
- 통신 시간이 노드들 간의 거리에 따라 서로 다르다.
- 노드의 수가 많아지면(N이 커지면) 통신 시간이 매우 길어진다

6) 원형구조

원형(ring) 구조는 [그림 11-15]의 선형 배열 구조에서 0번 노드와 N-1 번 노드를 연결해 주는 링크 하나가 추가되는 형태로 다음 [그림 11-16 (a)]에 보이는 구조이다. 네트워크 지

름은 각 링크가 양방향성(bi-directional)이면 ⌊N/2⌋이고, 단방향성(uni- directional)이면 N-1이다. 원형구조의 노드들 사이에 링크를 한 개 또는 두 개씩 추가하여 [그림 11-16 (b), (c)]와 같은 변형된 코달 원형chordal ring) 구조를 만들 수 있다. 링크의 수가 증가될수록 네트워크 지름은 감소되며, 코달 원형 구조에서 d(degree)는 각 노드가 가지는 링크의 수이다.

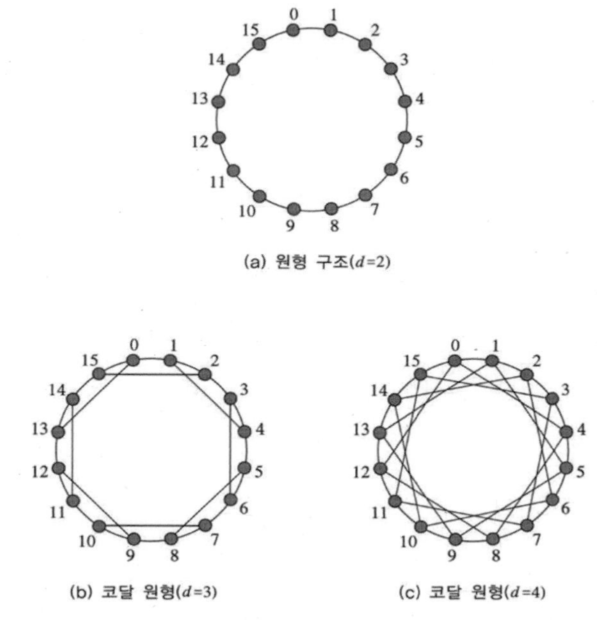

[그림 11-16] 원형 구조와 코달 원형 구조

7) 이진 트리 구조

이진 트리(binary tree) 구조는 다음 [그림 11-17]과 같이 수십 개의 노드들을 5 수준(level)의 트리 구조로 연결된 형태를 보여주고 있다.

트리에서 수준(level)의 수를 k라고 할 때 N = (2k-1)개의 노드들이 접속될 수 있고, 트리구조에서 네트워크 지름은 2(k-1)이다.

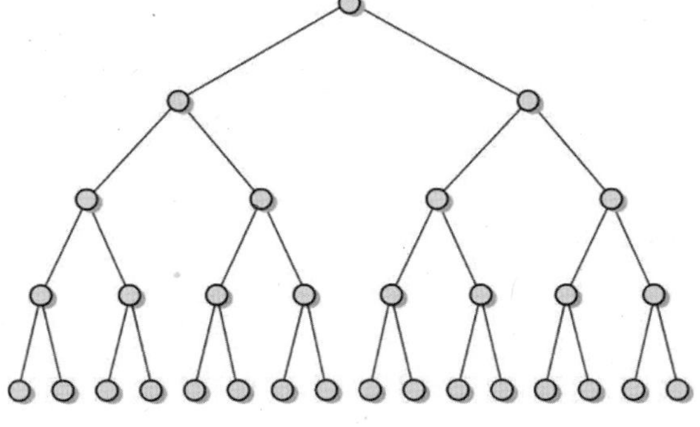

[그림 11-17] 트리 구조

(1) 장 · 단점

• 장점 : 시스템 요소들의 수가 증가함에 따라 성능도 선형적으로 증가함
• 단점 : 네트워크 지름이 비교적 큰 편임

(2) 패트 트리(fat tree) 구조

이진 트리 구조는 다음 [그림 11-18]와 같이 상위 층으로 올라갈수록 노드간의 통신 채널 수가 증가하는 패트 트리 구조로 변형될 수 있다. 패트 트리 구조는 이진 트리 구조에서 상위 층으로 올라갈수록 통신량이 많아져서 통신 채널의 병목현상이 발생되는 문제점을 해결한 구조로써, Thinking Machine 사의 CM-5시스템에서 실제 사용되었다.

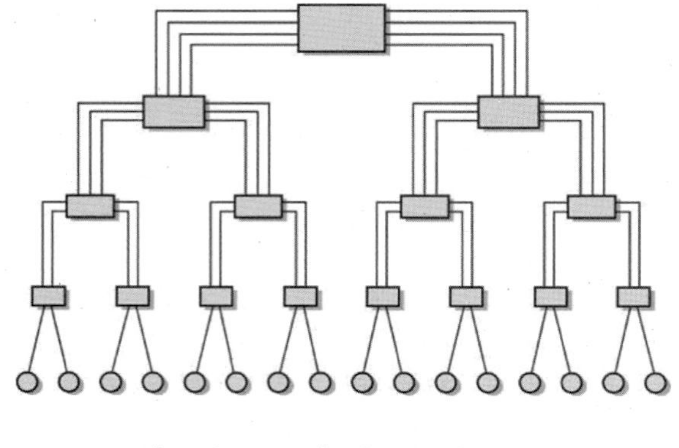

[그림 11-18] 패트 트리 구조

8) 매쉬 구조

매쉬(mesh) 구조는 다음 [그림 11-19]과 같이, 노드들을 2차원 배열로 연결하여 각 노드가 4개의 주변 노드들과 직접 연결되는 구조로써, 매쉬 네트워크(mesh network)라고 부fms다. 이 구조는 Illiac IV, MPP, DAP, CM-2 및 Intel Paragon과 같은 병렬 컴퓨터에서 실제 사용되었으며, 연결성을 높이기 위하여 기본구조에 링크를 약간씩 추가하였다.

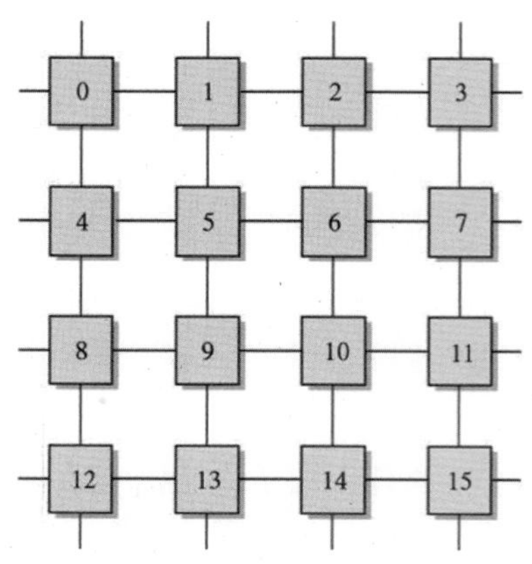

[그림 11-19] 매쉬 구조

[토러스 네트워크(torus network) 구조]

토러스 네트워크 구조는 매쉬(mesh) 구조를 변형한 구조로 다음 [그림 11-20]과 같이 원형 구조와 매쉬 구조가 혼합된 구조이다. 즉, 같은 행과 같은 열의 첫 번째 노드와 마지막 노드가 원형(ring)으로 연결되어 있고, 다른 행과 열의 노드 간에는 매쉬 구조와 같다.

이 구조의 장점은 간이원형 구조와 매쉬 구조가 혼합된 구조로 확장이 용이하고 n×n 토러스 네트워크의 경우에 네트워크 지름은 2∟N/2」로 다은 구조에 비해 짧은 편이다.

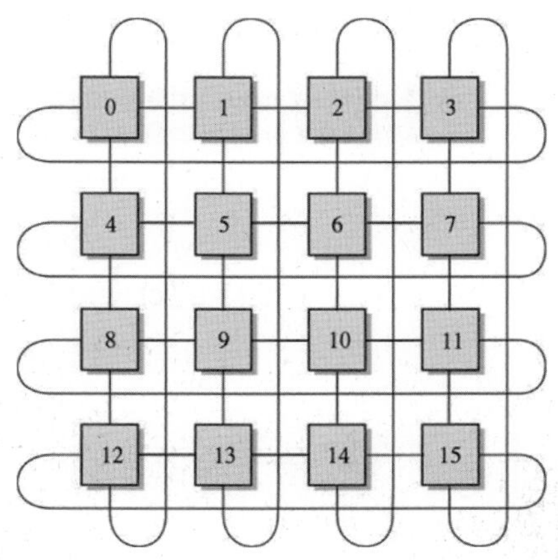

[그림 11-20] 토러스 네트워크 구조

9) 큐브 네트워크

큐브 네트워크(cube network)는 비교적 경제적인 방법으로 많은 프로세서들을 연결하는 방법을 제공한다. 2차원 큐브는 단순히 사각형이다. 3차원 큐브는 2개의 2차원 큐브의 대응 요소들을 각각 연결하는 것에 의하여 형성되고 4차원 큐브는 2개의 3차원 큐브의 대응 요소를 연결시켜 만들어진다. [그림 11-21]는 큐브 네트워크의 연결 방식을 보이고 있다.

d 차원의 큐브에는 모두 2개의 노드가 있으며 한 노드의 전체 링크 수는 d이고 반경도 d이다. 큐브는 다른 여러 가지의 토폴로지 예를 들면, 원형(ring), 매쉬(mesh), 트리(tree) 구조 등의 상위 집합이기 때문에 매우 유용한 위상 구조이다. N + 1차원 큐브는 2개의 N 차원 큐브를 링크로 연결함으로써 만들어질 수 있다. CM(connection machine)에서는 65,536개의 프로세서를 연결하기 위해 16차원 큐브를 사용하였다.

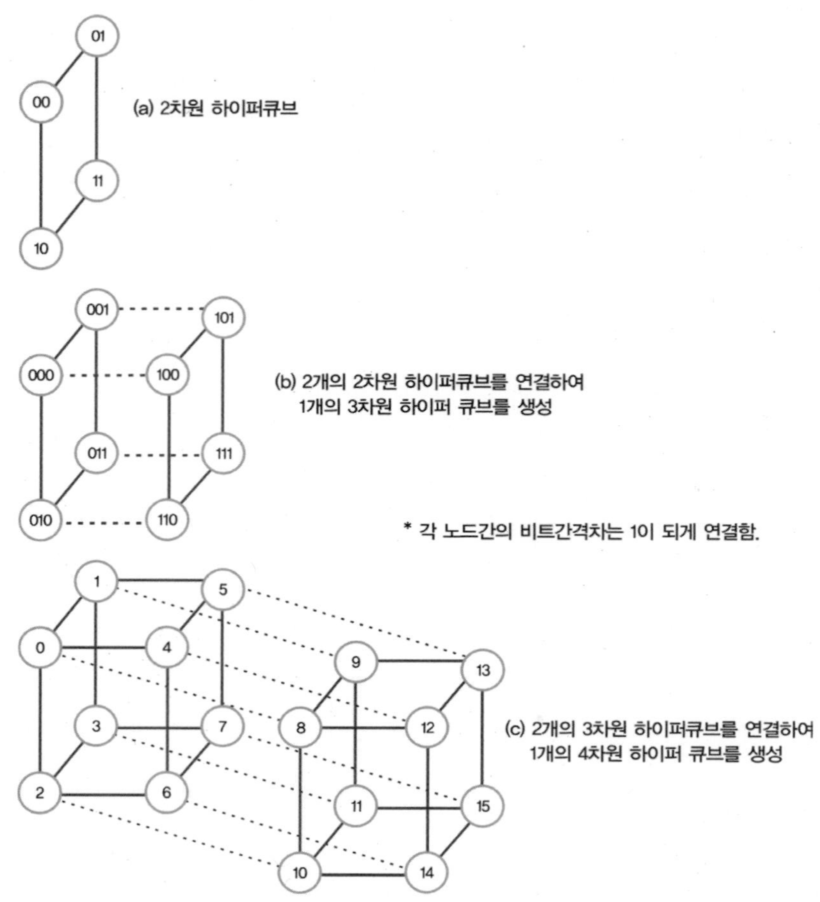

[그림 11-21] 큐브 네트워크의 연결

[장점]

• 노드의 증가가 쉽다.
• 비교적 경제적인 방법으로 많은 프로세서를 연결하는 방법을 제공한다.

[단점]

• 각 노드의 접속 수 즉 노드의 차수가 큐브의 차수에 따라 늘어난다는 것이다.
• 많은 노드가 연결될 경우 비용이 급속도로 증가한다.

3

다중처리 운영체제

3-1 개요

하드웨어와 프로그램에서는 병렬성을 이용하는 것이 다중처리 시스템의 주된 능력이며 이를 자동적으로 지원하는 것이 다중처리 운영체제의 핵심적인 일이다.

일반적으로 더 많은 프로세서들을 추가시키게 되면 주기억 장치와 입출력 프로세서들의 복잡한 연결을 요하게 되고 하드웨어의 비용도 상당히 증가시킨다. 이처럼 증가된 비용에 비하여 더 많은 이익을 얻기 위해서는 추가된 하드웨어를 효율적으로 운영하기 위한 운영체제 상의 해결 방안이 요구되며 이로 인한 소프트웨어 비용의 증가도 무시할 수 없다. 이는 다중처리 시스템의 구현이 하드웨어의 추가뿐만 아니라 이 추가된 자원을 위한 운영체제의 추가도 요구되기 때문이다.

다중 프로세서와 단일 프로세서 운영체제 간의 주된 차이점은 다중 프로세서들을 기준으로 한 운영체제의 구성 및 그 구조에 있다. 다음은 다중처리 시스템을 위한 세 가지 기본적인 운영체제의 구성 형태이다.

1) 다중 프로세서들의 운영체제의 형태에 의한 구조

다중 프로세서들의 운영체제의 형태에 의한 구조는 아래와 같이 세 가지로 구분한다.

① 주/종(master/slave) 운영체제
② 각 프로세서에 대한 분리 실행(separative executive) 운영체제
③ 모든 프로세서의 대칭적 처리(symmetric treatment) 운영체제

2) 다중처리 운영체제가 갖는 기능

- 자원의 할당과 보호
- 테이블과 자료들의 보호
- 시스템 교착 상태의 방지
- 비정상적인 실행 종료
- 프로세서 부하의 균형 유지
- 재구성

3-2 주종관계 운영체제

주종 관계는 가장 구현하기 쉬운 다중처리 시스템의 한 형태로써 흔히 기존의 다중 프로그래밍 시스템이 직접적인 확장으로 구현될 수 있다. 그러나 이 구조는 하드웨어에 대한 최적의 효율을 달성할 수는 없다. [그림 11-22]은 주종 관계 운영체제를 나타내고 있다.

하나의 프로세서가 '주(Master)'로 지정되어 운영체제를 실행하고 나머지 프로세스들은 사용자 수준의 프로그램을 실행할 수 있는 '종(Slave)'로 지정된다. 주프로세서는 범용 프로세서로서 연산뿐만 아니라 입출력도 담당하며, 종 프로세서는 연산만을 담당한다. 운영체제 루틴은 항상 같은 주 프로세서에서 실행된다. 운영체제는 한순간에 한 프로세서에 의해서만 사용되며, 한순간에는 한사람의 사용자에게만 서비스된다.

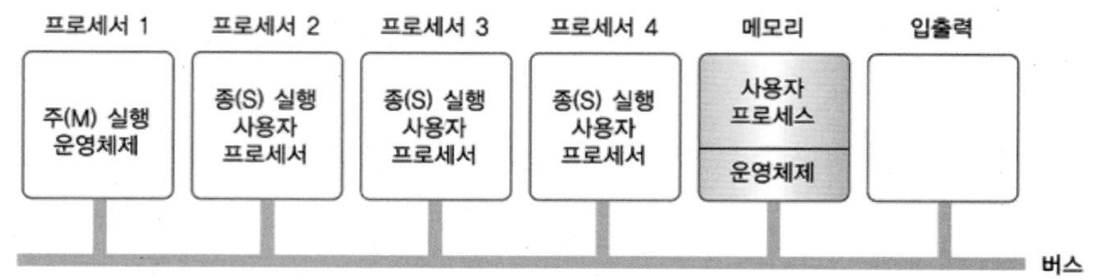

[그림 11-22] 주종 운영체제

종 프로세서에서 실행되던 프로세스가 운영체제의 개입(역할)을 필요로 할 때는 인터럽트를 발생시켜서, 주 프로세서가 그 인터럽트를 처리한다. 종 프로세서의 수와 종 프로세서가 발생시키는 인터럽트의 빈도에 따라 주프로세서에는 상당한 크기의 대기 큐가 생길 수 있다. 운영체제는 한 순간에 한 프로세서에 의해서만 사용되며, 한 순간에는 한 사람의 사용자에게만 서비스한다. 시스템 테이블에 대한 상호배제 문제도 하나의 프로세서만이 운영체제를 실행하므로 간단하다.

주 프로세서의 고장이 전 시스템의 가동을 불가능하게 하므로 다른 기법보다 신뢰성이 낮다. 종 프로세서가 고장 나면 계산 능력은 감소하나 시스템은 계속 동작한다. 주 프로세서가 종 프로세서의 요구에 신속히 부응하지 못하면 종(S)프로세서의 활용도가 낮아질 수 있다.

주 프로세서의 스케줄링이 미리 정확 조정할 수 있어, 시스템의 부하가 잘 알려져 있는 응용에 적합하다. 종 프로세서들이 주프로세서보다 성능이 떨어지는 비대칭적 시스템에 적당한 구조이다. 종 프로세서들은 연산 위주의 작업을 효과적으로 처리하나, 입출력 위주의 작업들은 주 프로세서를 통해서 해야 하므로 비효율적이다. 종 프로세서가 짧은 작업만을 실행하게 되면 주 프로세서에 과부하가 생긴다. 프로세서들은 동등한 입장에 있지 못하고 주 프로세서에 종속하여 수행되므로 하드웨어를 최적으로 사용하지 못한다.

1) 특성

- 크로스바 스위치 구조에서 제어 논리 회로, 교환 논리 회로 및 우선순위 조절 논리 회로를 취하여 이 모든 논리 회로들을 각 기억 장치의 인터페이스에 위치시킴으로써 얻어진다.
- 다단계 상호접속을 위하여 동시에 기억 장치에 액세스하고자 하는 장치들 간에 대립을 해결하기 위하여 우선순위를 할당한다.
- 한 프로세서만이 운영체제를 실행하므로 제어 테이블 등에 대한 상호 배제가 비교적 손쉽다(OS를 재진입 가능 코드로 만들 필요가 있음).
- 주 프로세서에서 회복할 수 없는 코드나 고장은 시스템 전체의 수행 불가능 사태를 야기하므로 신뢰도가 떨어진다.
- 전체 시스템의 유연성(flexibility)이 비교적 낮다.
- 특히 작업 부하가 미리 잘 정의되어 있는 특수 작업 분야에 적절하며 종 프로세서에 비해 능력이 떨어지는 비대칭성 시스템에 적합하다.

2) 장 · 단점

- 가장 구현하기 쉬운 시스템으로 현존의 다중 프로그래밍 시스템을 간단히 고침으로 만들 수 있다.
- 하드웨어의 비대칭성이 발생한다. 이는 주 프로세서만이 입출력을 수행할 수 있기 때문이다.
- 하드웨어를 최적으로 사용하지 못한다.
- 주 프로세서의 고장 시 신뢰성이 낮다

3-3 분리 실행 운영체제

분리 실행 운영체제는 다중 프로세서 운영체제의 구성 방법 중 하나로써, **각 프로세서가 독립적으로 자원을 가지는 단일 프로세서 시스템처럼 독자적인 운영체제와 기능을 가지는 형태이다. 각 프로세서에서 발행하는 인터럽트는 해당 프로세서에서 해결한다. 전체 시스템에서 사용되는 정보를 저장하는 테이블의 접근은 상호배제 기법을 사용하여 신중히 조정한다.** [그림 11-23]는 분리 실행 운영체제를 나타내고 있다.

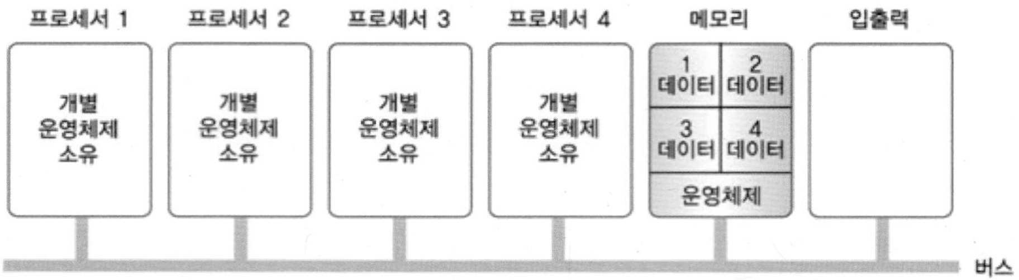

[그림 11-23] 분리 실행 운영체제

분리 실행 구조는 주종 구조보다 신뢰성이 높아 한 프로세서의 고장으로 전 시스템이 동작하지 못하는 일은 없으나, 고장 난 프로세서가 다시 가동하는 데 많은 작업이 필요하다.

각 프로세서에는 각자가 제어하는 파일이나 입출력장치 등이 있어 시스템의 입출력장치들을 재구성하려면 다른 운영체제의 프로세서로 전환이 필요하다. 각 프로세서는 독립적으로 자원을 갖는 단일 프로세서와 같이 독자적으로 운영체제와 기능을 가진다. 한 프로세서에서 실행되도록 배당된 프로세서는 실행이 종료될 때까지 그 프로세서에서만 실행된다.

1) 특성

- 운영체제의 기능도 각 프로세서에서 독자적으로 수행, 운영체제의 공동 테이블에 대한 경쟁이 적고 테이블도 가능한 각 운영체제에 분산 수용된다.
- 각 프로세서는 자신에게 속한 입출력장치들을 다른 프로세서들과 독립적으로 관리한다.
- 한 프로세스의 입출력 요구는 프로세스가 배당된 프로세서에 의해 직접 수행되고, 입출력 인터럽트는 직접 입출력을 시작하게 한 프로세서에 전달된다.
- 입출력장치가 개개의 프로세서에 직접 연결되어 있어 입출력장치의 재구성은 수작업을 거쳐야 함
- 분리 실행 구조에서 프로세서들은 개개의 프로세스의 실행을 위해 서로 도울 필요 없음
- 어떤 프로세서가 바쁘더라도 다른 프로세서는 유휴 상태로 있을 수 있음
- 해당 프로세서에서 실행 중인 프로세서로부터 인터럽트는 자체적으로 해결한다.

2) 장 · 단점

- 각 프로세서 운영체제는 자신의 테이블을 가짐으로 이들에 대한 경쟁이 적어진다.
- 주/종보다 신뢰도가 높아서 한 프로세서의 고장이 전체 시스템에 영향을 주지 못한다.
- 각 프로세서에 속하는 프로세서를 실행하는 동안 몇몇 프로세서들은 아무 일도 하지 않은 상태로 남아 있을 수 있다.

3-4 대칭 처리 운영체제

대칭 처리 운영체제는 설계하기 가장 복잡한 구조를 가지나 가장 강력한 시스템으로, **모든 프로세서가 동등한 입장으로, 운영체제는 모든 프로세서와 입출력장치, 기억장치를 사용할 수 있도록 관리한다.**

여러 프로세서가 한 운영체제를 동시에 수행할 수 있어 재진입 코드와 상호배제가 필요하며, 대칭적이므로 다른 기법보다 작업 부하를 효과적으로 분산시킬 수 있다. 또한, 충돌 해결을 위해 하드웨어와 소프트웨어가 중요하다. 동시에 같은 기억장소를 접근하려는 프로세서들 사이의 충돌은 하드웨어로 해결하고, 시스템 테이블에의 접근 시 충돌은 소프트웨어로 해결한다.

대칭 처리 운영체제는 가장 신뢰성이 높으며, 한 프로세서가 고장 난 경우 운영체제는 그 프로세서를 제거하고 오퍼레이터에게 제거 사실을 알린다. 시스템은 고장 난 프로세서를 수리하는 동안 능력이 떨어진 상태에서 계속 작동한다.

또한, 시스템의 전반적인 정보를 통일적이고 일관성 있게 운영한다. 프로세스는 다른 프로세서로 옮겨서 계속 실행될 수 있으며, 어떤 프로세스를 실행하기 위해 모든 프로세서가 협력할 수 있다. 운영체제는 여러 프로세서로 옮겨지며 실행, 한 순간에 하나의 프로세서만 운영 프로세서가 된다. 운영 프로세서란 어느 시점에서 시스템 테이블과 시스템 기능에 책임을 가진 프로세서이다.

대칭적 다중 처리는 자원 활용이 원활하게 할 수 있다. 대부분의 작업들이 어느 프로세서로도 옮겨갈 수 있어 전 시스템으로의 부하를 쉽게 조절 가능하다. 동시에 여러 프로세서들이 운영체제 상태에 있을 수 있어 대립 문제가 심각해 질 수 있으며, 충돌의 최소화를 위해 시스템 데이터를 여러 독립적인 프로세서들에 분산 수용하고, 개별적으로 폐쇄할 수 있게 한다. [그림 11-24]는 대칭 처리 운영체제를 나타내고 있다.

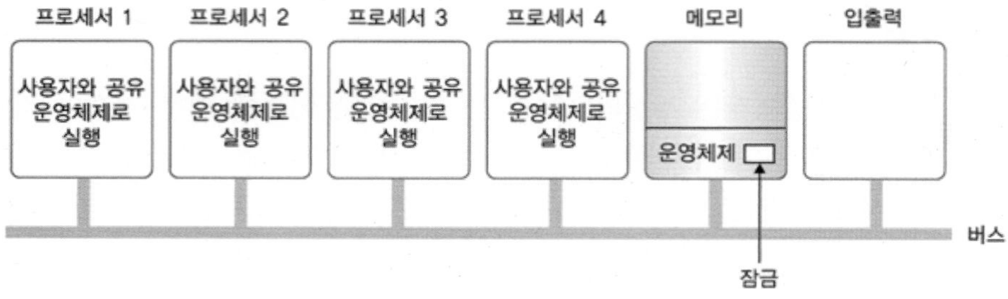

[그림 11-24] 대칭 처리 운영체제

1) 특성

- 한 운영체제를 동시에 수행할 수 있게 하므로 재진입 코드와 상호배제가 필요하다.
- 운영체제는 필요에 따라 하나의 프로세서로부터 다른 프로세서로 이동할 수 있으며 어떤 시점에서 한 번에 오직 하나의 프로세서만이 실행됨으로써 시스템의 전반적인 정보를 일관성 있게 운영할 수 있다. 같은 프로세서들의 저장장소(pool)를 운영한다.
- 기억 장소를 여러 프로세서가 동시에 접근하려 할 경우 보통 하드웨어로 해결하고 시스템 테이블을 여러 프로세스가 동시에 접근할 경우 보통 소프트웨어로 해결한다.

2) 장단점

- 다른 구성의 시스템보다 더 정확하게 작업 부하를 효과적으로 분산시킬 수 있다.
- 가장 복잡한 구조를 갖고 있으나 가장 강력한 시스템이다.
- 가장 신뢰성이 높다.
- 자원의 활용을 잘 이용할 수 있다.
- 한 순간에 하나의 프로세서만이 관리 프로세서가 되므로 시스템의 전반적인 정보를 일관성 있게 운영한다.
- 동시에 여러 프로세서들이 운영체제 상태에 있을 수 있기 때문에 충돌 문제가 발생할 수 있다.
- 운영체제의 오버헤드가 증가하고 시스템 자원들의 충돌 및 하드웨어의 지연 등으로 전 시스템의 성능이 비교적 향상되지 못한다.

■ Flynn의 분류(Flynn's classification)는 프로세서들이 처리하는 명령어스트림과 데이터 스트림의 수에 컴퓨터를 4가지로 분류

- 단일 명령어 스트림 : 단일 데이터 스트림 (SISD)
- 단일 명령어 스트림 : 복수 데이터 스트림 (SIMD)
- 복수 명령어 스트림 : 단일 데이터 스트림 (MISD)
- 복수 명령어 스트림 : 복수 데이터 스트림 (MIMD)

■ 다중 처리 시스템

병렬 시스템이라 불리며, 다수의 프로세서를 이용한 동시 수행 과정을 통해 시스템의 성능을 향상시키는 방법. 각각의 프로세서는 자체 계산과 공유 기억장소를 통하여 주변 장치를 공동 이용

■ 공유-기억장치 시스템

강 결합(tightly-coupled) 다중처리기라고 하며, 모든 프로세서가 기억장치를 공유하는 구조로, 다중프로세서 시스템(multiprocessor system)이라 부름

■ 분산-기억장치 시스템

약 결합(loosely-coupled) 다중처리기라고 하며, 지역 기억장치(local memory)를 가진 독립적인 컴퓨터 모듈로 구성되고, 프로세서간 통신은 메시지(message-passing) 방식을 이용하는 구조로, 다중 컴퓨터 시스템(multiple-computer system)이라 부름

■ 파이프라인 프로세서(pipeline processor)

하나의 프로세서를 서로 다른 기능을 가진 여러 개의 부 프로세서(sub processor)로 나누어 각 부 프로세서가 동시에 서로 다른 데이터를 취급하도록 하는 기법

■ 배열 프로세서(array processor)

하나의 중앙제어장치 아래에 병렬 수행되는 PE (Processing Element)들의 배열로 구성되고, 여러 데이터를 각각의 PE가 동시에 하나의 제어 장치에 의해 동기화하여 동시에 하나의 명령을 처리하는 구조

■ 주종 운영체제

주프로세서는 범용 프로세서로서 연산뿐만 아니라 입출력도 담당하며, 종 프로세서는 연산만을 담당

■ 분리 실행 운영체제

각 프로세서가 독립적으로 자원을 가지는 단일 프로세서 시스템처럼 독자적인 운영체제와 기능을 가지는 형태

■ 대칭적 처리 운영체제

모든 프로세서가 동등한 입장으로, 운영체제는 모든 프로세서와 입출력장치, 기억장치를 사용할 수 있도록 관리

[객관식 연습문제]

1 다수의 프로세서를 연결하여 동시에 수행을 하게 함으로써 연산 속도를 향상시키고 다수의 프로세서를 관리하기 위한 시스템은?

가. 분산 처리 시스템　　나. 병렬 처리 시스템
다. 실시간 처리 시스템　　라. 시분할 처리 시스템

해설 병렬 처리는 계산 속도를 높이기 위해 여러 프로세서에서 동시에 여러 작업을 처리하는 것이다.

2 컴퓨터의 구조를 병렬 수행의 정도에 따라 분류한 방식은?

가. Handler의 분류　　나. Feng의 분류
다. Chang의 분류　　라. Flynn의 분류

해설 플린은 명령 흐름과 데이터 처리 흐름에 따라 SISD, SIMD, MISD, MIMD로 분류하였다.

3 다음 중 병렬 처리기의 종류가 아닌 것은?

가. Pipeline processor　　나. Vector processor
다. Multi processor　　라. Micro processor

4 병렬 처리기 중에서 PE(Processing Element)라는 다수의 연산기를 가지고 다수의 데이터를 동시에 처리하도록 만들어진 처리기는?

가. Pipelined processor　　나. Array processor
다. Multi processor　　라. Sigma processor

해설 Array processor는 여러 연산 장치인 PE를 병렬로 연결하여 서로 다른 데이터 연산을 수행하며 행렬 연산 고속 처리 등에 이용된다.

5 Flynn은 컴퓨터 시스템의 구조를 네 가지로 분류하였다. 이 중 어레이 프로세싱(array processing)과 가장 밀접한 관계를 갖는 구조는?

가. SISD(Single Instruction Single Data)
나. SIMD(Single Instruction Multiple Data)
다. MISD(Multiple Instruction Single Data)
라. MIMD(Multiple Instruction Multiple Data)

해설 SIMD는 배열 컴퓨터, 벡터 처리기 등이 해당된다.

6 약 결합(lossely-coupled) 시스템의 특성이 아닌 것은?

가. 기억 장치 공유
나. 통신망 사용
다. 시스템마다 독자적 운영체제 보유
라. 프로세스 간 통신

해설 약 결합 시스템은 각 처리기가 자신만의 기억 장치와 운영체제를 가지면서 다른 처리기와는 필요할 때마다 통신 네트워크를 통해 정보를 주고받으면서 처리해 나가는 방식이다.

7 약 결합(loosely-coupled) 시스템의 특징이 아닌 것은?

가. 프로세서 간 통신은 공유 기억 장치를 통하여 이루어진다.
나. 둘 이상의 독립된 컴퓨터 시스템을 통신 링크를 이용하여 연결한 시스템이다.
다. 시스템마다 독자적인 운영체제를 보유한다.
라. 프로세서 간의 통신은 메시지 전달이나 원격 프로시저 호출을 통하여 이루어진다.

해설 약결합 시스템은 각 처리기가 자신만의 기억 장치와 운영체제를 가지면서 다른 처리기와는 필요할 때마다 통신 네트워크를 통해 정보를 주고받으면서 처리해 나가는 방식이다.

[주관식 연습문제]

1 다음 용어를 정의하고 설명하시오.

a. 다중처리
b. SISD/SIMD/MISD/MIMD
c. 병렬처리
d. never-wait
e. fetch-and-add
f. 강결합/약결합

2 병렬성이 무엇을 의미하는지 설명하시오.

3 병렬성이 발전하는 단계를 비교하시오.

4 SIMD와 MIMD를 간단히 비교 설명하시오.

5 파이프라인 프로세서와 어레이 프로세서의 병렬 구조상 틀린 점은 무엇인지 기술하시오.

6 어레이 프로세서와 벡터 프로세서의 공통점과 차이점을 병렬성의 수준과 명령문 간의 통신 측면에서 비교하시오.

7 다중 프로세서의 목적이나 특징을 기술하고 병렬 프로세서와의 차이점을 비교하여 설명하시오.

8 강 결합과 약 결합의 특성을 비교하고 주된 차이점은 어디에 있는지 설명하시오.

9 시분할 또는 공유버스와 크로스바 교환 행렬의 장단점을 상호 간에 비교하고 어떻게 하면 단점들을 극복할 수 있는지 대안을 제시하시오.

10 다중 입 출구 기억 장치를 사용하여 시분할이나 크로스바 교환 행렬보다 얻을 수 있는 이점은 무엇인지 기술하시오.

11 운영체제의 형태에 따른 다중처리기의 분류에서 주/종 관계, 분리 수행, 대칭적 처리의 특성과 문제점을 상호 비교하여 설명하시오.

분산처리 시스템

Distributed Processing System

CHAPTER

12

12 CHAPTER

[학습목표]

- 분산 처리 시스템에 대해 이해한다.
- 분산운영체제의 유형인 네트워크 운영체제 분산 운영체제를 이해한다.
- 분산처리 시스템의 유형을 이해한다.

[주요 내용]

1. 분산처리 시스템 개요
2. 분산운영체제의 유형
3. 분산 처리 시스템의 형태

[요약]

[연습문제]

1
분산처리 시스템 개요

1-1 분산처리 시스템의 정의

분산 처리 시스템(distributed processing system)은 **기존의 중앙 집중식 처리 시스템(centralized processing system)과는 반대되는 개념으로 모든 작업이 중앙 컴퓨터에 집중되어 처리되는 것이 아니라 분산되어 있는 컴퓨터들에 의해 작업들을 처리하여 그 내용이나 결과가 상호 교환되도록 연결되어 있는 시스템**이다. 즉 데이터베이스 및 데이터 처리 장치가 지역적으로 분산되어 한 조직 내의 고유 업무를 수행함과 동시에 조직 간의 관련 업무를 처리하고 정보 교환을 위하여 네트워크로 상호 결합된 시스템이다.

1) 분산 처리(distributed processing)

분산 처리란 네트워크로 연결된 컴퓨터 시스템 환경에서 단일 시스템에서 수행하는 것처럼 일관된 방법으로 응용 프로그램을 수행하게 하는 일련의 기술이라고 할 수 있다. 여기서 네트워크로 연결된 컴퓨터 시스템 환경이란 **컴퓨터 시스템이 지리적으로 분리된 점과 다양한 컴퓨터 시스템 즉 PC, 워크스테이션, 미니컴퓨터, 대형컴퓨터, 슈퍼컴퓨터 등이 다양하게 연결될 수 있다는 것을 의미**한다. 또 단일 시스템에서 수행하는 것처럼 사용자에게 네트워크 투명성을 제공한다는 것을 의미하며, 일관된 방법으로 수행한다는 것은 분산 처리 네트워크 및 구조가 서로 다른 응용 프로그램 및 이들 프로그램 조합의 수행 내용을 예측할 수 있는 융통성이 있는 구조라는 것을 의미한다.

2) 분산처리 시스템 특징

분산 처리 시스템은 다음과 같은 특징을 만족하는 노드(node) 또는 사이트(site)의 집합으로 정의할 수 있다.

- 사용자에게 동적으로 할당할 수 있는 일반적 용도의 자원이 각 노드에 분산되어 있고 중복되어 있다.
- 분산된 노드들은 통신 네트워크를 이용하여 메시지를 주고받음으로써 정보를 교환한다.
- 시스템을 구성하는 노드들은 각기 어느 정도의 자율성(autonomy)을 가진다.

• 사용자는 특정 자원의 물리적 위치를 알지 못하여도 사용할 수 있어야 한다.
• 시스템 전체의 정책을 결정하는 어떤 통합적인 제어 기능이 있어야 한다.

3) 네트워크 컴퓨팅

분산 처리의 다른 표현으로 여러 컴퓨팅 자원이 네트워크로 연결되어 그것들 사이에 처리가 분산될 수 있다는 것을 말하는데 이는 공급자가 자사의 네트워크 능력을 강조하기 위하여 주로 사용하는 표현이다.

4) 기업 컴퓨팅

분산 처리의 다른 표현으로 기업의 모든 컴퓨팅 자원이 통합되어 공통 사업 목표를 위해 상호 협동한다는 것을 의미하는 것으로, 기업 컴퓨팅은 대형 컴퓨터 공급자가 자사의 분산 컴퓨팅 기반 구조로 기업의 요구 사항을 충족시킬 수 있다는 점을 강조하려고 사용하는 표현이다.

5) 클라이언트-서버 컴퓨팅

분산 처리의 또 다른 표현으로 클라이언트-서버 컴퓨팅은 서비스를 요청하는 클라이언트와 서비스를 처리하여 그 결과를 클라이언트에게 전달하는 서버 구조로 자료를 처리하는 방식을 말하는데 PC, 워크스테이션 등이 LAN을 기본으로 하여 서버 시스템 또는 대형 컴퓨터에 연결하는 LAN 기반 분산 처리 환경에서 유래되었다.

1-2 개발 동기

오늘날의 컴퓨터 시스템이 중앙 집중 형태에서 분산 처리 시스템의 형태로 발전하게 된 데에는 다음과 같은 장점이 있기 때문이며 이러한 장점은 최근에 이르러 분산 처리 시스템이 중요한 분야로 등장하게 된 배경이다.

1) 자원 공유

서로 다른 기능을 가진 많은 노드들이 서로 연결되어 있다면 한 노드의 사용자와 다른 노드들의 사용자 간에는 유용한 자원들을 공유하여 사용할 수 있다. 일반적으로 분산 시스템에서 자원 공유 방식은 원격지 노드들의 파일 공유, 원격전용 하드웨어(고속 배열 처리기) 사용, 분산 데이터베이스 내에서 자료 처리, 원격 노드들에 대한 파일 인쇄, 원격 특수하드웨어 장치들의 사용, 기타 연산수행 등을 위한 기법들을 제공한다.

2) 연산 속도 향상

하나의 특정 연산이 동시에 처리될 수 있는 여러 개의 부분 연산(sub computation)들로 분할된다면, 이들 부 연산들을 분산 시스템의 여러 노드들에 분산시켜 동시에 처리함으로써, 연산 속도를 높일 수 있다. 또한, 어느 특정 노드가 처리할 작업이 많아 과부하 상태라면 이들 중의 일부 작업을 상대적으로 부하가 낮은 노드로 분배함으로써 전체 처리속도를 향상시킬 수 있다. 이러한 작업의 이동을 부하 공유(load sharing)라고 한다. 분산 운영체제에 의한 자동부하공유는 아직 상용 시스템에서 구현되지는 않고 있다.

3) 신뢰성

분산 시스템에서는 만약 한 노드에 결함(failure)이 발생하여도 나머지 노드들은 계속 동작한다. 이는 높은 신뢰성을 의미한다. 만일 이 시스템이 여러 범용컴퓨터들로 구성되어 있으면 이들 중 어느 한 노드의 결함이 다른 노드들에게 영향을 주어서는 안 된다. 이와 반대로 분산 시스템이 여러 소형 컴퓨터로 구성되고, 이들 컴퓨터들이 시스템의 각 기능들(예를 들어, 터미널 문자 입 출력 또는 파일 시스템 등)을 맡고 있는 경우, 이들 중 단일 노드의 결함이 전체 시스템의 동작을 정지 시킬 수 있다. 일반적으로 한 시스템 내에 같은 종류의 하드웨어와 자료를 여러 개 중복시킨다면 노드들 중 일부가 결함이 생기더라도 그 시스템은 계속 동작할 수 있을 것이다.

노드 결함은 반드시 시스템에 의해 감지되어야 하며 결함으로부터 복구(recovery)되어야 한다. 시스템은 결함이 있는 노드에 대한 서비스를 더 이상 사용해서는 안 된다. 또한, 시스템이 결함이 발생한 노드의 기능을 다른 노드에서 대행할 수 있다면, 그 기능을 올바르게 다른 노드가 담당하도록 이동시켜야 한다. 마지막으로 결함이 회복 또는 복구되었을 경우에, 그 노드의 기능을 자연스럽게 시스템에 통합시키는 기법이 제공되어야 한다.

4) 통신

여러 노드들이 통신 네트워크를 통해 연결되어 있을 때 다른 노드에 있는 사용자들은 정보를 교환할 수 있다. 하위 수준에서는 메시지들이 시스템들 간에 전송된다. 이는 단일 컴퓨터 메시지 시스템과 아주 유사하다. 메시지 전달이 주어지면 단일 시스템의 모든 상위 수준의 기능들은 분산 시스템 전체로의 확장이 가능하다. 파일 전달, 로그인 그리고 메일 등이 이에 속한다.

분산 시스템의 장점은 이러한 기능들이 지역적으로 멀리 떨어져 있는 경우에도 수행될 수 있다는 점이다. 지역적으로 떨어진 노드에 있는 두 사용자는 작업에 필요한 파일들을 서로 전달하고, 프로그램 수행을 위해 서로 상대방의 원격 시스템에 로그인하고, 작업의 협력을 위해 메일(mail)을 서로 교환함으로써, 두 사용자들은 작업 환경이 서로 멀리 떨어져 있다는 제약을 최소화할 수 있다.

2

분산운영체제의 유형

2-1 네트워크 운영체제

1) 네트워크 운영체제(Network Operation System) 개념

네트워크 운영체제(NOS)는 클라이언트(Client) 컴퓨터의 요청을 받아 서버(Server)에 저장된 대용량의 파일이나 서버에 연결된 공유 자원을 클라이언트 컴퓨터에 제공하기 위해 설계 되었다. 각 노드가 다른 노드와는 무관한 독자적인 운영체제를 가지며 필요한 경우 가끔씩 네트워크를 통해 통신하며 지역적으로 널리 분산된 대규모 네트워크 시스템에서 주로 사용된다. 그리고 네트워크의 사용은 각 호스트에서 실행되고 있는 사용자 프로그램에 의해 제어된다. 다음 [그림 12-1]은 네트워크 운영체제의 구조를 보이고 있다.

컴퓨터 네트워크로 연결된 환경에서 서버와 클라이언트 간의 원활한 통신을 보장하기 위해 자원공유 서비스 및 각 클라이언트의 관리 기능 제공하며, 주로 자원공유 기능 서비스를 제공하는 서버의 분산 애플리케이션이라 할 수 있다.

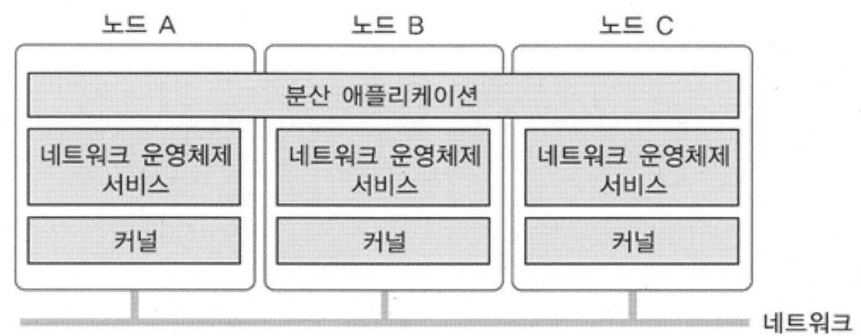

[그림 12-1] 네트워크 운영체제의 구조

네트워크 운영체제는 사용자가 다른 컴퓨터와 쉽게 통신할 수 있는 기능을 제공한다. 여러 대로 구성된 LAN전체의 자원을 관리하여 클라이언트들이 서버와 상호 작용할 수 있도록 도와준다. 또한, 제한된 자원 공유를 제공하여, 지역적으로 분산되어 있는 이기종 컴퓨터 시스템들을 연결할 수 있다. 사용자는 네트워크를 통해 서버의 자원을 사용자 시스템의 자원처럼 사용할 수 있다. 최근의 네트워크 운영체제들은 디렉터리 서비스를 지원, 자원의 위치에 대한 투명성을 제공한다.

네트워크 사용은 각 노드에서 실행되는 사용자 프로그램에 의해 제어되며, 컴퓨터 운영체제가 서비스를 요구하면 네트워크 운영체제는 요구를 받아들이고 수행한다. 네트워크 운영체제는 실질적인 운영체제가 아닌 메모리 관리, 프로세서 관리, 장치 및 파일 관리 등에 대한 전역 제어를 수행하지 않고, 네트워크에 있는 서버를 사용하도록 지원하여, 자율적인 컴퓨터들이 편리하고 효율적인 방법으로 서로를 이용할 수 있도록 돕는 분산 시스템 소프트웨어의 집합이다.

2) 네트워크 운영체제 기능

네트워크 운영체제가 제공하는 기능에는 자원 공유(프린트 서비스, 주변장치 공유), 파일 전송, 액세스 권한(원격 처리, 사용자 관리), 데이터 보호(보안 인증, 권한 부여), 관리 제어(전자우편, 네트워크 관리) 등이 있다.

(1) 자원 공유

네트워크에 연결된 서버와 클라이언트 간에 하드디스크나 프린터 등의 자원을 공유할 수 있어야 함

(2) 액세스 권한

- 사용자는 원격 사이트의 자원을 사용할 수 있도록 액세스 할 수 있어야 함
- 자격 있는 사용자만 특정자원을 사용하도록 제한할 수 있음
- 호스트 컴퓨터에 대한 하드웨어 사항을 몰라도 되지만 원격 시스템의 명령을 알아야 함

(3) 파일 전송

한 컴퓨터에서 다른 컴퓨터로 데이터 전송이 이루어져야 함

(4) 데이터 보호

서버에 접근하는 클라이언트 사용자가 서버의 사용 권한을 인증하기 위해 사용자 별 적합한 권한을 설정, 데이터를 관리하고 보호

(5) 관리 제어

네트워크를 이용하는 각 클라이언트들의 이용정보 및 네트워크 상에서 발생 가능한 여러 문제를 해결하고 조절하는 관리 기능 제공

3) 네트워크 운영체제 운영 방식

네트워크 운영체제는 자원 운영방식에 따라 Peer-to-Peer 모델과 클라이언트/서버(Client/Server)모델로 분류할 수 있다. 네트워크 상의 각 노드는 자율성을 보장하고 서로 연결할 필요가 있을 때 적합하나, 자원의 공유와 투명성에 있어 문제점이 있다.

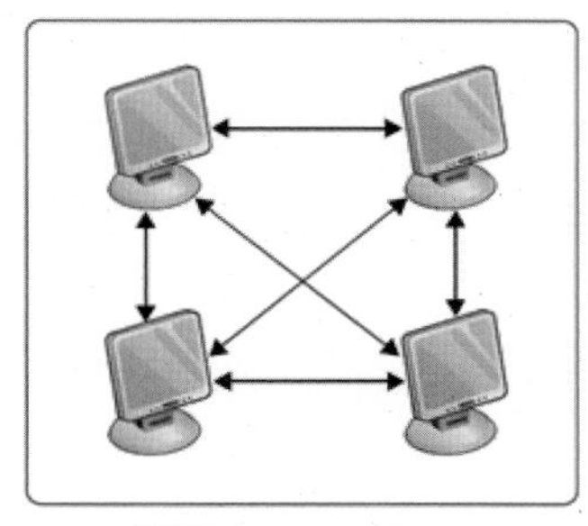

자원은 Peer-to-Peer
네트워크에서 균일하게 공유함

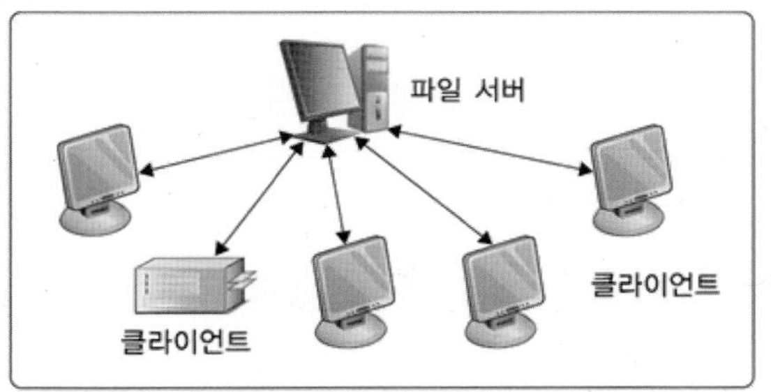

자원은 클라이언트/서버 네트워크에서
파일 서버에 의해 제어됨

[그림 12-2] 네트워크 운영체제의 운영방식

(1) Peer-to-Peer 방식

동등하게 작동하는 LAN에 연결된 각각의 컴퓨터가 클라이언트 혹은 서버로서 상황에 따라 동작하는 방식이다. 소형 사무실 또는 가정의 PC도 클라이언트/서버이며, 네트워킹은 별도의 장비 없이 개별 사용자들이 서로의 파일을 액세스하고 전자메일을 보낼 수 있다. 따라서, 파일 서버 또는 중앙 집중식 관리 자원이 없으며, 모든 컴퓨터가 동일한 액세스 권한과 네트워크에 있는 사용 가능한 자원에 대한 동일한 권한을 가진다.

Peer-to-Peer 방식의 장단점은 다음과 같다.

[장점]

- 적은 초기 비용 : 클라이언트 및 서버의 기능을 한 PC에서 구현
- 자원 : 자원의 활용 극대화와 자원을 각각 균일하게 공유

[단점]

- 분산 : 파일 및 어플리케이션에 대한 중앙 저장소가 없이 분산되어 관리가 어려움
- 보안 : 서버와 클라이언트에 대한 보안을 제공하지 못함

(2) 클라이언트/서버 방식

네트워크와는 독립적이며 네트워크에 접속하지 않은 PC의 시스템은 자신의 환경에 맞게 변경 관리할 수 있다. 네트워크에 연결된 컴퓨터가 클라이언트로서, 서버로서의 각각 자신의 역할을 수행하는 방식이다. 예외적으로 클라이언트/서버 모델이 워크스테이션 모델인 경우 클라이언트들은 동시에 한 사용자에 의해 사용될 수 있다.

클라이언트/서버 시스템은 중앙에서 관리하는 형태로, 응용 프로그램에 전용 파일 서버를 허용하며, 파일 서버는 보안과 자원에 대한 액세스를 제공하는 시스템의 핵심이다. 개별 워크스테이션(클라이언트)은 파일 서버에 있는 사용 가능 자원을 액세스한다.

클라이언트/서버 방식의 장 · 단점은 다음과 같다.

[장점]

- 중앙 집중식 : 자원 및 데이터 보안이 서버를 통해 제어
- 유연성 : 새로운 기술을 시스템에 쉽게 통합
- 접근성 : 서버를 여러 플랫폼 또는 원격으로 액세스

[단점]

- 비용 : 전용 서버에 초기 투자가 필요
- 소프트웨어 : 네트워크 운영체제 소프트웨어 필요
- 의존성 : 서버가 다운된다면 작업은 네트워크를 통해 중지됨
- 유지 관리 : 대형 네트워크 작업을 효율적으로 동작시킬 수 있는 관리자 필요함

2-2 분산 운영체제

1) 분산 운영체제(Distributed Operating System) 개요

분산 운영체제(DOS)는 네트워크 운영체제의 지역적인 자원 관리와 지역 제어의 제한을 벗어나 시스템 자원의 전역 제어 및 관리의 필요성에 의해 발전되었다. 분산 운영체제는 네트워크가 공유하는 공동 운영체제로 사용자에게 시스템이 제공하는 여러 자원들에 액세스가 가능한 참조 투명성을 제공한다.

분산 운영체제는 분산된 노드들 간의 자원을 쉽게 공유하고 액세스할 수 있다. 통신 구조에 의존하며 한 노드에서 다른 노드로의 자료와 프로세스 이주(migration)는 분산 운영체제의 통제 하에 이루어진다.

분산 운영체제는 [그림 12-3]과 같이 각 사이트에서 공유된 운영체제가 있는 것이 아니라 전체 네트워크를 통틀어서 단일 운영체제가 실행한다. 따라서 네트워크로 연결된 각 노드들의 독자적인 운영체제가 배제되고 시스템 내에 하나의 운영체제가 존재하는 것을 말하며 미니 혹은 마이크로컴퓨터들이 근거리 통신망으로 연결되는 데 많이 사용되고 있다. 전체 시스템에 대한 일관성 있는 설계가 가능하므로 네트워크의 이해, 유지, 수정 등이 쉽다.

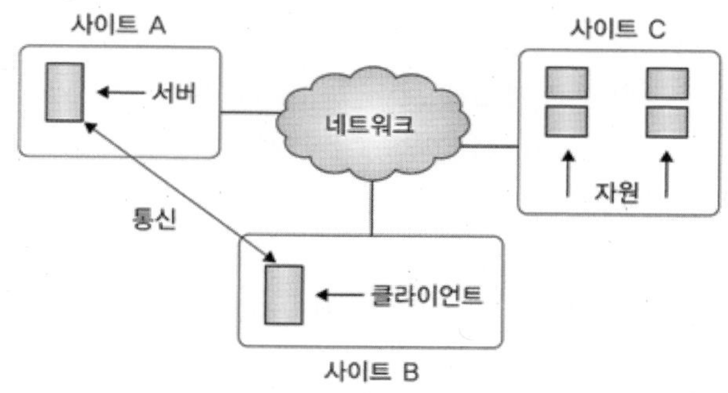

[그림 12-3] 분산 운영체제

2) 자료 이주(data migration)

노드 A에 있는 사용자가 노드 B에 있는 파일 등의 자료에 접근하려 할 때 시스템이 자료를 전송하는 데는 두 가지 기본적인 방법이 있다. 첫 번째 접근 방법은 노드 A로 파일 전체를 전송하는 것이다. 이런 점에서 볼 때 그 파일에 대한 모든 접근은 지역적으로 이루어진다. 사용자가 더 이상 그 파일에 접근할 필요가 없을 때는 수정되었을지도 모르는 그 파일의 복사본은 노드 B로 되돌려 보내진다. 물론 아주 큰 파일일지라도 조금 수정이 가해지면 전체 자료는 반드시 되돌려 보내져야 한다. 이러한 접근 방법은 Andrew 파일 시스템에서 채택하고 있다.

두 번째 접근 방법은 임의의 작업에 실제적으로 필요한 파일의 일부만 노드 A로 이동시키는 방법이다. 만약 후에 파일의 다른 부분에 필요하게 되면 그 부분에 대한 전송이 이루어진다. 사용자가 더 이상 그 파일을 접근할 필요가 없게 되면, 수정된 파일의 일부분만 노드 B로 되돌려 보내진다. SUN Microsystems 사의 Network File System(NFS) 프로토콜이 이 방식을 채택하고 있다.

큰 파일의 일부만을 접근하는 응용 분야에서는 후자 쪽이 편리하다. 반면 파일의 많은 부분을 접근하려 한다면 파일 전체를 복사하는 것이 더 효율적일 것이다.

3) 연산 이주(computation migration)

어떤 환경에서는 시스템 간에 자료가 아닌 연산(computation)을 이동하는 것이 더욱 효율적이다. 예를 들면 서로 다른 노드에 있는 여러 대규모 파일을 통계 처리하려고 접근해야 하는 작업을 생각해 보자. 이런 경우는 파일이 존재하는 노드의 파일에 접근해서 통계 처리 후, 그 원하는 결과만을 초기 연산이 시작된 원래의 노드에 되돌려 주는 것이 효율적이다.

이러한 연산은 여러 가지 방법으로 이루어질 수 있다. 실례로 프로세스 P가 노드 A에 있는 파일에 접근하기 원한다고 가정해 보자. 이때 파일 접근은 노드 A에서 행해지고 원격 프로시저 호출(remote procedure call)에 의해 시작된다. 프로세스 P는 노드 A에 미리 정의된 프로시저를 불러일으키고 그 프로시저는 적절한 수행을 한 후 프로세스 P가 필요한 결과를 매개 변수를 통하여 돌려준다.

또 다른 방법으로 프로세스 P가 노드 A로 메시지를 보내는 방법이 있다. 노드 A 의 운영체제는 특정 태스크를 수행하는 기능을 지닌 새로운 프로세스 Q를 생성한다. 프로세스 Q가 수행을 마칠 때 메시지 시스템을 통해 프로세스 P에게 필요한 결과를 되돌려 준다. 이러한 기법에서는 프로세스 P와 프로세스 Q는 동시 수행이 가능하며 실제로 여러 노드에서 동시에 수행되는 여러 프로세스들이 있을 수 있다.

상기 두 가지 기법 모두 여러 노드에 있는 여러 파일들을 접근하는 데 사용될 수 있다. 하나의 원격 프로시저 호출은 필연적으로 다른 원격 프로시저 호출을 불러일으키게 되며 이와 유사하게 프로세스 Q가 수행되는 동안 다른 노드에 메시지를 보내서 또 다른 프로세스를 생성할 수도 있다. 이때 그 프로세스는 프로세스 Q에게 메시지를 다시 되돌려 보내거나 또는 위의 과정을 반복해야 한다.

4) 프로세스 이주(process migration)

프로세스가 실행될 때 항상 그 프로세스가 실행이 시작된 노드에서만 실행되는 것은 아니다. 즉 프로세스의 전체 또는 그 일부가 어느 다른 노드에서 실행되는 것이 유리한 경우도 있다. 이러한 기법은 다음 여러 가지 이유 때문에 이용된다.

(1) 부하 균등화(load balancing)

프로세스들 또는 부 프로세스들(subprocess)은 작업 부하를 균등하게 하기 위해 네트워크 전체에 분산될 수 있다.

(2) 연산 속도 향상(computation speed-up)

만약 어느 하나의 프로세스가 여러 부 프로세스로 분할되어서 다른 노드에서 동시 실행될 수 있다면 전체 프로세스의 반환 시간(turnaround time)은 줄어들 수 있다.

(3) 하드웨어적 선호(hardware preference)

어떤 프로세스는 어느 특정 프로세서에서 수행하기에 적합할 수도 있다. 예를 들면 행렬의 역변환 연산은 마이크로프로세서보다는 배열 프로세서(array processor)에서 계산하는 것이 더 효율적이다.

(4) 소프트웨어적 선호(software preference)

어떤 프로세스는 어느 특정 노드에서만 사용가능한 소프트웨어를 필요로 할 수도 있다. 이때, 소프트웨어가 이동할 수 없거나 또는 프로세스를 이주하는데 비용이 적게 드는 경우에 프로세스 이주는 효율적이다.

(5) 자료 접근

연산 이주에서와 마찬가지로, 연산을 하는데 사용될 자료가 많을 경우, 모든 자료를 가져오는 것보다는 프로세스를 이주시켜 원격으로 실행하는 것이 더 효율적이다.

기본적으로 네트워크 내에서 프로세스를 이주하는 데는 두 가지 기법이 있다. 그 중 하나는 시스템이 클라이언트로부터 프로세스가 이주된 사실을 숨기는 방법이다. 이 기법은 사용자가 자신의 프로그램 코딩 때 이주를 위한 외적 명령을 나타낼 필요가 없다는 장점이 있다. 이 방법은 일반적으로 같은 기종 시스템에서 부하 균등화와 연산 속도 향상을 목적으로 사용된다.

또 다른 접근 방법은 사용자에게 직접 어느 프로세스가 어떻게 이주하여야 하는가를 명시하는 것을 허가 또는 요구하는 것이다. 이 방법은 일반적으로 프로세스가 하드웨어 또는 소프트웨어적인 이점을 얻기 위해 이주할 때 사용된다.

3 분산 처리 시스템의 형태

3-1 프로세서 모델에 따라

1) 클라이언트-서버 모델

전형적인 대부분의 분산 시스템은 LAN을 기본으로 한 클라이언트-서버 모델로 구성하고 있으며 응용 프로그램이 사용자의 워크스테이션이나 PC 환경에서 수행된다.

클라이언트/서버 시스템은 중형 컴퓨터를 중심으로 한 다운사이징(Downsizing) 환경이다. 다음 [그림 12-4]와 같이 네트워크를 통한 자원의 공유, 정보의 교환은 각기 다른 역할을 하는 컴퓨터에 의해 수행된다. 클라이언트 컴퓨터들은 단일 사용자를 위한 PC나 워크스테이션에서 사용하기에 편리한 윈도우와 마우스가 포함된 그래픽 인터페이스를 사용자에게 제공한다. 서버는 데이터베이스 서버로서 클라이언트들이 동일한 데이터베이스에 액세스하여 데이터를 공유할 수 있도록 데이터베이스를 관리할 수 있게 한다.

클라이언트/서버 시스템은 분산 컴퓨팅 환경이므로 사용자, 어플리케이션, 자원들이 통신 네트워크(단일 LAN, WAN, 인터넷)를 통해 서로 연결된다.

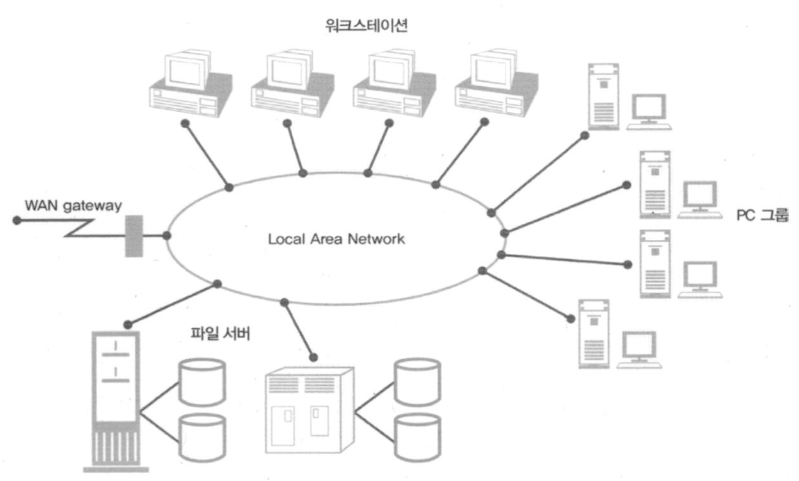

[그림 12-4] 클라이언트-서버 모델

- 클라이언트/서버 시스템 정의 : 서비스를 요청하는 클라이언트와 이에 대응하여 서비스를 제공하는 서버가 원격 접속을 통해 하나의 응용 프로그램을 논리적으로 분리된 여러 부분으로 분산시키는 것

- 서버에 있는 하나의 어플리케이션을 독립된 역할을 담당하는 다수의 작업으로 분할, 클라이언트들의 서비스 요청을 처리함
- 클라이언트에는 데이터를 표현하는 처리 모듈을, 서버에는 데이터 관리와 저장을 위한 모듈을 두어 각 작업을 효율적으로 처리할 수 있는 컴퓨터에 할당하는 모델
- 클라이언트는 기본적으로 1대 이상의 서버가 제공하는 서비스를 사용하는 소비자에 속함

다음 [그림 12-5]는 일반적인 2계층(2-tier) 클라이언트/서버 구조를 보여주고 있다. 클라이언트와 서버가 물리적으로 서로 독립된 시스템에 존재하는 형태로 구성되어, 클라이언트와 서버의 플랫폼과 운영체제는 서로 다를 수 있다. 그러나 클라이언트와 서버를 상호 연동할 수 있게 하는 통신 소프트웨어(동일한 프로토콜을 공유)와 분산 어플리케이션들을 위한 기반을 제공하기 때문에 공유 자원 및 작업을 클라이언트와 서버 간에 분할 가능하다. 그리고 대부분의 어플리케이션 프로그램이 클라이언트에 설치되며, 클라이언트는 사용자 인터페이스 화면 즉, 프레젠테이션 서비스 모듈을 통해 사용자에게 친밀한 인터페이스를 제공한다.

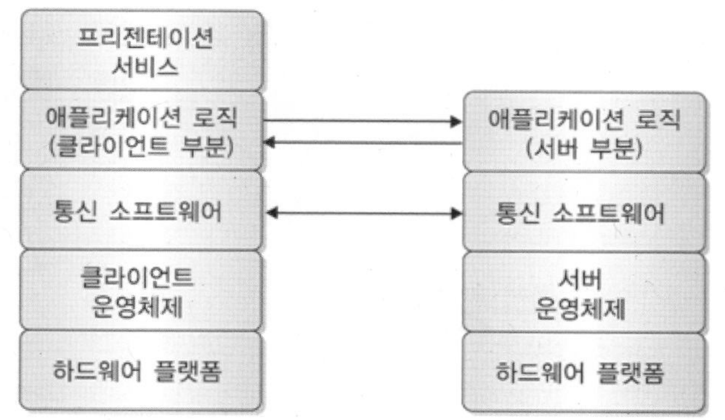

[그림 12-5] 2계층 클라이언트-서버 구조

2) 프로세서 풀 모델

프로세서 풀(pool) 모델에서는 응용 프로그램들이 프로세서 서비스로서 관리되는 컴퓨터에서 수행된다. [그림 12-6]에 프로세서 풀 모델을 보이고 있으며, 이 개념을 사용한 최초의 시스템은 1982년에 개발된 CDCS(Cambridge Distributed Computer System)이다.

- 하나 이상의 프로세서 풀이 통합된 워크스테이션-서버 모델로 구성된다.
- 프로세서 풀은 낮은 비용의 컴퓨터로 구성되고 각 풀 프로세서는 워크스테이션과 서버가 연결되듯이 독립적으로 네트워크와 연결된다.
- 풀에 있는 프로세서들은 단일 보드로 구성되고 동질적인 프로세서들이 아니며 전원 공급 장치를 공유한다.

• 사용자 워크스테이션이나 터미널은 단순히 시스템의 자원을 접근하는 수단을 제공한다.

PAD는 X.25 packet assembler/dis-assembler로서 호스트 컴퓨터와 사용자 시스템을 국제 표준 X.25 패킷 스위칭 프로토콜을 통해 연결해주는 다중 프로토콜 스위칭(multi protocol switching) 기능이다. 이 기능을 통해 16개의 포트를 갖는 X.25 스위치로 구성되어 있을 경우 초당 400개의 패킷을 전송 가능하다.

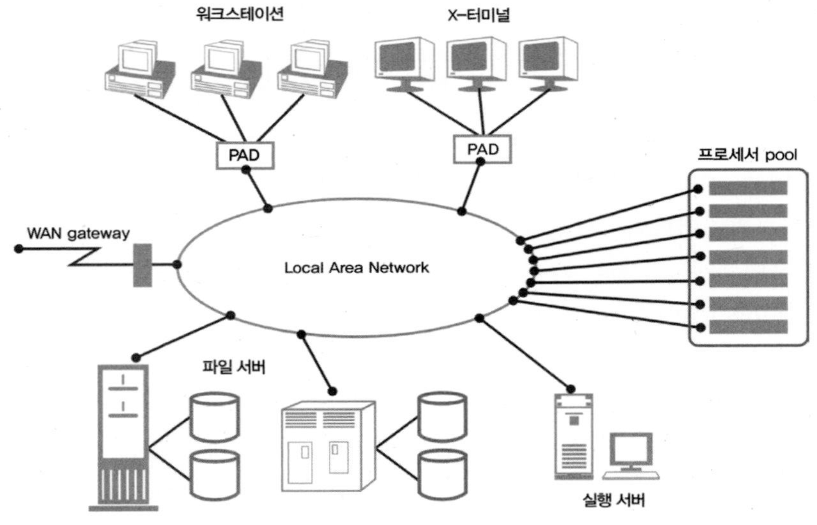

[그림 12-6] 프로세서 풀 모델

이 시스템은 다음과 같은 측면에서 클라이언트-서버 모델보다 더 효율적이다.

• 자원의 이용률 : 자원의 수는 동시에 로그인하는 사용자의 최대 수에 종속된다.
• 융통성 : 시스템 서비스는 더 이상의 컴퓨터를 설치하지 않고도 확장될 수 있다.
• 호환성 : 기존 응용들은 간단한 수정으로 사용될 수 있다.
• 동질적인 처리 : 다양한 프로세서들이 프로세서의 풀로써 사용될 수 있다.

3) 혼합 모델

혼합 모델은 앞의 두 모델에 기초하고 있으며, 다음 [그림 12-7]에 혼합 모델을 보이고 있다. 이 모델을 혼합한 시스템은 1986년에 Free Univ.에서 개발한 Amoeba 시스템이 있다.

이 모델의 장점은 다음과 같다.

- 사용자의 요구와 자원 처리가 매치된다.
- 병렬 수행 : 여러 개의 풀 프로세서가 과부하가 걸린 처리를 실행하기 위해 할당될 수 있다.
- 터미널을 통한 접근 : 사용자는 워크스테이션이나 터미널을 통하여 시스템에 접근할 수 있다.

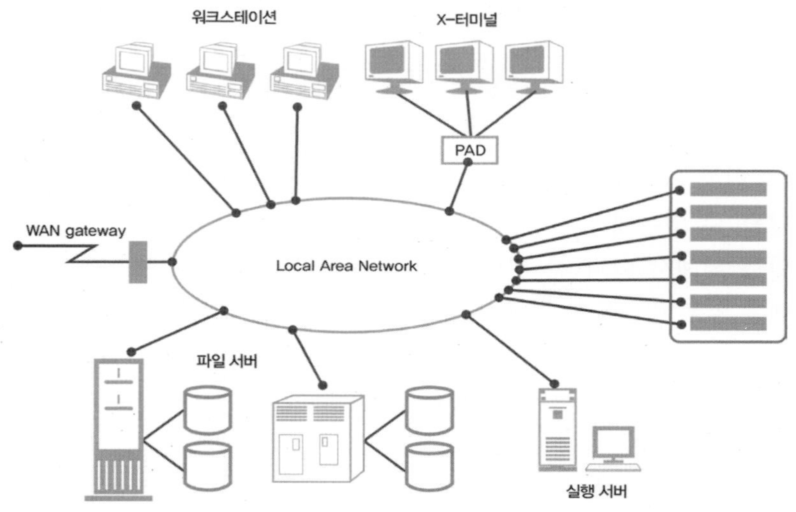

[그림 12-7] 혼합 모델

3-2 위상에 따른 분류

분산 처리 시스템 내의 노드들은 여러 가지 물리적인 방법으로 연결될 수 있는데 이러한 **물리적인 연결 형태를 위상 또는 토폴로지**(topology)라고 한다. 분산 시스템은 네트워크 관점에서 그 연결 상태에 따라 여러 가지 그래프 형태로 묘사될 수 있는데 오늘날까지 구현된 형태 중 가장 일반적인 형태를 간략하게 설명하고 다음 기준에 의해 비교해 보기로 한다.

- 기본비용 : 시스템 내의 노드들을 연결하는 데 드는 비용
- 통신비용 : 한 노드로부터 다른 노드에게로 메시지를 전달하는 데 걸리는 시간 및 비용
- 신뢰성 : 시스템 내의 통신 회선이나 노드 중 하나가 고장이 발생하더라도 나머지 노드들이 계속 통신할 수 있는지의 여부

1) 완전 연결(fully connected) 구조

완전 연결 구조는 각 노드가 시스템 내의 모든 다른 노드와 직접 연결된 상태이며 직접 통신하고 기본비용은 노드 숫자의 제곱에 비례하여 늘어난다. [그림 12-8]은 완전 연결 구조를 보이고 있다.

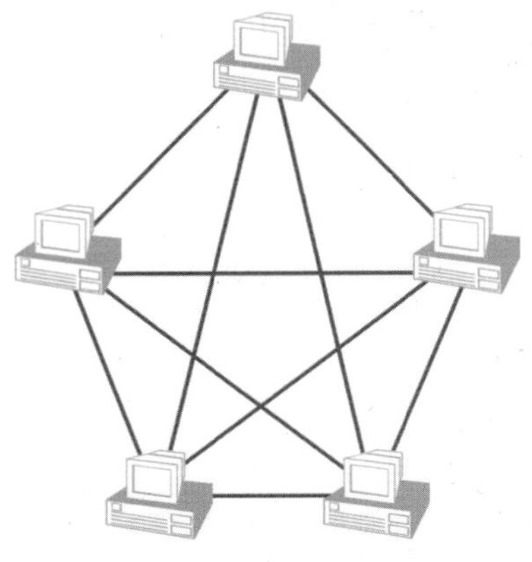

[그림 12-8] 완전 연결 구조

완전 연결 네트워크의 각 노드는 시스템 내의 모든 다른 노드들과 **직접 연결**(direct link)이 존재한다. 이러한 형태에서의 기본비용은 매우 높다. 그 이유는 모든 두 노드 간에 사용할 수 있는 직접 통신 라인이 있어야 하기 때문이다. 기본비용은 노드 수의 제곱에 비례하여 커진다. 반면 이러한 환경에서 노드 간에 메시지들은 매우 빠르게 전달될 수 있는데 그 이유는 어떠한 두 노드도 메시지 전달을 위해서 단지 한 번의 링크만 사용하면 되기 때문이다.

이 시스템은 많은 링크들이 고장이 발생해야 시스템이 분할(partition)되므로 신뢰성이 매우 높다. 만일 어떤 시스템이 둘 또는 그 이상의 부 시스템으로 나뉘어져서 서로 다른 부 시스템 상에 있는 노드 간에 통신이 되지 않는다면, 그 시스템은 분할되었다고 말한다.

- 각 노드가 시스템 내의 모든 노드와 직접 연결되어 있다.
- 장점은 통신 전달이 매우 빠르고 신뢰성이 높다.
- 단점은 비용이 많이 든다.

2) 부분 연결(partially connected) 구조

부분 연결 구조는 부분적으로 각 노드끼리 직접 연결된 것도 있고 아닌 것도 있는 형태로서 부분적으로 시스템이 고장 나면 통신이 안 되는 경우가 있다. 기본비용은 완전 연결 네트워크보다 싸며 신뢰성은 떨어진다.

부분 연결 네트워크에서는 모든 노드 간이 아니 일부 노드 사이에만 직접 연결이 존재한다. 따라서 이러한 형태에서의 기본비용은 완전 연결 네트워크보다 낮다. 그러나 한 노드로부터 다른 노드로 보내지는 메시지는 여러 중간 노드들을 거쳐서 전송될 수도 있으므로 통신은 늦어질 수 있다.

또한, 부분 연결 시스템은 완전 연결 네트워크만큼 신뢰성이 높지 않다. 즉 하나의 링크 고장이 네트워크를 분할할 수도 있다. 이러한 가능성을 최소화도록 각 노드는 적어도 두 개의 다른 노드들과 연결되어야 한다.

- 전체가 아닌 일부 노드 간에만 직접 연결이 존재한다.
- 완전 연결보다 비용이 싸지만 중간 노드를 경유하므로 통신 전달은 늦다.
- 완전 연결보다 신뢰성이 떨어진다.

3) 계층(hierarchy) 구조 = 트리(tree) 구조

계층 구조에서는 기본비용은 일반적으로 부분 연결 기법보다 낮으며, 만일 한 부모 노드(parent-node)가 고장 나면 그 자식 노드(child node)들은 다른 노드들과 더 이상 통신할 수 없다. [그림 12-9]는 계층 구조를 보이고 있다.

계층 구조에서는 각 노드들은 트리 형태로 구성된다. 루트(root)를 제외한 각 노드는 하나의 부모와 몇 개의 자식을 가진다. 이러한 형태에서의 기본비용은 일반적으로 부분 연결 형태보다는 낮아진다. 이 환경에서 부모와 자식은 직접 통신을 행한다. 형제들은 그들 공통의 부모를 통해서 서로 통신한다. 형제 중의 하나가 다른 형제에게 메시지를 전달하려면 부모까지 올라가서 다시 내려가게 된다. 이와 유사하게 사촌들은 그들 공통의 조부를 경유해야 통신할 수 있다.

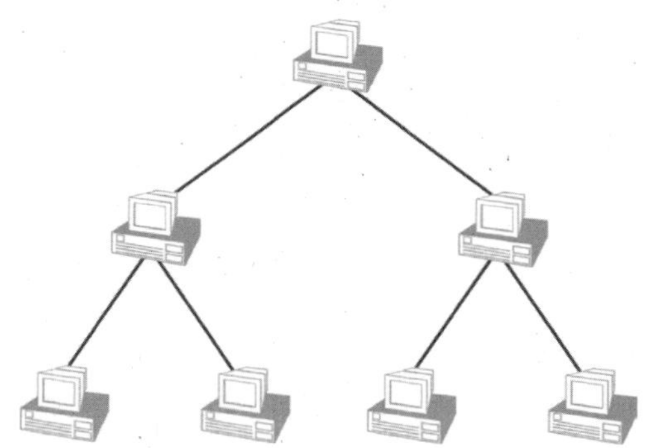

[그림 12-9] 계층 구조

만일 하나의 부모 노드에 고장이 발생했다면 그 노드의 자식들은 더 이상 다른 프로세서들과 통신할 수 없다. 단말(leaf) 노드를 제외한 모든 노드의 고장은 네트워크를 여러 개의 부 트리로 분할시킨다.

- 각 노드들이 트리와 같이 연결된다.
- 비용은 부분 연결보다 낮다.
- 한 부모가 고장 나면 그 자식들은 서로 다른 프로세서들과 통신이 두절된다.
- 반드시 부모 노드를 통해서 상호 간에 통신 가능하다.

4) 성형(star) 구조

성형 구조는 임의의 중심 노드가 다른 모든 노드와 완전 연결되어 있으며 이 중심 노드를 제외한 모든 노드들은 서로 연결되지 않는다. 병목 현상이 발생할 수 있으므로 전송속도가 저하되며 중심 노드가 고장 나면 통신 두절이 된다. [그림 12-10]은 성형 구조를 보이고 있다.

성형 네트워크는 한 노드가 다른 모든 노드들과 연결되어 있으며 이 한 노드 외에 다른 모든 노드들은 어느 것과도 서로 연결되어 있지 않는 형태이다. 이 시스템의 기본비용은 노드의 수에 비례한다. 통신비용 면에서도 최대 두 개 링크만이 이동이 필요하므로 비용이 적게 든다. 그리고 구조 또한 간단하다는 장점이 있는 반면 중앙 노드는 병목 현상을 일으킬 수 있으므로 속도 면에서 성능이 저하될 수 있다. 결과적으로 필요한 메시지의 이동수는 적은 반면 메시지를 전달하는 데 필요한 시간은 길어진다. 그러므로 많은 성형 시스템에서 중앙 노드는 메시지 교환 작업만을 전담한다. 만약 중앙 노드에 고장이 발생하면 네트워크는 완전히 분할된다.

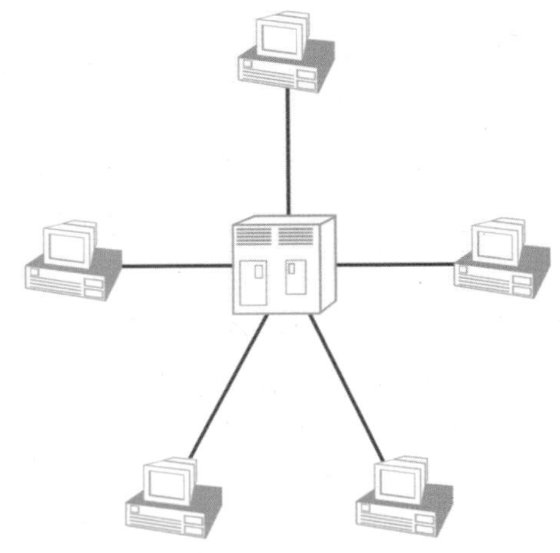

[그림 12-10] 성형 구조

- 각 노드들이 point-to-point 형태로 중앙 컴퓨터에 연결되고 중앙 컴퓨터를 경유하여 통신한다.

[장점]
- 구조가 간단하다.
- 자체가 단순하고 제어가 집중되어 모든 작동이 중앙 컴퓨터에 의해 감시되므로 하나의 제어기로 조절이 가능하다.
- 집중 제어로 보수와 관리가 용이하다.
- 한 노드의 고장이 다른 노드에 영향을 주지 않는다.

[단점]
- 중앙 컴퓨터의 고장 때 전체 네트워크가 정지(분할)된다.
- 터미널의 증가에 따라 통신 회선 수도 증가한다(기본비용은 노드 수에 비례).
- 통신망 전체가 복잡하다.

• 데이터 전송이 없는 터미널이 접속된 통신 회선은 휴지상태가 된다.
• 중앙 컴퓨터의 병목으로 속도 면에서 성능 저하된다.

5) 환형(circular) 구조 = 링(ring) 구조

환형 구조 또는 링 구조는 각 노드가 정확하게 2개의 다른 노드와 물리적으로 연결되어 있어, 단방향이나 양방향으로 통신하는 형태를 이룬다. 환형 또는 링 네트워크에서 각 노드는 정확히 다른 두 노드와 물리적으로 연결되어 있다. 링에서의 정보의 전달 방향은 단방향(unidirectional)일 수도 있고 양방향(bidirectional)일 수도 있다. [그림 12-11]은 환형 구조를 보이고 있다.

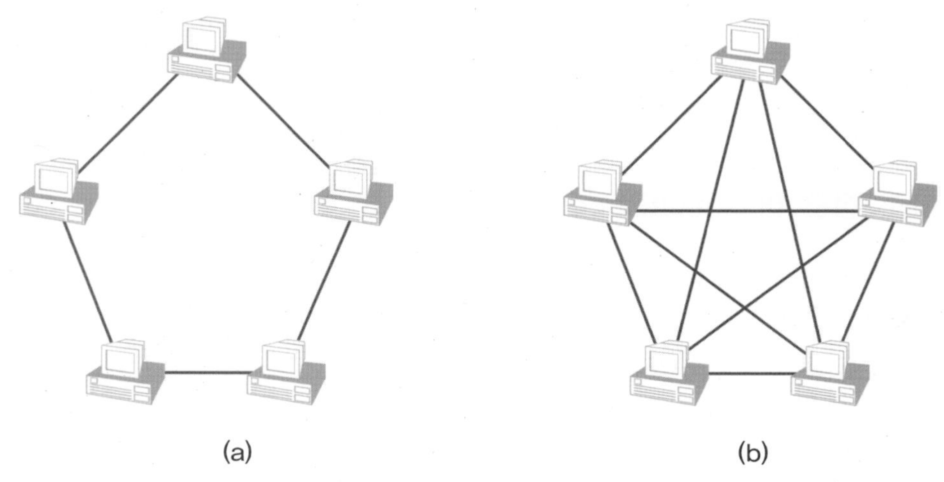

[그림 12-11] 환형 구조

단방향 구조에서 한 노드는 한쪽의 이웃에게만 정보를 전단할 수 있다. 즉 모든 노드들은 반드시 같은 방향으로 정보를 보내야 한다. 반면 양방향 구조에서는 한 노드는 자신의 양쪽 이웃 모두에게 정보를 전달할 수 있다. 링에서의 기본비용은 노드들의 수에 비례한다. 그러나 통신비용은 매우 높아질 수 있는데 그 이유는 한 노드에서 다른 노드로 전송되는 메시지는 목적지에 도착될 때까지 링을 돌아야하기 때문이다. 단방향 링의 경우 최대 n-1의 과정이 필요하며 양방향 링의 경우에도 최대 n/2만큼의 과정이 필요하다.

양방향 링에서는 2개의 링크에 고장이 발생되면 네트워크가 분할되는 반면 단방향 링에서는 단 하나의 노드(또는 링크)라도 고장이 발생되면 네트워크는 분할된다. 이 문제에 대한 한 가지 해결 방법은 링 구조를 확장하여 각 노드 간에 이중 링크를 두는 것이다.

- 통신은 단방향이나 양방향이고 기본비용은 노드 수에 비례한다.
- 각 노드가 원형으로 연결되어 메시지에 도착지의 주소를 실어 통신한다.

[장점]
- 데이터가 노드에서 노드로 전달되므로 각 노드는 공평한 서비스를 받는다.
- 전송 매체와 노드의 고장 발견이 쉽다.
- 분산 제어 및 집중 제어 중 어느 방식도 가능하다.

[단점]
- 링에 연결된 모든 노드가 메시지를 해독할 수 있어 보안 문제가 요구된다.
- 통신망에 새로운 노드를 추가할 경우 통신 회선을 절단해야 한다.
- 각 노드에서 전송 지연이 발생한다.
- 메시지가 목적지에 도착할 때까지 링을 순환하므로 통신비용이 높다.

6) 다중 접근 버스(multi access bus) 구조

다중 접근 버스 구조는 공유되는 하나의 버스가 시스템 내의 모든 노드와 연결되어 환형 구조와 같은 구조를 가진다. 또한, 한 노드의 고장이 나머지 노드 간의 통신에 영향을 주지 않으나 버스 회선이 고장 나면 네트워크는 완전히 분할(두절)된다. [그림 12-12]는 다중 접근 버스 구조를 보이고 있다.

다중 접근 버스 구조에서는 모든 노드가 공유하는 버스라는 하나의 링크가 존재한다. 시스템 내의 모든 노드는 공유 링크로 직접 연결되며, 직선 구조 또는 링 구조를 갖는다. 각 노드들은 이 링크를 통하여 서로 통신할 수 있다. 이러한 네트워크에서의 기본비용은 노드들의 수에 비례한다. 링크가 병목 현상을 일으키지 않으면 통신비용도 아주 낮다.

이 네트워크의 위상은 메시지 교환 전용 중앙 노드를 가진 성형 네트워크의 위상과

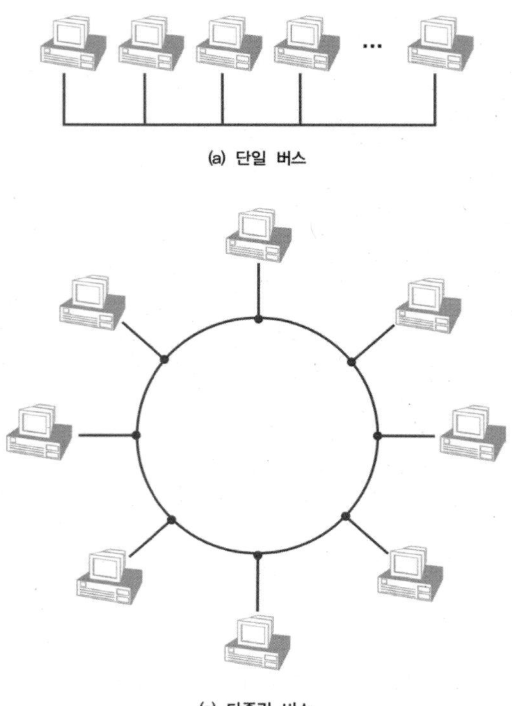

[그림 12-12] 다중 접근 버스 구조

유사하다. 한 노드의 고장은 나머지 노드들 간의 통신에 아무런 영향을 주지 않는다. 그러나 만약 링크에 고장이 발생하면 네트워크는 완전히 분할된다.

- 하나의 공유되는 연결 버스로 시스템 내의 모든 노드가 링크와 직접 연결된다.

[장점]

- 통신 회선이 1개이므로 물리적 구조가 간단하다.
- 노드의 추가와 삭제가 쉽다.
- 노드의 고장이 전체에 영향을 주지 않으므로 신뢰성을 높일 수 있다.
- 분산 제어형에서는 제어용 컴퓨터가 필요 없다.

[단점]

- 모든 노드가 통신 회선 상의 데이터를 수신할 수 있으므로 데이터의 기밀 보장이 어렵다.
- 통신 회선의 길이에 제한이 있다.
- 각 노드가 통신 제어 기능을 가지므로 통신 처리를 위한 처리량이 커지며 각 터미널은 이를 대처하기 위한 처리 능력을 가져야 한다.
- 분산 제어 형에서는 우선순위 제어가 어렵다.

■ 분산 시스템

- 각 프로세서들은 자신의 지역 기억장치를 가지고 있으면서 여러 형태의 통신선을 통해 프로세서들끼리 통신을 수행함
- 분산 시스템 내의 각 프로세서들은 초소형 프로세서로부터 워크스테이션, 소형 컴퓨터 그리고 대형 범용 컴퓨터 시스템에 이르기까지 그 크기나 기능이 다양함
- 사용자에게 시스템이 제공하는 다양한 자원들을 액세스할 수 있게 해줌
- 공유 자원에 대한 액세스는 데이터 이주, 연산 이주, 프로세스 이주를 통해 이루어짐

■ 분산처리 개발 동기

- 자원 공유
- 연산 속도 향상
- 신뢰성
- 통신

■ 분산 시스템의 운영체제

- 네트워크 운영체제와 분산 운영체제로 구분
- 네트워크 운영체제 : 독립된 시스템들을 서로 연결하기 위한 운영체제
- 분산 운영체제 : 네트워크에 연결된 모든 자원의 효율적 운영을 위한 운영체제
- 최근 분산 컴퓨팅과 중앙 집중형 컴퓨팅이 혼합된 구조의 클라이언트/서버 컴퓨팅 환경으로 급속히 변함

■ 클라이언트/서버 시스템

서비스를 요청하는 클라이언트와 이에 대응하여 서비스를 제공하는 서버가 원격 접속을 통해 하나의 응용 프로그램을 논리적으로 분리된 여러 부분으로 분산시키는 것

■ 위상 또는 토폴로지(topology)

분산 처리 시스템 내의 노드들은 여러 가지 물리적인 방법으로 연결될 수 있는데 이러한 **물리적인 연결 형태**

[객관식 연습문제]

1 분산 시스템에 대한 설명으로 거리가 먼 것은?

가. 다수의 사용자들이 데이터를 공유할 수 있다.
나. 다수의 사용자들 간에 통신이 쉽다.
다. 귀중한 장치들이 다수의 사용자들에 의해 공유될 수 있다.
라. 집중형(centralized) 시스템에 비해 소프트웨어의 개발이 쉽다.

해설 분산 시스템은 여러 분산된 자원들의 위치 투명성 등을 고려해야 하기 때문에 소프트웨어 개발이 집중형에 비해서는 복잡하며, 보안이 취약한 특성을 가진다.

2 분산 시스템의 설계 목적으로 적합하지 않은 것은?

가. 신뢰성
나. 자원 공유
다. 연산 속도 향상
라. 보안성 향상

해설 분산 처리 시스템에서는 한 업무가 여러 컴퓨터로 분산될 수 있으므로 중앙 집중식에 비해 보안성이 문제될 수 있다.

3 분산 운영체제의 구조 중 완전 연결(Fully Connection)에 대한 설명으로 옳지 않은 것은?

가. 모든 노드는 시스템 안의 다른 모든 노드와 직접 연결된다.
나. 노드들 간의 메시지 전달이 매우 빠르다.
다. 기본비용이 적게 든다.
라. 노드 간의 연결은 여러 회선이 존재하므로 신뢰성이 높다.

해설 완전 연결(Fully connected) 구조는 각 노드가 다른 모든 노드들과 직접 연결되므로 이 때문인 연결비용이 부담된다.

4 분산 시스템의 투명성(transparency)에 관한 설명으로 옳지 않은 것은?

가. 위치(location) 투명성은 하드웨어와 소프트웨어의 물리적 위치를 사용자가 알 필요가 없다.

나. 이주(migration) 투명성은 자원들이 한곳에서 다른 곳으로 이동하면 자원들의 이름도 자동으로 바뀐다.

다. 복제(replication) 투명성은 사용자에게 통지할 필요 없이 시스템 안에 파일들과 자원들의 부가적인 복사를 자유로 할 수 있다.

라. 병행(concurrency) 투명성은 다중 사용자들이 자원들을 자동으로 공유할 수 있다.

해설 자원이 이동된다고 해서 자원의 이름도 자동적으로 바뀌지는 않는다.

5 분산 및 병렬 처리 시스템에 대한 설명으로 거리가 먼 것은?

가. 분산 및 병렬 처리 시스템은 작업을 병렬적으로 수행함으로써 사용자의 빠른 반응 시간과 작업 처리량이 향상된다.

나. 사용자들이 비싼 자원들을 쉽게 공유하여 사용할 수 있으며 작업의 부하를 균등하게 유지할 수 있다.

다. 다수의 구성 요소가 존재하므로 일부가 고장 나더라도 나머지 일부는 계속 작동 가능하기 때문에 사용 가능도가 향상된다.

라. 분산 시스템에 구성 요소 추가 때 시스템의 확장은 어려우나 작업 부하를 분산시킴으로써 반응 시간이 항상 일관성 있게 유지된다.

해설 분산 처리 시스템은 각 노드 또는 노드를 구성하는 시스템 자원의 추가가 쉽다.

6 분산 운영체제 시스템에서 서로 다른 컴퓨터 간에 많은 양의 파일을 처리하기 위하여 액세스하려고 할 때 가장 적절한 이주 방법은?

가. 프로세스 이주(process migration)

나. 제어 이주(control migration)

다. 데이터 이주(data migration)

라. 연산 이주(computation migration)

해설 연산 이주는 서로 다른 노드에 있는 여러 대규모 파일을 통계 처리를 하는 작업과 같은 경우 각 파일이 존재하는 노드에 접근 후 계산하고 원하는 결과만을 초기 연산이 시작된 노드로 되돌려 주어 효율성을 증대시킨다.

[주관식 연습문제]

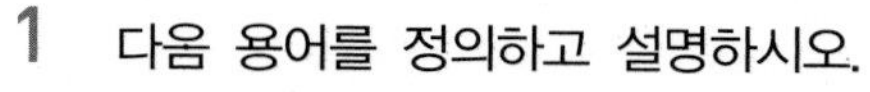

1 다음 용어를 정의하고 설명하시오.

a. 분산 처리
b. 위상(topology)
c. NOS/DOS

2 분산 처리의 궁극적인 목적은 무엇인지 간단하게 설명하시오.

3 분산 처리의 개발 동기를 4가지로 구분하여 설명하시오.

4 다운사이징(downsizing)에 대하여 조사하여 설명하시오.

5 클라이언트-서버 모델이란 무엇인지 기술하시오.

6 3 계층(3-tier) 클라이언트/서버 구조를 조사하여 설명하시오.

7 위상에 따라 분산 처리 시스템을 구분하고 각 구조의 특성과 장단점을 비교하여 현실적으로 가장 많이 사용되는 구조를 몇 가지만 골라 보시오.

8 네트워크 운영체제와 분산 운영체제의 차이점을 몇 가지만 나열해 보시오.

9 오늘날 사용되고 있는 최신의 병렬 처리형 컴퓨터들은 무엇이 있는지 조사하시오.

INDEX

A

B

C

D

F

G

H

I

L

M

N

P

R

S

T

ㄱ

ㅇ

ㅌ

ㅍ

ㅎ

2